金沢市民の台所

近江町市場三百年史

近江町市場商店街振興組合

時代と共に

近江町市場商店街振興組合　理事長　吉村　一

享保6年（1721年）、市内各所に点在していた市場が現在地付近に集められ、藩主の「御膳御用所」として近江町市場の原型ができました。その後、幾多の変遷を経て現在の「金沢市民の台所」として金沢の食文化の担い手になるまでには、多くの困難やそれを解決する先人たちの努力がありました。この間300年。近江町市場は時代に翻弄されながらも、その都度たくましく対応して市場の歴史を紡いできたと言えます。

詳細は本書「金沢市民の台所　近江町市場三百年史」に譲るとして、私が理事長を担ったこの10年足らずの間にも、北陸新幹線金沢開業と新型コロナウイルス感染拡大という大きな環境の変化が相次いでありました。

新幹線の開業は、当市場の立地の良さと相まって金沢の食を楽しむ観光スポット化に繋がり、来場者の急激な増加に翻弄されました。一方、現在も続く新型コロナの感染拡大は来場者の極端な減少に結び付き、経験したことのない難局に面しています。

この局面を乗り越えて先に進むには、近江町憲章に謳《うた》う「近江町市場を愛する私たちは二一世紀も金沢市民の台所であり続けるために、伝統に対する誇りと感謝の心を胸に、食をとおして地域社会のお役に立つ市場づくりに努める」ことに尽きると考えています。何か事があれば、組合員の団結もさることながら、地域の多くの方々に支えて頂いたことを忘れるわけにはいきません。地域に求められる市場づくりに組合員が一致団結して邁進し、歴史を刻み続けるために、本書がその指針と希望、勇気を与えるものになれば幸甚です。

出版にあたり多くの方々に御協力頂いたことを深く感謝申し上げます。歴史研究家宇佐美孝先生には執筆の労をお取り頂きました。また、北國新聞社ほかから多く資料の提供を頂きました。金沢中央信用組合参与の石田順一様には編集長として大変な労をとって頂きました。深く感謝申し上げます。

「金沢市民の台所」とは

近江町市場三百年史編纂特別委員会　委員長　松本　雅之

今や近江町市場の代名詞となっている「金沢市民の台所」とは何を意味するのでしょうか。近江町市場の魚屋として三十年余り経ちますが、いまだにその意味を明確にとらえることができません。

大正時代、金沢で最初のアスファルト舗装、十年間にわたる近江町騒動、戦時中の強制疎開から戦後のイワシ特売、市場の近代化。近江町市場三百年の歴史において連綿と受け継がれてきた諸先輩方の想いを象徴する言葉であり、また現在においても近江町市場の組合員が全員一致して心の拠り所とし、日々商いの基本としているのが「金沢市民の台所」です。

思うに「金沢市民」とは、金沢市内の住民のみならず、金沢を商圏とする北陸三県のプロの料理人や近隣のお客様であり、観光や海外のお客様は、「金沢市民」の生活様式や伝統、食文化を味わおうとご来場されるのでしょう。

また「台所」とは、各家庭の台所や厨房のみならず平安時代の「台盤所」は御所にて食膳を整えるところ。江戸時代の「台所」は幕府や藩の財政。関西地方の「だいどこ」は家族が揃って食事をとる居間など、これらすべての意味を包含しているのではないかと。

近江町市場に来られるお客様に認めていただけるような良い食材とは何かをひたすら追い求め、その魅力を発信し続けてきた諸先輩方の真摯な姿勢。近江町市場を支えてきたのは、「金沢市民の皆様に食を通して喜んでいただきたい」という一心で、真面目に商売に取り組んでこられた諸先輩方の生きざまそのものであり、今を受け継ぐ我々が目指すべき使命は、「金沢市民の台所」の魅力をさらに磨き上げ、高め続けること。そして、次の世代にできる限り良いかたちで引き継ぐことであると思います。

最後に出版にあたり取材、執筆、編集にご尽力くださいました石田順一氏、並びに関係各位の精魂込めたお取り組みに衷心より御礼申し上げます。

祝辞

石川県知事　谷本　正憲

近江町市場が開設３００周年の節目を迎えられましたことを心からお祝い申し上げます。

近江町市場は、藩政期に開設されて以来３００年の長きにわたり、「市民の台所」として金沢の食文化を支え続け、金沢市民はもとより、多くの県民に親しまれるとともに、今やその名は全国に広く知られています。これもひとえに近江町市場商店街振興組合の歴代理事長をはじめ、役員、組合員の皆様の並々ならぬご尽力の賜物であり、深く敬意を表します。

さて、通りを挟んだ店構えなど市場独特の風景や、売手と買手による活気あるやりとりが愛されてきた近江町市場ですが、平成に入ってからは、これまで築きあげてこられた近江町らしさを継承しつつ、「近江町いちば館」の整備や日曜営業の開始など、利便性の向上が図られ、より幅広い層から親しまれる、近代的な魅力ある市場として更なる発展をとげられました。

また、平成27年3月の北陸新幹線金沢開業により、「市民の台所」として親しまれてきた市場は、石川の魅力ある食を求めて、国内外から多くの観光客が訪れる石川県を代表する観光地に飛躍を遂げ、連日、大いに賑わっています。

現在は、新型コロナウイルス感染症の影響を受けていますが、こうした中にあっても、昨年4月に「近江町ふれあい館」がオープンするなど、着実に市場の活性化に向けた取り組みを進められており、今後とも、市場のみならず県都金沢、ひいては本県の発展にご尽力いただくことを期待しています。

県としても、引き続き、皆様や関係機関と連携を図りながら、都心部の魅力向上や商店街の活性化による賑わい創出、観光誘客の拡大に取り組んでまいります。

最後に、この３００年の歴史の中で培ってこられた信用と伝統を末永く守り続け、加えて近代的な魅力ある市場として、近江町市場商店街がより一層繁栄されますことを心からご祈念申し上げ、お祝いの言葉といたします。

祝　辞

金沢市長　山野之義

この度、近江町市場開設300周年を記念して、「近江町市場三百年史」が上梓されますことを心からお慶び申し上げます。

近江町市場は、享保6年（1721年）の開設以来、生鮮食料品を中心に取り扱い、今日までの発展を遂げてこられました。

この300年の間、時代は大きく移り変わり、藩政期から明治維新による近代化、2度にわたる大戦、戦後復興からの高度成長と繰り返し押し寄せた景気変動の荒波、そして現在の新型コロナウイルス感染拡大など、近江町市場を取り巻く環境には幾度となく大きな転機がありました。こうした時代の変遷を乗り越え、金沢市民の台所として、地域から愛され、伝統を守り続けてこられたことに敬意を表するとともに、引き続き、近江町市場憲章に掲げる、伝統に対する誇りと感謝の心を胸に、食を通して地域社会に貢献する市場づくりに努めていただくことを期待いたします。

また近年では、北陸新幹線開業を機に、以前にも増して多くの観光者が来場されるようになり、更なる活気と賑わいがもたらされております。これも市場関係者の皆様方のご尽力により、近江町の伝統的な雰囲気を残すとともに、高いおもてなしの意識が醸成されている賜物であります。

本市といたしましても、金沢の豊かな食文化を継承発展させていくとともに、「世界の交流拠点都市金沢」の実現に向けて、歴史と伝統、文化を活かした、魅力と活力あふれるまちづくりに取り組んでまいりますので、変わらぬお力添えをお願いいたします。

300周年を機に、近江町市場が今後ますます発展されますことを祈念申し上げ、お祝いの言葉といたします。

敢《あ》えて為《な》す

石川県中小企業団体中央会会長
前金沢市長
山出　保

近江町市場に小売機能を残し、仲買、卸売機能を西念地区に移し、中央卸売市場を開設したのが、一九六六（昭和四一）年でした。

市場運営の効率化、合理化だけでなく、都心の交通負荷の軽減などまちづくりの面での貢献も大きかったのです。

それから四十年近く、近江町市場（武蔵ヶ辻第四地区）の再開発が俎上《そじょう》にのることとなります。十五階とか、あるいは五階、六階、七階とかの計画が出ては消え、消えては出ました。自ずと市側から「身の丈に合った計画に」、「再開発ではなく、再整備と呼ぼう」、「対面販売と裸電球の雰囲気はぜひ残そうよ」などの提案があり、これには市場の組合側も異論はありませんでした。こうして二〇〇〇（平成一二）年度のこと、低容積型の計画とすることが決まったのです。

それから約二十年、いま社会は、世界的なコロナ禍の真っ只中にあります。もともと人の集まる市場に、密閉・密集・密接を避けることは難しい。さりとて拱手傍観は許されません。加えて市民の台所を預かる市場に、観光客を迎えねばならないとは、未だかつてなかったこと。いまは市場始まって以来の難局というべきかも知れません。

私は、観光とはガバナンスであると思います。観光業、旅館宿泊業、交通業、市民代表、行政に市場関係者が集って協議するプラットホームをつくり、ここで日常の市場内の事案の調整、解決を図ってはいかがでしょう。

さて、近江町市場三百年の歴史をひもときましょう。我が先人達は、折々に「敢《あ》えて為《な》す」の気構えで難しい事態に対処してきました。大胆に、周到に、それでいて市場憲章の趣旨に添い、また、近江商人の商道徳である「売り手よし、買い手よし、世間よし」のいわゆる「三方よし」の基本に立ち返って振る舞ってきて今日があります。

こうした歴史の真実に学びつつ、私は、近江町市場の限りない前進と繁栄を心から祈るものです。

目次

第1部　近江町市場のあゆみ

記念インタビュー

寄稿「近江町市場を回顧する」

歴代会長・理事長

青草辻近江町市場自治協会 歴代会長
近江町市場商店街振興組合 歴代理事長

自治協会初代会長

矩 繁命

昭和21年2月～33年5月

自治協会2代会長

紙谷 栄次郎

昭和33年5月～39年5月

自治協会3代会長・振興組合初代理事長

比賀 和吉

自治協会 昭和39年8月～40年3月
振興組合 昭和40年4月～44年3月

振興組合５代理事長

柚木　繁

昭和57年5月～平成8年7月

振興組合６代理事長

小畑　四郎

平成8年7月～12年5月

振興組合７代理事長

荒井　角男

平成12年5月～24年6月

振興組合２代理事長

荒井　知行

昭和44年4月～45年5月

振興組合３代理事長

北形　三次郎

昭和45年5月～47年5月

振興組合４代理事長

成瀬　清次

昭和47年5月～57年5月

近江町市場商店街振興組合 役員

専務理事 経理委員長
出口　力
大口水産㈱

副理事長 販売促進委員長
松本 雅之
大松水産㈱

第８代理事長 総務委員長
吉村　一
㈱丸年呉服店

常務理事 ビジョン委員長
紙谷 一成
ヤマカ水産㈱

副理事長 苦情処理委員長
牧　友喜雄
牧果実店

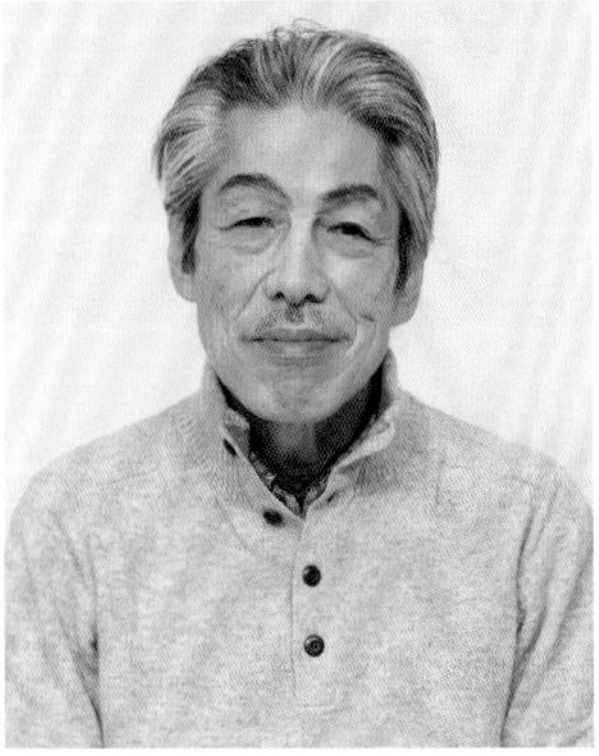
常務理事 厚生環境委員長
安田 恒夫
市安商店

副理事長 百貨部長
成瀬 謙次
㈱成瀬種苗店

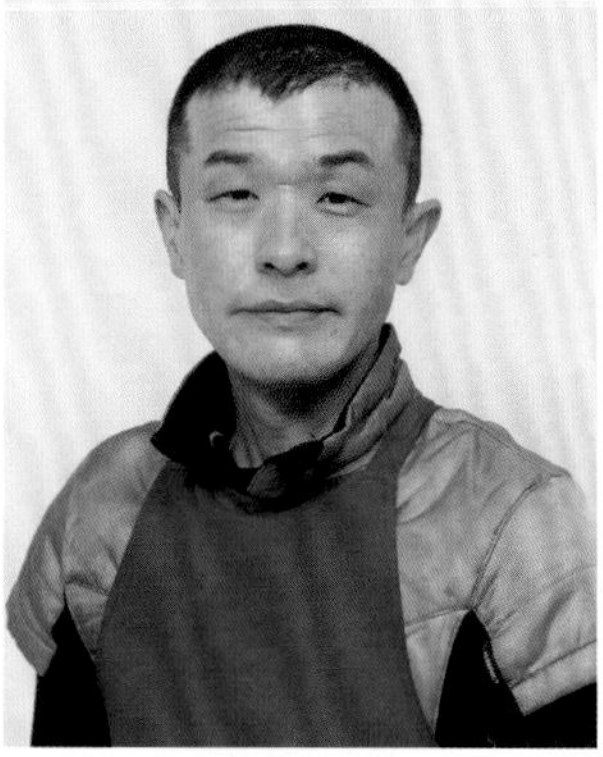

理事 精肉部長
則竹 良一
鳥由

理事 防火防災委員長
浅井 清治
㈱浅井商店

常務理事 事務長
江口 弘泰
近江町市場商店街振興組合

おかみさん会会長
牧　志津子
牧果実店

理事 交通防犯委員長
西岡 憲蔵
キャラバンサライ㈱

理事 施設改善委員長
坂本　実
㈲一念大助

青年部長
坂野 浩章
フルーツ坂野

理事 食品衛生委員長
柚木 陽一
ダイヤモンド商事㈱

理事 料理指導委員長
忠村 健司
㈱忠村水産

近江町市場商店街振興組合事務所

近江町市場開設300年記念ロゴマーク

マスコットキャラクター「ちかちゃん」（左）、
「えっちゃん」（右）

デザイン意図

店員とお客さんのやり取りをロゴに落としました。お互いの関係があったおかげで300年続き、これからも無限に続くことを意味するムゲンの記号を基に、手と手を繋ぐ構図でロゴを作りました。（製作者：横西千奈＝金沢情報ITクリエイター専門学校1年〈当時〉）

近江町市場の1年

1月　初売り 餅つき

1月　七草がゆふるまい

2月　近江町鍋大会（フードピア協賛）

2月　山菜入荷

4月　春まつり

4月　県内産タケノコ入荷

5月　放水一斉清掃

6月　らっきょう入荷

6月　梅の実入荷

7月1日　氷室の日

7月　氷柱設置

7月　土用の丑の日

8月　ちびっこ絵画コンクール展示

9月　底引網漁解禁

11月　カニ漁解禁

12月　正月用品販売

10月　大行燈まつり

10月　能登産マツタケ入荷

近江町市場の1日

早朝

午前6時過ぎ　鮮魚店の店づくりが始まり、まず氷が届きます

午前6時頃　始まりました近江町市場。氷の準備OK

午前6時半頃　届いた氷をスコップで敷き詰めます

午前6時半頃　中央卸売市場から仕入れた魚が到着

午前7時頃　魚が店頭にどんどん並べられます

午前7時頃　青果店にも中央卸売市場から商品が届きます

午前8時過ぎ　青果各店で品物が並べられていきます

午前８時半頃　青果店の店づくりが進み、彩り豊かな店頭になります

朝

午前8時過ぎ　蒲鉾店で製造作業が本格化します

午前8時過ぎ　仕入れに来た料理人たちが魚の品定めをします

午前10時頃　地元の買い物客や観光客が次々に来場します

昼

正午頃　惣菜店では、午後からの仕事の段取りを考えながらの昼食

午前11時半頃　青果店の奥ではお客のいないうちに腹ごしらえ

午前11時過ぎ　社内食堂で早朝から働いていた人たちの昼食が始まります

正午過ぎ　近江町いちば館にある従業員休憩室では、午後の仕事の前に談笑したり、読書をしたりしてくつろぎます

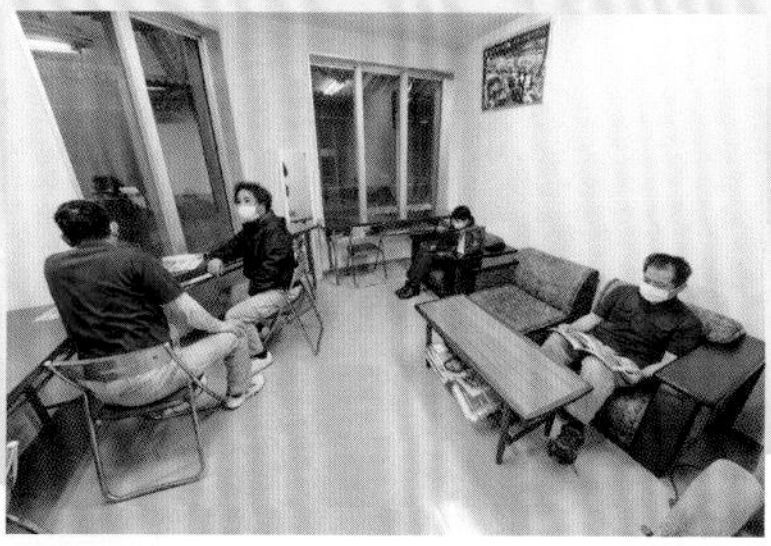

正午過ぎ　女性社員たちは社員食堂で楽しい昼食

午後

午後　市場では観光客や地元客が買い物を楽しみます

午後4時頃　鮮魚店ではホースで散水し念入りな清掃が始まります

午後4時頃　青果店でも商品の片付けが始まります

午後4時過ぎ　大事な商品を冷蔵庫に運びます

午後4時半頃　青果店では品物ごとに手際よく片付けが

午後4時半過ぎ　ショーケースのガラスもきれいに拭き掃除されます

午後5時半頃　商店の明りが消え、すっかり暗くなった通り

近江町市場散策①
鮮魚通り口⇩ふれあい館広場
買物通り口⇩上近江町通り

（令和2年12月撮影）

金沢中央信用組合

大口水産配送センター　ヤマト運輸近江町宅急便センター

鮮魚通り口

ふれあい館　堀他近江町店

ふれあい館　ぶった農産近江町市場店

上近江町通り　近江町市場冷蔵庫

ふれあい館　貸キッチンスタジオ

ふれあい館　貸会議室

ふれあい館　逸味潮屋近江町ふれあい店

ふれあい館　茶のみ近江町店

ふれあい館広場

上近江町通り　忠村水産本社・卸部

買物通り口

上近江町通り　大松水産旬彩焼

上近江町通り　近江町海鮮丼家ひら井本店　酒の大沢近江町店

上近江町通り　舟楽

上近江町通り　よこい青果

上近江町通り　鮨処源平　じもの亭

上近江町通り　大口水産業務部　一念大助

上近江町通り　いっぷく横丁

上近江町通り　大口水産塩干部

上近江町通り　大口水産冷凍・発送　ヤマカ水産鮮魚通り店

近江町市場散策②

鮮魚通り⇩エムザ口

（令和2年12月撮影）

鮮魚通り　大口水産本社・鮮魚

上通り　大松水産本社・鮮魚部・塩干部　　**鮮魚通り**

鮮魚通り　三洋商店　宏昌果実支店

鮮魚通り　久安青果　宏昌果実本店　大松水産刺身部

新通り　川木商店　　**鮮魚通り**

鮮魚通り　新力水産　　**中通り**

鮮魚通り　蒲富士食品　中屋食品

鮮魚通り　忠村水産小売部

鮮魚通り　杉本水産

鮮魚通り　刺身屋　柚木草花園

鮮魚通り　まるひな良縁堂　のざきの焼魚

鮮魚通り　近江町食堂　清商店　なんば商店

鮮魚通り　市場めしあまつぼ　昆布の比賀

鮮魚通り　大倉近江町店　海鮮丼の店こてつ

鮮魚通り　**エムザロ**

天狗中田近江町店　喫茶闌伽　むすび近江町市場店

エムザロ

エムザロ　フルーツきたむら

鮮魚通り　清商店　すゞめ近江町市場店

近江町市場散策③

活性化広場⇩パーキング口⇩上通り

（令和2年12月撮影）

活性化広場

活性化広場　東出珈琲店

パーキング口

十間町通り　なるせフラワーガーデン　　活性化広場

上通り　海道屋　まぐろ海道　牛勝　　パーキング口

上通り　鮨えのめ　おにぎりのポッポ

上通り　井ノ弥

上通り　松本日光舎近江町店　　パーキング口

上通り　鮨えのめ　田中青果店

上通り　豆腐家しば田

上通り　大松水産塩干部

上通り　あさ井屋

上通り　近江町市場寿し上近江町店

上通り　岩内蒲鉾店　百万石うどん本店

上通り　大口水産刺身・寿司

上通り　大八青果

上通り　いいね金沢　世界の食品ダイヤモンド

近江町市場散策④ 十間町口⇩中通り

（令和2年12月撮影）

中通り　味の穴場長崎出島　鮨歴々近江町店　金澤屋珈琲店　十間町口

十間町口

中通り　奥野菓子舗　魚旨里味　泉屋

十間町口　能加万菜市場屋　中通り

中通り
着物レンタルあかり　muta muta　みのやキッチン　おいも家

中通り　鮨えのめ　和平中通り店

中通り　島田水産　三洋商店

中通り　近江町大漁神社

中通り　石丸食品

中通り　海鮮丼いちば

中通り　オーミスーパー　清正商店

中通り　ヤマカ水産中通り店　牧果実店

中通り　役山商店　ダイヤモンド精肉部　海道宮崎店

中通り　橋本果実店　あげ丸天かさい

中通り　成瀬種苗店

中通り　土谷商店　百萬商店　**青果通り**

青果通り　世界の食品ダイヤモンド　**中通り**

近江町市場散策⑤

（令和2年12月撮影）

下近江町通り⇩青果通り口⇩市姫神社口

近江町ふれあい館　駐車場

大口商事

ふれあい館　金沢中央郵便局近江町サテライト

ふれあい館　牧宅急便

下近江町通り　ヤマカ水産　もりもり寿し作業場

下近江町通り
ヤマカ水産　北形青果中央店　天狗中田武蔵店

青果通り口

下近江町通り　松本　カナカン・ジョイ

青果通り口

青果通り　近江町市場寿し

青果通り　水口青果

市姫神社口　海鮮丼ひかりや　串揚げ×大衆魚ひかりや& yajimon　まるか　ごはん屋たつや　オッチョ
中通り

市姫神社口　山さん寿司本店

中通り　徳一商店　高川物産　**市姫神社口**

市姫神社口

市姫神社口　近江町珈琲　寿美田今川焼　近江町いちば館駐車場　ヤングドライ近江町店

近江町市場散策⑥

むさし口⇩青果通り⇩新通り⇩近江町いちば館広場

（令和2年12月撮影）

むさし口　近江町フラワーマーケット　みやむら　青果通り

むさし口

青果通り　鳥由　天狗中田青草店

青果通り　土橋商店　いきいき亭　むさし口

新通り　二六芝田

青果通り　長谷川商店

青果通り　北形青果本店

いちば館広場　逸味潮屋近江町いちば店　もりもり寿し近江町店　新通り

青果通り　石川青果　赤小商店　北川食品　新通り

新通り　ヤマカ水産新通り店　越山甘清堂近江町市場店　山本青果店

新通り　フルーツ坂野

新通り　海藻ライフ　ダイヤモンド LII

新通り　みなみ　市安商店

いちば館　紙文房あらき

いちば館　丸年ムサシ店

いちば館　能登牛串焼きにぎりたくみ

近江町いちば館広場

北國銀行武蔵ヶ辻支店

いちば館　無添加パンまつや

近江町市場商店街Map

金沢市民の台所、近江町市場。約180軒のお店が軒を連ね、地元の方を始め多くの観光客が訪れる活気溢れる商店街。

近江町市場商店街振興組合
営業時間 9：00～17：00
TEL.076-231-1462　FAX.076-232-5502
URL https://ohmicho-ichiba.com
E-mail:info@ohmicho-ichiba.com

近江町いちば館

1F 飲食＆日用品フロア 9：00～20：00

2F 飲食フロア 11：00～23：00

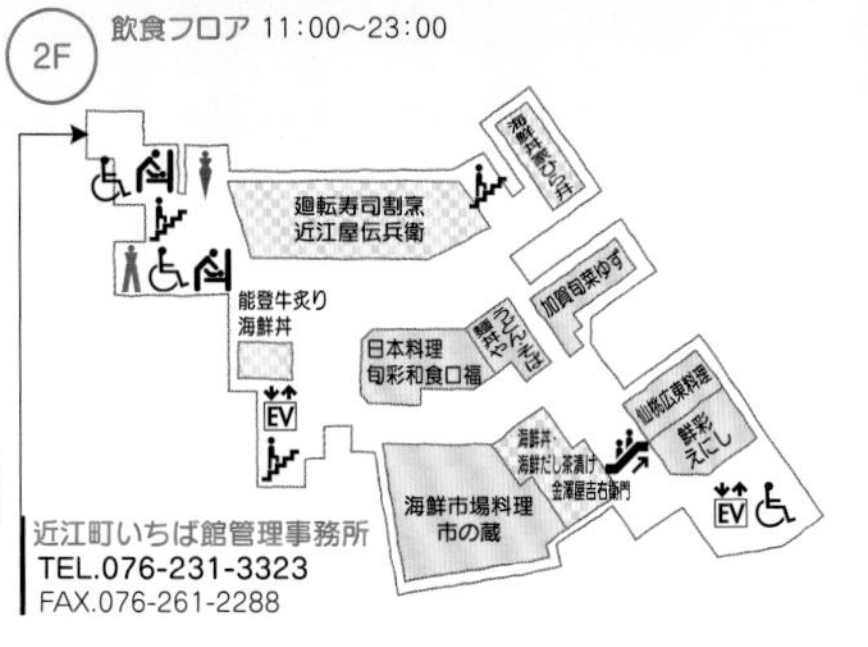

近江町いちば館管理事務所
TEL.076-231-3323
FAX.076-261-2288

3F
金沢アート・グミ TEL.076-225-7780

3F～4F
金沢市近江町交流プラザ
まなびぃ広場 TEL.076-260-6722
9：00～21：00 休館日：水曜・12/29～1/3
食育広場 10：00～21：00
ちびっこ広場 10：00～18：00
【託児予約】TEL.076-260-6724（AM10：00～PM6：00）
金沢市近江町市民センター TEL.076-260-0250
8：30～17：15 休館日：土曜・日曜・祝日・12/29～1/3

5F
金沢市近江町消費生活センター TEL.076-232-0070
介護労働安定センター石川支部 TEL.076-260-1561

2020.11 現在（10,000）

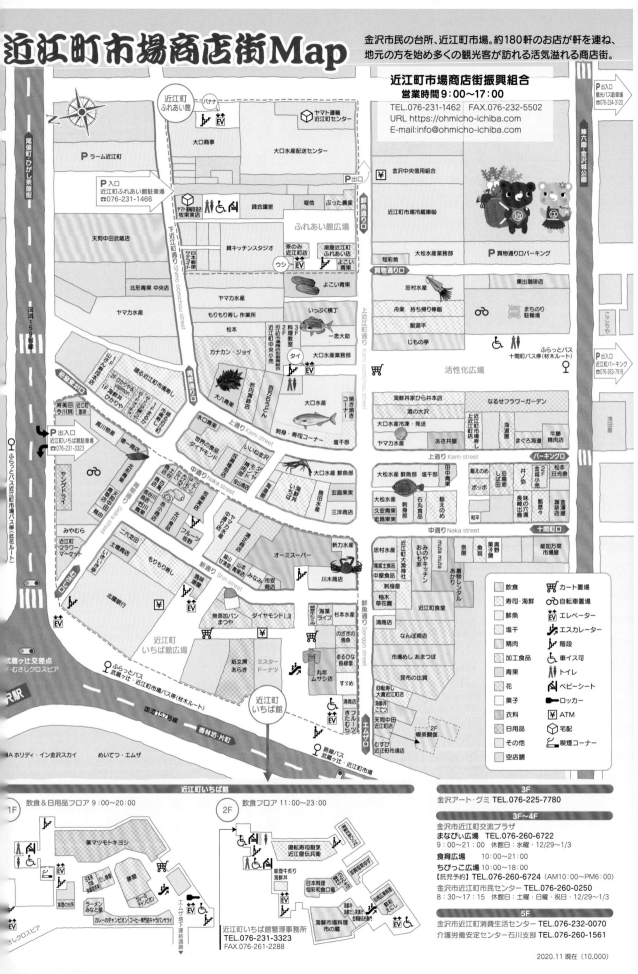

近江町市場散策⑦

近江町いちば館　地下1階

（令和2年12月撮影）

マツモトキヨシ近江町店

夢屋　だし巻屋

良縁堂茶楽

カレーのチャンピオン近江町店　みなと屋

キャラバンサライ武蔵店

能登の台所

近江町市場散策⑧
近江町いちば館２階

（令和２年12月撮影）

金澤屋吉右衛門

仙桃広東料理　鮮彩えにし

市の蔵

旬彩和食口福

近江町海鮮丼家ひら井いちば館店

麺丼や　加賀旬菜ゆず

近江屋伝兵衛

能登牛炙り海鮮丼

近江町市場散策⑨

近江町いちば館 3～5階

（令和2年12月撮影）

〈3階〉ちびっこ広場

〈3階〉金沢市近江町交流プラザ

〈3階〉調理室

〈4階〉金沢市近江町交流プラザ

〈4階〉金沢市近江町市民センター

〈4階〉まなびぃ広場

〈5階〉金沢市近江町消費生活センター

〈5階〉介護労働安定センター石川支部

〈2階〉近江町いちば館管理事務所

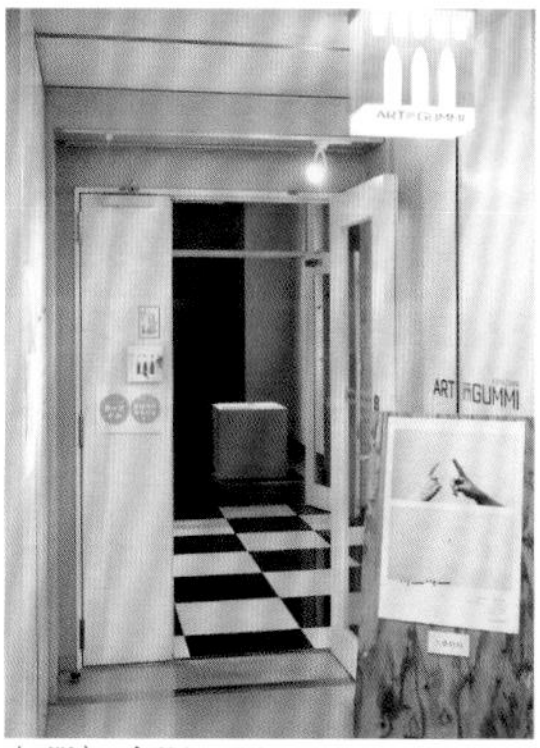

〈3階〉金沢アート・グミ

大行燈絵

本文98ページ

加藤清正虎退治

稲村ヶ崎

近江源氏先陣館

屋島合戦

明治期の商店

『石川県下商工便覧』（明治21年）より（金沢市立玉川図書館蔵）

本文91ページ

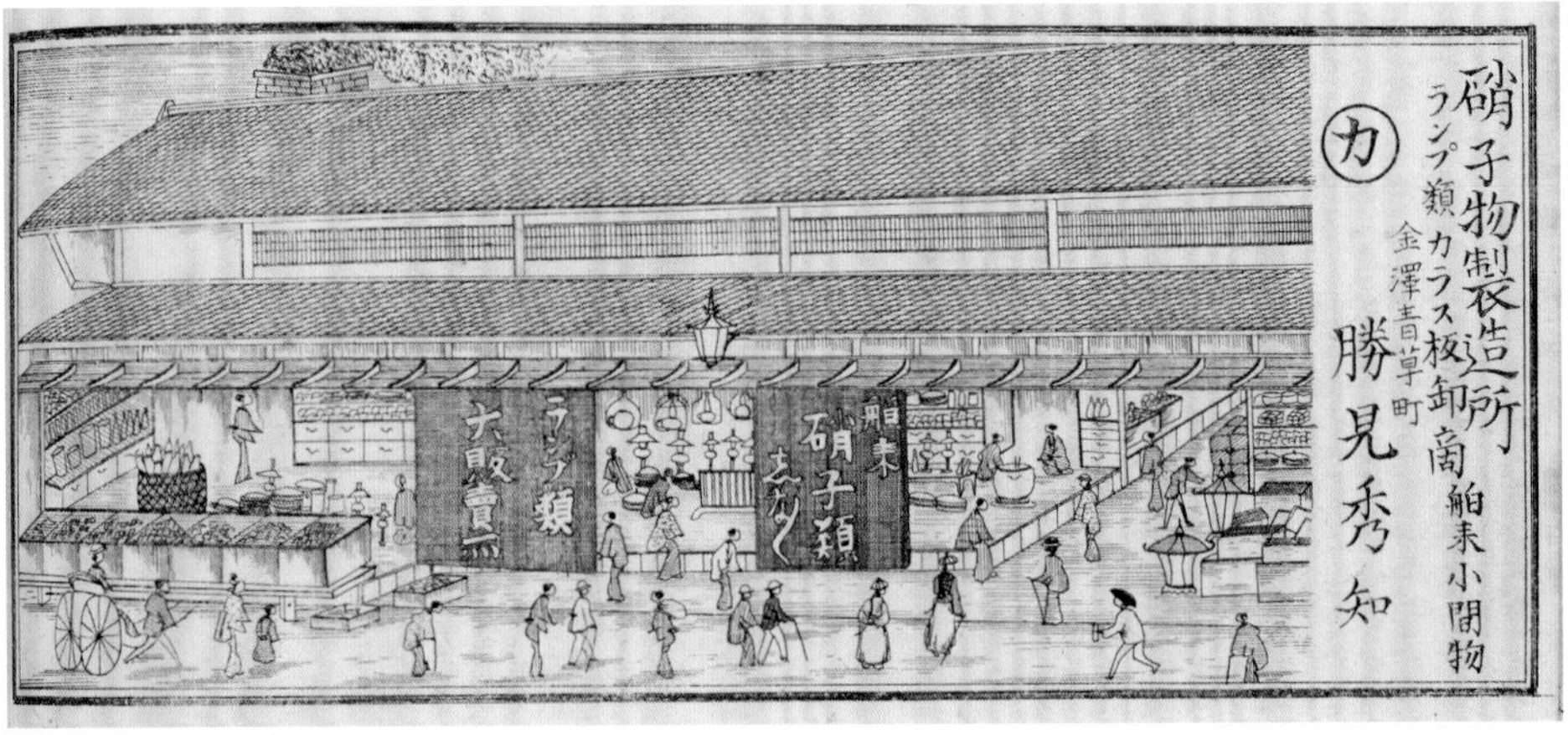

青草町　勝見秀知

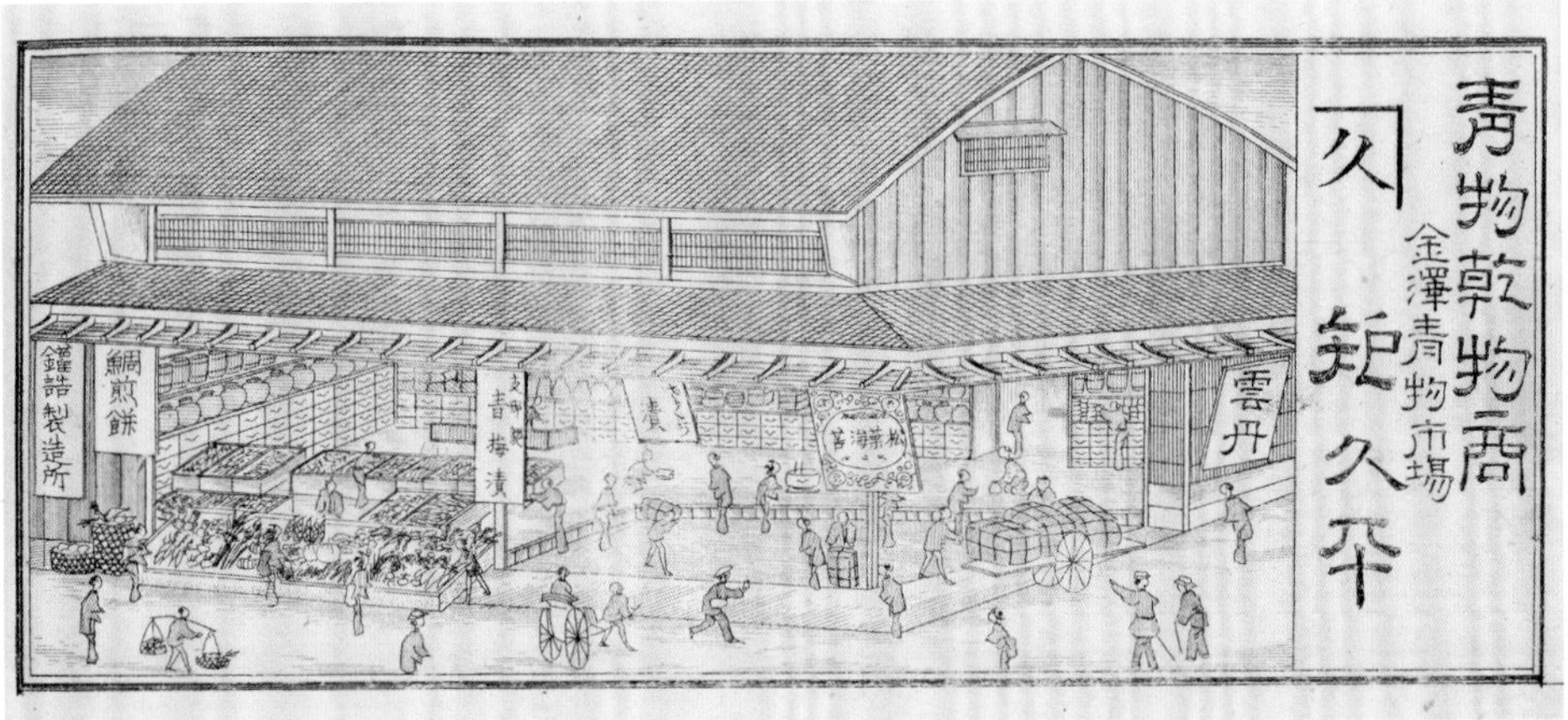

青物市場　矩久平

青草町　越次郎平

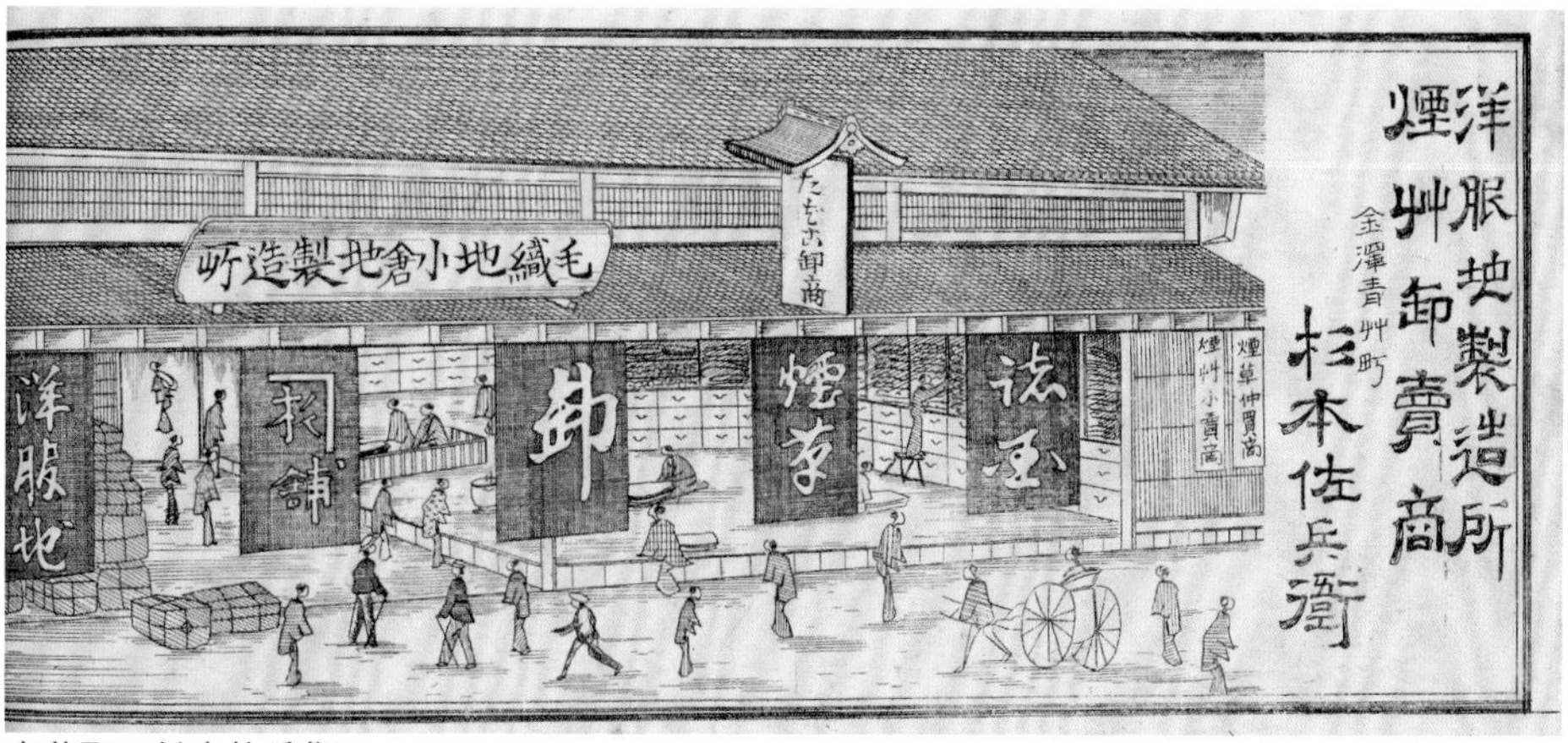

青草町　杉本佐兵衛

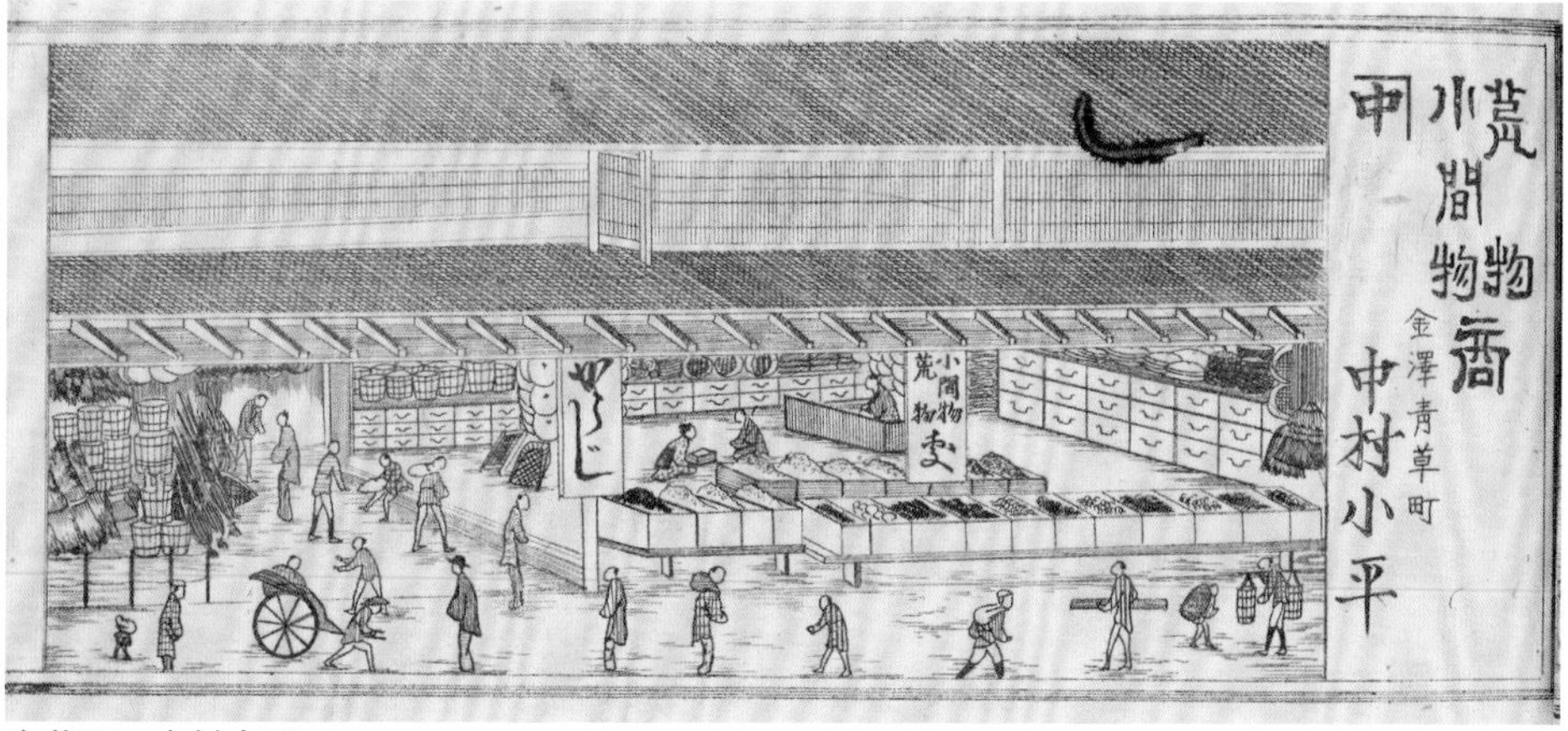

青草町　中村小平

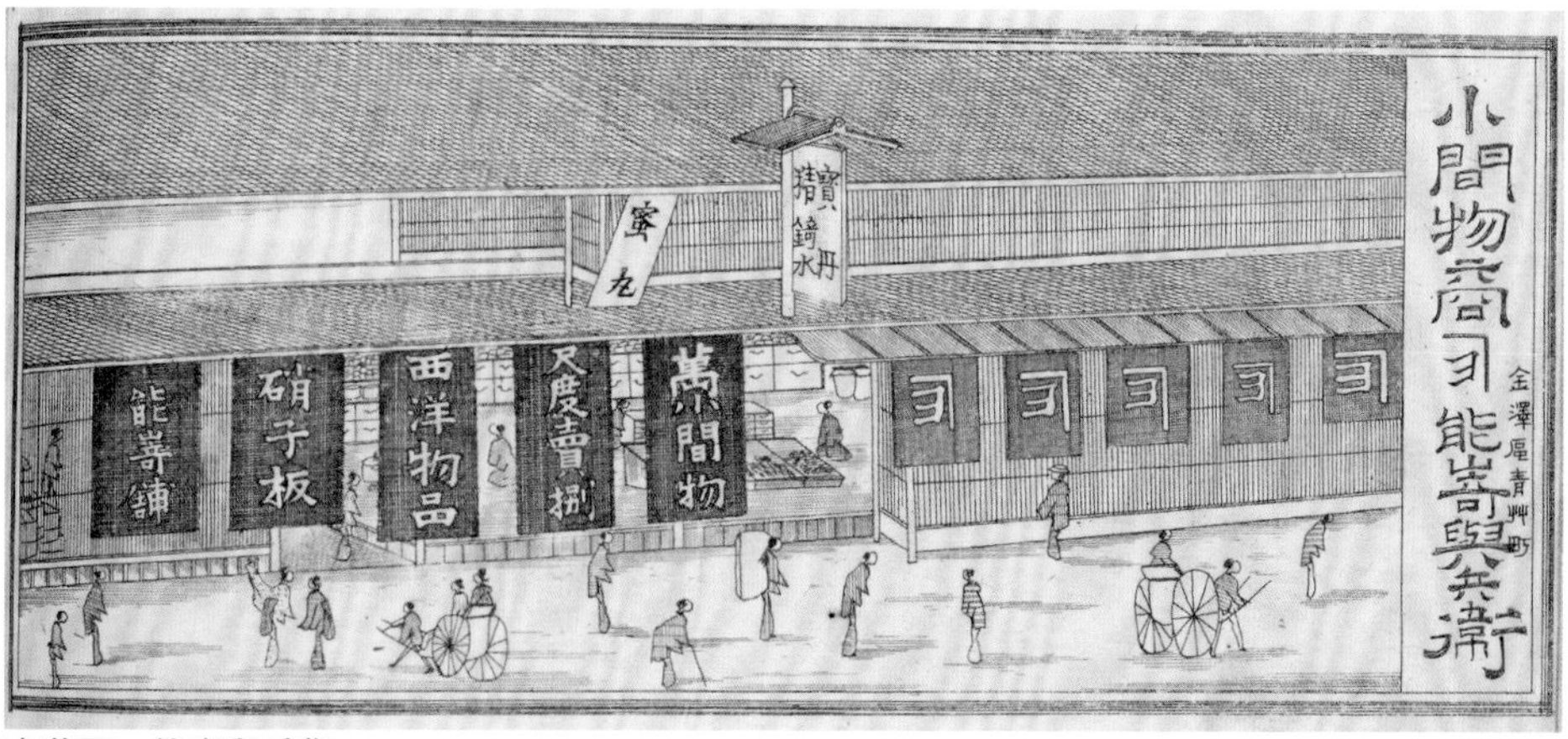

青草町　能嵜與兵衛

明治大正期の引札

本文107ページ

荒木商店　（金沢くらしの博物館蔵）

▼青草町・青草辻・青物市場▼

荒木與平　（金沢くらしの博物館蔵）

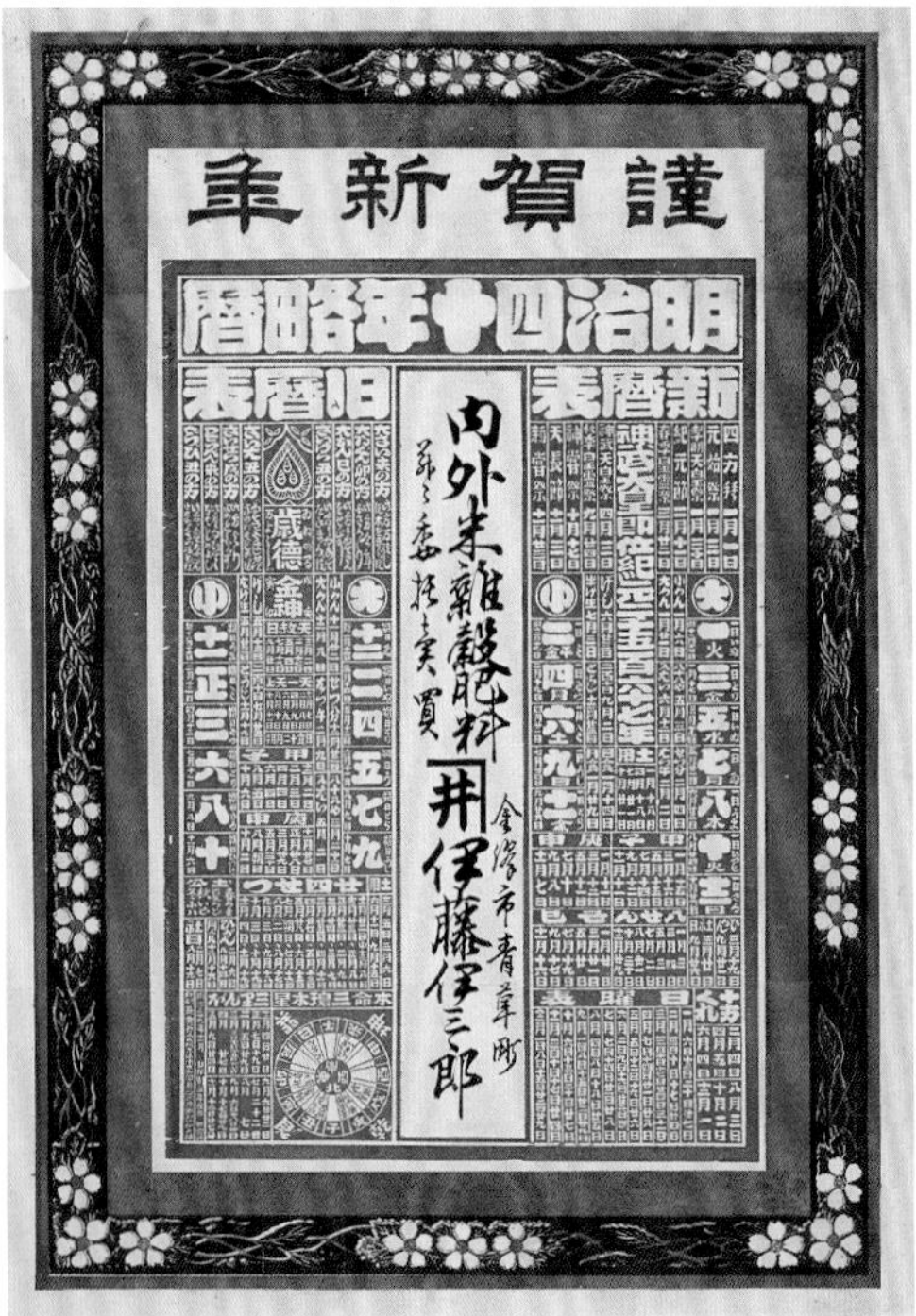

伊藤伊三郎（明治40年）　（石川県立図書館蔵）

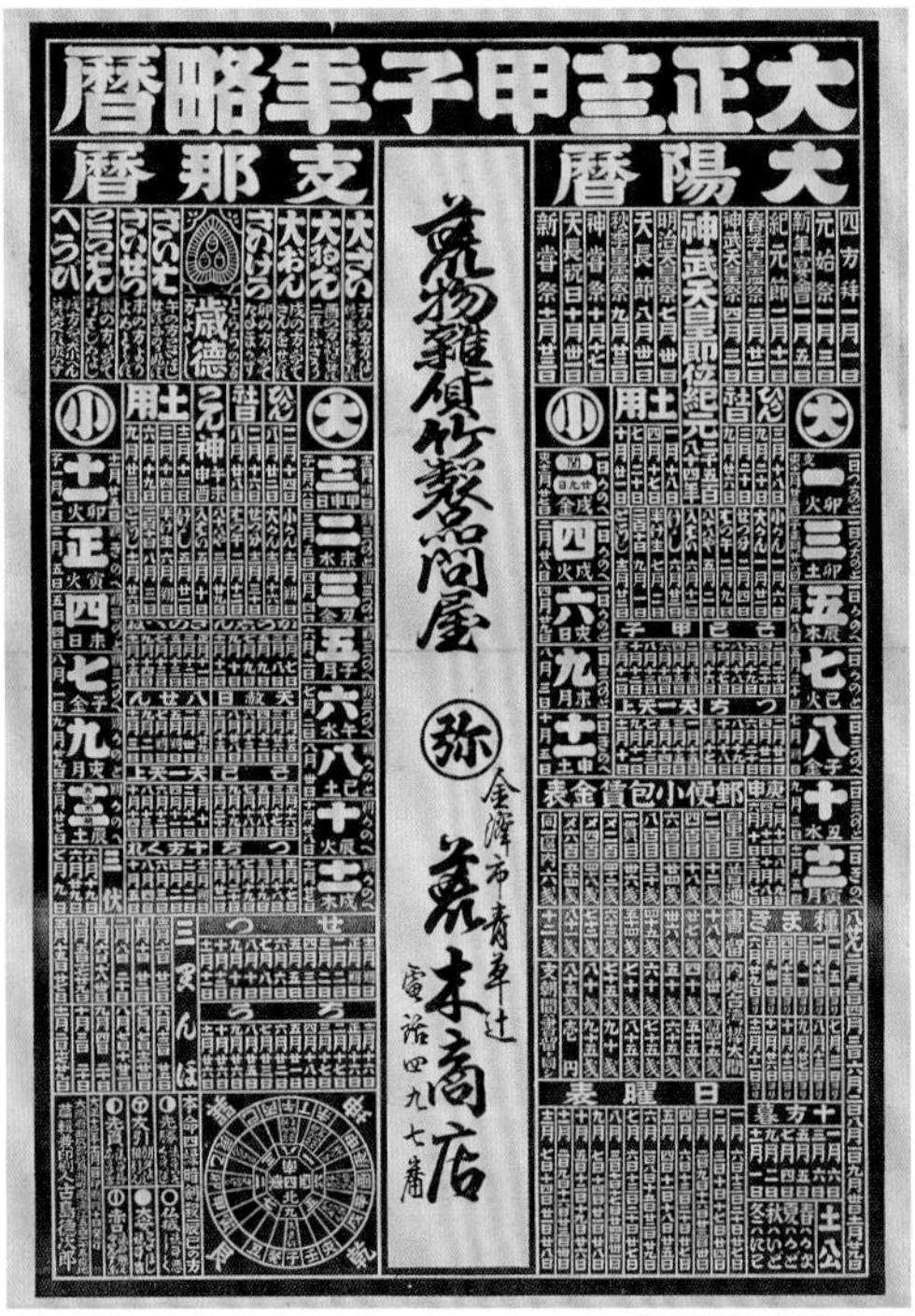

荒木商店（大正13年）　（石川県立図書館蔵）

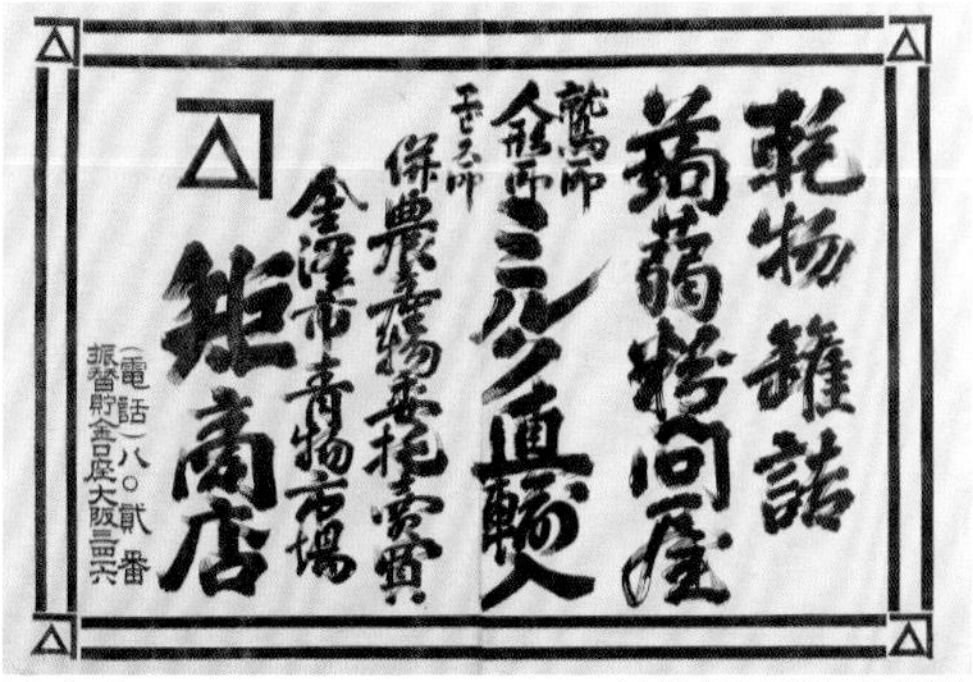

矩商店　（金沢市立玉川図書館蔵）

伊藤伊三郎　（石川県立図書館蔵）

越次郎平　（金沢市立玉川図書館蔵）

上野佐平　（石川県立図書館蔵）

新保小三郎　（石川県立図書館蔵）

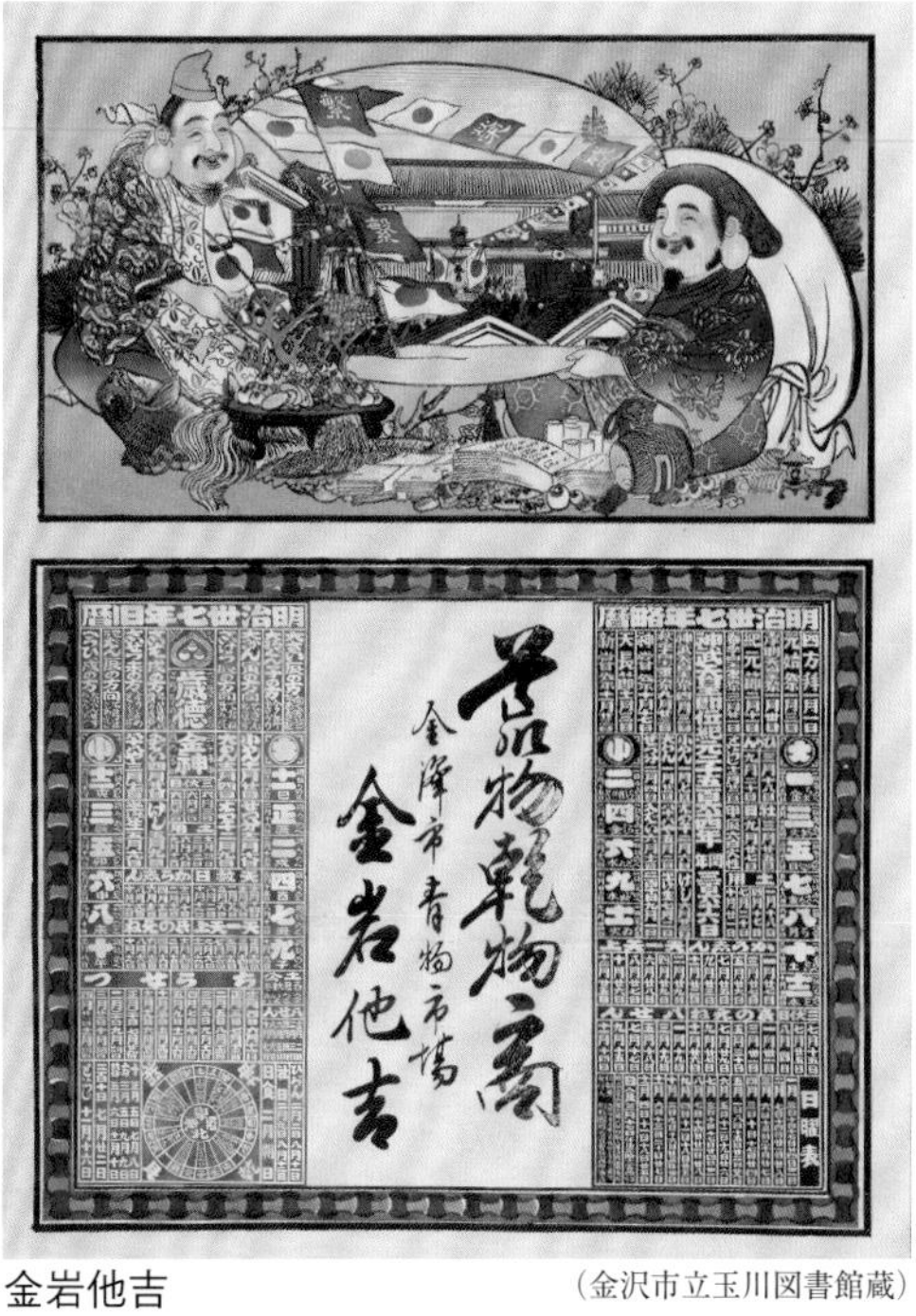

金岩他吉　（金沢市立玉川図書館蔵）

新保小三郎　（石川県立図書館蔵）

民谷太平　（金沢市立玉川図書館蔵）

瀬川商店　（金沢市立玉川図書館蔵）

徳野彌吉郎　（金沢市立玉川図書館蔵）

平松亥三郎　（金沢市立玉川図書館蔵）

丹羽理右衛門　（金沢くらしの博物館蔵）

平松亥三郎　（金沢市立玉川図書館蔵）

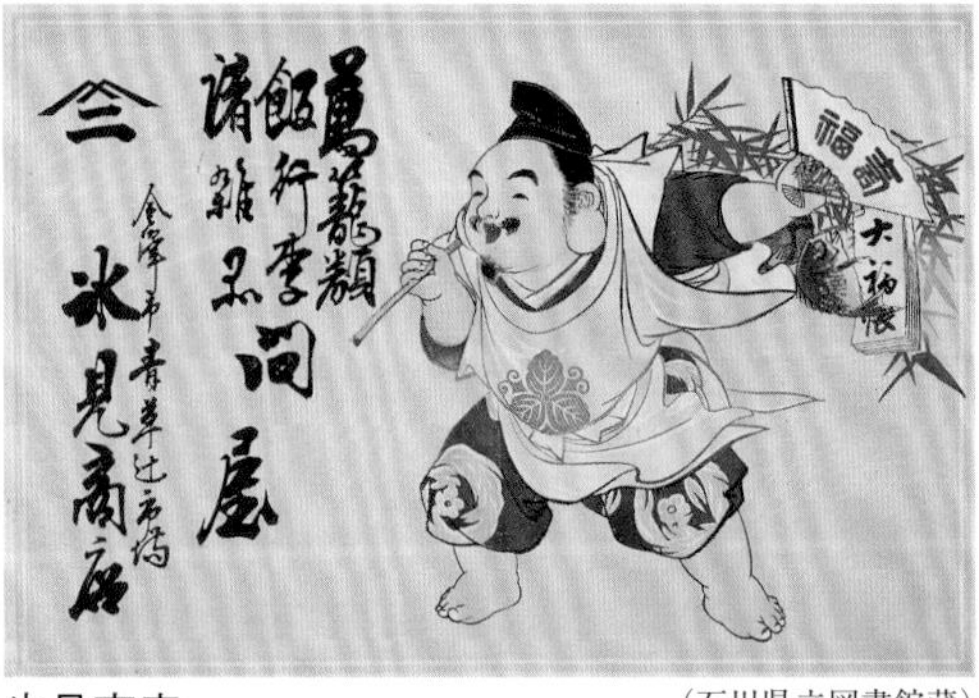

氷見商店　（石川県立図書館蔵）

荒木茂三郎　（金沢市立玉川図書館蔵）

瀧次助　（金沢市立玉川図書館蔵）

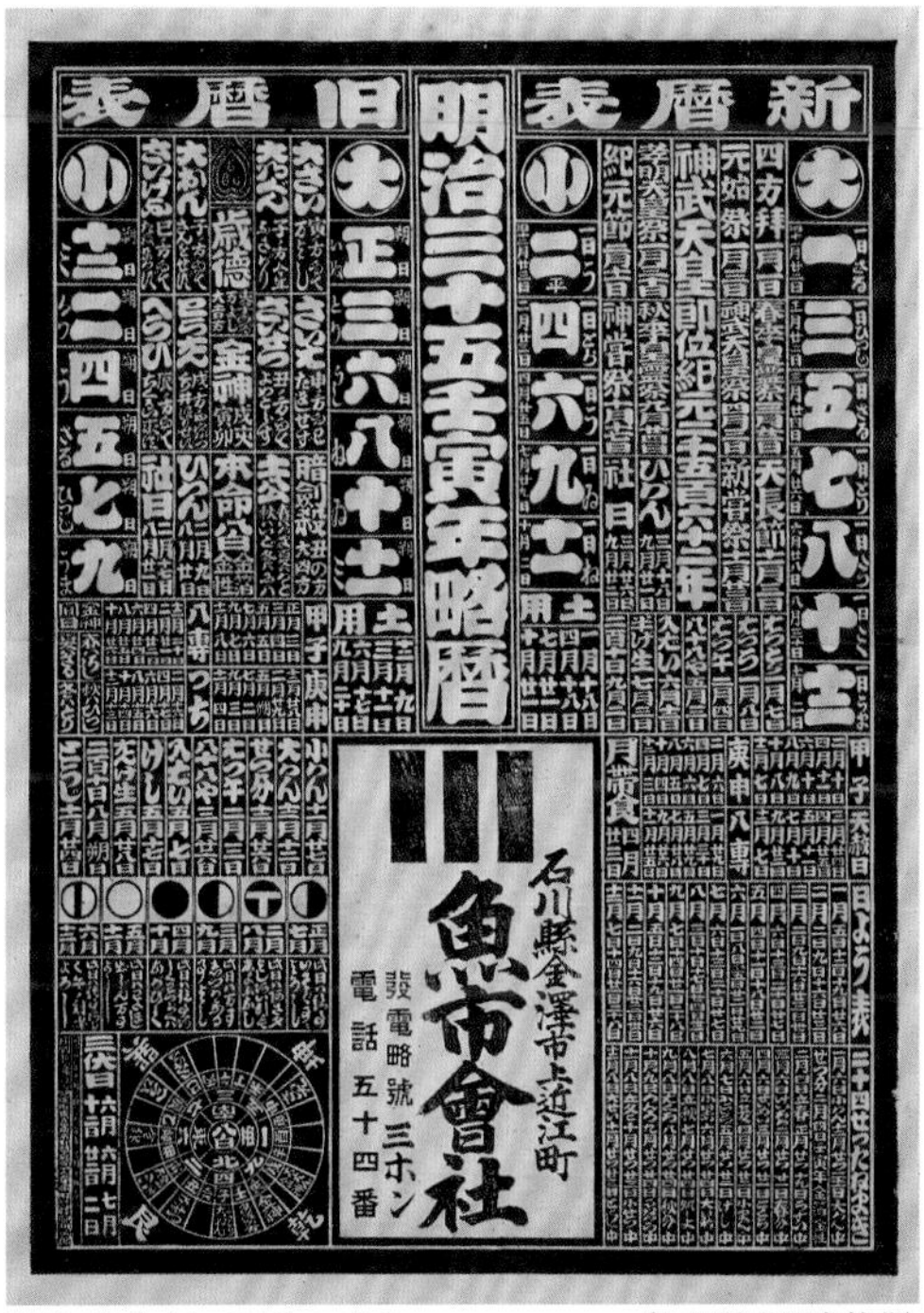

川魚市会社（明治35年）　（石川県立図書館蔵）

綿谷浩太郎　（石川県立図書館蔵）

▼上近江町▼

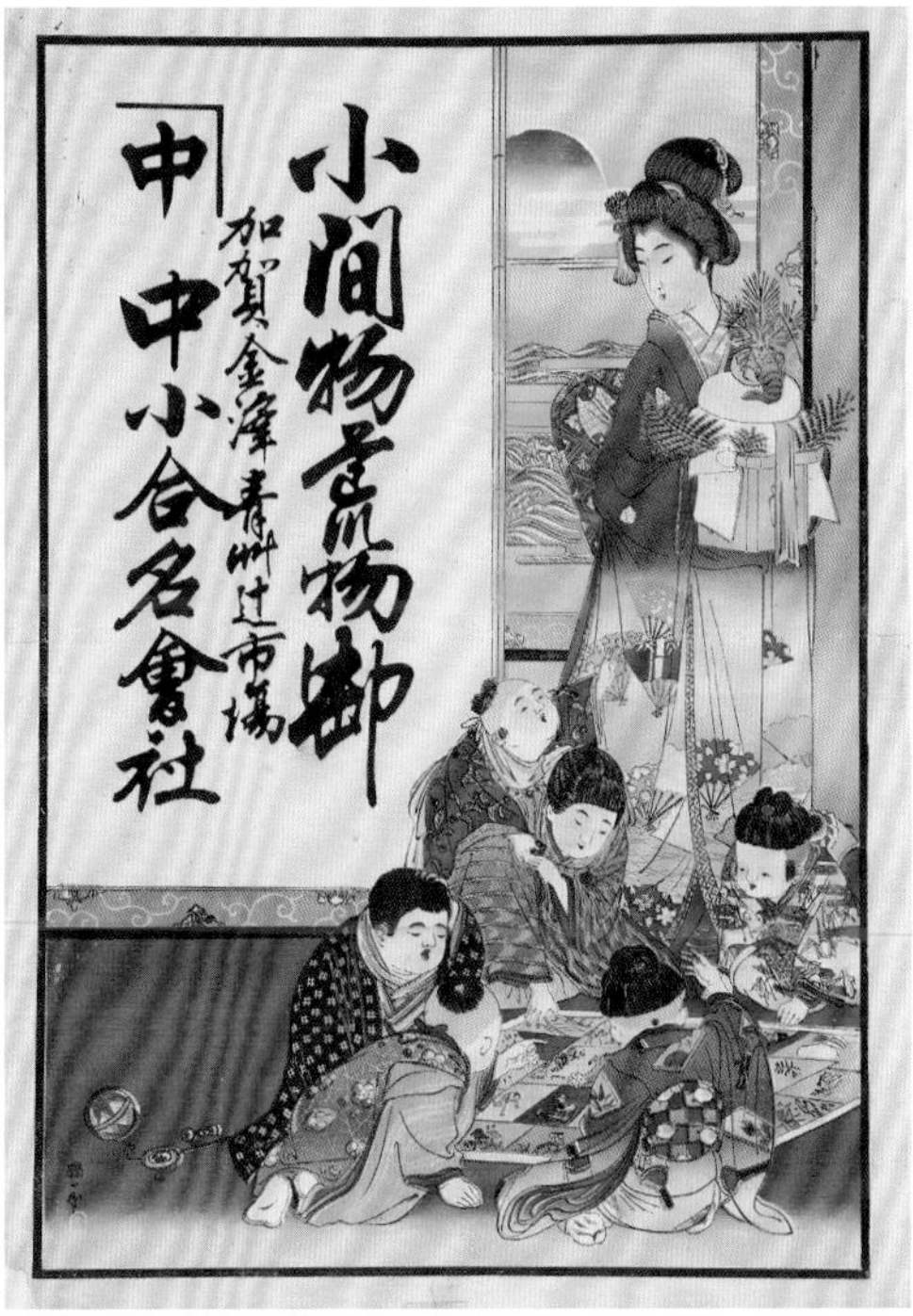

中小合名会社　（金沢市立玉川図書館蔵）

▼上近江町▼

近廣堂　（石川県立図書館蔵）

松本栄信　（石川県立図書館蔵）

越村市兵衛　（金沢市立玉川図書館蔵）

越村市兵衛　（金沢市立玉川図書館蔵）

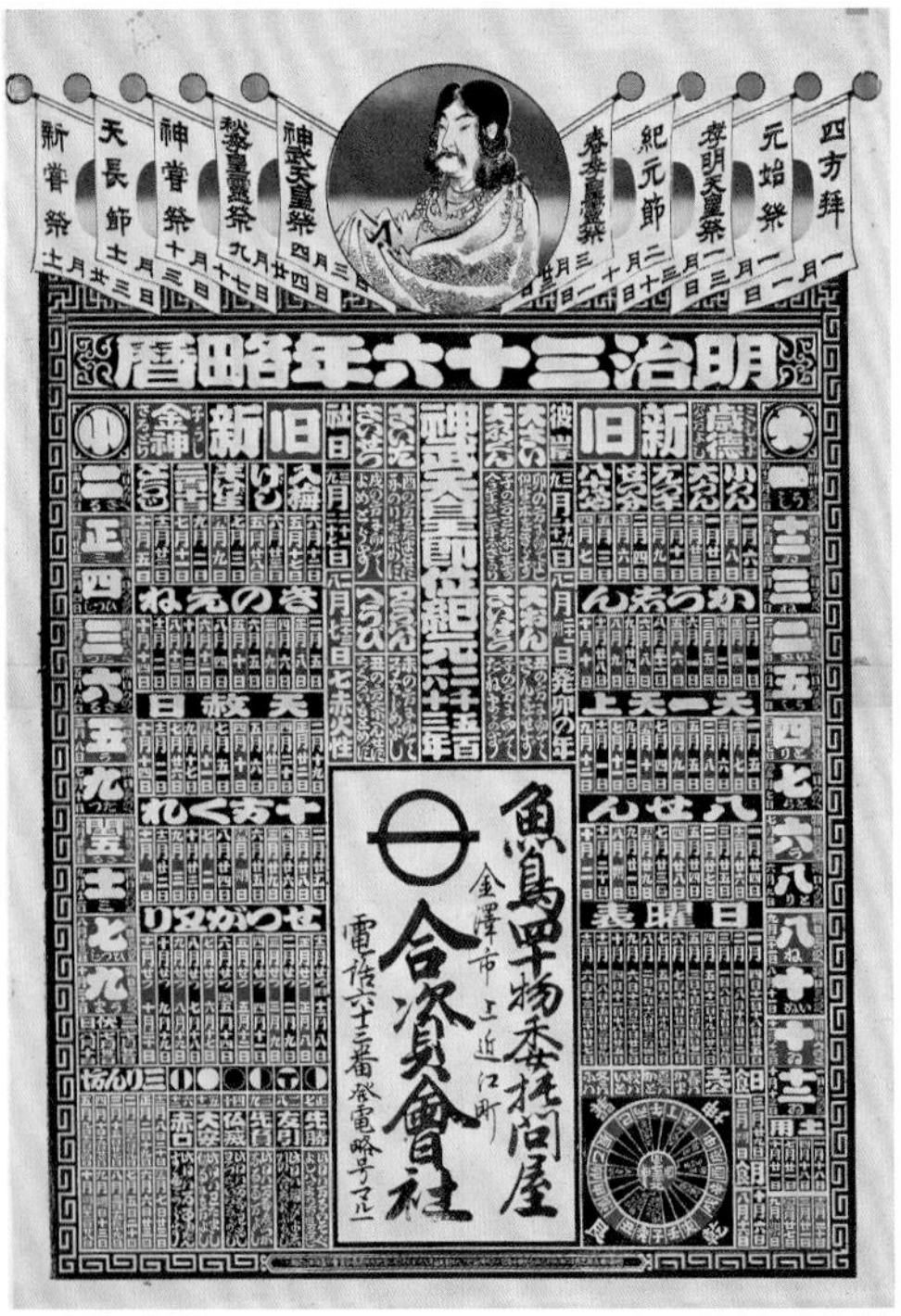

㊀合資会社（明治36年）　（石川県立図書館蔵）

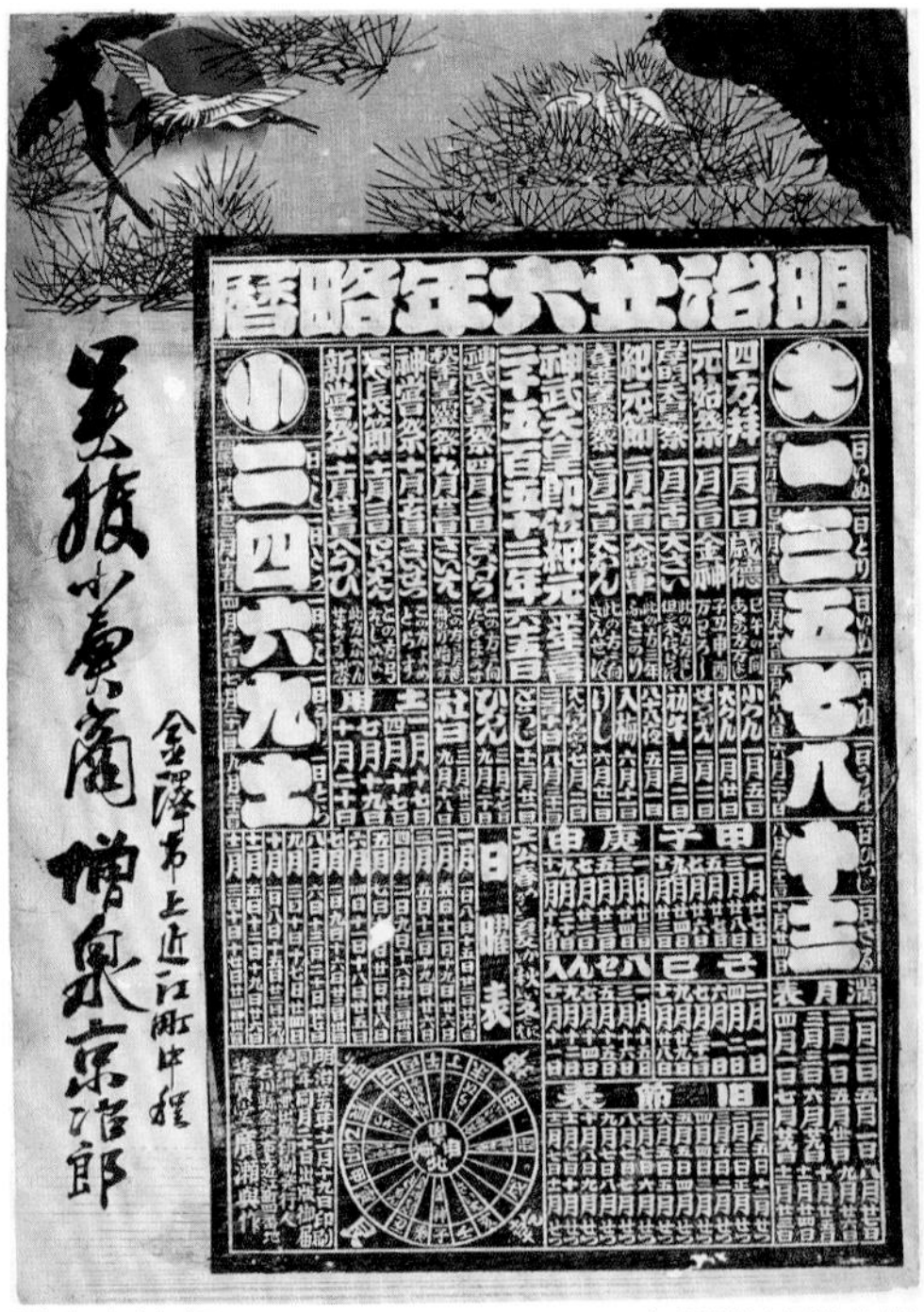

増泉京治郎（明治26年）　（石川県立図書館蔵）

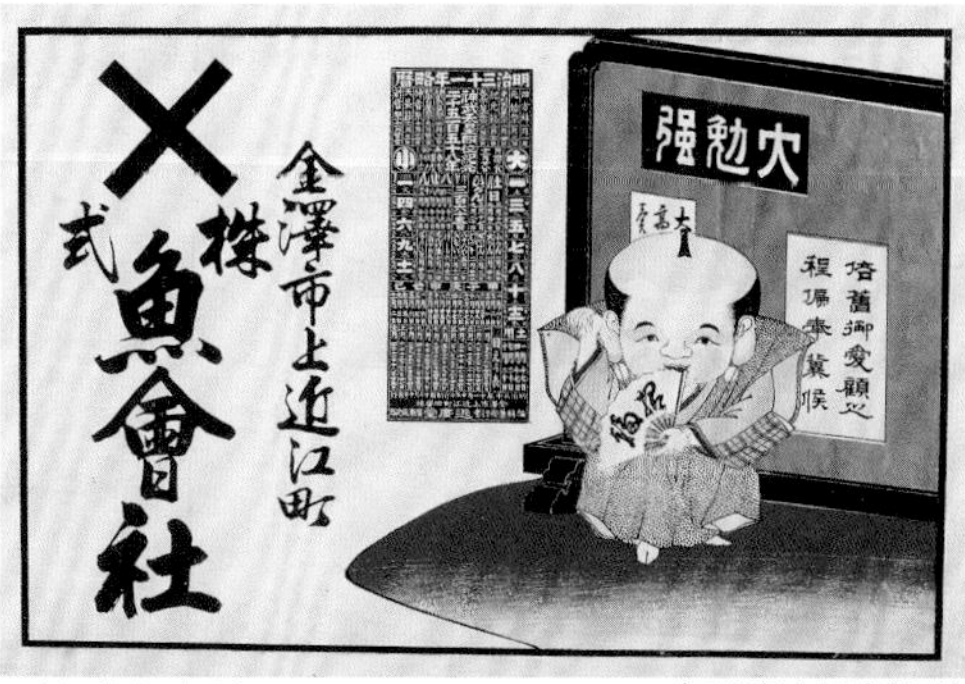

×株式魚会社　（石川県立図書館蔵）

㊀合資会社　（金沢市立玉川図書館蔵）

▼下近江町▼

小阪政吉　（石川県立図書館蔵）

×魚問屋　（金沢市立玉川図書館蔵）

戸田文次郎　（金沢市立玉川図書館蔵）

黒川吉太郎　（金沢市立玉川図書館蔵）

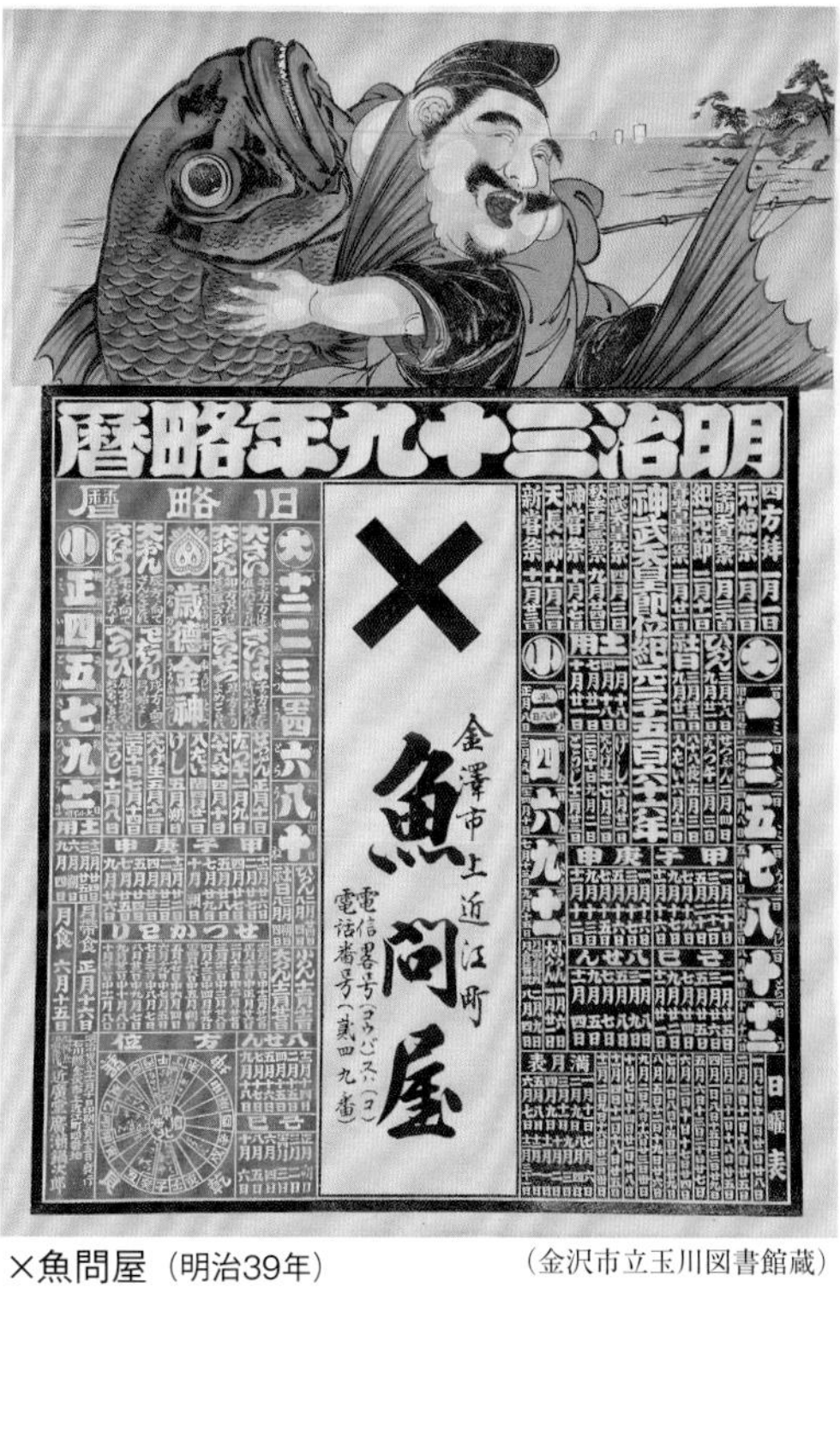

×魚問屋（明治39年）　（金沢市立玉川図書館蔵）

昭和期の絵画・掛け軸

青江会の席画掛け軸　大正9年「大国まつり」記念揮毫（矩康子氏蔵、本文153ページ）

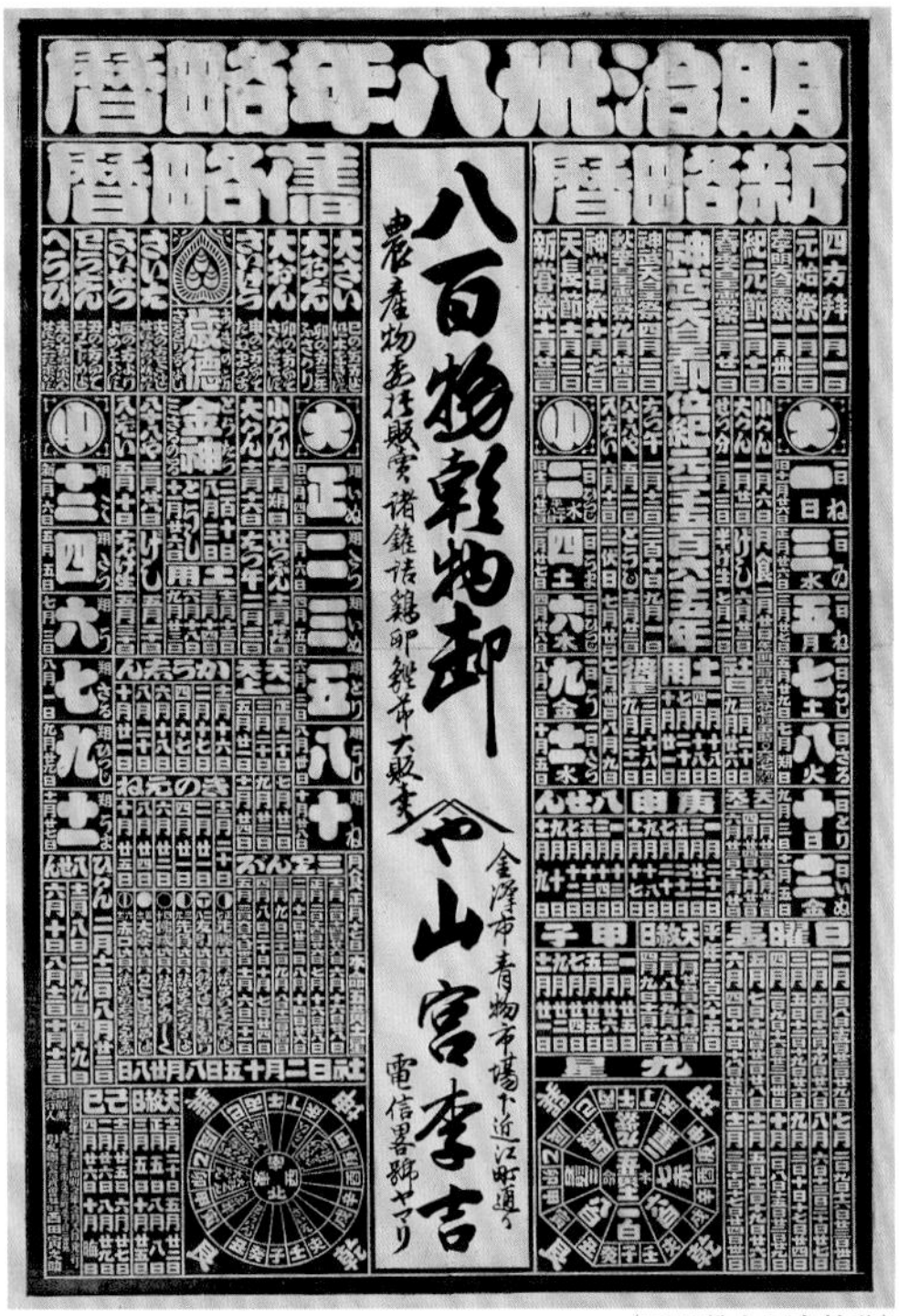

山宮李吉（明治38年）　（石川県立図書館蔵）

利野太平　（石川県立図書館蔵）

▼下堤町▼

丸一石油合名会社　（石川県立図書館蔵）

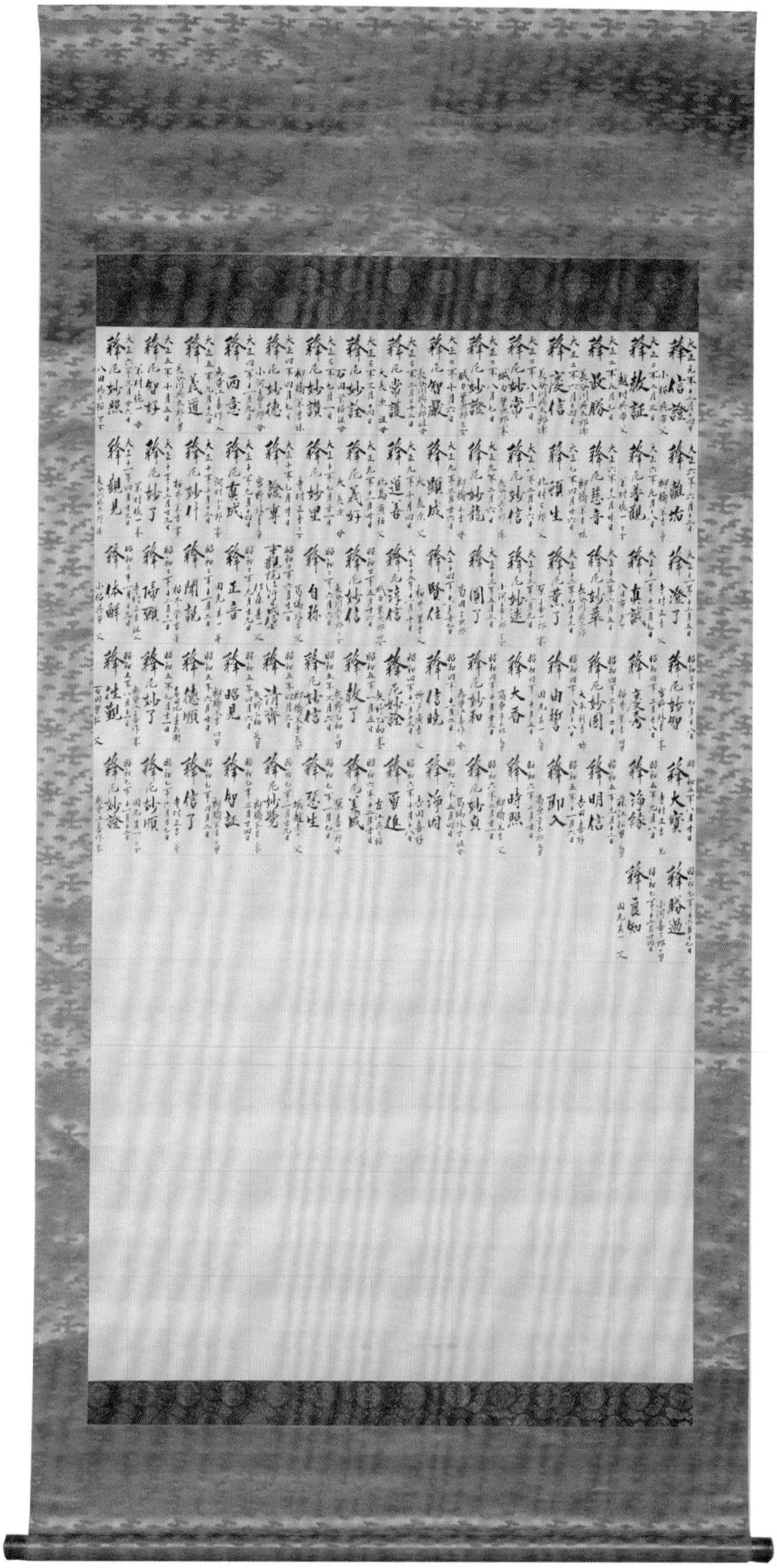

金澤魚市場共栄会法名録掛け軸（本文185ページ）

金澤魚市場共栄会恵比寿講掛け軸（本文185ページ）

昭和期製作の町会旗

（本文156ページ）

青草町町会旗　約70cm×100cm。えんじ色地中央に「青草町」の金文字、周囲を青い草模様で取り囲む。冠頭は梅鉢紋型で三方正面「青」「草」「町」の白文字。村松旗店製作（昭和30～40年代頃）

上近江町町会旗　約70cm×100cm。京紫地中央に市姫神社の神紋（水辺に2羽の鶺鴒）、太陽を背にして周囲に葦の葉、竿側に「上近江町」の金文字。冠頭は三方正面「魚」の文字。村松旗店製作（戦前）

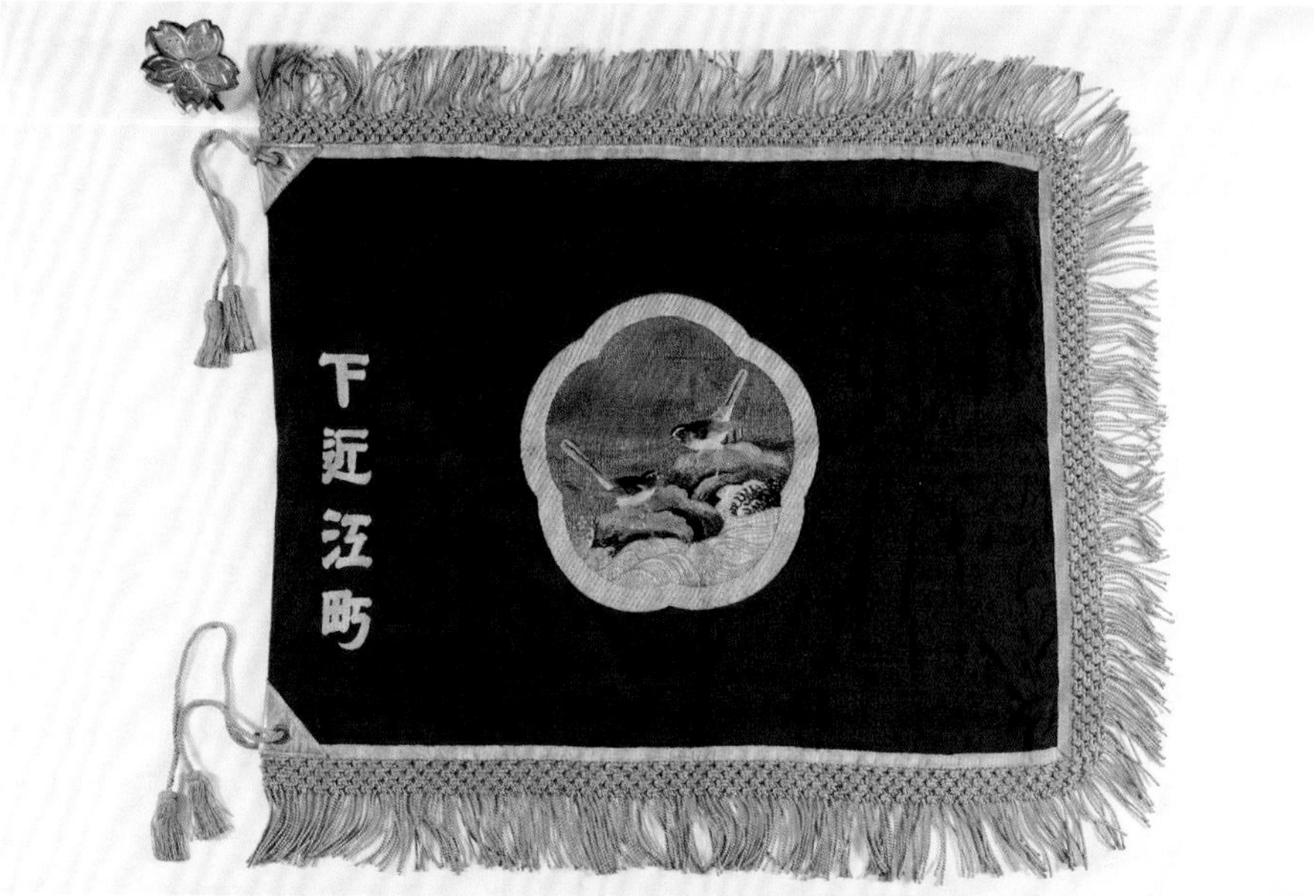

下近江町町会旗　約70㎝×100㎝。江戸紫地中央に市姫神社の神紋（水辺に2羽の鶺鴒）、周囲を金色の梅鉢紋型が取り囲む。竿側に「下近江町」の金文字。冠頭は三方桜。製作店不明（戦前）

市姫会町会旗　約70㎝×100㎝。江戸紫地中央に金文字で「市姫」の文字をデザイン化、周囲を梅鉢紋型が取り囲む。竿側に「金澤市　市姫通」の金文字。冠頭は三方「市姫」のデザイン化文字。掛上糸旗店製作（戦前）

伝来品

黒獅子　（石川県立歴史博物館蔵、下近江町町会旧蔵）

提灯

民谷栄一氏蔵の伝来品

法被

提灯入れ

桶

紙谷一成氏蔵の伝来品

桶

引札

第1部

近江町市場のあゆみ

（高島トシ子氏蔵）

1　江戸時代

第一節　金沢町の誕生と近江町の変遷

1　近江町の成立時期は利家入城以前

天文15年（１５４６）、小立野台地の先端部に、一向宗の加賀における拠点となる金沢御坊が設置され（『加能古文書』「天文日記」天文一五年一〇月二九日条）、金沢の名も現れる（『前同』「金沢坊舎へ本尊木仏・開山御影云々」）。御坊の寺内町が金沢町の嚆矢となり、商人や職人の集住が進んだ。

近江町の成立時期については、金沢御坊（尾山御坊・金沢御堂）時代とするものと、次代の佐久間盛政時代とするものがある。金沢御坊時代の成立とするものに「近江町・安江町は寺内町近辺にある本願寺門徒の町であった」（井上鋭夫『一向一揆の研究』）、また「御堂の寺内町として後町・南町のほかに西町・堤町・金屋町・近江町ができていたとされる」（『金沢市寺町台地区伝統的建造物群保存対策調査報告書』）とするものがある。史料から寺内町と位置づけできるものに、永禄10年（１５６７）の後町・木之新保・南町（『加能古文書』史料１４８４）の名が確認できる。

それに対して、「尾山八町（近江町・西町・堤町・南町・金谷町・松原町・材木町・安江町）は佐久間氏本町と定むる名目也」（『越登賀三州志』）、「近江町は、佐久間氏尾山城に在し時代よりの町名なりとぞ」（『稿本金沢市史』市街編第3編）などがある。佐久間盛政の在城は、金沢御堂が陥落した天正8年（１５８０）から同11年（１５８３）までの短期で、同11年よりは前田利家が入城し、前田氏の城下町としての歴史が始まる。ともかくも近江町は前田利家の金沢入城（天正11年―１５８３）以前より存在した町であるといえる。

近江町の名が一次史料から確認できる初期のものとしては、慶長2年（１５９７）で、町名と共に「きもいり清兵衛・こう□や宗心・油かみや源左衛門・田中そんかい・作右衛門尉・はりや新左衛門尉・二郎右衛門尉・こふく所藤左衛門尉」の八名の住人名が確認される（『金沢市史』資料編十三編「金沢等本願寺門徒誓紙」）。

近江町の町名の意味・由来については、後世の記録になるが、

「近江から来た人々が居住したことによる」、また「近江という弓師が住んでいたことから」（『金沢古蹟志』）というもの、同じく「弓師近江と云者、初て此地に居住す、依て近江町と呼べり」（『金城深秘録』石川県図書館協会）というものがあり、居住者の出身地名あるいは居住人名をもって町名の由来・発祥としているが、「何ゆえ此の名ありや不詳」（『越登賀三州志』）というのが正直なところであろう。

2　市場を構成した町々

近江町市場は、上近江町・下近江町・同三番町・元光専寺町・青草河岸によって形成されている。近江町が上・下に分かれた年はさだかではないが、元禄3年（1690）には上近江町・下近江町として史料（『加賀藩史料』）に出ており、遅くもこの期には分離されていた。

文化8年（1811）時の上近江町は、総間数160間4尺余、総家数51軒で、肝煎役は伊助、組合頭役は高柳屋吉兵衛と野々市屋四右衛門。下近江町は総家数43軒、肝煎役は市右衛門、組合頭役は近岡屋理兵衛と越中屋長右衛門で、三番丁には家数18軒であった（「金沢町名帳」金沢市立玉川図書館蔵）。住人や商売内容については第四節を参照されたい。

三番町は、博労町をはさんで新町に向かい合った通りで、下近江町・元光専寺町へ通じる所に位置した。成立年は不明であるが、寛文11年（1671）の近江町火災で「三筋之近江町焼失」とあり（『加賀藩史料』）、町名の存在は断定できないが、三筋目＝三番町の区域は存在していた。

元光専寺町は、名のとおり光専寺という一向宗（浄土真宗）の寺院があった所で、貞享2年（1685）の由来書によると（『加越能寺社由来』上巻）、天正中（1573～91）は末村に、元和中（1615～23）に金沢に移り、泉村を経て近江町の後ろに屋敷を拝領した。近江町の後ろに移ってきた年代はさだかではないが、万治2年（1659）に同地が上地となり、同4年（1661）野町に屋敷を拝領したとされる。万治2年まで近江町の後ろに所在し、移転後も寺名が光専寺上地町として残った。文化8年（1811）時の家数は5軒で、組合頭役は近岡屋理兵衛が勤めていた。文政6年（1823）に元光専寺町とされた（『加賀藩史料』）。

青草河岸は、時代により青草町・青草辻・青草川岸・御門前青草河岸とも称され、文政6年に「十間町石橋よりせつたい橋まで」を青草河岸とするとしている（同前）。惣構堀に架かる十間町橋から接待橋までの範囲を指すものである。従来より通称名が存在していたのであるが、この時点で町名となり町格を認められた。これ以前の町域は、文化8年（1811）の「金沢町絵図」（金沢市立玉川図書館蔵）から見ると、西内惣構堀の西側の北国街道沿いは下堤町に属しており、この町並裏の東側と西内惣構堀の間が青草河岸にあたるであろう。

「金沢惣絵図」嘉永・安政期（1848 ～ 59）（金沢市立玉川図書館蔵）

平成17年に青草町域の2カ所において発掘調査がおこなわれている。同19年に刊行された報告書（『下堤・青草遺跡』金沢市刊）によると、地下室状構造物跡、17世紀初頭の遺物、17世紀末～18世紀初頭の陶磁器などが出土している。これらから青草町域には江戸時代の初頭には人々の生活の痕跡が認められる。

青草町の位置は、『金沢市街　温知叢誌』に、「青草辻ハ、字武蔵辻ヨリ東に入り、字青草辻ニ達ス、三十八間許り、南北に分カレ、南ハ下松原町、北ハ市姫ヲ貫通、袋町に続く」としている。

昭和期の回顧になるが、江戸期の様子をものがたったものと推測されるものによると、「往昔は隣接の市姫通りもなく、堤町通りが僅に商店街として、百万石城下町に殷賑をほこってゐた」（『北陸毎日新聞』「銃後の町かがみ」昭和15年5月8日）とされる。

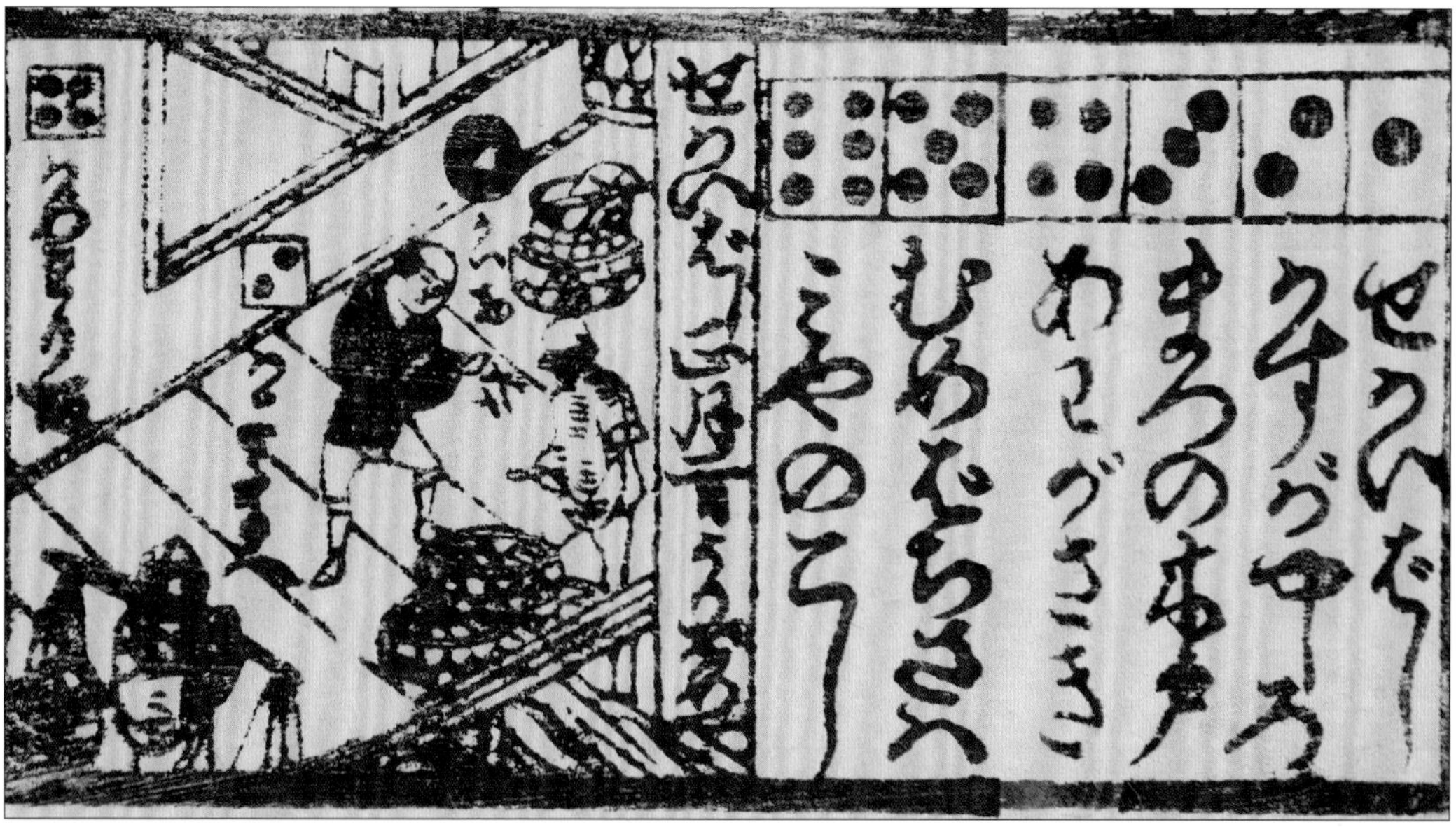

「御国名所古跡飛廻隻六」せかいばし正月二日よりうりぞめ（石川県立図書館蔵）

3　明治初年の町名改正と世界橋

明治2年の町々は、肝煎役庄左衛門の才許下にあり、組合頭、戸数は次のようであった（『加賀藩史料』）。

上近江町　二九軒、組合頭　上近江町福田屋吉左衛門、
上近江町　二一軒、組合頭　上近江町紙屋源助
下近江町　一一軒・三番町　一八軒・光専寺町　六軒、組合頭　下近江町沢屋嘉兵衛
下近江町　三十軒、組合頭　下近江町田井屋伊兵衛
（上・下近江町は二組に分かれる）

他に、堀片原町　七軒、世界橋　三軒が確認できる。世界橋の三軒は元の橋番であろうか。

明治4年4月に町名の改正が行われ、上近江町には青草河岸の新建5軒が合わされ、上近江町55軒として再編され、下近江町には世界橋・下近江町三番町・元専光寺町・青草河岸の新建2軒が合併され、下近江町73軒となった。これにより市場を形成していた三番町や元専光寺町などの町名は消滅した。また、青草河岸も堀片原町と上安江町の一部を合わせ、青草町となる（『加賀藩史料』）。

この中で世界橋が下近江町に合併されているが、これは橋の管轄を意味するものか、世界橋の空間自体が住民や店が存在するものではないが、商業空間として捉えられて合併したもので

あろうか、断定はできないが、橋上での商行為の存在が見えるものもある。これは双六の一部分で「せかいばし（世界橋）正月二日うりぞめ（売り初め）」とされているものである（『御国名所古跡飛廻隻六』石川県立図書館蔵）。双六は木版刷りで、「せかいばし」を振り出しとし、36図（コマ）からなり、上がり「天満宮」となっている。天満宮とは小松天満宮であろうか特定されていない。また刊行年・刊行者は記されていないが、江戸後期のものと推定される。

第二節　魚類流通と近江町

1　原初の市と近江町

金沢の歴史の中で、「市」というと中世期に、久保市乙剣宮門前に立てられていたという「窪市」の存在が伝承されるが、時期や位置に諸説あり、地域の物資交換の場となっていたものと考えられる。後世「市民の台所」と形容される近江町市場と連続するものではない。

金沢城下に交易の場としての市場が設置される以前より、近江町においては宮腰（現金石町）の冬瓜町の猟師などが、近江町辺において振り売り・辻立ち売りの形態で魚を商っており、宮腰町の者は金沢町同様に生魚・干魚を辻売り・振り売りが自由にでき、売り人の人数制限もなかったとしている。文政６年（１８２３）「干魚一件色々覚書」（中山家文書）では、「御元祖様＝前田利家の時代としているが、冬瓜町は元和８年（１６２２）に三代藩主前田利常が石見国（現島根県西部）から漁民を招き居住させて作られた町であり該当しない。この漁猟の成果が17世紀前半頃に至って、近江町において城下の人々に供給されていたということになろう。また金沢町同様とあるから金沢においては魚商の数的制限はなく、近江町には「役屋も無之、尤役人も無之」（同前）とあり、市場としての機能も組織もできてはおらず、自然発生的な売買取引の空間であったといえようが、近江町が市場となる下地が存在していたことになる。また魚類の売買は振り売り・辻売りが原初の形であったのであろう。

なお、元和元年（１６１５）には前田利常によって、金沢と宮腰を結ぶ宮腰往還が整備されており、宮腰と金沢間の通路が確保され、魚類のみではなく諸物資の金沢城下移入の動脈となった。これにより近江町は立地上、越中・河北郡・浅野川などの物資流通の河川・海陸の要路としての位置づけが確立したことになろう。

2　魚問屋の登場

このような動きの中で、寛永２年（１６２５）には、「魚宿」

＝魚問屋6名の存在が確認できる。これは魚類流通組織が誕生していたことを示唆するものであろう。この期の魚問屋6名とは大場屋与兵衛・山崎屋忠右衛門・たかや五郎右衛門・新保屋九郎兵衛・福久屋次郎右衛門・割出屋三郎右衛門である。以下寛永9年（1632）時は山崎屋忠右衛門・新保屋八兵衛・福久屋次郎右衛門・割出屋三郎右衛門・大浦屋市郎左衛門、寛永13年（1636）時は福久屋次郎右衛門・割出屋三郎右衛門、寛永21年（1644）時は山崎屋四郎右衛門・新保屋八兵衛・福久屋次郎右衛門・大浦屋市郎左衛門（「寛永二年より元禄十四年まで留帳」石黒家文書）の名がみられる。

寛永2年より名の見える福久屋次郎右衛門は福久屋（石黒家）の四代で、父与右衛門の代から魚問屋を勤めたとされ、与右衛門は元和9年（1623）に没しており（「由緒」石黒家文書）、次郎右衛門はその頃より魚問屋を引き継いだと推測される。これから金沢においては遅くも元和期（1615～23）には魚問屋役が設けられていたことになる。

正保4年（1647）時には屋号が記されていないが、兵右衛門・又右衛門が魚問屋誓紙を提出している（「加賀国古文書」金沢市立玉川図書館蔵）。内容は、売り渡し代金の徴収について、浦方よりの買い受け代金の支払いについて、魚の販売価格について、の三カ条からなる。これから魚問屋の業務は魚の売買管理と流通価格の決定と維持ということになろう。また正徳5年（1715）時には野々市屋八郎右衛門・沖津屋吉郎兵衛（『金沢古蹟志』）の名が確認できる。魚問屋制度の確定期といえよう。

3　魚問屋の役割

右の期には魚問屋の制度が誕生しているのであるが、寛永4年（1627）には魚商に対する規定（『加賀藩史料』第二編）が定められる。この時点においても魚問屋役は「望み次第」とあり、慥《たし》かなる者という条件はつくが、希望者が就任できるものであった。この規定では、・魚方役銀は寛永四年より免除とし、替わりに年に銀子50枚を献上するとされた。・魚問屋は諸浦からの魚の値段を定め、請売の者に卸す。・請売の者は問屋の定めた値段に2割を乗せ販売する。とする魚値段に関するものであった。

魚問屋の役割として、藩主御膳所への魚御用と、右にあるように魚値段の相場立てと、加越能の各地から集積された魚類を、城下の魚商人への卸売りするのが主な任務となる。魚問屋とあるが、取り扱う物は魚と鳥であり、これらを魚商に卸した。

これらの取引の中で魚商の金主となる「荷宿」という職の存在もあった（『金沢古蹟志』二三巻）。諸浦で魚を買い上げ魚問屋に納めたのが「中買」職となる（寛文3年「寛文年中等御定写」中山家文書）。藩主御膳所への魚・鳥については、毎朝入用の有無を確認し、供給した。魚の種類は正徳5年（1715）時で「鯛・小鯛・きす・すずき・伊勢鯉・こち・ほうぼう・はちめ・石首魚・かれい・あじ・しもあじ・たて貝・栄螺・あわび・あたか辛螺・かも・小鴨・しぎ・塩いわし」などであった（『金沢古蹟志』二三巻）。

魚問屋は魚・鳥取引上で発生する口銭六歩を藩に納め、給銀として文化２年（１８０５）時五貫目を宛がわれ、魚仕入れ資金として「敷銀」八貫目を貸し渡された（『金沢市史』資料編６文化二年「町奉行勤方帳」）。魚問屋の給銀については、明治元年（１８６８）時には御算用場より十貫目が支給されていた（前同「金沢町役人名帳」）。

４　魚問屋の所在地と市場

これら魚問屋の所在町は、先の寛永13年の割出屋が山崎町、福久屋が寺町と判明するのみで、他の魚問屋の所在町は不明である。福久屋の所在町となっている寺町とは、福久屋の居住地であった今町と考えられ、これは「城下町初期の寺町は……今町と同一箇所か近くが寺町であったと考えられる。……寺町はその後、以前まで古寺町の町名を持った犀川近くに移り、その後に今の犀川を越えた寺町台地に移されるのであり……」（中野節子『近世金沢の銀座商人』）。今町は山崎町と共に現在は尾張町となっている。両者の所在地に市場が設置されていたかは不明であるが、常設市場が存在しない状況であれば、魚問屋の所在地と市場が一致せずとも、魚問屋は売買の場を提供する荷受け問屋として、流通上に位置し、魚問屋（卸）―仲買―魚屋（小売）の流れで城下内の供給は果たせることになろう。

魚問屋と市場との関係では、寛永13年に前出の割出屋と福久屋が四十物（塩魚・干魚類を指す、四十物町は魚屋町と同義）町内に屋敷拝領の願を出している。これは、新四十物町は「私共罷有申所より手遠相成申候へは、御公義様御用も不自由」（「寛永二年より元禄十四年六月まで留書」石黒家文書『金沢市史』史料編６）であるとするもので、旧来の四十物町に対し新四十物町設置の風聞が出たための動きであった。旧四十物町は「なか（中）つきぬけ（突き抜け）、通武蔵前をか、へ、魚の問屋仕来り申」（「寛永二年より元禄十四年六月まで留書」石黒家文書）とあり、袋町や新町辺を想起させる。この推測が成り立つとすれば、袋町辺には寛永期（１６２４～４３）には市場が存在していたこととなろう。

四十物町とは、固有名詞としての町名ではなく、四十物取引の場の意味であろう。寛永期（１６２４～４３）には四十物町の呼称で魚市場が存在したことを示している。

近江町における魚問屋の存在は、延宝３年（１６７５）に「宮腰にて取候諸魚の内、能肴金沢魚問屋へ指出、脇売不仕」（寛文三年「寛文年中等御定写」中山家文書）とあり、遅くも延宝３年には近江町にも魚問屋が存在し、宮腰で取りあげられた魚のうち良いものは近江町に差し出されていた。これは17世紀後半には近江町は実質的に市場機能を有していたといってよいのではなかろうか。

5　振り売り

市場での流通のほか、城下の人々に供給される魚類の流通を支えたのは、近江町で仕入れた魚類を各町々の魚商による商売と、店を持つものではないが、振り売りや辻立ち売りの魚商人たちであったのであろう。

振り売りの制度的なものとしては、寛文3年（1663）、制限の無かった振り売り魚を御算用場役所と宮腰会所において25品に限定（「宮腰町より振売雑魚の品指替願書」中山家文書）し、制度化の動きがでてくるが、この段階でも商売鑑札のない無札での商いであった。

振り売りの25品は、いわし（鰯）・小さは（鯖）・こまめ（ごまめ）・たちうお（太刀魚）・さし鱈・あかゑ（赤えい）・つのし・小しいら（鱰）・ふく（河豚）・小かれい（鰈）・小きす（鱚）・塩物類・小かます（魳）・すわいかに（楚蟹）・小はまくり（蛤）・小なよし（鯔）・小こつくら（コズクラ）・小ふな（鮒）・このしろ（鰶）・小あち（鯵）・からさけ（鮏）・かすの子（数の子）・小うくひ（鯏・鰔・鰔）・干魚のるい（類）であった。

無札での商いであった振り売りも、天明6年（1786）には金沢の魚問屋と宮腰の役人の間で商売許可札を35枚と定められた。振り売りに出る者は宮腰の魚問屋の許可書（指紙）を所持し、更に金沢の入口にあった魚役所（魚改所について詳細は不明であるが、脇売りなどの取締と、金沢に入る魚類を改めたものであろう。場所も不明であるが、城下への入口ということから、広岡辺りが想定されよう）で近江町の問屋への送り許可書（指紙）を受け、これを近江町の魚問屋が改めた上で口銭（手数料）を徴収し、手続きを終え振り売りに出向いた（文政六年「魚方抜書覚」中山家文書）。

なお、延宝3年（1675）頃には宮腰の魚問屋菓子屋佐左衛門が口銭（手数料など）を済ました分について、振り売りの札を出していたが（文政六年「魚方抜書覚」）、これは宝暦（1751～63）以前まで続いた（文政六年「干魚一件色々覚書」中山家文書）。これは宮腰側の商業慣行に留まるものであろう。

35枚と定められた商売札であるが、宮腰の魚商人は数百人とされ、15枚の増札の願が出され、商売札は50枚となった（文政六年「魚方抜書覚」前同）。振り売りの鑑札が50枚となるのは、天明6年（1786）・文化11年（1814）の願いによるものであったが、これは生魚の振り売りに対するもので、近江町において受け取っていた。なお干魚類やいわし類は依然として無札での商売が行われていた（文政六年「干魚一件色々覚書」前同）。

寛文3年（1663）に定められた振り売り25品は、文政7年（1824）に至り差し替えの願いが宮腰町から出される。差し替えは「いわし・小なよし・小うぐい」の3品で、これらは宮腰町では扱っておらず、河北潟で取りあげられているものであった。変わりの品として「蛸・生烏賊・しんほう」を加えてほしいとされた（文政七年「宮腰町より振売雑魚の品指替願書」中山家文書）。藩初より金沢での振り売りを担ったのは宮腰の漁民たちであったのであろう。

文政10年（1827）に至ると、生魚振り売り人は70人となり、取扱魚の員数を記した許可書（指紙）を近江町の魚問屋が改めた上で振り売りが行われ、宮腰への帰路は金沢入口の魚改所へ指紙を提出した（文政一〇年「雑魚振売并辻立売仕法書」中山家文書）。

6　市場の諸役・諸職

流通は、漁民→浜方商人→魚問屋（卸）→魚屋（小売）→市中という構造になろうが、魚問屋を頂点とする市場の中には運営のための組織が存在した。

文化8年（1811）の「金沢町名帳」（金沢市立玉川図書館蔵）には、魚問屋下役（三軒上近江町）・四十物荷宿（三軒上近江町）・生魚荷宿（一軒上近江町）・塩物荷宿（三軒上近江町）・魚鳥荷宿（一軒上近江町、二軒下近江町）が見える。魚問屋については前に記したとおりであり、「下役」は魚問屋の構成員であろう。「荷宿」は魚商人の金主とされており、四十物・生魚・塩物と取扱物品毎に存在していた。「荷宿」は糴《てき》場で「荷主」らが「魚問屋」に持ち込んだ魚・鳥を選定し、せり（競り）場に出る前の魚・鳥を管理した。その他の諸職については、第四節「近江町の住人と職業」を参照されたい。

近江町居住者の中には見られなかったが、この他に「魚肝煎《きもいり》」・「魚問屋主附《ぬしづけ》」というものがあった。「魚肝煎」の肝煎とは、一般的には組織の世話役の意であり、加賀藩では町や村の代表者を肝煎と呼んだ。市場の「魚肝煎」は3名で（2名の期もあり）、「魚問屋」の魚・鳥の取引や「荷宿」の不正を取り調べる役職で、「魚問屋」が魚・鳥を売り捌く時、売り上げ方を調べると共に、「荷宿」の商い方も点検した。扶持（給与）は2匁で魚屋たちより取り集められていた（嘉永三年「魚問屋定書并仕法曁料理人定書等」金沢市立玉川図書館蔵）。職務や扶持関係から魚屋側に立った役職ともいえよう。

この魚肝煎役は宝永2年（1705）時には存在が確認できるが、「御改格」として天保9年（1838）指止となっている。これは天保の飢饉後、物価の高騰が続いたため、諸物産の自由販売が認められ、従来の諸商の株立てが廃止され、魚肝煎が八百屋肝煎などと共に廃止されたことによるものであった。しかし万延元年（1860）に至り再置されている（『金沢市史』「金沢町役人帳」）。

「魚問屋主附」も「魚肝煎」の職務に似ており、毎日「魚問屋」に詰め、魚売買・口銭勘定・洩れ魚を監視した。「魚問屋」と市場を監察する横目ともいえる役職であった。役務から足軽が担当し、寛政6年（1794）まで横目肝煎が勤めていた魚問屋廻りを、手先足軽が勤めることになった。定数は時代により、九・十・八人と変化があった（前同）。嘉永5年（1852）に久保三郎助・諏訪覚右衛門・杉山五兵衛・山本三郎右衛門・北島伝右衛門・加藤彦右衛門・大野津平・池田清左衛門の8名が任命されている（嘉永三年「魚問屋定書并仕法暨料理人定書等」）。彼等は金沢町奉行の役所である町会所に所属しており、町会所は近江町近くの下松原町にあり、町附足軽は四十人であった。市場は金沢町の行政事務全般を司っている町奉行町＝町会所の監督下にあった。

これらの足軽のうち例として、杉山五兵衛の経歴を見ると、五兵衛は金沢町附足軽杉山九郎次の養子で、天保3年（1832）養父を継いで金沢町附足軽となり、安政5年（1858）町会所御式台詰と魚問屋など締方主附となった。俸給は年中切米十八俵で、明治3年（1870）時六十五歳であった（「先祖由緒并一類附帳」金沢市立玉川図書館蔵）。

八百物関係では、「八百屋問屋」と「八百屋問屋主附」・「八百屋肝煎」の役名が見え、「八百屋問屋」は寛保3年（1743）に四人が置かれ、寛延元年（1748）より三人となっている。「八百屋問屋主附」は元治元年（1864）新規に二人がおかれた。「八百屋肝煎」は元禄10年（1697）時一人がおかれていたが、天保9年（1838）に「魚肝煎」と共に指止となっている（『金沢市史』「金沢町役人帳」）。

第三節　近江町市場の成立時期

1　享保期以前の市場

近江町が藩の公許のもとに、金沢の市場を一元化した形でスタートする年代は史料的には明確ではない。昭和44年（1969）10月、近江町市場商店街振興組合は、近江町市場開設250年の式典を挙行し、記念行事として昭和55年（1980）に『金沢市近江町市場史』（以下『250年史』と略）が刊行された。式典の行われた昭和44年から250年前は、享保4年（1719）になるが、『金沢市市場史』の刊行祝辞、および年表では市場開設を享保6年（1721）であるとしている。昭和44年の市場開設250年式典は数え年で行われたものといえる。本、令和2年（2020）は享保6年から299年目にあたり、市場開設300年の区切りを迎えることとなる。

近江町市場の享保期（1716～35）開設の根拠は、『金沢古蹟志』の「享保年中、両市場を廃して一ケ所となし、近江町を市場となし、今に至る」であろう。両市場とは、犀川口の竪町の魚屋町と浅野川口の袋町であるとする。ここでは享保期とし、享保6年とは限定するものではない。

また享保６年を市場開設とする根拠については、享保６年12月28日の「両魚問屋給銀五貫目宛に候処、来寅ノ年より新銀四貫五百目充に被仰付候事」（『国事雑抄』）とする史料があり、これをもって６年開設に結び付けたものであろう。しかしながら史料のように享保６年時には「両魚問屋」が存在している。この両問屋について『稿本金沢市史』は、犀川口の魚屋町と近江町の問屋であるとし、犀川口の魚屋町は享保末期に廃されたとしている。

ともかくも市場開設の起源は右の史料に契機を求め、開設の根拠とされている。以下開設期を享保期に限定せず、近江町市場の存在と歴史を見ていきたい。

『250年史』では、元禄３年（1690）の大火によって諸々にあった市場が近江町に吸収されたという説を紹介しながら、「移転年暦は、いまだ諸記録に見当らずといへども一説には享保年中なりといへり」の解釈も紹介している。また、袋町の市場が「元禄三年三月一七日、図書橋下からおこった大火をきっかけとして、折から狭隘差を囲っていた市場は近江町に移った」（田中喜男著『城下町金沢』）と近江町市場の誕生を元禄３年とするものもある。

元禄３年の大火で従来の市場が大きな被害を受けたのであるが、これは近江町も同様であり、上・下近江町、三番町、光専寺上地町も被災しており、近江町が袋町などの代替地としての要件を備えていた訳ではなく、火災状況をもって近江町市場誕生の契機とするのは強引過ぎるのではなかろうか。

金沢の町年寄越前屋賢良の祖父宗寿は袋町に居住し、三代藩主利常の殊遇を受け、市立てを許されたとされる（八田健一著『百万石遠鏡』）。元禄期に市場札を交付されていたのは、上今町・袋町・竪町・下今町・新町（『加賀藩史料』第６編）で、この中に近江町の名はみられない。この市場札については上今町と袋町は元禄３年の火災（第６節「近江町と災害」の項参照）で焼失して所持せず、竪町は承応２年（1653）に交付され、元禄３年の火事の際に取り外し、肝煎方に預け置き、下今町は延宝５年（1677）に交付され、元禄３年の火事の際に取り外し最寄りに預け置き、新町は延宝８年（1680）に交付され、現在も町内の水溜所前に懸け置かれている。とあり、浅野川口に４カ所、犀川口に１カ所の市場が存在していた。

金沢における市場札は５町に承応２年から延宝８年の間に交付され、うち上今町と袋町の２町は元禄３年の火事で焼失し、竪町と下今町は元禄３年の火事の際に取り外しており、新町のみが町内に懸け置かれていた。

この内、袋町の市場については、二代前田利長の時代「袋町に新保屋次郎右衛門とて旧家の町人居たり、国初以来藩侯の御膳所用の魚・鳥等を調進す」とし、利長の時代には藩主の用を勤めていたとされる（『金沢古蹟志』魚鳥市場来歴）。また、袋町の市場は利長の代に建てられ、「魚・鳥・八百物等を此地へ持来り、市中の諸商人へせり売に致させ、商売の繁昌を盛んに致し度の願ひに付、許可相成」とされ、三代前田利常の代に「不弁利の事ありて」とし、近江町への移転が行われたとされる（『神道大系』神社編三十三　森田平次纂「加賀諸神社縁起」下　金沢市市姫神社略縁起）。これは前田利常の時代に袋町の市場は近江町に移動したとするものであるが、袋町は利常の時代に市場札を交付されており、利常時代に近江町市場が成立したというのにには無理がある。

利常代とするものには、金沢の町年寄越前屋賢良の祖父宗寿は袋町に居住し、利常の殊遇を受け、市立てを許されたとされる（八田健一著『百万石遠鏡』）。宗寿は寛永14年（1637）に没しており（野村昭子「西内総構堀近江町橋の橋番人と御能作物師」）、これ以前の話ということになろう。これらから袋町は三代利常の頃に市場の萌芽が認められ、これを受けて近江町市場の歴史が始まるのであろう。

これら市場札の交付年は五代藩主綱紀の治世期にあたり、竪町の市場札交付の承応2年は、三代藩主であった祖父の利常が綱紀の後見役として在世しており、市場開設に無縁ではなかったと推測される。

市場札の有効性は、焼失や取り外したままで市場として存続していたのか不明である。火災から35年を経た段階での市場札の調査は、市場状況の再確認あるいは再編の意図・目的の存在を想定させ、また市場札交付の状況確認は制度・再交付の見直しの動きともとれる。このような中でも近江町に対する市場札交付の有無は不明である。

2　近江町市場の成立をめぐって

これまで近江町市場の享保期成立に否定的な見方をしてきたが、市場札が交付されていた竪町内には魚屋町と称される箇所があり、魚市場のあった所とされ、享保年中に市場は廃され、町名も途絶えたという（『金沢古蹟志』）。また、袋町についても、元禄3年の大火により、魚市場の移転・合併の議がおこり、袋町市場は類焼後近江町市場に移された。その年代は明らかでないが、おそらく享保年間の頃といわれている。これが現在の近江町市場の前身である（『金沢叢語』）。これらは共に一次史料ではないが、近江町市場の享保6年誕生を示唆するものである。

また、袋町から近江町への市場移動の理由は旧市場の火災によるものとされるが、この他の理由に御膳所用の魚・鳥を貯える「穴」が近江町にあったからとするものもある（「金沢古蹟志」魚鳥市場来歴）。この「穴」とは「氷室」の事であろう。藩政期の氷室として認識されているのは、金沢城二の丸・同玉泉院丸・兼六園山崎山・近江町市場の四カ所（『北陸大学紀要』第三十三号「石川県の氷室の調査リスト」）であるが、近江町の「穴」がいつ頃から存在したのか不明であり、この「穴」が市場移転の理由ということになると、近江町市場の成立以前から存在していたことになろう。

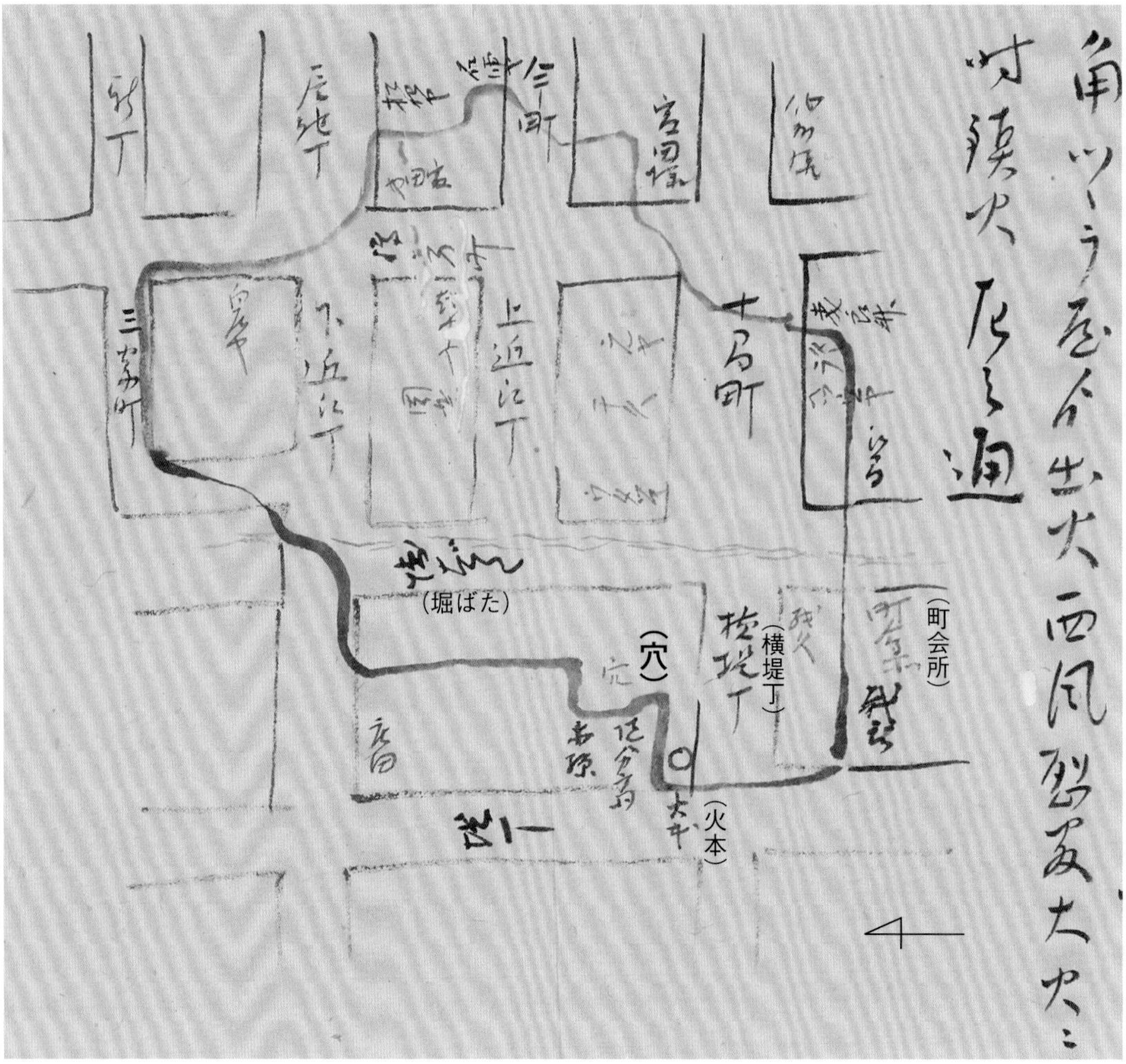

「十間町近江町火事等」図中に「穴」の記載（金沢市立玉川図書館蔵）

近江町の「穴」の存在を示すものに、寛政11年（1799）5月26日に地震が起こり、「近江町魚肆之穴蔵多分崩れ、隣家之穴蔵と一つに成候所も有之」（『加賀藩史料』）と、地震による「穴」の被害が認められる。なお「隣家の穴」ともあり、「穴」はひとつではなく、当時の近江町の魚商は穴蔵を所持していたことを示している。（地震については、第五節4参照）。

結論としては、享保期成立とする資料を論拠・事由として、前出の享保6年の史料をもって、近江町に魚問屋―仲買―小売りという卸しの場が、組織化・制度化された年として、市場の歴史の中に位置づけたものとされよう。

しかしながら、近江町は、第二節「魚類流通と近江町」にあるように、三代藩主前田利常の頃より魚売買の場となっており、ある日突然に市場が出現した訳ではなく、市場としての下地はできていた。市場札の交付事歴や、開設を示す史料は確認できないが、享保6年より遡った歴史の存在を主張してもよいのではなかろうか。

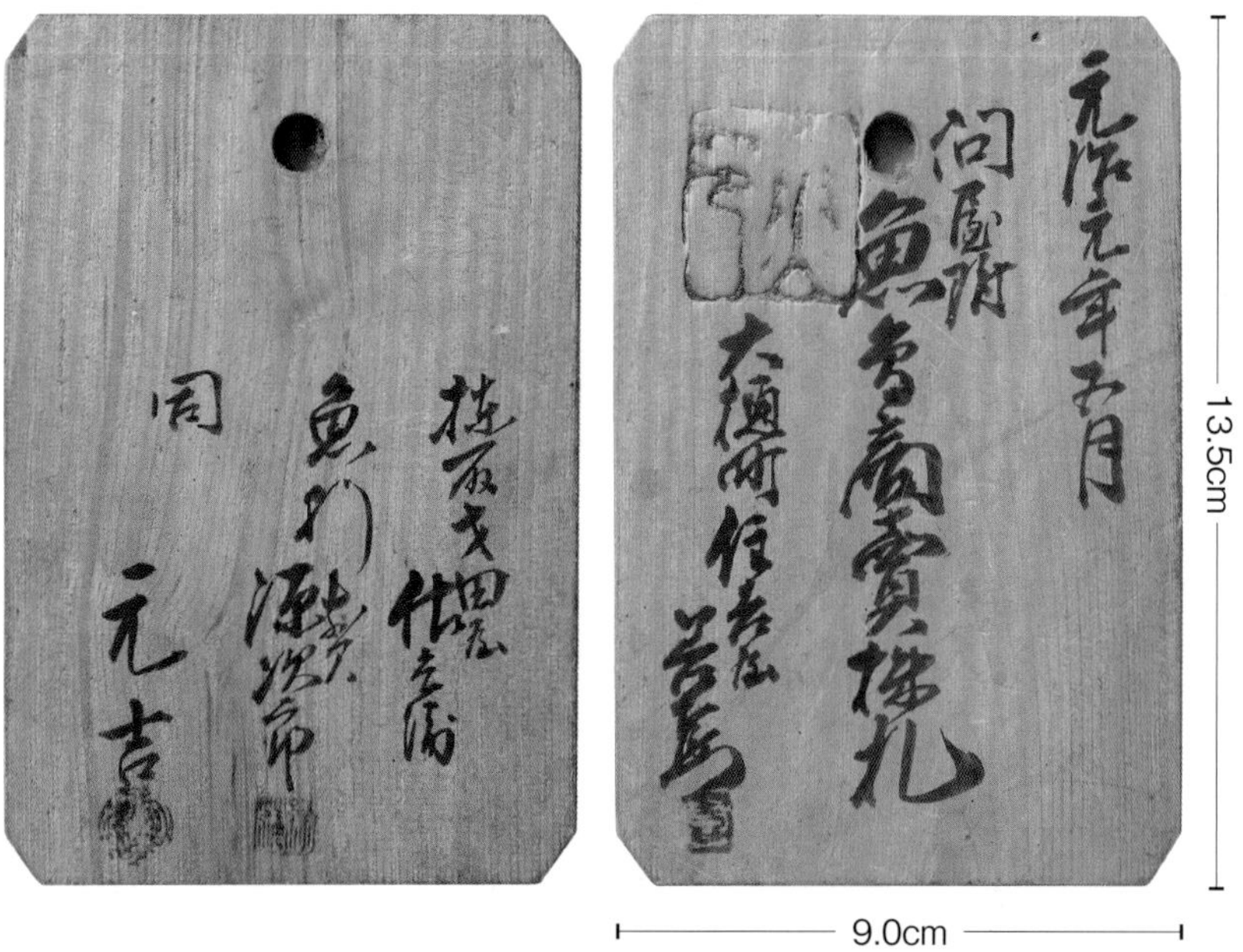

(表)
元治元年五月
問屋附
魚鳥商売株札
大樋町住吉屋
善右衛門(印)

(裏)
棟取才田屋
佐兵衛
魚肝煎
源次郎(印)
同
元吉(印)

魚鳥商売株札(魚住昭文氏蔵)

第四節　近江町の住人と職業

文化8年(1811)の上近江町絵図(次頁)によると、西側の西内惣構堀から、東の博労町に至る一直線の両側町で、惣間数は160間4尺2寸(300m弱)。西側の惣構部には土居が描かれ、上近江町の入口と東側の博労町の境には木戸が設置されている。南側には十間町、北側には下近江町に続く道がある。

図に朱書きされているように町はイ組とロ組からなり、組毎に組合頭役が置かれ、さらにイ組は十人組と十三人組、ロ組は十人組と十七人組に分けられ、組頭が置かれた。この組が金沢町の自治組織の最小単位となる。イ組23軒、ロ組27軒で計50軒となるが、他に魚問屋の施設があり、家並みは51軒である。

上近江町　イ(上組)　23軒

(名前の上の番号は絵図の番号に符合し、( )内は職業を表す)

1　高柳屋吉兵衛(紙商売、御公事場等搗屋、米中買并口銭棟頭、居町組合頭)
2　石浦屋五郎右衛門(持家)
3　倉谷屋清兵衛(塩物荷宿)
4　網屋九郎兵衛後家たけ(四十物宿)
5　紙屋仁兵衛(笊振商売)
6　野々市屋四郎右衛門(御算用場定検地方役所付役、居

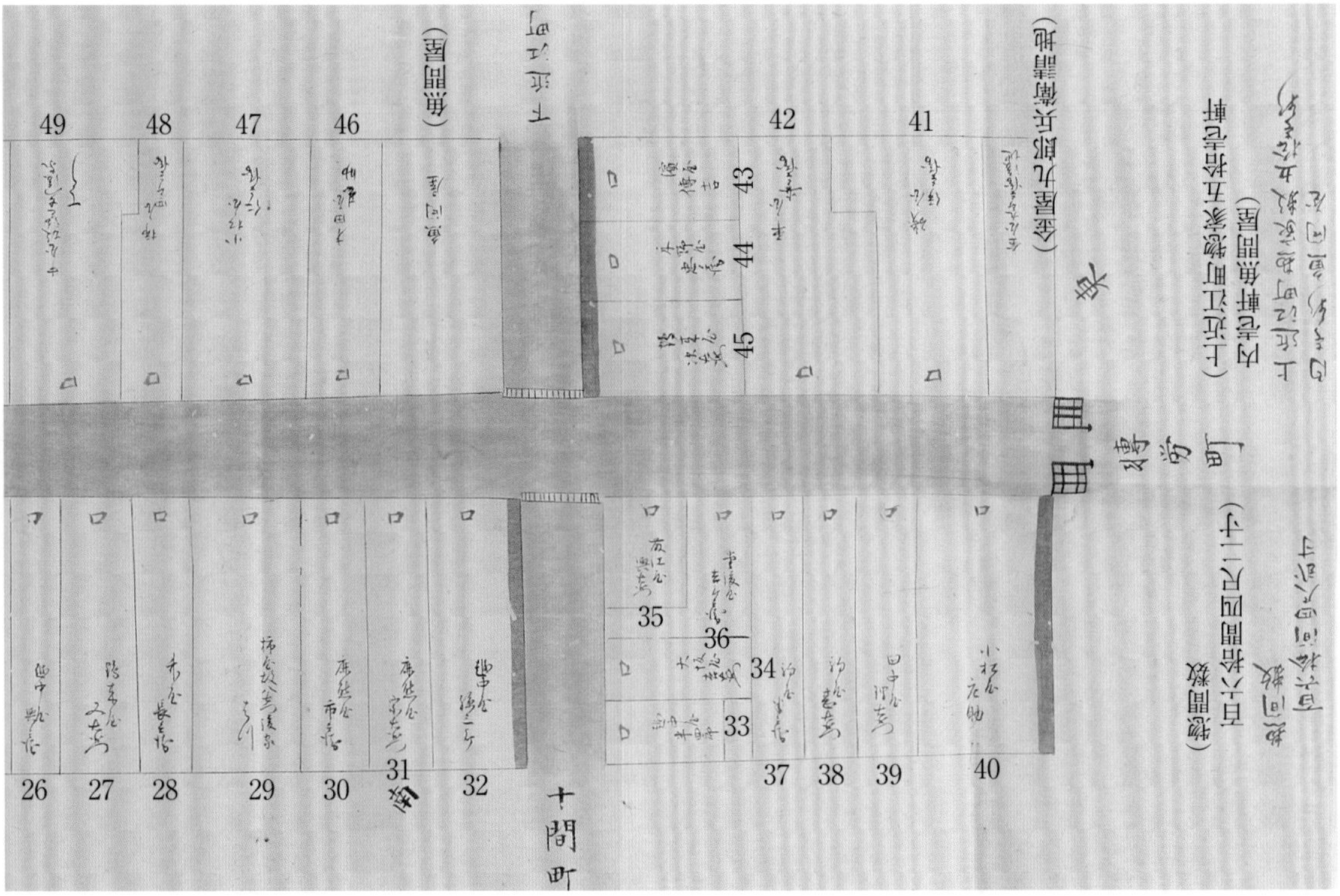

町組合頭）
7　福田屋九郎兵衛（四十物商売）
8　高岡屋弥助（四十物商売）
9　鶴来屋長兵衛（四十物商売）
10　福田屋吉右衛門（四十物商売）
11　滝屋次助（四十物商売）
12　宮腰屋九兵衛（四十物商売）
13　剱崎屋嘉右衛門（四十物仕込商売）
14　増泉屋佐兵衛（魚問屋下役）
15　鶴来屋弥右衛門（塩物荷宿）
16　示野屋宗兵衛後家しゆん（借家賃并苧紵渡世）
17　談義所屋武助（足駄商売、塩小売）
18　戸水屋与左衛門（四十物荷宿商売）
19　野々市屋吉郎兵衛（魚・鳥商売）
20　湊屋長右衛門（魚・鳥商売）
21　福久屋弥作（狂言役者、魚問屋下役、魚商売人笊宿）
22　谷内屋与三右衛門（魚・鳥商売并笊宿）
23　田中屋嘉兵衛（魚・鳥商売）

上近江町　口（下組）　27軒

24　柿屋八郎兵衛（四十物商売）
25　越中屋善兵衛（四十物商売）
26　越中屋与兵衛（生魚荷宿）
27　鶴来屋又右衛門（四十物商売）
28　竹屋長兵衛（道具商売）
29　柿屋八右衛門後家はつ（質商売）
30　鹿熊屋市兵衛（魚・鳥商売）
31　鹿熊屋宗右衛門（魚商売）

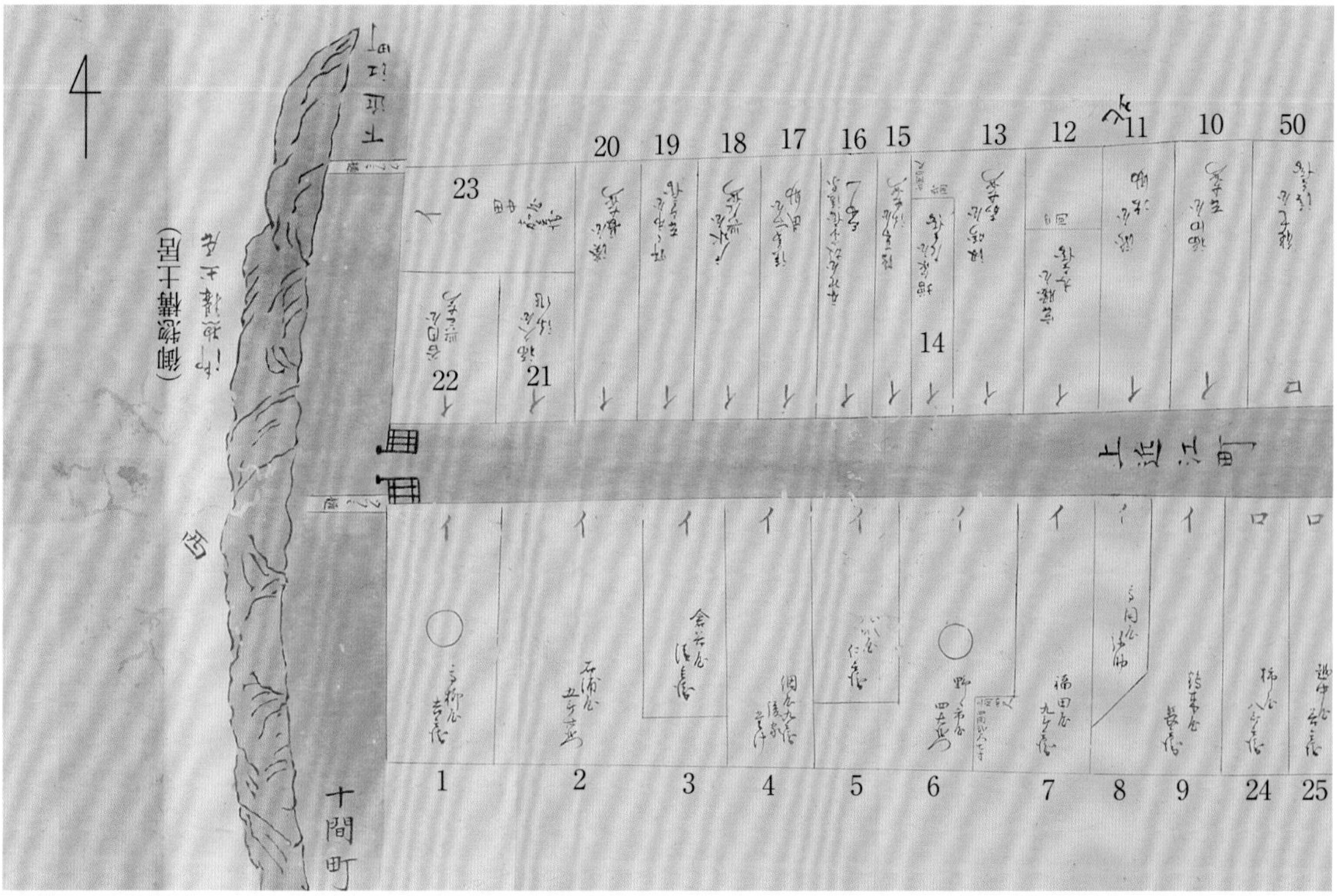

文化八年「上近江町絵図」（金沢市立玉川図書館蔵）

32　越中屋孫太郎（たばこ商売）
33　越中屋半四郎（髪結商売）
34　大坂屋吉右衛門（魚問屋下役）
35　藤江屋与右衛門（魚・鳥商売）
36　堂後屋吉郎兵衛（四十物商売）
37　駒屋半兵衛（塩物荷宿）
38　駒屋甚右衛門（御位牌・塗物下地商売）
39　田中屋理右衛門（批商売）
40　小松屋庄助（旅人宿）
41　磯屋伊兵衛（料理商売）
42　平屋安兵衛（魚・鳥荷宿）
43　浜屋伝吉（商人宿・絹御座商売）
44　示野屋忠兵衛（干菓子細工）
45　鶴来屋次右衛門（請酒商売）
46　才田屋甚助（雇奉公）
47　小松屋仁兵衛（魚・鳥荷宿）
48　柿屋四郎兵衛（稼）
49　中屋弥三右衛門後家そう（四十物商売）
50　能登屋清兵衛（四十物商売）

絵図のとおり、藩政期の町の構成は、道を挟む両側の家々をもって一町を形成する両側町の形態をとっている。家並みの背側は別町の家並みとなり、現在の街路内において町を形成しているのとは異なる。町の規模により、町内を区分して組に分け、それぞれに組合頭役を置いた。さらに組内に隣接家十軒程を単位にした十人組を置き組頭を配した。

下近江町　イ組　11軒

敦賀屋文右衛門（紙・銭・古手商売・能州百姓宿）
油屋善助（米中買）
苗島屋市兵衛（紺屋商売）
笹屋武兵衛（干物・八百屋物商売・勢州員部郡笹立村茶師宿）
米屋九右衛門（道具商売）
滝屋吉兵衛（魚・鳥商売）
升屋長右衛門（四十物商売・笊）
井波屋平右衛門（呉服・太物商売）
瀧屋九郎兵衛（四十物商売）
近岡屋理兵衛（呉服・太物・打綿・紅白粉）
越中屋伊兵衛（塩商売）

下近江町三番町　イ組　19軒

釘屋甚兵衛（四十物・打綿商売）
越中屋栄治郎（魚・鳥商売）
駒屋ゆき（苧絈）
越中屋九兵衛（髪結）
石坂屋半兵衛（たばこ商売）
亀屋伝助（請酒商売并魚・鳥）
剱崎屋市兵衛（御領国商人宿）
能登屋長右衛門（四十物商売并湯風呂）
田中屋次助（鞘師）
越中屋長右衛門（四十物商売）
鶴来屋与兵衛（魚・鳥商売）
田井屋伊兵衛（魚・鳥商売）
紺屋市左衛門（道具商売・打綿・御領国商人宿）
村屋清右衛門（髪結）
紙屋善助（立花商売）
中田屋与兵衛（魚・鳥商売）
越中屋伊左衛門（拵）
越中屋善兵衛（魚・鳥商売）

光専寺上地町　イ組　5軒

山口喜三郎（鞘師）
高良又之丞（鞘師）
間野宗古（横山山城様御内）
八尾屋治右衛門（道具商売）
小松屋仁右衛門（魚・鳥商売）

下近江町　ロ組　32軒

宮腰屋伊兵衛（四十物商売）
白尾屋せん（干物・八百屋物）
松任屋源右衛門（魚・鳥商売）
能登屋六兵衛（笊商売并飴商売）
松任屋八右衛門（四十物商売）
越中屋又三郎（魚・鳥商売）
道法寺屋そよ（味噌・醤油・質）
坂井屋七右衛門（魚・鳥商売）
松任屋吉兵衛（四十物商売）
鶴来屋久左衛門（魚・鳥荷宿）
塗師屋甚兵衛（蓑・笠商売）
四十万屋清右衛門（呉服・太物・質）
田井屋市右衛門（御領国商人宿）
高岡屋与右衛門（四十物商売）
紙屋安兵衛（魚・鳥商売）
中田屋太右衛門（四十物商売・笊）
猪俣屋熊七（魚・鳥商売）
紙屋平兵衛（紙商売）
示野屋仁兵衛（四十物商売・御領国黒島商人宿）
四十万屋七郎兵衛（請酒商売・干菓子）
越中屋長右衛門（魚・鳥商売・笊）
四十万屋清右衛門（本宅同町）
茶屋仁兵衛（魚・鳥商売）
専光寺屋三右衛門（魚・鳥商売）
剱崎屋伊兵衛（清酒商売）
専光寺屋又五郎（魚・鳥商売）
越中屋佐兵衛（魚・鳥商売）
越中屋吉右衛門（町料理人）
仙蔵（三十人組）
藤屋庄助（附木商売）
鞍屋弥八郎（茶商売・御門前町肝煎）
俵屋惣左衛門（米中買并口銭方手伝）

「金沢町名帳」（金沢市立玉川図書館蔵）より

※下近江町以下は文化8年の「町絵図」は残存していない。

以上から、上近江町・下近江町・三番町・光専寺上地町の職業分布は左のようになる。

文化8年（1811）近江町職種分布表（「上」は上近江町、「下」は下近江町、「三」は三番町、「光」は光専寺上地町を表す）

	「上」	「下」	「三」	「光」	計
四十物商売	9	7	3	—	19
四十物荷宿	3	—	—	—	3
四十物仕込	1	—	—	—	1
魚・鳥商売	6	10	6	1	23
魚商売	1	—	—	—	1
魚・鳥荷宿	1	2	—	—	3
生魚荷宿	1	—	—	—	1
塩物荷宿	3	—	—	—	3
魚問屋下役	—	2	—	—	2
干物商売	—	2	—	—	2
笊宿	2	—	—	—	2
旅人宿	1	—	—	—	1
商人宿	1	—	—	—	1
能州百姓宿	—	1	—	—	1
勢州茶師宿	—	1	—	—	1
御領国商人宿	—	1	2	—	3
黒島商人宿	—	1	—	—	1
八百屋物商売	—	2	—	—	2
塩小売	1	1	—	—	2
たばこ商売	1	—	1	—	2
料理商売	1	—	—	—	1
干菓子商売	—	1	—	—	1
干菓子細工	1	—	—	—	1
請酒商売	1	1	1	—	3
清酒商売	—	1	—	—	1
飴商売	—	1	—	—	1
味噌・醤油	—	1	—	—	1
紙商売	1	2	—	—	3
足駄商売	1	—	—	—	1
蓑・笠商売	—	1	—	—	1
批商売	1	—	—	—	1
位牌・塗物	1	—	—	—	1
紺屋	—	1	—	—	1
鞘師	—	—	1	2	3
絹御座商売	1	—	—	—	1
苧絈	1	—	1	—	2
紅白粉	—	1	—	—	1
道具商売	1	1	1	1	4
質商売	1	2	—	—	3
銭商売	—	1	—	—	1
古手商売	—	1	—	—	1
呉服・太物	—	3	—	—	3
附木商売	—	1	—	—	1
茶商売	—	1	—	—	1
立花商売	—	—	1	—	1
打綿	—	1	2	—	3
髪結	1	—	2	—	3
湯風呂	—	—	1	—	1
町料理人	—	1	—	—	1
搗屋	1	—	—	—	1
米中買	1	2	—	—	3
銭方棟取	1	—	—	—	1
町肝入	—	1	—	—	1
組合頭	1	—	—	—	1
口銭手伝	—	1	—	—	1
三十人組	—	1	—	—	1
横山山城内	—	—	—	1	1
狂言役者	1	—	—	—	1
笊商売	—	2	—	—	2
笊振	1	1	—	—	2
雇奉公	1	—	—	—	1
稼	1	—	—	—	1

「金沢町　名帳」金沢市立玉川図書館蔵より作成

※一軒で複数の商売を兼ねている場合、職種は別けて表示した。このため家数と職種数は一致しない。

右のように、四十物関係が23軒で全体の20%、魚・鳥関係が35軒で全体の30%を占め、両者をあわせると全体の50%を占めており、最も多いのが「魚・鳥商売」の23軒であり、表の「四十物商売」から「干物商売」の魚鳥関係は58軒となり、多種の商売が混在してはいるが、魚鳥商売の町であったといえるであろう。

なお、ここでは青物商を中心に構成されていたと思われる青草町が含まれていないのであるが、下近江町にも2軒の八百屋の存在が確認できる。

近世期の近江町の住人に関する史料には、先述の金沢町全域にわたって作成された文化８年（１８１１）の「町絵図」と「名帳」があり、この他に近江町については安政６年（１８５９）の「前口間絵図」（金沢市立玉川図書館蔵）が存在し、この年の住人と各家の間口間数が示されており、以下に記す。

1	四間三尺	能登屋甚兵衛
2	三間	中野屋善次郎
3	四間	滝屋次助
4	四間	今越屋半兵衛
5	二間二尺	能登屋市右衛門
6	三間	輪嶋屋小兵衛
7	二間	松木屋又右衛門
8	五間	釘屋甚兵衛
9	三間	福田屋虎次郎
10	六間五尺	鶴来屋長兵衛
11	五間	越中屋善兵衛
12	三間	能登屋太兵衛
13	五間	浅野屋要次郎
14	二間	能登屋清助
15	六間二尺六寸	釘屋甚兵衛後家
16	四間	小松屋京八　御地子銀三十二匁五分八厘
17	四間三尺	越中屋孫三郎
18	四間	能登屋喜兵衛
19	二間	田中屋嘉兵衛
20	七間	谷内屋後家とよ
21	三間六尺	神嶋屋喜助
22	三間	森下屋清四郎
23	二間三尺	福田屋次兵衛
24	二間二尺	鶴来屋長左衛門
25	二間二尺	示野屋惣兵衛
26	二間	番匠屋安右衛門
27	二間二尺	番匠屋安右衛門
28	四間三尺	酒屋与兵衛
29	三間	荒木屋孫兵衛
30	六間	福田屋吉右衛門
31	三間	能登屋精兵衛
32	五間	能登屋吉兵衛
33	二間	柿屋喜右衛門
34	五間三尺	小川屋与吉
35	二間四尺五寸	越中屋権三郎
36		魚問屋
37	二間	花屋平作
38	三間	平屋忠兵衛
39	二間	平岡屋与三兵衛
40	三間四尺	駒屋惣吉
41	三間一尺	越中屋孀すへ　御地子三十四匁九分７厘
42	五間	越中屋与兵衛
43	三間三尺	二日市屋惣兵衛
44	二間四尺	越中屋仁兵衛
45	二間	糸屋太助
46	四間	井波屋次助
47	九間	中田屋他助
48	五間三尺	紙屋源助
49	三間二尺	福久屋与三右衛門
50	三間	越中屋平兵衛

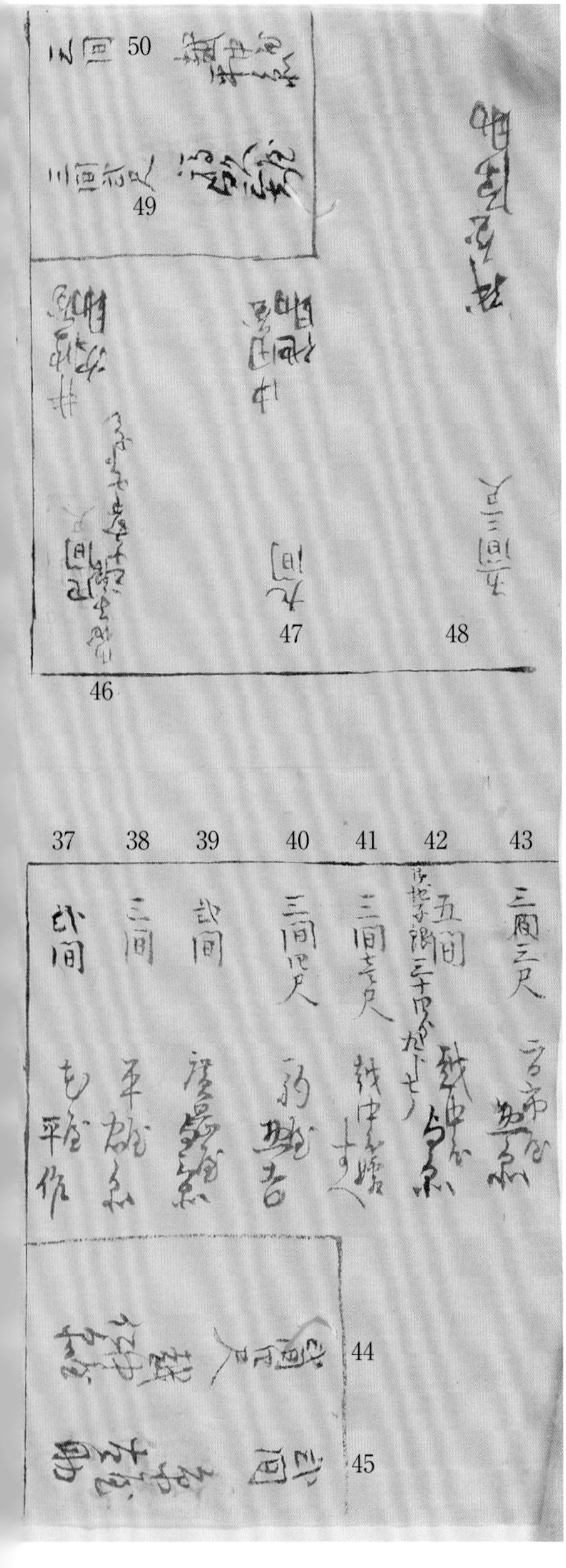

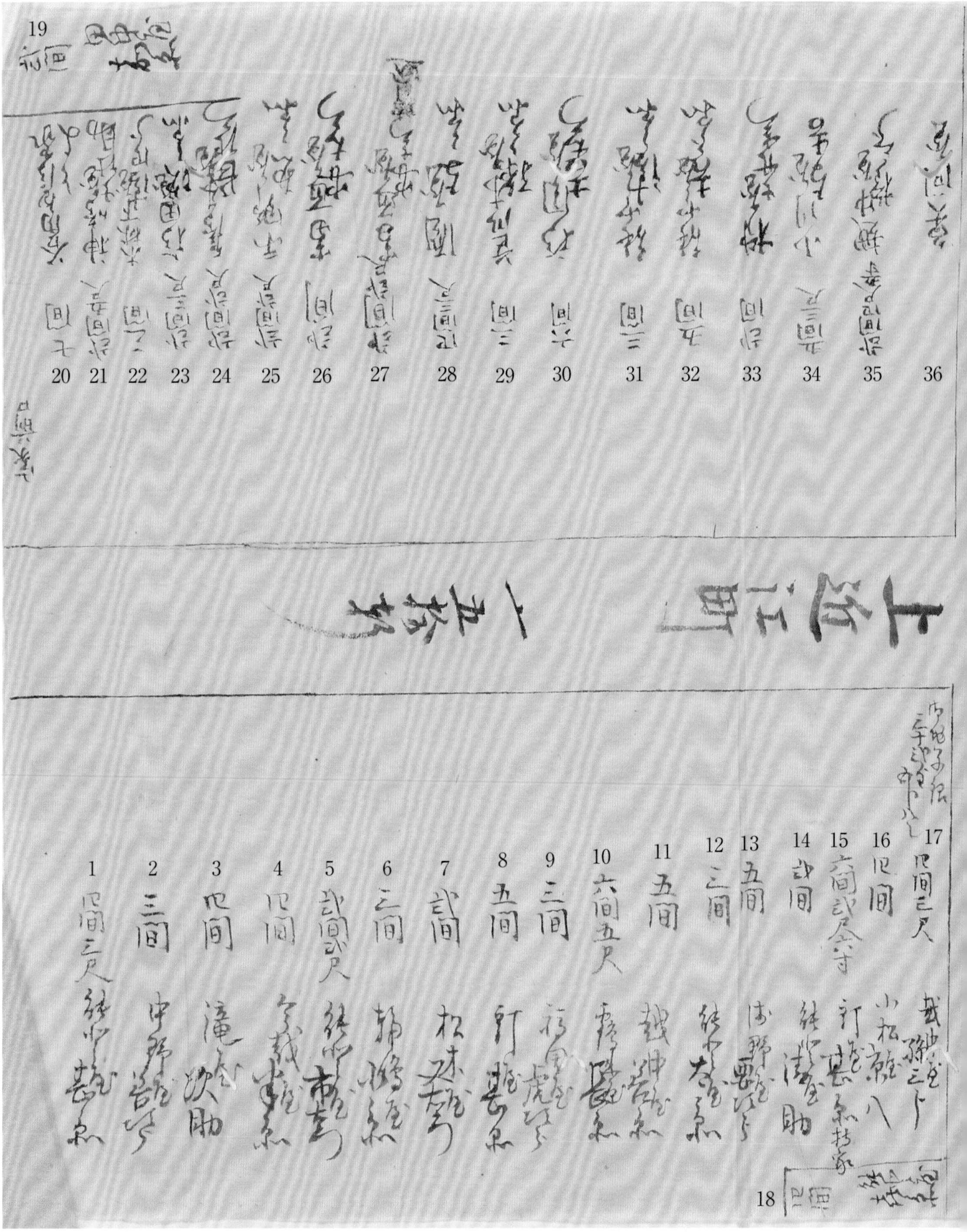

安政６年（1859）「上近江町住人・前口間絵図」（金沢市立玉川図書館蔵）

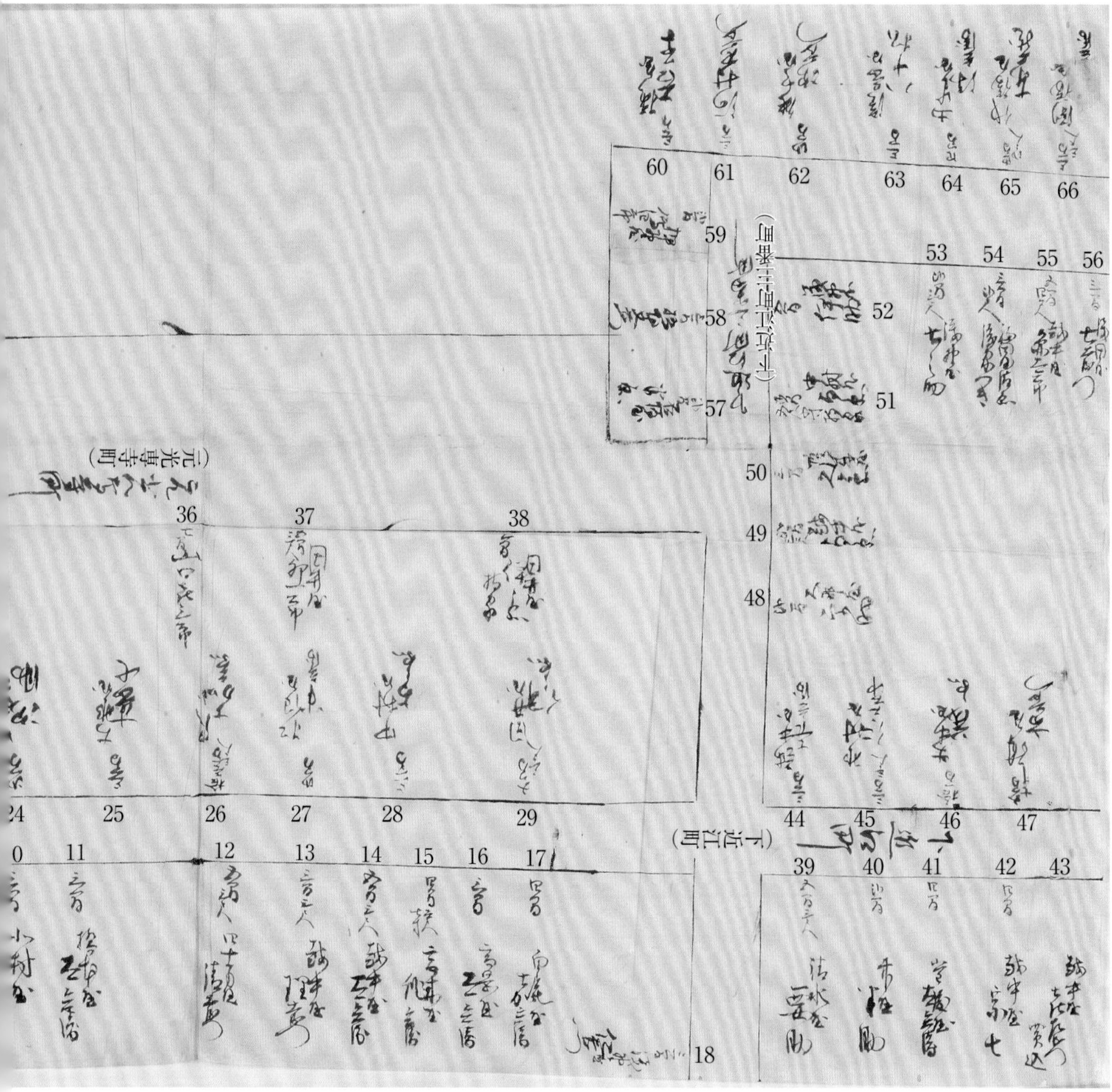

安政６年（1859）「下近江町等住人・前口間数絵図」（金沢市立玉川図書館蔵）

1	三間	越中屋吉兵衛
2	三間	越中屋佐兵衛
3	二間	釣崎屋伊助
4	三間	□□寺屋後家はる
5	四間	専光寺屋三右衛門
6	四間二尺二	丈木屋仁兵衛
7	五間	越中屋小兵衛
8	三間	大野屋長右衛門
9	四間三尺	
10	三間	北村屋半六
11	三間	橋本屋太兵衛

23	二間三尺	紙屋安兵衛
24	二間	中村屋次助
25	三間	大野屋甚七
26	一一間三尺	沢屋嘉兵衛
27	二間	松任屋半兵衛
28	三間	中村屋与兵衛
29	五間三尺	田井屋伊兵衛
30	三間	越中屋孀しけ
31	四間	越中屋理兵衛
32	四間	中田屋甚兵衛
33	五間二尺	松屋久左衛門
34	九間	高虎政之丞
35	二間	松任屋佐兵衛
36	七間	山口喜三郎
37	五間三尺	田井屋卯一郎
38	三間	田井屋伊兵衛持家
39	五間三尺	清水屋要助
40	二間	竹屋半助
41	四間	堂後屋太兵衛
42	四間	越中屋宗七
43		越中屋喜左衛門買込
44	三間	越中屋喜兵衛
45	三間三尺	野村屋仁兵衛
46	十間	丈木屋茂兵衛
47	五間七寸	紺屋市右衛門
48	二間	大野屋平助
49	二間三尺	越中屋与兵衛
50	三間	鶴来屋久兵衛
51	二間五尺二寸	中村屋与兵衛持家
52	五間	浅野屋伊助
53	二間三尺	浅野屋七之助
54	三間二尺	福田屋清兵衛後家つき
55	五間四尺	越中屋円太郎
56	三間	浅田屋七右衛門
57	二間	松坂半兵衛
58	三間	杉本右衛門
59	二間	押野屋四郎
60	三間	桜屋吉兵衛
61	三間	河村忠右衛門
62	二間	能登屋次右衛門
63	三間	浜岡屋八十松
64	四間	土生屋弥兵衛
65	三間三尺	代崎弥東蔵
66	三間三尺	渕崎□兵衛

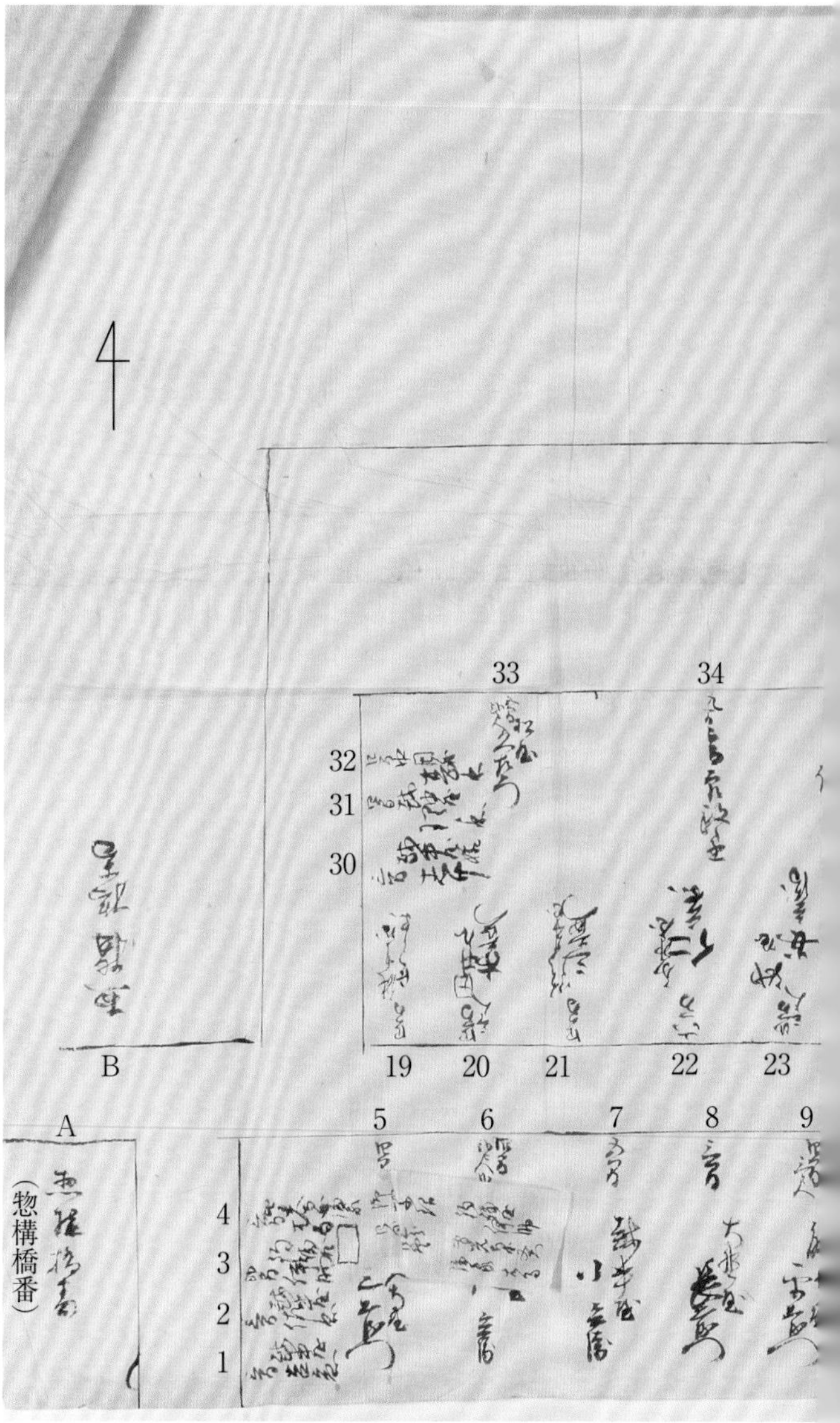

12	五間三尺	四十万屋清右衛門
13	三間三尺	越中屋理右衛門
14	五間三尺	越中屋太兵衛
15	四間一尺七寸	富来屋作兵衛
16	三間	高岡屋
17	四間	白尾屋嘉兵衛
18	三間	浅野屋仁右衛門
19	四間	能登屋宇兵衛
20	二間三尺	田井屋市右衛門
21	四間	鶴来屋三右衛門
22	六間	示野屋仁兵衛

この他、近江町の住人に関するものとして、金沢では多くの番付が刊行されており、その中に商人番付もあった。元治2年（1865）の「商家蕃昌宝の入船」（石川県立歴史博物館蔵）では、下近江町の山小八百屋物・沢屋味噌・四十万屋生菓子、青草辻中小小間物、近江丁湯風呂、周楽料理の名が見られ、この番付の勧進元は魚問屋と青物問屋、差添は塩魚物問屋となっている。これらだけから断定はできないが、藩末期には魚商のみでなく各種の商売形態も見られるようになっている。

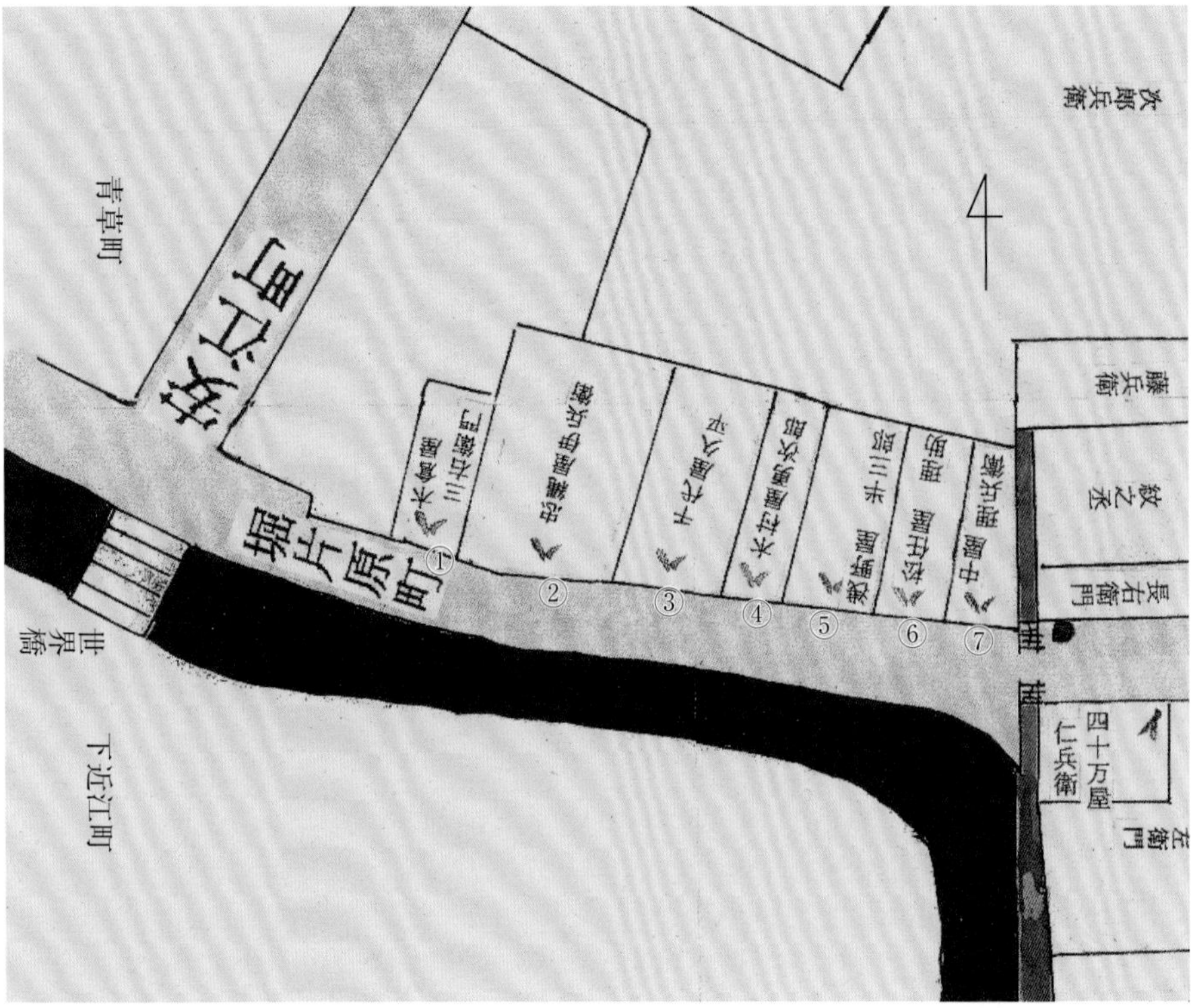

金沢町絵図 堀片原町（『金沢町絵図』より転載）

以上、上近江町・下近江町・三番町・光専寺上地町の住人と職業について記したが、青草町については、文化8年時には町立てが成されておらず、町絵図・同名帳は作成されておらず、町立て以降にも住人・職業に関わる史料が確認できず、青草町について記すことができなかった。

なお、平成17年に青草町域の2カ所において発掘調査がおこなわれている。同19年に刊行された報告書（『下堤・青草遺跡』金沢市刊）によると、地下室状構造物跡、17世紀初頭の遺物、17世紀末～18世紀初頭の陶磁器などが出土している。これらから青草町域には江戸時代の初頭には人々の生活の痕跡が認められる。

また、明治4年に青草町と合併した堀片原町については、文化8年（1811）の住人と職業が判る。組合頭は新保屋六郎右衛門、住人は①木倉屋三右衛門（挽附子商売）、②忠縄屋伊兵衛（小間物商売）、③千田屋久平（米中買并質商売）―付箋「幼少ニ付一類ともより養育　有磯屋権太郎」、④木村屋雄次郎（小間物商売）、⑤浅野屋半三郎（米中買）、⑥松任屋理助（呉服商売并古手商売）、⑦中屋理兵衛（道具商売）の七軒である。職業では米中買と小間物屋が各二軒という職業傾向が認められるが、魚物や青物に関わる職業とは異なる構成となっている。

第五節　惣構堀と市場の諸相

1　市場域を分断して流れる西内惣構堀

惣構堀は、慶長4年（1599）に城と町を囲う防御線として造られたもので、これは関ヶ原合戦の前年に徳川軍との合戦を想定してのものであった（前田家を継いだ前田利長に徳川家康の暗殺計画があるとして、家康は前田征伐を命じた）。次いで慶長15年（1610）にも惣構堀が造られ、二重の土居と堀で囲まれた城下町となった。

二重の堀は慶長4年に出来たものを内惣構堀、同15年に出来たものを外惣構堀、さらに内・外惣構堀を東・西に別け、四流としている。その距離は延宝期（1673~80）で、西内惣構が約1・6㎞、東内惣構が約1・3㎞、西外惣構が約2・8㎞、東外惣構が約1・4㎞であった（『金沢の文化的景観　城下町の伝統と文化　保存調査報告書』2009　金沢市刊）

近江町域にかかる惣構は西内惣構で、内惣構堀は慶長4年の12月から翌5年にかけて、僅か27日で完成されたと伝えられるが（『金沢古蹟志』巻六）、慶長6年（1601）前田利長が木ノ新保村組に与えた「知行所目録」（「寿美田家文書」玉川図書館蔵註参照）には、惣構設置によって木ノ新保村地に生じた減り分に対し、替え地を与える旨を伝えている。寛永8年（1668）「石浦山長谷慈光院氏子七ケ村絵図」（金沢市立玉川図書館蔵）によると、この期には木ノ新保村地は十間町の南側に位置しており、十間町を挟んで絵図には記載がないが、北側に近江町にあたる地域がある。惣構堀が木ノ新保村地を経て北の近江町へ入ることになる。慶長6年に惣構堀建設による替え地が行われており、慶長4年段階の替え地か、近江町域の工事が慶長6年だったのか断定はできないが、工事は慶長6年時にも続いていた（「寿美田家文書」（玉川図書館蔵）に「知行目録　一、百四俵　河北郡吉倉村右惣構屋敷ニ成候、へり分為替地遣之者也　慶長六年九月五日　花押（前田利長）　木新保村組役人中」とある）。

慶長6年という年は、惣構堀内の寺社が卯辰山に移転させられた年でもあり、市媛神社も「慶長六年金沢城羅郭を築くに当たり、社地を収む」（『石川県史資料』近代篇（一）石川県）とされ、新町の久保市乙劔神社も同様であり、惣構建設による城下の編成が進み、寺院群の設定も進捗した契機ともなった。

近江町市場となる場所には、西内惣構堀が市場域を分断するように流れた。市場域に至る流路は、「三州志来因概覧附録」には、「金谷門辺ヨリ出シ、不開門・神護寺ヲ押業繞シテ近江町・新町ノ後ヲ回リ、母衣町ヨリ浅野川へ疎通ス」とされ、現

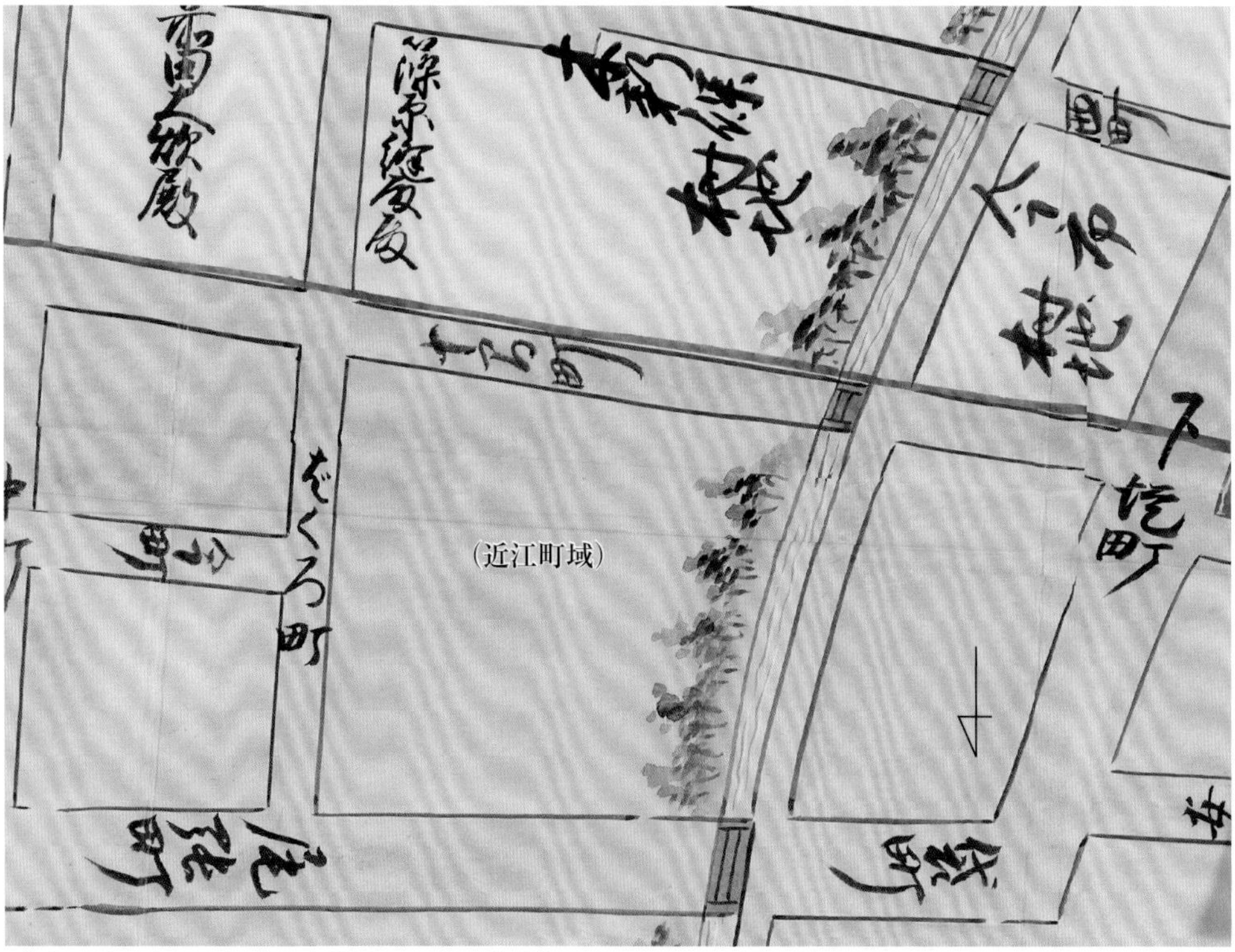

寛永８年（1631）「石浦神社氏子絵図」（金沢市立玉川図書館蔵）
十間町の下方が近江町域であるが、地名は記されていない。右側の土居と水路が惣構堀。

地名でいうと尾山町（尾山神社裏側）――尾山神社前――尾山町通――青草町東側――近江町市場十間町口から市場を横断して、新町などを通って浅野川に至っている。現在市場内を通る堀は暗渠化され通路となっている。

　惣構堀は軍事的な意味合いをもって造られたが、建造時も合戦には至らず、城下の形成・整備の中では都市の空間構成上のランドマーク的な役割を果たした。近江町の場合では、野菜類を商う青草町と魚鳥類を扱う近江町を別ける境界線としても惣構堀が位置した。

２　橋と橋番人

　惣構堀は藩の普請会所の管理であったが、寛文元年（１６６１）金沢町会所の管理となり、惣構の肝煎役や番人が置かれた（『金沢古蹟志』十三巻）。藩から町方への管理移管であり、軍事的役割を終えたといえよう。

　橋番人は堀に架かる橋爪に住居を与えられ惣構の維持・取締を任とした。東・西、内・外、四流の惣構堀には31の橋に橋番人が置かれ（「御惣構等橋番人名帳」金沢市立玉川図書館蔵）、これら橋番人を６名の組合頭が統括し、その上に惣構肝煎の役職があった。惣構肝煎は文久３年（１８６３）に廃止され（『金沢市史』資料編六）、最寄りの各町の管理するところとなった。

　文化８年（１８１１）時の下近江町橋々番人は、八百屋商売

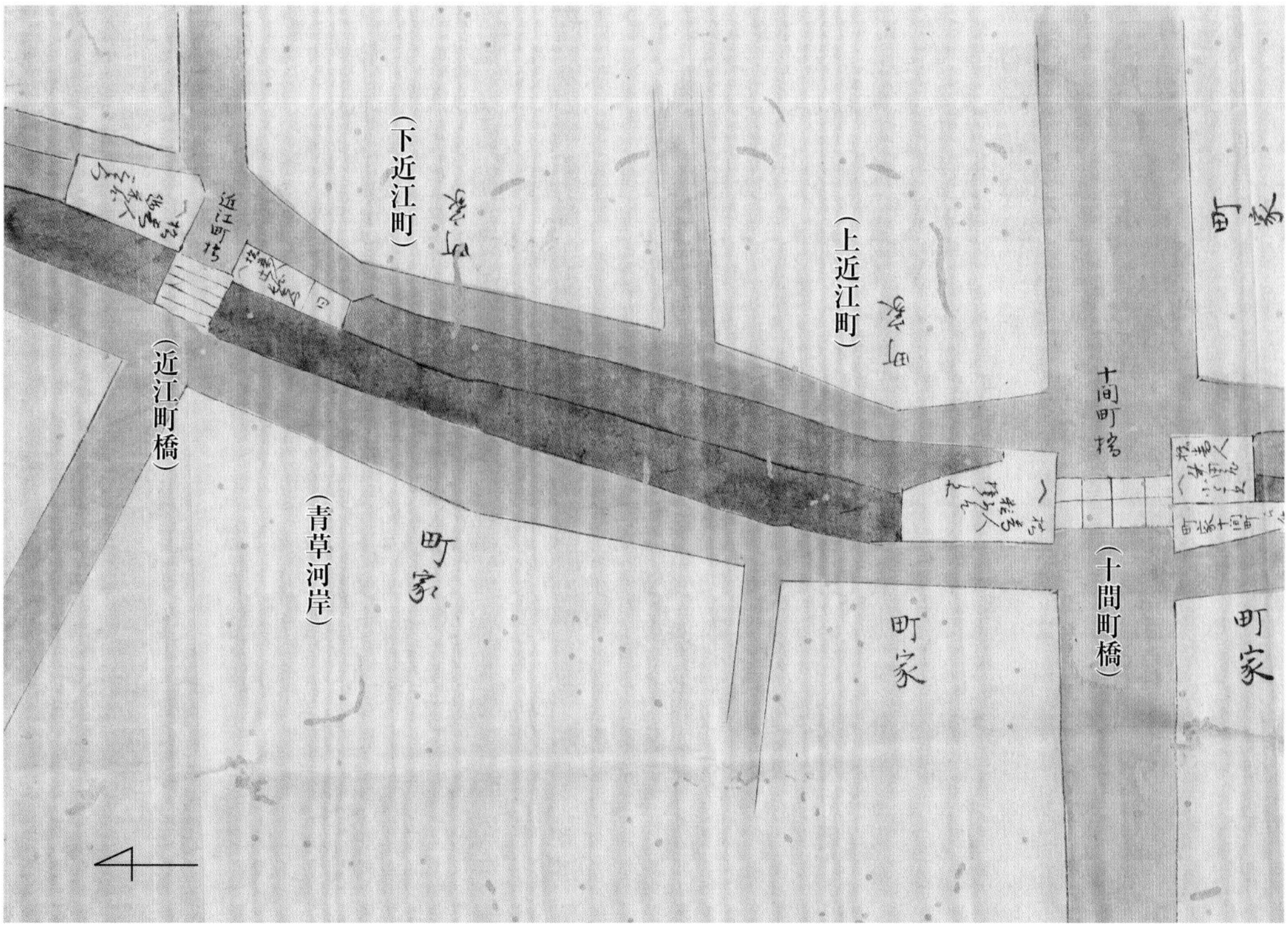

「金沢町絵図」惣構絵図（西内）近江町橋（金沢市立玉川図書館蔵）

の辻屋長右衛門と荒物商売・御能作物師をしている越前屋三右衛門の2名であった（『金沢市史』資料編6「金沢町役人帳」）。

下近江町橋（近江町橋とも）は文政6年（1823）5月に「せつたい橋」と改称され（『加賀藩史料』第十三編）、「接待橋」とも記された。これは大規模な金沢の町名改正が行われた結果であり、「金沢町中町名紛敷、数町も同名之所有、小名不相分所々有之に付、此度唱替等相改候」（『加賀藩史料』第十三編）との理由によるもので、橋名の変更のその一環であった。さらに「せつたい橋」が「世界橋」と転化していく。

惣構堀は藩政期より機能・規模は縮小されていったが、近江町域の例として、安政6年（1859）正月の火災による復興の中にも見られる。上近江町の谷内屋与三右衛門後家とよと下近江町三番町の湯風呂商売桜屋吉平の家が類焼し、家の再建の際に惣構地に家作を押し出して家建てをしようとした。これに対して惣構には御普請会所が境杭を立てており、建設家の取り払い命を受けている（「安政大火類焼しらべ絵図等」金沢市立玉川図書館蔵）。一例であるが惣構の近隣では機会あるごとに、惣構堀への浸食を計っていたものであろう。

3　惣構の撤去と跡地の利用

藩政期には惣構の管理体制が存在したが、明治維新後は行政主導の惣構堀の縮小が行われた。『金沢古蹟志』は、「廃藩置県の際、惣構堀を廃止して、土居・堀中の地をば悉く払下げに相成り、土居の上なる竹木共を苅取り、土居を崩し、堀を埋め、往古の如く平地となし」と伝えている。

明治２年（１８６９）６月には版籍奉還がなされ、従来の藩が消滅した11月、惣構堀は要害ともならず不益なものであるとされ、十間町橋から近江町三番町にかけての土居を撤去する案が市制懸りより出された。これは中下層の困窮者に仕事を与えると共に、土居を取り除いた跡地に家作をさせる目的によるものであった。工事の内容は左のようになる。

・十間町橋番人後～世界橋＝土居長さ34間（約62ｍ）斗　幅３間（約５・５ｍ）　土居高さ６尺（約１・８ｍ）

・世界橋～下近江町三番町＝土居長さ40間（約73ｍ）斗　幅３間（右同）　土居高さ９尺（約２・７ｍ）

この二箇所の土除き作業に４０５０人が必要と算定している。土居を除くことにより生まれる土地は、

・十間町橋番人後～世界橋＝90坪　前口１丈（約３ｍ）、奥二階建て15軒

・世界橋～下近江町三番町＝１２０坪　前口１丈（右同）、奥二階建て20軒

以上は案件で、計画通りになったか不明であるが、惣構の土居を除くことによって、４０５０人の仕事と35軒の家が生まれることになり、土居と堀の有効利用は積極的に進められたものであろう（『金沢市史』資料編６「惣構の御土居取除方に付伺書」）。

同じ西内惣構堀の撤去例に、明治８年の尾山神社の神門造営時の土居の撤去と堀の埋め立てがある（『金沢古蹟志』巻六）。

明治３年の絵図（「御門前西町より袋町までの絵図」金沢市立玉川図書館蔵）によると、西町橋・十間町橋・世界橋共に「跡」とされている。これは水路が消滅したという意ではなく、十間橋跡から世界橋跡の水路について、「此橋跡ヨリ青草河岸水溜ニテ溝幅三尺（約１ｍ）、深三尺」と記されている。前年の惣構堀の撤去作業の結果の規模であり、まさに惣構堀跡の水路ということになろう。

以上のような経緯をたどり、現在水路の大方は暗渠化されるなどし、放水路としての機能を残すのみとなった。かつての惣構は、土居の高さは「金沢古蹟志」によると、「高き所は凡そ五間（９・１ｍ）或いは三・四間（５・５～７・３ｍ）、低き所は二間（３・６ｍ）許にて、其の上は雑木茂り、且竹林なりけり」とあり、低くとも三・五ｍ以上あったとされる。土居の内側には２間（約３・６ｍ）の道が通っていた。

また、文政７年（１８２４）（「金沢道橋帳」金沢市立玉川図書館蔵）の規模は、上近江町・下近江町・三番町迄の惣構土居垣は長さが延べ１００間（約１８２ｍ）余とある。堀幅についても同書に、下近江町橋は渡り３間（５・５ｍ）、幅３間（同上）とあり、堀幅が推測される。土居上には藪竹が植えられていたが、天明５年（１７８５）に植栽は停止された。土居と堀を合わせた全幅は、天保元年（１８３０）時、「金沢測量図籍」（金沢市立玉川図書館蔵）

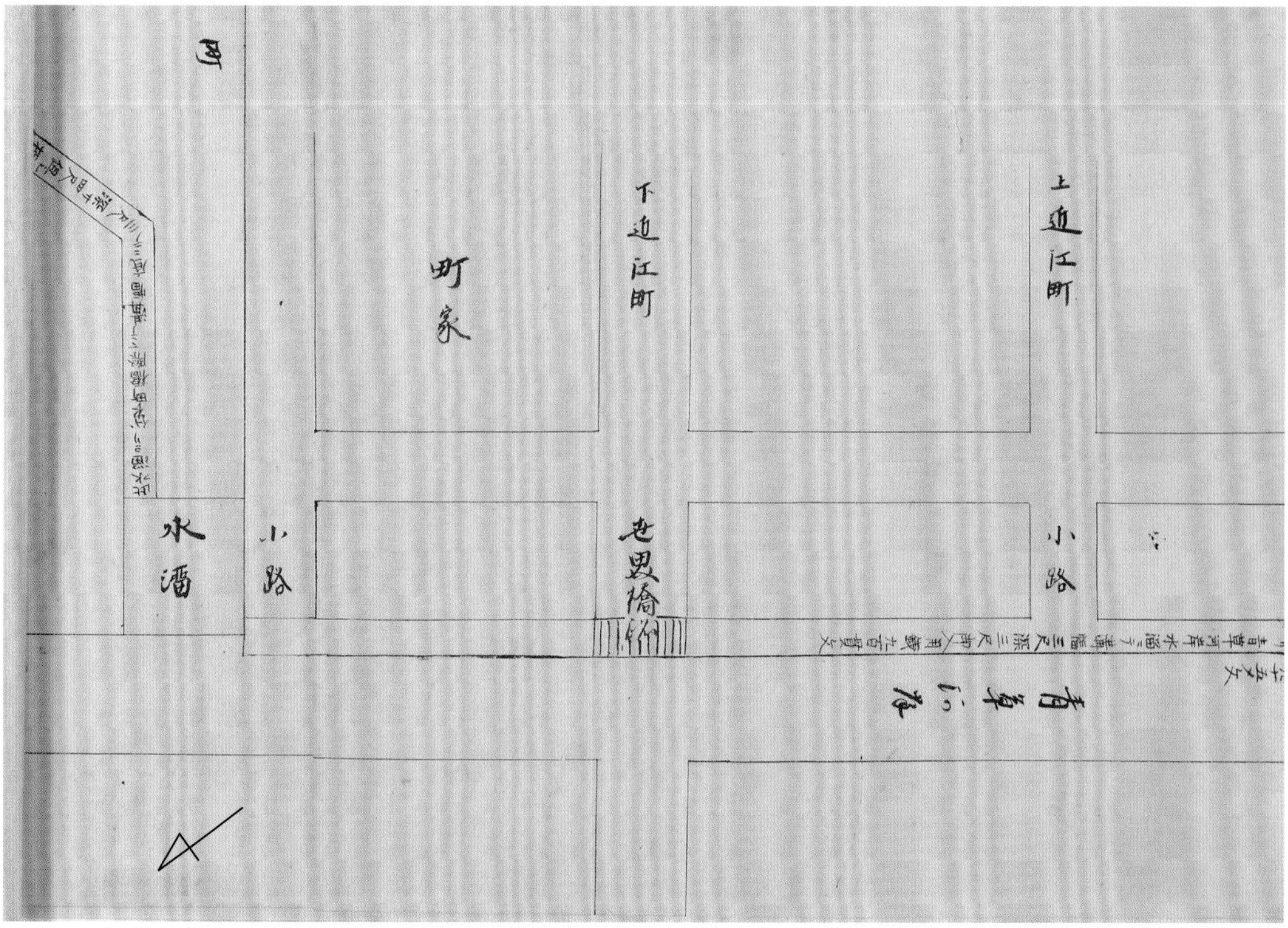

明治三年「御門前西町より袋町までの絵図」（金沢市立玉川図書館蔵）

を基にした推定で、十間町橋～近江町橋の間は、12～16mあったとされる（『城下町金沢学術研究一』　金沢市刊）。

4　近江町と災害

金沢は災害の少ない所というイメージがあるのではなかろうか。しかしながら近江町市場の成立の事由のひとつに火災によるというものがある（第三節「近江町市場の成立時期」参照）。

ここでは、金沢の災害の中でも近江町市場に関わるものを年代順に紹介し、市場の歴史の一面を見たい。

最初に寛文11年（1671）9月26日の火事は近江町が火元となり、残らず焼失している（『加賀藩史料』）。

元禄3年（1690）3月16・17日には上・下近江町と三番町が類焼している（『加賀藩史料』）。これは16日に竪町を火元とし、900軒ばかりが焼失し、翌17日には図書橋からの出火があり、6639軒が焼失し、近江町は両火事で被害を受け、近辺の尾張町や新町は全焼した。

享保2年（1717）2月13日下近江町新保屋から出火、袋町・博労町・尾張町に延焼し170軒が焼失（『加賀藩史料』）。

安永5年（1776）7月～・享和3年（1803）2月～・文政7年（1824）正月～・文久2年（1862）5月～と麻疹が幾たびも流行（『加賀藩史料』）している。

寛政11年（1799）5月26日には地震が起こり、「加州にては諸家壁の切れざる所は一軒も無之、境塀の倒れざる所も無之」状況であり、金沢では潰家26戸、破損家４１６９戸、土蔵の損壊・破損９９２戸が被害を受け、金沢を含んで能美・石川・河北の三郡で15人の死者が出ている（『石川県災異誌』）。

この地震で金沢城の石垣が所々で破損し、近江町においても「近江町魚店穴蔵も多分崩れ、折節用事有之居候者は皆々即死」（『石川県災異誌』）と、「穴」と称されていた貯蔵穴が崩れ人的被害もでた。この年は、この後も七月・八月にも地震が発生している。

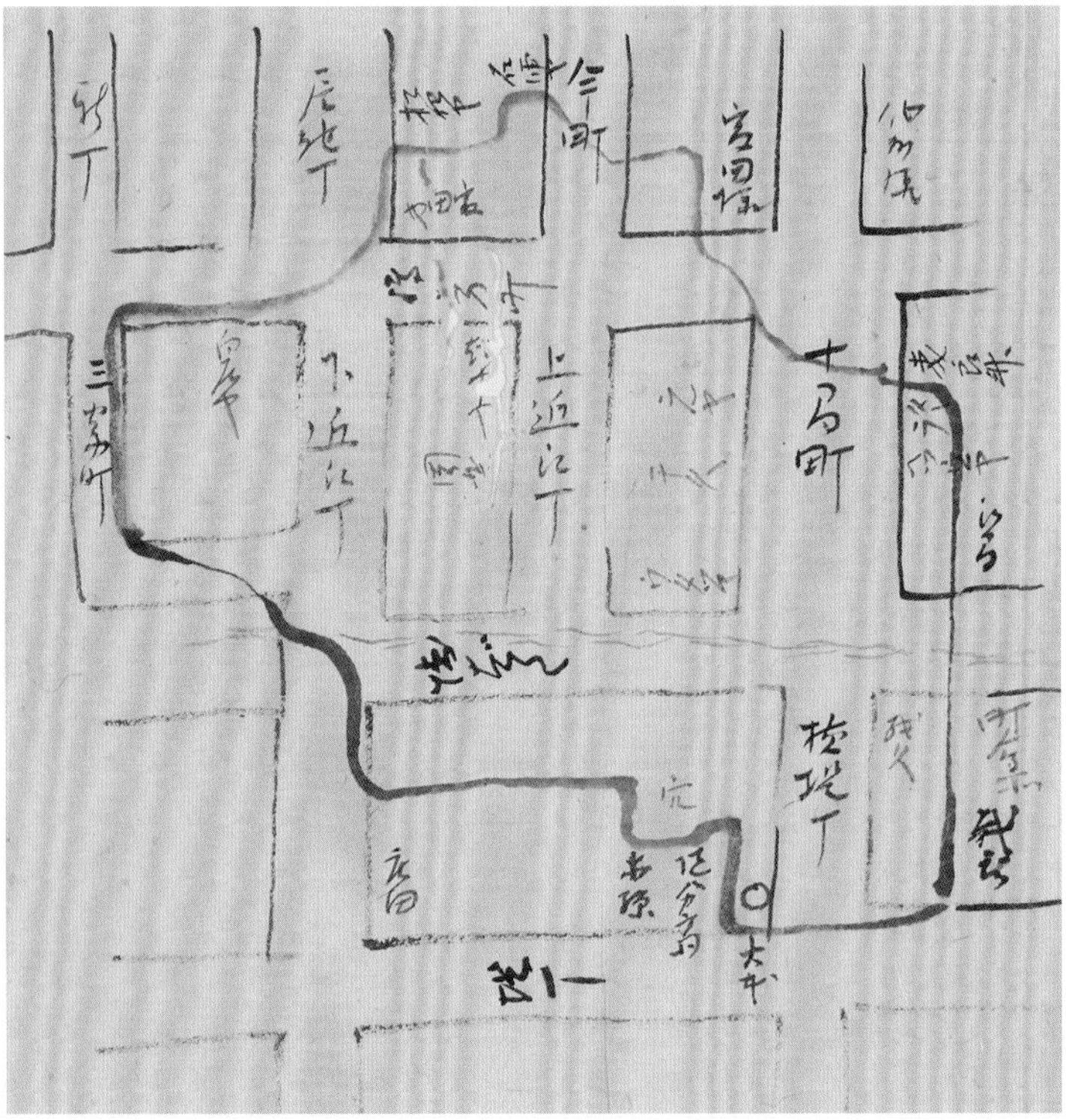

「十間町近江町火事等」（金沢市立玉川図書館蔵）焼失範囲（朱線内）図

弘化２年（１８４５）10月24日暁７時（現在の４時頃）、横堤町蝋燭座之横角つづら屋より出火（「十間町近江町火事等」金沢市立玉川図書館蔵）。横堤町から出火、青草町24軒が類焼、せったい橋橋番人家罹災（平凡社『地名辞典』）。類焼家数２５８軒で、近江町の被害は上近江町は50軒、下近江町43軒、同三番町18軒が焼失し、他に上近江町の土蔵三つと木戸２カ所・番小屋二つ、下近江町の木戸２カ所と番小屋二つも被害を受けた（『加賀藩史料』）。

弘化２年11月５日　七つ時前（現在の４時頃）横堤町の結鳥屋より出火し、２７３軒が被害を受け、近江町の過半を焼失し、尾張町・博労町・白尾屋小路に延焼した（『加賀藩史料』）。

嘉永５年（１８５２）４月２日　４月２日夜５つ時頃（現在の午後８時頃）、新町通の上野屋与三右衛門方より出火し、上尾張町・今町・博労町を焼き、東は大手中通り・新町、南は今町、西は下近江町・袋町、北は鍵町から惣構堀を越えて彦三に延焼した。これによって二百余軒が焼失、11軒が半焼となった。下近江町では類焼家１軒・半焼家１軒・木戸１軒、橋番人家２軒、同三番町では半焼家１軒が被害を受けた（『加賀藩史料』）。

安政６年（１８５９）１月９日（『石川県災異誌』）　正月９日６時前（午前６時頃）、十間町の卯辰屋から出火、上近江町・下近江町・光専寺町・博労町にかけて１２３軒焼失、半焼５軒、潰

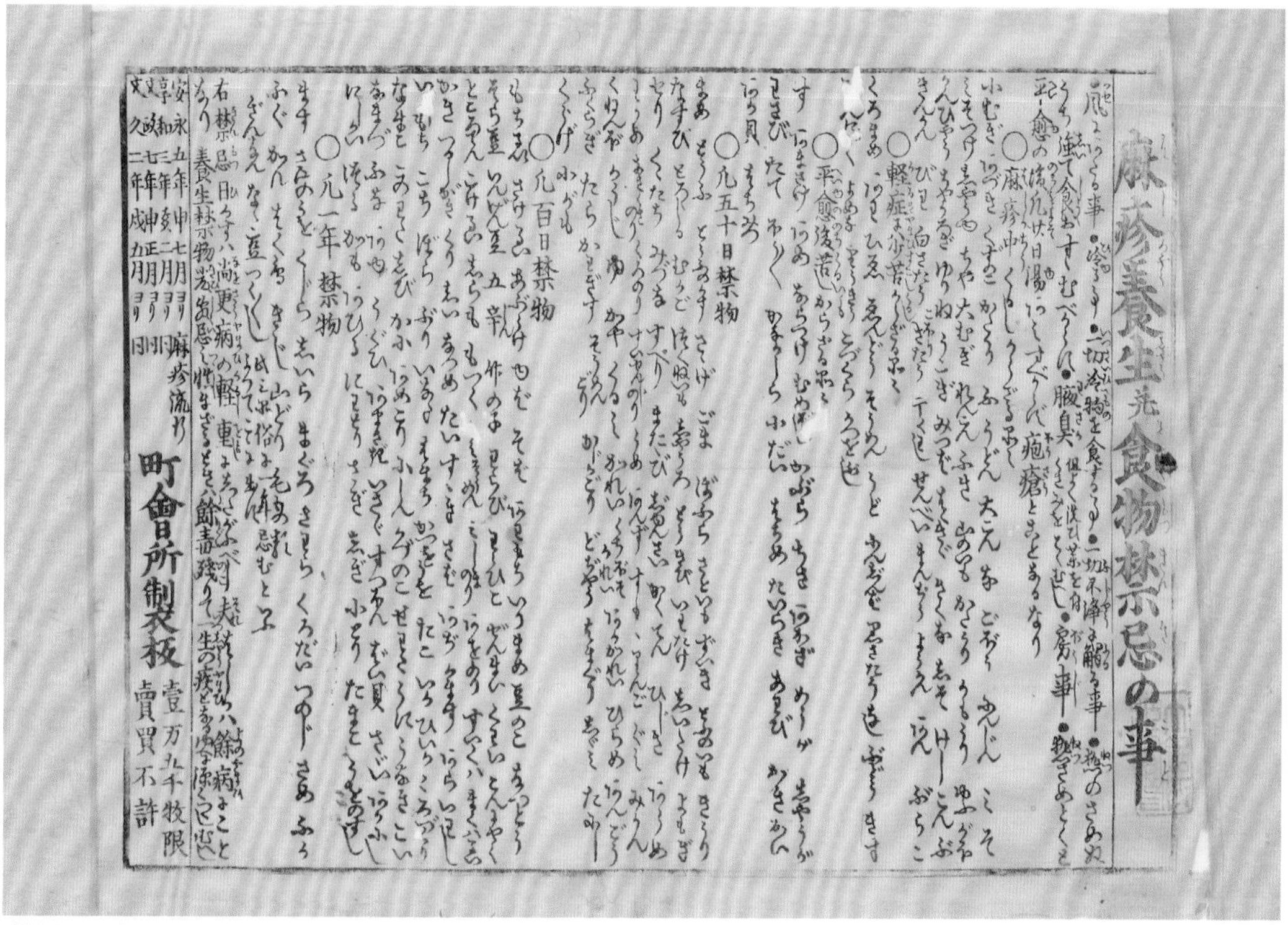

「金沢町会所刷物」麻疹養生并食物禁忌の事（金沢市立玉川図書館蔵）

家3軒の被害を出し、そのうち上近江町では50軒、下近江町では41軒、同三番町では19軒、元光専寺町では4軒が焼失し、他に惣構世界橋番人家2軒が潰れ、元光専寺町半焼家1軒、下近江町の木戸3カ所と番所3カ所が焼失、上近江町魚問屋前溝・橋4カ所が焼失し、近江町全域に被害が及んだ。十間町の卯辰屋は料理商売をしており、料理場より出火したものである（『加賀藩史料』）。

この時の火災では被災者と復興の様子が、惣構堀との関係で見ることができる（第五節「惣構堀と市場の諸相」参照）。

市場として食品にかかわる災害としては疫病流行がある。安政6年（1859）8月、前年より発生したコレラが越中・能登を経て、金沢でのピークに達した。8月12日の調査で200人の死者が出ている。町々ではコレラ送りとして、藁人形を川に流すなどし（『加賀藩史料』）、24日から26日には疫病退散を祈願して作り物を拵えた。この祭礼での各町の出し物を番付によると、近江町口には「大アント《（大行灯）》・ニワカ《（俄）》」が出されている（「コレラ番付」石川県立歴史博物館蔵）。

文久2年（1862）5月の下旬には麻疹《はしか》が大流行し、130人ばかりが亡くなった。6月下旬の頃には雇い人が不足し、商売を止める家も出る状況であった。病気に対しては食物のうち魚類では、きす・小鯛・油のある魚、野菜類では、かた瓜などを食することが禁忌とされた（『加賀藩史料』）。これらの食物を扱う市場では、病気の流行と共に商売に大きな影響を受ける出来事となったであろう。

5　市場の産土神　市姫神社

現市姫神社は、現在尾張町2丁目に所在し、大市比売姫・蛭子神・大己貴神を祭神とする（『石川県神社誌』石川県神社庁編）。同社は江戸時代の大半を現地ではなく、卯辰山の観音院境内に所在し、近江町とは所在地を異にしていた。観音院時代の市姫社については、明治4年に金沢藩庁への届書に（横江義雄著『豊国神社小史』卯辰山叢書第3輯）、社間数―縦四間半、横三間、祭神―大市比売神、相殿―言代主命・天満天神とされ、社殿は近江町産子の造営になるとしている。

市姫社が観音院境内に移ったのは、「内惣構堀の内側にあったため、元和9年（1623）」（横江義雄著『豊国神社小史』）とするもの、「寛永（1624～43）の頃、廓内の神社仏閣悉く転地を命ぜられし時、卯辰観音院境内へ移す」（「亀の尾記」）、また「近江町の市姫社は寛永年中に移したるならんか」（『金沢古蹟志』）とするものなどがあり、移転の理由は惣構堀設置に伴うものと、城下の寺社が寺院群設定のために移動させられたというものがある。どちらにせよ城下町の建設と整備の中での出来事であった。市姫社は卯辰山観音院境内に移るが、「神祠の修繕方以下悉皆近江町よりなし」崇敬に変化はなかった（『金沢古蹟志』）。なお、惣構堀については前の説明を参照されたい。

同社が現地に復座するのは明治12年になってからのことである。所在町名は下近江町であったが、明治37年に現国道159号線が通り、近江町市場とは分断され、昭和42年町名改正により尾張町となった。

市姫神社と近江町との関わりを、寛政8年（1796）「市姫神社略縁起」（本節末尾に前文掲載）から見ると、石川郡玉鉾村に市場が立てられた時に、市場の守護神として叢祠《ほこら》が建てられたのを創始とする。市場が大豆田村に移されると社も移転したという、その後、大豆田村から近江町へ野菜を搬入していた同村の百姓が、近江町の人々と評議の上、接待橋の橋詰めに社祠を建て市姫の神像を勧請・遷座し、近江町と青草辻の産土神としたものという。寛永の頃に至ると、同社は卯辰山の観音院境内に移されたが、近江町と青草辻市場の人々は、市姫神を市場の守護神、土地の産土神としての崇敬は継続されたという。市姫神は大山祇神の姫神で、商いの神である、としている。

縁起の記述によると、市姫社の位置は接待橋の橋詰めとあり、接待橋は内惣構堀に架かる橋であり、青草辻と下近江町の境、まさに市場の中央部に所在していたことになる。また社は内惣構堀が出来た後に置かれたということであり、移動は惣構堀建設によるものではないことになる。

近江町市場の成立にかかわる記述もあり、以下に示す。

「金沢市姫神社略縁起」

（「加賀諸神社縁起」石川県立図書館　小倉文庫）

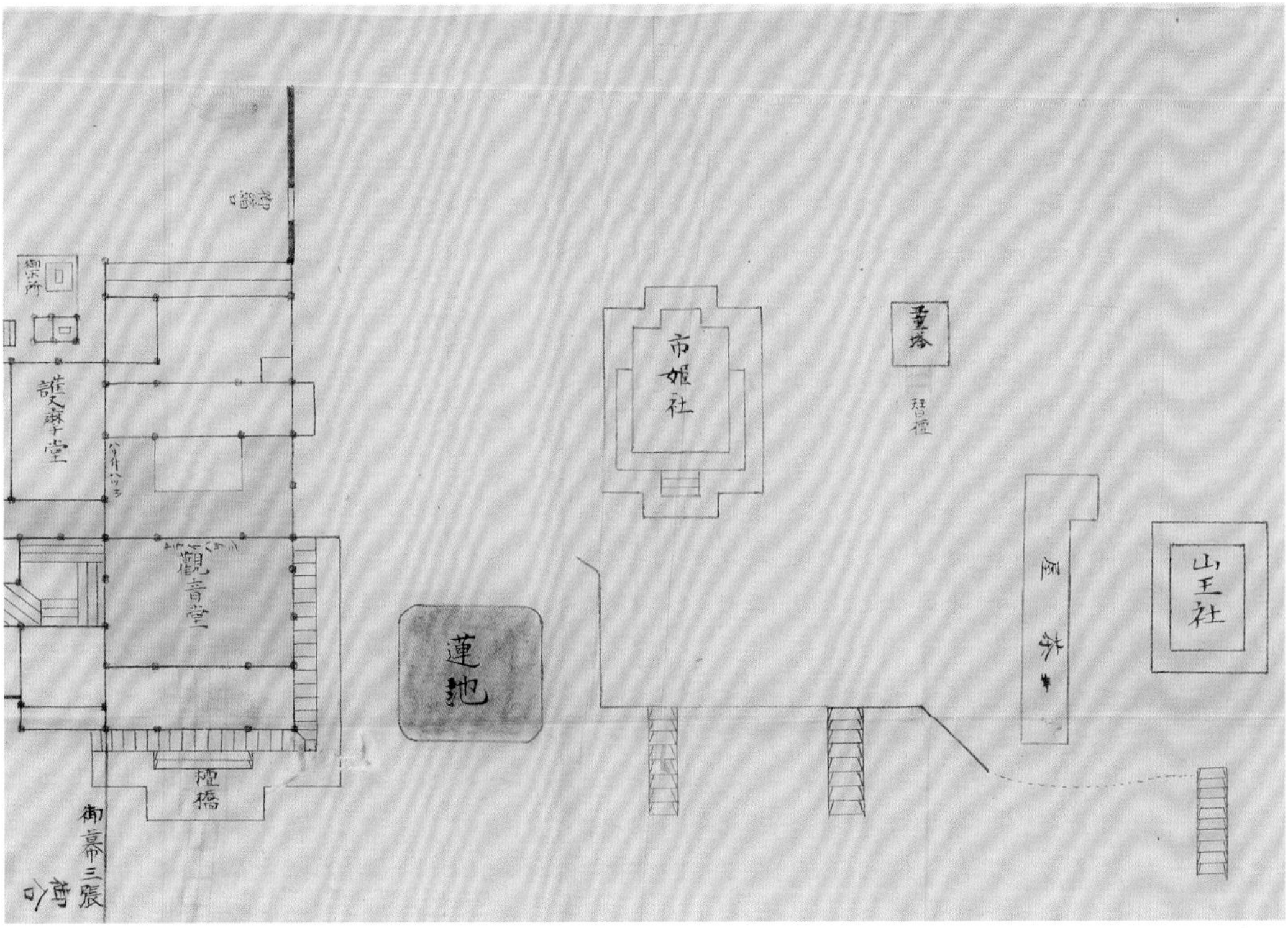

観音院絵図「多慶若様卯辰観音院へ御出之節之絵図」の内、市姫社周辺部分（金沢市立玉川図書館蔵）

當社市姫神社の来歴ハ、昔中納言利長卿の時、金沢袋町の者とも市場を袋町に建て、魚鳥・八百物等を此地へ持来り、市中の諸商人へせり売に致させ、商売の繁昌を盛んに致し度との願ひに付、許可相成、爰に市場を相立といへとも不弁利の事ありて、利常卿のときに至り、近江町へ移転なしたり、近江町ハ昔佐久間玄蕃盛政の時代よりの町地にて、そのかみ近江の国人共、此地に来住せし故の町名、尾山八町の一町なり、故に此地へ市場を移せしニ付、魚市場と八百物市場とを建、八百物の市場を青草辻と称し繁昌せり、其頃此市場に於て酒・茶を接待せんとて、惣構堀の橋爪に接待所を設けたり、故に此橋をハ接待橋と称せしを、後呼び誤りてせつかい橋といへり、扨石川郡玉鉾村にむかし市場を立たるに、依て市姫の叢祠を建、市場の守護神とす、然るに中古市場を大豆田村へ移せり、大豆田村落、後今の地へ移転の頃、同村の百姓九郎兵衛毎朝金沢へ野菜を運送す、近江町の市場掛り野兵衛といふものと謀り、市姫明神をハ金沢市場にも祭りて、市場の守護神とせん事を発起し、近江町の人々と評議をなし、せつかい橋の橋爪に社祠を造立し、然其神体ハ彼玉鉾村の市姫の神像を勧請する事に決し、即ち社祠を造営して彼神像を遷座し奉り、近江町・青草辻の産土神とす、然る処、寛永の頃にや惣構堀内の神社・仏閣共、悉く犀川・浅野川両橋外へ移転せられ、此時市姫神社も卯辰山観音院の境内へ移転せり、されと其

昭和初年の市姫神社（『金沢市内神社写真帖』昭和７年）

後産土地ハ漸く隔つといへとも、近江町・青草辻市場の人々ハ市場の守護神、土地の産土神となし崇敬す、抑市姫の大神ハ大山祇神の御姫神ニて、商ひ物の事をは守り給う、故に市姫の神とは申すなり、故に市場ニてハ厚く祭り奉るへき神なりと、いにしへより申伝へたりとそ、今其来歴の概略を記して縁起となし、市人・商人共の尊敬の一筋ともなれかしと、かくハ記しぬ

寛政八年丙辰八月　　長谷山観音院

この縁起によると、二代藩主利長の時に袋町に市場を立て、三代利常の代に袋町の市場を近江町に移したとし、さらには佐久間盛政の時代に近江町に魚市場と八百物市場を建てたともしている。

※本書は和紙を袋綴りにしたもので、藩政期の写本の様相を有し、「金沢市姫神社略縁起」とする題が付されているが、藩政期は「市姫神社」より「市姫社」の表記が一般的であった。また、「せつかい橋」の名が出ているが、せつかい橋（接待橋）というのは、文政6年（1823）に「下近江町橋」から改称されたもので（註『加賀藩史料』第一三編）、略縁起が書かれた寛政8年（1796）とは事実の齟齬がある。あるいは寛政期より「せつかい橋」という俗称が広まっていたのであろうか。ともかく略縁起の成立期に疑問が残る。

第六節　金沢の祭りと近江町

1　金沢の「盆正月」

金沢町には全町を挙げての祭りはなく、各町の産土神の祭りが行われていたが、金沢を中心として神仏や祖先を祀る祭礼ではなく、藩主家の慶事を祝って金沢町に総祭を催させた「盆正月」と呼ばれる行事があった。

この時には工・商は休業し、戸々に幔幕を張り、竹簾を掛け、行灯・提灯を出し、町中の街路に旗・幟を建て、獅子舞などの催し物を出し、種々の造物を飾った。盆と正月の賑わいが一時にくるとの意から「盆正月」と称された（『稿本金沢市史』風俗編2）。奉公人などにとっては仕事を公然と休める機会であり、金品が与えられることもあり、盆と正月にも匹敵する意味、喜びをもったものであった。

町の様子は、慶応2年（1866）十四代慶寧が家督を継ぎ、国入りした時の盆正月では、「市中は未曾有、大はずみ、町々の造り物・俄・祇園囃子様々の催し物……殆ど五日間と云ものは昼夜の差別なく、老若男女大雑踏」との様相を呈している（『加賀藩史料』藩末編下）。

行事の始まりは、享保8年（1723）の五代藩主綱紀の隠居と六代藩主となった吉徳の藩主代替を祝してのもので、最後は明治2年（1869）に十四代藩主慶寧が戊辰の役に際しての賞典録を受けたものまで40回を数えた（『金沢市史』通史編2）。「盆正月」の始まりとされる享保8年は、「在々所々町方簾をおろし遊び、夜中はをどりを催す」（『加賀藩史料』）というもので、「盆正月」の名称も見られず、町々が造り物を競うものとはなっていない。

開催年は

享保8年5月21日	同10年4月28日	延享2年8月13日
同2年11月11日	同4年2月11日	同4年5月15日
同5年2月晦日	宝暦3年6月4日	同3年9月13日
寛政5年1月6日	同7年4月6日	同9年2月23日
同9年4月15日	同11年五月19日	享和2年3月27日
同2年10月26日	同4年2月6日	文化1年4月4日
同1年9月14日	同3年4月4日	同5年3月29日
同6年4月26日	同8年8月18日	同9年4月4日
同10年12月24日	同11年4月6日	文政5年10月18日
同5年12月14日	同7年4月6日	同13年6月1日
天保2年12月18日	同13年3月14日	弘化2年2月16日
同2年9月6日	同4年4月10日	同4年5月6日
安政3年3月1日	慶応2年7月26日	明治2年6月18日

であった。

祭礼における町々の出し物や作り物に対して、番付が刷り物とし刊行され、祭りの賑わいを伝えてくれ、各町毎に出し物や作り物を紹介し、それぞれ評価・順位付けをして出版され、ますます盆正月が人々の関心を呼んだ。

文政13年（1830）には「盆正月作り物一覧記」「盆正月作り物細工物幟織并に提灯行灯聞合見立位附」「盆正月作り物道具附并に評判穴尽など」「盆正月金沢町中作物番付」（金沢市立玉川図書館蔵）と、4種もの番付の出版が確認できる。現時点で盆正月の残存する刷り物は、この文政13年のものが上限となる。

２　近江町の出し物

文政13年の盆正月での近江町の出し物を紹介すると、上近江丁は「一富士・二鷹・三茄子ヲ肴ニて作り物、富士ハさめの皮、雪ハごとう鯣、波ハ松まへ鱈・長熨斗、鷹ハからだ海干羽、かへハ塩鮎、目ハ烏賊はしい・巻若苅、是ハ車海老、台ハ八ツ目うなぎ、網ハ鮭のはらく、茄子ハ鰒干を丸クシテ、ヘタハぶら子、木ハにツしん、葉ハ干鰒、松ハ重木鰍、葉ハするめ、根ハ鰹ふし・数の子、是ハ甚見事也」とあり、下近江丁は「養老、是も魚ニて也、人形着類ハあんこの皮、手ハにし貝、もゝハさめの皮、はゝきハ立貝、足クヒハこいかの貝々、向ふて右の方、山ハ鰒皮・松壱本、是ハ重木ハ松まへ鱈、葉ハ海干、左の山ハさめの皮に松ハから魚にむし貝、瀧ハのし根・笹かれいに海干、

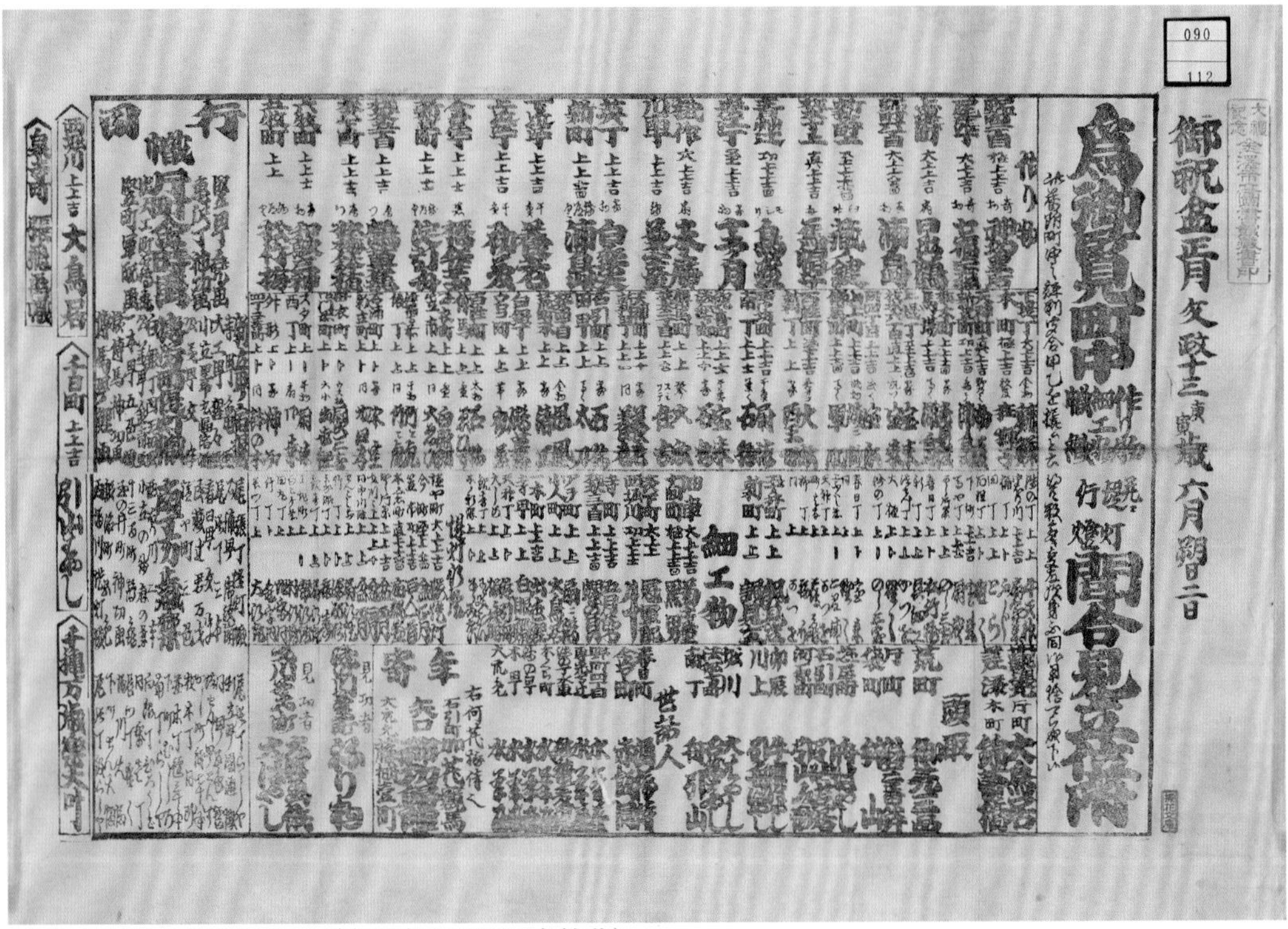

文政十三年　盆正月番付（金沢市立玉川図書館蔵）

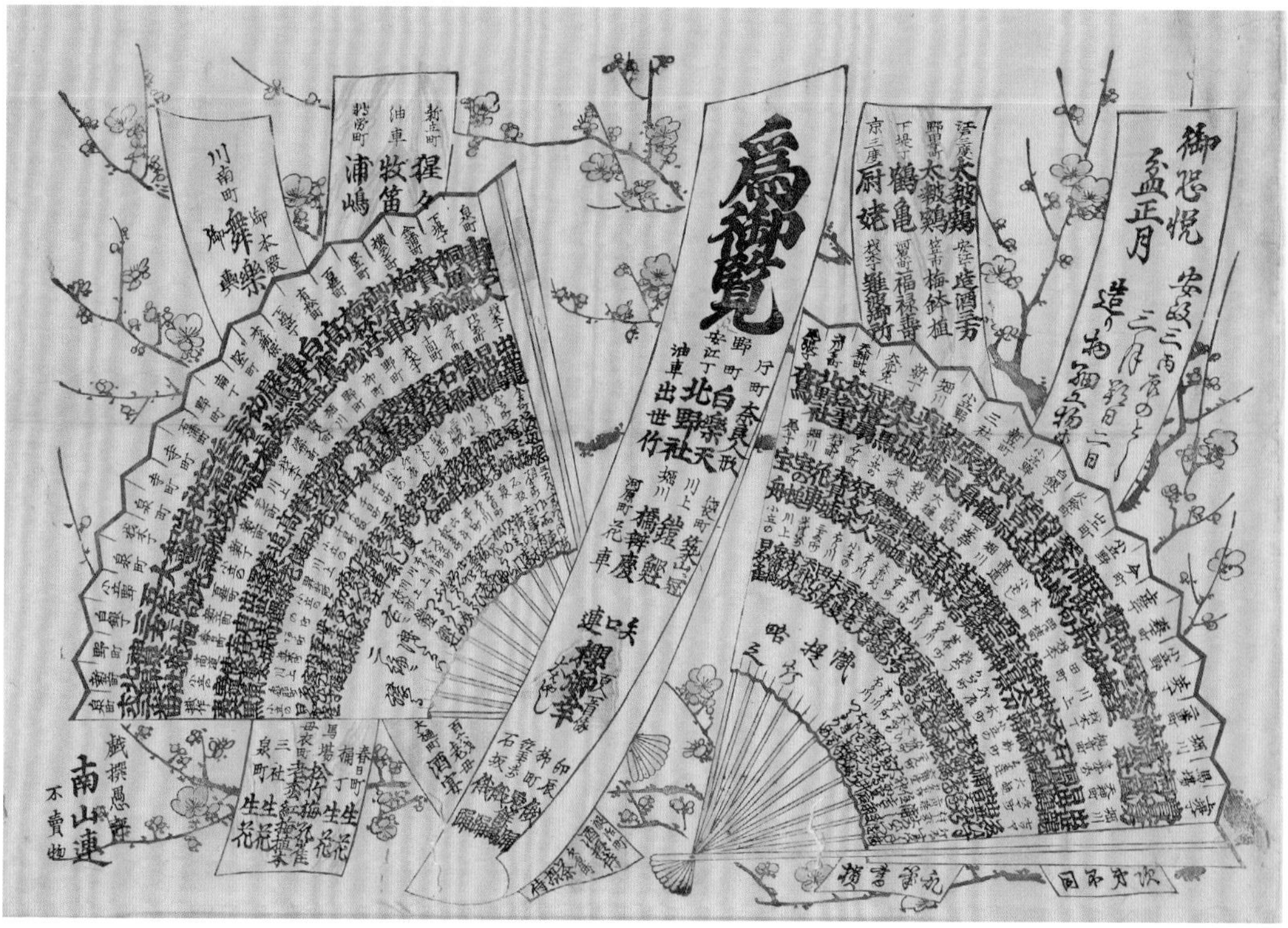

安政三年　盆正月造り物細工物等番付（金沢市立玉川図書館蔵）

波路ハ鮑貝、霞ハ干鱈、其外魚の塩引など、又薪とおほしき荷有、是ハ八ツ目うなぎ、棒ハから魚」と、魚類を主材料とした作り物が出され、青草辻からは堀端に小屋を懸け、ここに「鳥つし」として「ちり鳥・こけ鳥・ひな鳥・おねは鳥・すな鳥・くち鳥・よめ鳥・とう鳥・せき鳥・かけ鳥」が陳列され、材料は省略するが、一例を示すと「ちり鳥」は「箒を寄せ作り、台は塵取」、「せき鳥」は「胴は相撲取りのまわし、はしは煙草入れ、尾は軍配、台は手桶に注連縄を張り」と頓智を生かしたものであった。

以下、天保元年（１８３０）5月4日、十三代藩主斉泰の嗣子となる犬千代（十四代慶寧）が誕生し、6月朔日・2日に城下で奉祝の盆正月では（「犬千代様御誕生に付金沢城下町中奉祝一統賑之覚書」金沢市立玉川図書館蔵）、上近江町からは、「富士・鷹・茄子」の作り物が「ふぐ・さめ・雪いか・なすび・米」など干魚をもって飾られ、下近江町からは、「養老」の作り物が肴で造られ、「瀧はのし、浪はかんな・するめなど、人物の着物はあんと皮、足は立貝・ふくへ・しや貝、芝はうなぎ」で造られた。

青草町からは、「鳥づくし」の作り物として、「よめ鳥・口鳥・する鳥・ひな鳥・すねは鳥・こけ鳥・あせ鳥・ちり鳥・どう鳥・関鳥・懸鳥」が出品された。これらは何かをもじっているのであろう。例えば「よめ鳥」は鶴の形を、「のし・土器・盃・包のし・するめ」を用いて造られたものである。

以下、弘化2年（１８４５）2月16～18日の盆正月では、上

祭礼の造物（『稿本金沢市史』風俗編第２より）

近江町は蓬莱山、下近江町は東方朔（「御恐祝盆正月作り物尽」石川県立図書館蔵）、安政３年（１８５６）３月朔・２日では、上近江町は獅子牡丹、下近江町は白羽鷹（「盆正月つくりもの」石川県立図書館蔵）、慶応２年（１８６６）初秋では、下近江町―松に海老、下近江町―冠に梅（「御恐祝盆正月造り物細工物東西見立」石川県立図書館蔵）となっている。下近江町がふたつあり、上近江町がなく、どちらかが上近江町と思われるが、『稿本金沢市史　風俗編２』では、上近江町―「太鼓に鶏」とあり、下近江町が前記の二つを出している可能性もある。また、「御恐祝盆正月」（石川県立図書館蔵）では、「松に海老」は近江町とあり、上下の区別が記されておらず、下近江町は「冠に梅」とあり、「松に梅」は上近江町分との解釈もできる。

天満宮の狛犬

３　天満宮の卯辰山遷座式

金沢の町を挙げての祭礼は、盆正月のほかには、慶応３年（１８６７）竹沢御殿（現兼六園千歳台付近にあった）の天満宮を、卯辰山の観音山鳶ヶ峰に移す遷座式が行われ、本社の天満宮のほかに、病民守護のため、大己貴神と少彦名神の二神が合祀鎮座した。同社は明治元年「卯辰神社」を号した（『加賀藩史料』卯辰山開拓録）。

この時、城下では「町々にのぼり旗を立て、作り物を拵へ、夜中は町々に見事なる提灯をともし、老弱見物の群集、はやし物の音暁に達す、一七日の間、昼夜を分たざる賑ひにて、卯辰山の広きも数万の群参錐を立るの地なきに至る」という状況を呈した（『加賀藩史料』）。

また、「向山新宮天満宮社江巽御殿より御遷神、慶応三卯九月廿三日ニ而、同日廿九日迄金沢惣祭り被仰渡、毎日獅子・祇園はやし、或ハにわか等ニ而大賑わへ之事、但し、西東両新地も右御祭礼大繁昌、誠ニ古来稀なる事」（遍プロジェクト編『梅田日記』）と、幕末の大変革期であるが金沢の町は祭りに沸いた。

翌10月には将軍徳川慶喜は政権を返上し、翌慶応4年9月8日に明治と年号が代わる。

この時、近江町からは「干物御こし《（神輿）》・にわか《（俄）》・ハヤシ《（囃子）》・獅子」が出され（「天満宮御祭礼獅子囃子俄等」金沢市立玉川図書館蔵）、別の史料には「上近江町　大小シシ《（獅子）》二ツ・御こし《（神輿）》・ハヤシ《（囃子）》」とあり、下近江町・三番町も同様としている（「御遷宮御祭礼獅子にわかきおんはやし道しるへ」金沢市立玉川図書館蔵）。

また、この時に金沢の問屋附魚屋中が天満宮に戸室石造り、高さ一間の狛犬一対を寄進している。寄進者１０６名の中に魚肝煎の森之助・万次郎と、魚屋棟取の山田屋半兵衛・車屋□右衛門・高岡屋久右衛門・入口佐兵衛・田井屋伊兵衛・小松屋市右衛門・才田屋佐兵衛の名が見られ、石工は油屋佐兵衛とある。

2 明治時代

第一節　姿を変える近江町市場

1　石川県の発足と金沢

明治２（１８６９）年、加賀藩は版籍奉還によって金沢藩になり、明治４（１８７１）年の廃藩置県から金沢県と変わる。金沢城は政府に接収され、兵部省（陸軍省に改称）が所管する陸軍の拠点となって歩兵第7連隊、第９師団司令部が置かれ、近江町市場は軍の台所、賄いをあずかる。

翌5年に七尾県ができると、県庁所在地は金沢から石川郡美川町に移され県名は石川県となるが、1年も経たないうちに再び県庁所在地は金沢に戻される。しかし、県名はそのままで県域は幾度となく変更され、明治16（１８８３）年にようやく現在の石川県に定まった。

金沢の人口は、藩政期末には江戸、大坂、京都に次いで12万人を数える。加賀百万石の城下町の繁栄を支えていたのは、人口の約3分の1を有した士族であり、そして近江町をはじめとした町場商人達の活躍にあったが、時代は明治維新を迎え、幕藩体制は崩壊して金沢の経済は衰退を辿っていく。

加賀藩御用達として、殿様の御膳所、お城の台所であった近江町市場について、２５０年史の「第3章　明治時代の近江町」を要約する。

廃藩置県により近江町市場は藩政時代にもっていた藩の保護と、その主な購買層である武士階級を一挙に失う。魚問屋は藩の御膳所ということで種々の保護を受けていたが、その特権をなくし、明治18（１８８５）年の記録によると県士族の破産者は1千人を超え、明治11（１８７８）年に10万7千人であった金沢の人口は9万5千人にまで減少、しかもその10分の１はその日の暮しにも差し支え、毎朝乞食が群をなして横行したといわれる。

2　金沢の市場が復興

近江町市場では、酒2升で店舗を譲渡するなどの苦難に襲われるものの、まもなく魚市場は金沢市民10万のバックアップによって再興され、青果においては、農民の振り売りによる供給で充分間に合ったため、問屋筋の活動はみられない状況であったが、明治12（1879）年11月に青果専門の住吉市場ができる。

住吉市場は、八百物卸売市場として青草辻と道路を隔てた旧石屋小路の一角に、1千坪の用地を確保して開設され、明治14（1881）年には尾山神社境内で開かれていた尾山市場を吸収合併して、住吉八百物市場と改称する。

明治初年に新政府によって編纂が進められた「皇国地誌　加賀国金沢区地誌　二」（石川県立図書館所蔵）には、魚市場は「明治十年十月一日市場免許ヲ得更ニ開業ス」、青草物市場は「明治十一年五月十一日市場免許ヲ得更ニ開業ス」と記されてある。

「金沢市史　通史編3　近代」によると、明治初期には青草辻市場のほかに長田、笠市、大樋町、小立野、泉口、尾山、香林坊にも定期市が立ち、明治37年頃から香林坊裏大神宮境内で開かれていた定期市が41（1908）年4月に長町川岸に移転して金沢犀川八百物市場を開設したとあり、また明治期末の近江町の魚市場には魚市株式会社、丸一魚株式会社、金沢魚合資会社の3社に、個人では小林与三次郎、能沢長太郎、東惣兵衛の四十物問屋、そして個人集合市場として堀川市場（山岸清右衛門、村田理市、洲崎源太郎、米村久太郎、元豊次郎、南吉次郎、津田惣太郎）、直江市場（直江初三郎、中川與太郎、北川助太郎、荒木茂三郎）の8つの問屋があったと記述している。

明治18（1885）年には、石川県金沢区魚鳥四十物商組合（現金沢魚商業協同組合、初代組合長野村藤次郎）が、明治27（1894）年になると金沢八百物乾物商同盟組合（現金沢市青果食品商業協同組合、初代組合長松本佐兵衛）が立ち上げられ、魚鳥四十物商、八百物乾物商の小売仲買業者の組織化が相次いで図られていく。

明治21（1888）年に出版発行の「石川県下商工便覧」（グラビア38ページ）には、青草町の5商店と下近江町の1商店が掲載されている。

明治20（1887）年4月、青草町で八百物問屋の元市合名会社が創業、明治24（1891）年には上近江町に株式会社金沢魚会社、明治26（1893）年には魚市株式会社が設立され、会社組織の問屋が誕生する動きもあらわれてくる。

金沢市の人口は、明治30（1897）年に8万1千人にまで減少するが、日清戦争（明治27年7月～28年4月）後は次第に人口も増え、好景気によって賑わいを取り戻していく。

明治27（1894）年、金沢で初めて尾山神社の門前にアーク灯の電灯がともり、31（1898）年の北陸線開通により金沢駅が開設、34（1901）年には電話が架設され、近江町市場における金沢最初の電話加入者として青草町に2件、上近江町に3件、下近江町に3件の計8件があった。新聞、写真、人力車、洋服、散髪などの文明開化の波が押し寄せ、世の中が大きく変貌を遂げる。

3　区割の変遷

金沢の町の区割も何度も改正されるのだが、以下に近江町市場内における町の区割の変遷を記す。

明治3（1870）年10月　金沢を東西南北の4郷に分かつ
　南郷　　上・下近江町／三番町／十間町／元光専寺町
　　さらに南郷を上・中・下に3分して下南郷となる

明治4（1871）年7月　廃藩置県にあたり8月、郷名廃止、町内を第1区～第7区に分かつ
　第4区　　上・下近江町／十間町
　第5区　　青草町／下堤町／下松原町

明治5（1872）年3月　加賀国を27箇区、金沢を7箇区に分け、第8区～14区とする
　第11区1番組　上・下近江町／十間町
　第12区1番組　青草町／下堤町／下松原町

明治6（1873）年6月
　石川県を第2大学区に加え、金沢町は第21中学区内及び第22中学区内に属する

明治9（1876）年10月　全町を石川県第10大区とし、第1小区～第10小区とする
　第4小区　上・下近江町／十間町
　第8小区　青草町／下堤町／松原町

明治11（1878）年10月　金沢町を金沢区と称し、1連区～7連区に分かつ
　4連区　　上・下近江町／十間町
　5連区　　青草町／下堤町／下松原町

明治12（1879）年9月　学区名廃止

明治22（1889）年4月　市制施行で金沢市と称し、同年7月に市内を第1区～第13区に分かつ
　第6区　　上・下近江町／十間町
　第8区　　青草町／下堤町／下松原町

明治25（1892）年8月　第1区～第7区に改正
　第4区　　上・下近江町／十間町
　第5区　　青草町／下堤町／下松原町

明治30（1897）年4月、区名は廃止されるが、便を図り旧区名を慣用することがある。

（「稿本　金澤市史　市街篇第二」より）

「皇国地誌　加賀国金沢区地誌　二」（石川県立図書館所蔵）には、各町の位置について次のように書かれている。

上近江町　十間町ノ北ニ並行シ東ハ博労町ヨリ西ハ青草町ニ達ス二町六間許《ばかり》幅凡《おおよそ》二間三尺、

下近江町　上近江町ノ北ニ並行ス一町四拾六間許幅凡二間四尺又属巷北ニアリ

青草町　　字武蔵ヶ辻ヨリ三拾八間許東ニ入リ字青草辻ニ達シ

テ南北ニ分レ南ハ下松原町ニ連リ北ハ袋町ニ通ス
十間町　西ハ下堤町界ヨリ東ハ博労町ニ達ス二町八間許幅凡八間五尺（本通）
下堤町　上堤町界ヨリ北方字武蔵ヶ辻ニ達スルマテヲ云フ二町三拾四間許幅凡四間三尺中間ヨリ五拾間許東ニ入リ十間町ニ続ク
下松原町　旧ト御門前西町県庁ノ西北ニシテ上松原町界ヨリ北方上近江町入口ニ至リ青草町ニ続ク三町三拾二間許幅凡二間三尺

明治５（１８７２）年、近江町三番町、元光専寺町（光専寺上地町）は下近江町に合併され、堀片原町は青草町となり、明治に入って目まぐるしく市場内の町の区割が変わっている。

４　「山の原」と「穴」が伝える昔の近江町

地図を広げて見ると、区割は上・下近江町、十間町と青草町、下堤町、下松原町の間に築かれていた惣構が境界線になっていたことが分かり、その西内惣構《にしうちそうがまえ》が近江町市場の中に築かれていた。

惣構の土居には、雑木や竹などが植えられたが、この周辺の土居には草が生い茂り、まるで山の原っぱのような状態になっていて、近江町のこの辺りを「山の原」と呼ぶのはこうした様子に由来したという。

明治になって惣構の土居は崩され、堀は埋め立てられ、近江町の中の惣構撤去工事は明治２（１８６９）年に行われる。郷土史家氏家栄太郎が著した「金沢市街　温知叢誌」には次のような記述があった。

上近江町ヨリ下松原町ニ通スル道路
明治初年ノ頃内惣構土居及濠跡ニ新開ノ道路

明治初期の地図を見ると、これまで近江町から「穴」へ行くには惣構があるため、回り道をしなければ行くことはできなかったが、明治９（１８７６）年の地図ではそのまま「穴」に行けるようになっている。地図上、上近江町から穴へ行く道は鍵型路だったが、明治12年（12年版権許可、13年出版）の地図では直行できるようになっているところをみると、この間にさらに道路の付替え工事も行われたのではないかと推考する。

明治37（１９０４）年６月３日、下近江町で２５０余戸を焼失した大火「近江町焼け」が起きる。その後、周辺一帯が整備されることになり、市姫神社の前は武蔵ヶ辻にまで通じる直線道路「市姫通り」の新設が同年７月14日に認可され、12月27日に開通式が執り行われた。

尾張町から武蔵ヶ辻方面へ行くには、袋町を迂回する江戸時代の「北国街道」を通って行かなければならず、この直線道路計画は大火以前からあったのだが、土地の買収等で頓挫を来していたところ近江町焼けにより進展する。

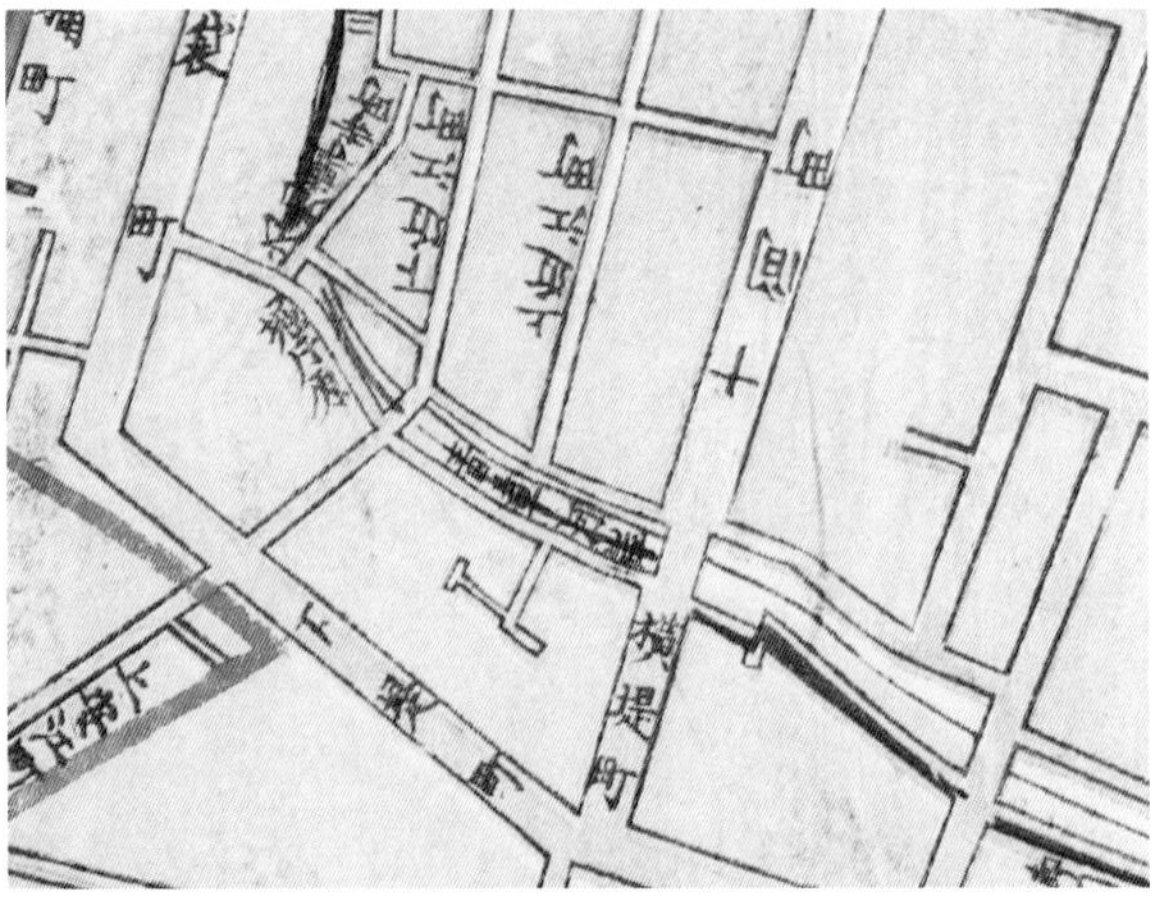

金沢市街図　明治3年（金沢市立玉川図書館蔵）

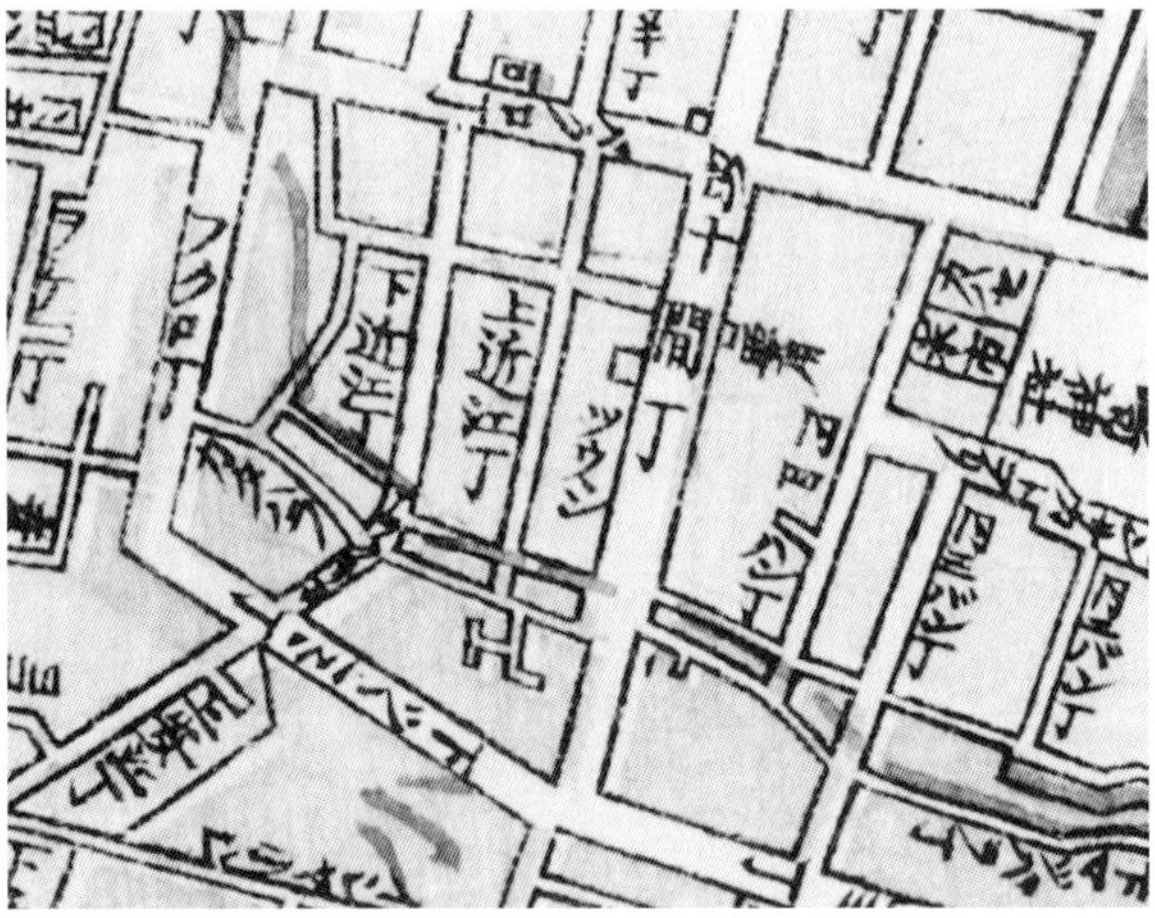

加賀金沢細見図　明治9年（金沢市立玉川図書館蔵）

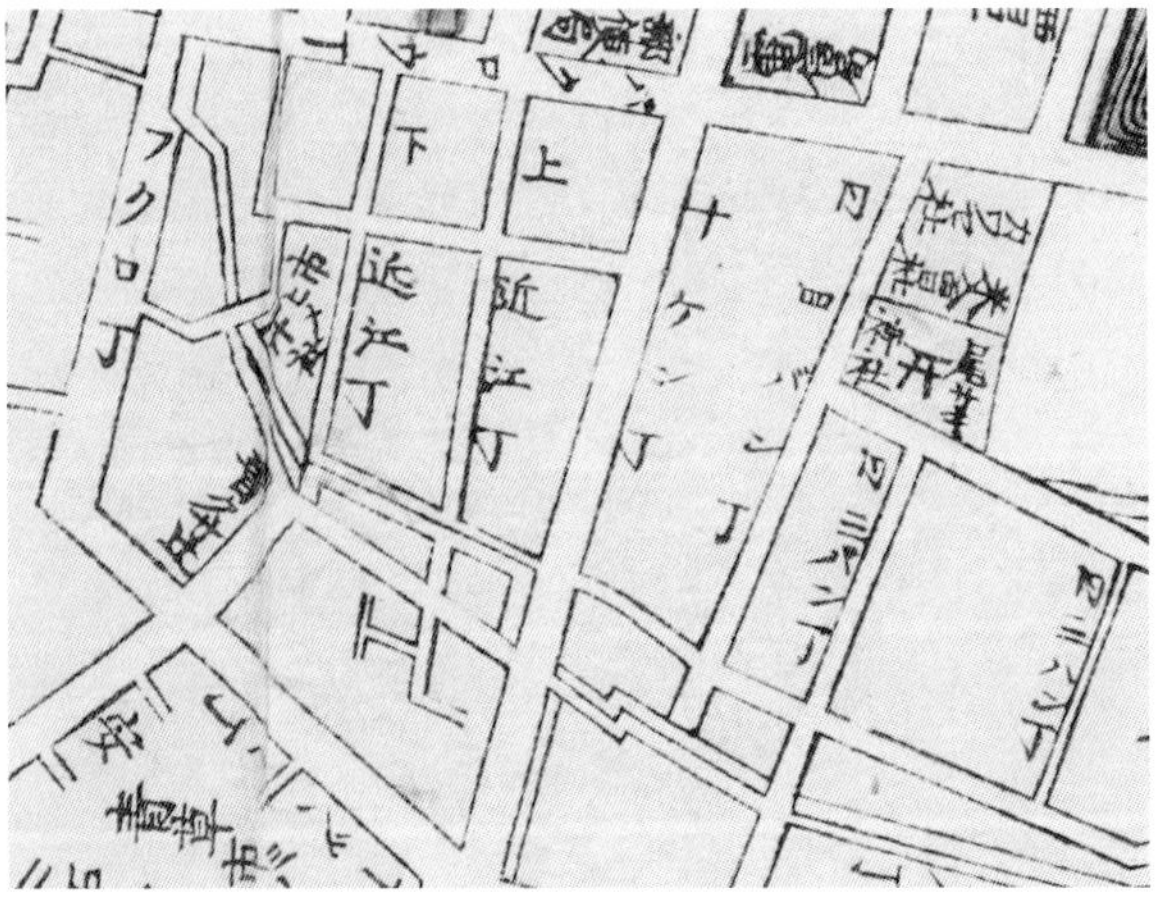

加賀国金沢区市街図　明治12年（金沢市立玉川図書館蔵）

また、「穴」で行き止まりだった道は、下堤町に抜ける新たな道路計画が同37年9月7日に決定し、11月から工事が始められ翌38年4月に竣工する。その後、7月から上・下近江町、青草町の道路を改修した記録があり、9月22日に開通式が行われた。

「穴」に関しては、青草辻近江町市場自治協会初代会長矩繁命の次のような証言が残っている。「『穴』は2つ、大きさは縦横2間（3・6メートル四方）、段を伝って内部に降りて行ったと聞いた」

そして、明治の終わり頃には、「穴」はすでに埋め立てられていたという（武蔵ヶ辻地下道竣工記念　武蔵ヶ辻のあゆみ　武蔵地下道建設期成同盟刊　昭和52年4月1日発行）。「穴」は、道路工事の際に埋められたのだろうか。

自治協会では昭和36（1961）年8月2日、この付近の青草町1番地先から6番地先の土地（廃道敷）約74平方メートルを金沢市より払下げを受け（売買価格106万1409円）、会員の南保米松、安宅勝二、小室はる、高島喜代治、柚木順吉の5人に分割譲渡した。

現在、「穴」の辺りで営業する「近江町食堂」は、通称「穴」「穴食堂」と呼ばれ、郵便物を送る際には住所を書かなくても「近江町市場　穴」で届くといわれている。それほどまでに、「穴」

は古くから知られた存在の場所であったらしい。

5　辰巳用水分流が流れる

250年史の年表には、「明治22年　辰巳用水分流再興碑建つ」とある。

同碑は、丸の内に所在する尾﨑神社の境内に立っている。

尾﨑神社は、4代藩主前田光高が金沢城内の北の丸に徳川家康を祀る東照宮を勧請して創建したもので、徳川家の葵の御紋がところどころに散りばめられ、「金沢城の江戸」「北陸の日光」と称された。

明治になって天照大神とともに3代藩主利常も祀られ、明治7（1874）年に尾﨑神社と改称し、金沢城を所管することになった陸軍省が、城外の現在地に移転させた。昭和25（1950）年には、本殿、拝殿、幣殿などが重要文化財指定となる。

そして、境内の碑の横には、次のように記した案内板が立っている。

（略）分流再興碑は、金沢城内から大手掘を流れ出た水を近江町方面の防火用水として利用するため、大手町居住の

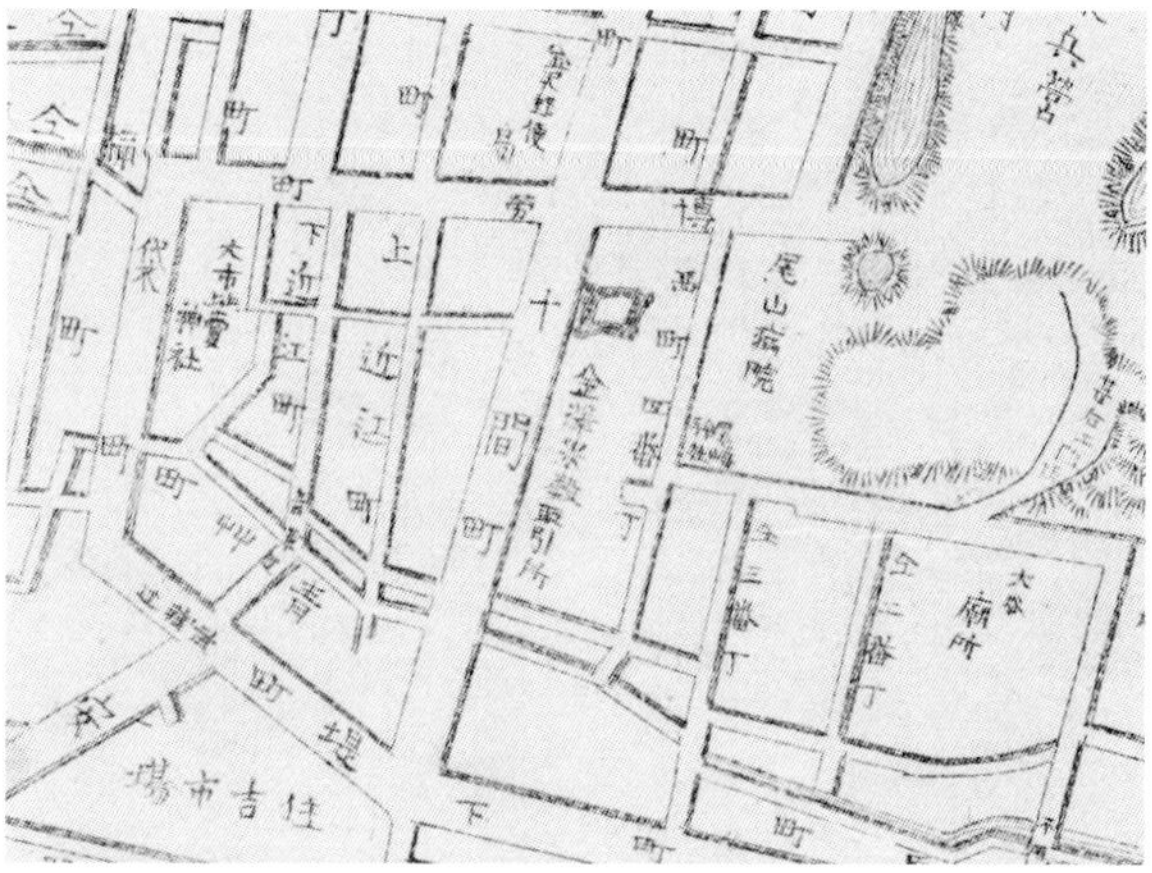
金沢明覧付図　明治37年（金沢市立玉川図書館蔵）

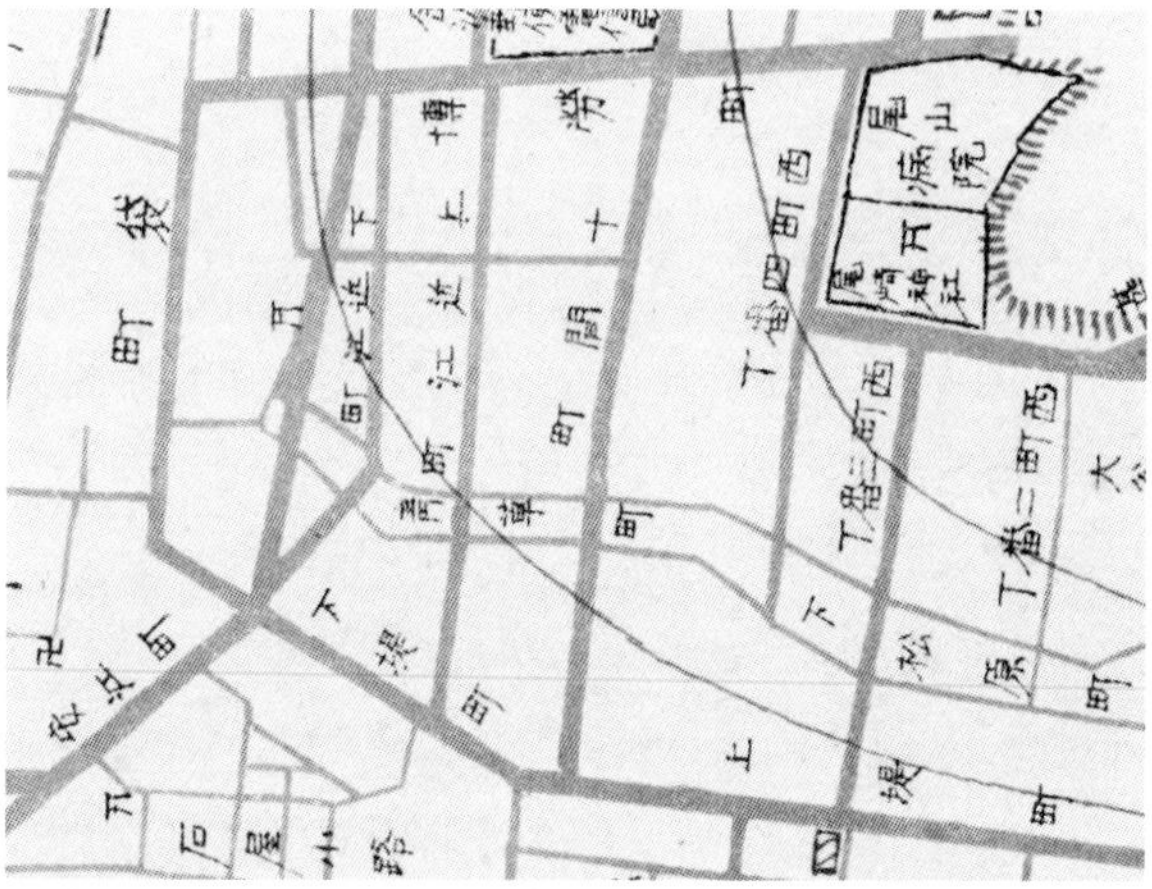
金沢市街図　明治38年（金沢市立玉川図書館蔵）

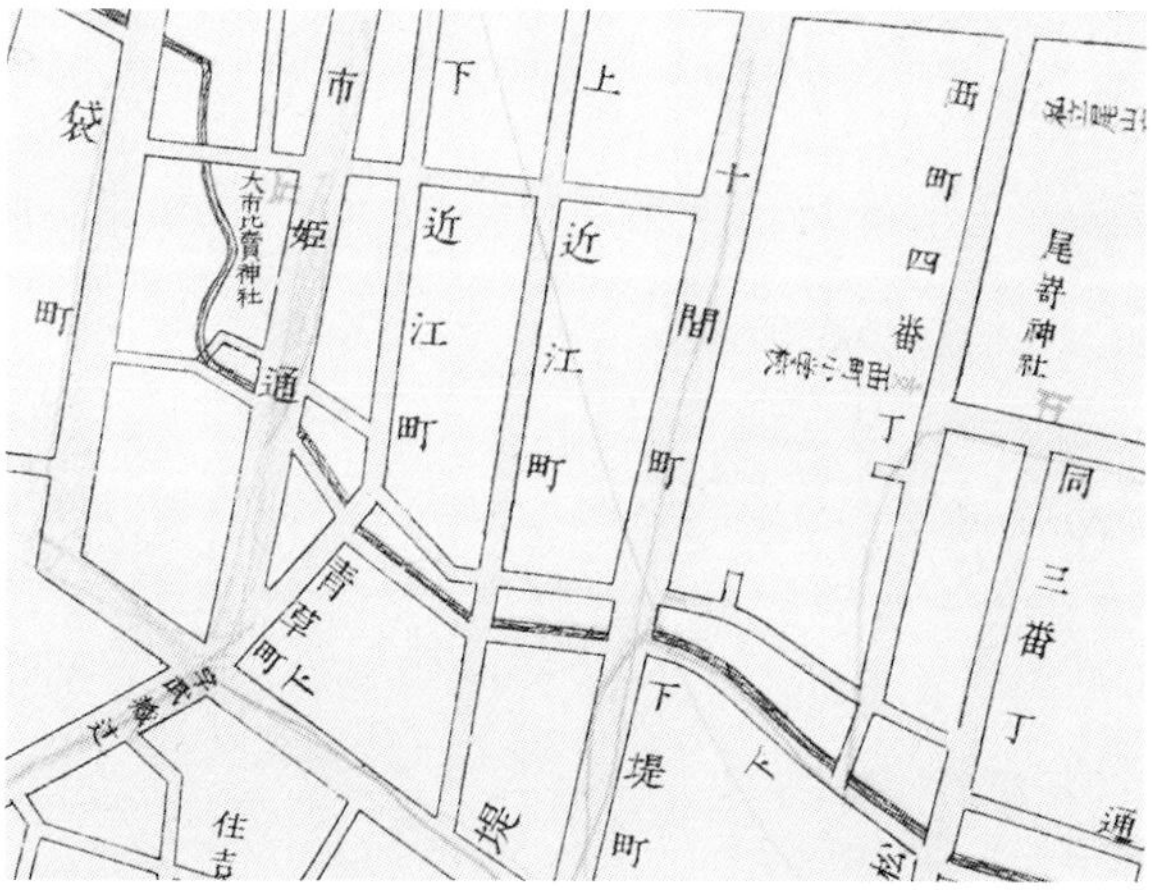
金沢市街図　明治42年（金沢市立玉川図書館蔵）

人持組津田玄蕃が、新たに大手堀取水口から博労町を経て通水させ、上下近江町、彦三三番町（ママ）、青草町へ三本の導水路を引き分流し、末端は西内堀へ連なっている、明治に入り一時期終えたのを再興したときの記念碑であり、十間町、安江町、袋町、上・下近江町、青草町などの有志により、明治22年（1889）に建碑されたものである。

そもそも辰巳用水は、寛永8（1631）年に金沢城の中心部と城下を焼いた「寛永の大火」の翌年に、3代藩主利常が板屋兵四郎に命じて、これまで空堀だった城の堀に防火対策として犀川上流約11キロメートルの上辰巳から水を引いて満たしたもので、兵四郎はこの難工事をわずか1年足らずの期間で完了させたと伝わっている。

現在、近江町市場の中通りには暗渠となって辰巳用水の分流が流れ込み、同通りの3カ所（「オーミスーパー」前、「世界の食品ダイヤモンド」前、「山さん寿司」前）に「辰巳用水」の文字と金沢市の市章を刻印した用水蓋があり、その水路は石引まで流れてきた辰巳用水が兼六園小立野口で左に折れ、広坂を下り金沢市役所の前を通って右に折れ、尾山神社の前から近江町市場に流れてくる「近江町用水」となっている。

案内板によると、その昔これとは別に津田玄蕃の管理によって、金沢城の大手堀から防火を目的とした水路が市場の中に引かれていたという。

城の堀の水は辰巳用水から引いたもので、大手堀から取り入れると間接的に辰巳用水の分流となり、案内板で末端は西内堀に連なっているとあるのは西内惣構の堀を指している。

西内惣構の起点は、玉泉院丸（現在の尾山神社南側）とされ、その水源は周辺の水を集めたというが、宮守堀の水も含まれていたのではないか。したがって、現在の分流の流路とは部分的に異なる。

同碑には、下近江町、青草町などに在住する諸氏名の刻字が見られるが、経年劣化による剥落箇所があり、一部に判読困難な文字があるものの、郷土史家迎四三雄の執筆による公民館報「公民まつがえ」第41号に掲載された「尾崎神社、辰巳用水分流再興碑に付て」を参考文献として以下に記す。

「正面　辰巳用水分流再興碑
　石川県書記官正七位　徳久恒策書
右側面　明治二十二年十一月　下近江町　青草町
　建設発起
　芝田順太郎　高野和兵衛　平松亥三郎
　石黒庄右エ門　松本長右エ門　高山吉兵衛
　松本佐兵衛　三原兵太郎
左側面　通水記念
　藤田仁右衛門　酒井藤九郎　塚本貞男
　越次郎平　勝見秀知
建設有志
　博労町　十間町　安江町　袋町」

令和2（2020）年4月20日に「NPO法人辰巳用水にまなぶ会」より発行された「城下町金沢の遺産　辰巳用水を守る」によると、同用水の区間には3つの捉え方があって、

1　文化財として　東岩から兼六園まで

2　辰巳用水土地改良区が管理

大友楼から左折→玉川公園手前で右折→高岡町排水路のルート→東大通りを横断して堀川町を通り、JR高架を横断して浅野川に放流

3　辰巳用水の分流（落ち水）

金沢大学附属病院前（石引の広見）、県立美術館裏（美術の小径）、広坂通り、駅通り線のせせらぎなど。

辰巳用水の生き字引である同土地改良区の畦地實参事（令和元年6月23日死去）は、同書で管理する土地改良区の見解を語っている。

―だから尾山神社の前のあそこの開水路の下とか、近江町市場の中を通っていたのも畦地さんは知っているし、今はその水路の出口が小橋の用水堰の左岸側のところで浅野川に出ています。

畦地　ほうや、近江町の中へ流れとるのを辰巳用水いうけど、あれは辰巳用水じゃないげんぞ。排水路やって、あれは。

―今は近江町排水路と言われていますね。

畦地　辰巳用水の水路は大友楼のとこで曲がって、高岡町おりて東別院の後ろ通っていく、あれが本当の辰巳用水や。近江町やらいっとるのは排水路で、あこで板入れてビシンと切れてしもとれんもん。

尾﨑神社境内に立つ「辰巳用水分流再興碑」

第二節　市姫神社と近江町の祭礼など

1　市姫神社の祭礼

市姫神社は、明治12（1879）年6月17日に卯辰山観音院境内の替地から復座したあと、同37（1904）年6月3日の近江町焼けで罹災炎上する。一時、旧殿町（尾張町1丁目）に

所在した豊国神社に奉還されたが、本殿を再建して39（１９０６）年９月10日に遷座式を挙行し、大正８（１９１９）年には拝殿を大鳥造りに改築した。

同神社の横江義雄宮司は２５０年史の回顧編の中で、古式ゆかしき神社の建築様式について詳しく解説している（神社の境内前に建つ石柱には「市媛神社」と「媛」の漢字を用いているが、神社庁には「姫」で登録されている）。

（略）市姫神社の拝殿は大鳥造りといって伊勢神宮の唯一神明造り、大社造りについで古いもの、神社の形式では建築の基本に忠実にのっとった造りで今ではその伝統的な古さでは全国的にも珍しいものだ。特長は簡明直截にあり、千木、勝尾木、丸柱などの直線的な美しさは市場気質そのままを表現しているように思えてならない。この拝殿は大正八年、当時市場の組合長であった野村喜一郎（故）が、どこにもないもので市場らしいものを―と、この造りを採用したと聞いている。社前の灯篭も現在はとてもつくれないという精巧なみごとなもので、全国からその道の人々が見学にきて感嘆していくのである。（略）

（２５０年史　回顧編　横江義雄　当時68歳）

市姫神社の秋季例大祭（９月６～８日）はその盛大華麗さから、市内中の話題をさらう名物となる。季節がら浴衣まつりともいわれ、台風シーズンにより降雨に見舞われることも多くバンドリ（雨具として使う蓑）祭りとも呼ばれた。

上・下近江町の通りには、金沢を代表する浮世絵師によって描かれた歌舞伎絵の大行燈を掲げ、また店々の軒先には小行燈が飾られ、夜になって行燈に灯りが灯されると辺りは情緒漂う幻想的な雰囲気に包まれた。大行燈の下では浄瑠璃、万歳が演じられ、神社の境内には露店が立ち、見世物小屋が掛けられ、大勢の人で溢れかえる賑わいであった。

上近江町の通りには、現在の「買物通り口」から入った忠村水産の前辺りに柱を立てる４つの専用穴が掘られてあり、神社に置かれている大行燈の用材を運び出して、ここで組み立てた。下近江町では通りを入ってしばらく行った石織（下近江町10番地ノ1、昭和42年に問屋町へ移転）と黒川豆腐店（下近江町11番地ノ1、昭和41年に中央市場へ移転）の間に大行燈が飾られる。

黒川家の３姉妹は、祭りになると家の前に建てられる大行燈が誇らしく、「ウチの前には大行燈が立つがやぞ」と友達に自慢気に話した。お祭りの着物に着飾って、親戚筋にあたる中六屋の大人気の飴を手に、家の向かいのタクシー会社の敷地内を近道に、１日に幾度となく連れ立って神社に通ったという。姉妹の子供の頃の楽しかった市姫神社祭礼の懐旧談である。

一流の絵師の手による大行燈絵は、祭礼が終わると他町の者がこぞって買い求めに来たほどで、市場に梨を出荷する西念町では、その代金で行燈絵を購入したという話だが、のちに中央卸売市場となる同地と近江町市場とは、行燈絵が取り持つこんな縁につながれていた。

北國新聞明治31年9月9日付朝刊には、市姫神社の祭礼を細かに描写した記事が掲載されている。

〇近江町祭禮の賑ひ

本市にて秋季祭の最も早きは近江町の市姫神社にして第二は浅野神社なるが、市姫社にては例年の如く去る六日より昨日まで三日間秋季祭を執行せり。（中略）上下両近江町にては先日の雨天を埋合せんと一層の大張込みにて種々の催物等あり。先づ上近江町にては十間町より下近江町へ通ずる四ッ辻に長さ三間幅六尺丈八尺計りの大行燈を出したるが、彩画の一面は伽羅先代萩、一面は函嶺霊験躄の敵討、共に恒信子が得意の腕を揮ひたるものにて何れも湧くが如き喝采を博し当日第一の出しものなりき。次は魚会社内に於ける堀川初三郎の万歳、魚市会社内の素人浄瑠璃共に人気好かりき又下近江町にては市姫社に至る四ッ辻に大行燈あり。大きさは上近江町のと同様にて彩画も亦同じく恒信子の筆に成れるもの。一面は田宮坊太郎の敵討、一面は絵本太功記、共に喝采は上近江町に劣らず。其他同町にも素人浄瑠璃あり市姫社の境内には興行物物売など処狭きまで陣を張りしが、金沢最早の祭礼といひ、殊に両市場の所在地にて金沢の目貫丈に夕景よりの人出は宛然町内に人の山を築きたらんが如く近來珍しき繁昌なりき。（記事には

上近江町通りの大行燈（現在の「買物通り口」から入った辺り）

下近江町通りの大行燈（現在の「青果通り口」に入る手前辺り）

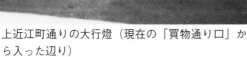

上・下近江町通りの四ッ辻に大行燈を出したとあるが、その場所は明治のあと上・下近江町ともに何カ所か移動したようである）

また、「稿本金沢市史　寺社編」には、「市姫神社祭禮の大繪行燈」の図とともに、次のように記されている。

本社の秋季祭礼には、上近江町及び下近江町の道路の上、両側の人家に跨りて、幅約四間、高二間の大行燈を掛け、夜間これに点燈し、その両面には、必ず演劇の一齣を描くを例とす、近江町の大行燈と呼びて、古より名あり、その濫觴は詳ならざれど、二百年許以前より行はれ、初め手木組の中に董を能くする林太夫といへるがこれを描き、後浮世絵師の景栄・華亭・慶之助・恒信・芦雪等これを描き、現今如春の手に成る、

上、下近江町に伝わる現存する貴重な大行燈絵35枚は、石川県立歴史博物館に寄託され、同博物館では平成20（２００８）年12月13日（～翌年1月25日）に企画展「迫力満点！　近江町の大行燈絵」を開催、約20枚を一挙に公開して来場者の目を引いた。

加賀象嵌作家として著名な米澤弘安（１８８７－１９７２、県指定無形文化財保持者）が残した日記に、市姫神社の祭礼の様子が記されている。

【大正2年9月8日月晴】市姫祭礼余興として角力がある。五時頃に見に行くと人垣の上にビールの箱、くら掛け、梯子を立て二階、屋根、電話柱迄に登って見て居る有様で、とても見る事が出来なくて帰る（中略）近江町を廻る。漫歳、浄瑠璃は一杯の大入り。

【大正４年９月６日月晴】本日より市姫神社の祭礼にて、例の大行燈を掛らる。上近江町は昔話桃太郎、妹背山、下近江町は小栗判官、照日姫、吉野山楠正行《まさつら》弁の内侍なりき、市姫神社境内に親子大蛇の見世物あり。人で多し。

【大正11年9月7日木晴後雨】帰り市姫神社祭礼、余興の近江町魚市の浄瑠璃を聞く。宮城太夫を聞いて帰れば十二時であった。

（『米澤弘安日記』より）

日記には、市姫神社秋季例大祭が毎年のように書かれており、その賑わいぶりが伝わる。催し物はかなり夜遅くまで行われていたようである。

２５０年史の回顧編では、青草町で紙屋を商う文政年間創業の老舗「紙文房　あらき」の荒木澄子が、市姫さんのお祭りを懐かしんでいる。

荒木家は、文政時代から現在の場所で紙商をしていたときいています。殿様の使う紙を納めるときは「下に下にィ」という行列で運んだとか、それが「奉書」という言葉で今も残っているとか、よく年寄りが話して聞かせてくれたものです。

私の知っている近江町は戦後からですが、今も記憶に残っているのは市姫さんの九月の祭りの大行灯ですね。紙

屋が一番忙しく、また楽しいときでした。近江町の祭りのにぎわいといえば金沢市内の名物になっていたものです。

（略）行灯も黒漆を塗った立派なものや紙クロースをはったものもありました。祭りの数ヵ月前になるとそれらの行灯に絵をかく絵かきさんが紙をかいにくるのです。「はや、そんな季節になったかいね」といいながら我が家でも祭り用の必需品をそろえたもんです。

　祭り近くになるとさあ大へんな忙しさでした。行灯とともに町中を飾るさくら飾りも家々で作ることになっており、その下準備もやらねばなりません。

（略）市姫さんの祭りの思い出は中六の飴にもあります。〝つけあめ〟といいましたが味が特においしいので、大げさではなく、金沢中の人が買いにきたほどです。（略）

（250年史　回顧編　荒木澄子　当時60歳）

尾張町で文化10（1813）年から、味噌、醤油業を営む老舗「中六屋」の店主中島清次も、250年史の回顧編で当時を振り返っている。

　子供心に覚えている近江町界隈は鏡やガラス屋、ランプ屋、旅館、下駄屋などが並んでいてハイカラなところやった。私は三歳で近江町の黒川家から同じ近江町の中島へ養子にきて五年、十八歳で三代目をついだが、中島は百五十年位も前、中島六兵衛の代から〝中六〟という屋号で、味噌、醤油の醸造をやっていた。今の市姫外苑が、中六の昔の漬け物倉庫跡で住居もあり、二百坪もあった大きなものだった。現在店舗になっている市姫神社横は昔は味噌、醤油の倉庫だった。

（略）お祭りのつけ飴も人気があった。生産量は忘れたが祭りの三日間で一万円は売れた。男六人、女中二人、親戚中が手伝いにきてくれたが、子供や大人で、大げさでなく、ほんに十重二十重の客やった。飴も最初のうちはいいとして、だんだん固まるひまも待てんようになる。あとの人ほどやらかなって、だってくるので子供ら大さわぎやった。（略）

（250年史　回顧編　中島清次　当時76歳）

中島清次の実家黒川家は下近江町で豆腐屋を営んでいた。清次が子供の頃の明治期末から大正初期頃の市場には、西洋風で洒落た商いの業種も見られ、また趣が違った佇まいであったようだ。

2　黒獅子

豪華な獅子頭と大きな蚊帳が特徴の「加賀獅子」は、金沢市指定無形民俗文化財である。下近江町々会の獅子頭「黒獅子」（グラビア50ページ写真）は、明治の頃まで市姫神社の祭礼に繰り出され、重さ10キログラムを超す獅子頭で、さすがに力自慢の近江町の若衆が演じた獅子舞とあって、あちこちが傷み、昭和の初

平寿商店に飾られた黒獅子。写真右には下近江町の町会旗が見える（平澤宜正氏蔵）

めに表面を黒漆で塗ったと伝わっている。

材質は桐で、眉間、鼻孔や唇、口内は朱漆が塗られ、角、耳には箔押し、口を開閉すると歯先の金属が音を出す。目には金属板がはめ込まれ、瞳の部分にガラスかプラスチックを使用しているところが特徴的な獅子頭である（前幅40センチ、後幅48センチ、奥行56センチ、高さ38センチ、角15センチ、耳長28センチ、重さ11・8キログラム）。

保存状態は良好だが、製作者、製作年代は不詳で、加賀獅子頭とは作風が幾分か異なり、富山県南砺市井波でつくられた獅子頭ではないかとの説がある。獅子に対峙する棒振りの流派も不詳。

黒獅子は、天保の頃から下近江町で古道具古美術の骨董商を営む老舗「平寿商店」の土蔵に大切に保管され、祭礼になると店先に飾られ、同店主平澤宜正所有のアルバムの中に展示した黒獅子の写真が残っていた。

同獅子頭は現在、石川県立歴史博物館が所蔵する。

3　明治の3大祭り

江戸時代の加賀藩では、「盆正月」と称する祝賀行事が催されていた（江戸時代第六節「金沢の祭りと近江町」を参照）。明治時代にも同様な行事が3回開かれ、残されている記録をみると近江町、青草町ではどんな催しが行われたかが分かり、明治期の近江町の様子を知る手掛かりの一つとなる。

金沢開始三百年祭　明治24（1891）年10月11～15日

文禄元（1592）年に藩祖前田利家の命により、2代利長が金沢城を改修してから300年にあたる明治24年に金沢開始を祝して開催された。

金沢の各町の催し物を掲げた「一目瞭然　加賀金沢開始三百年祝祭各町賑ひ間取番付」の近江町、青草町には次のようにある。

近江町　神田踊の祇園囃子、猩々《しょうじょう》等造物沢山、浄瑠璃の床

青草町　軒毎に梅鉢の絹服輪の旗、大形の提灯を吊す、造り物あり

この時代は、人形や草花等のいろいろな造り物が飾られた。青草町では、軒毎に加賀藩の梅鉢紋が入った絹織物の旗や大き

な提灯を吊るし、近江町では能の出し物、題目にある猩々の造り物、お囃子にのせた踊り、浄瑠璃が上演された。

近江町の産土神である市姫神社の秋季例大祭では、前述のように大行燈絵が飾られ、その下で魚市場の有志連中が浄瑠璃を唸ったというが、近江町で盛んな浄瑠璃は祭礼に欠かせない恒例の出し物として、同町に根付いた文化でもあった。

旧藩祖三百年祭　明治32（1899）年4月27日～5月3日

藩祖前田利家が、慶長4（1599）年に没してから明治32（1899）年が300年後にあたり、藩祖の偉業を称えて開催された。

加賀金沢開始三百年祝祭各町賑ひ聞取番付
（金沢市立玉川図書館蔵）

同祭では、著名な絵師が手分けして各町の出し物を描き、その催物画122枚が保存されている。当時の町並みや庶民の服装などが分かる貴重な絵画史料として、天神町、上大樋町の獅子舞、泉寺町の七福神行列、金屋町の能楽小鍛冶造り物、川上藤棚の槍の又左造り物、桜橋付近の加賀万歳などの中で、さすがに近江町は市場だけあって鯛の造り物をこしらえて祭りを盛り上げた1枚「大鯛造り物の山車と子供仮装行列」（大島道畝 画）の絵があった。

また、藩祖三百年委員会から前田家へ献上された画巻にも近江町の催し物が描かれ、ほかに同祭を詳細に記録した「旧藩祖三百年祭記事」（金沢市立玉川図書館蔵）には、魚市の旗を先頭にして大鯛の造り物が続き、その周囲を仮装行列が取り巻く様子を描いた絵が、綴じ込み見開き2ページを使って掲載されている。

「旧藩祖三百年祭記事」から、近江町と青草町の部分を記す。

△近江町　各戸ノ軒ニ魚ノ作リ物ヲ吊セリ

△青草町　雪洞ニ櫻ノ花ヲ翳シ梅ノ模様アル幕ヲ屋毎ニ張リ渡シタル

△上近江町

大鯛ノ作リ物ヲ曳キ其腹ノ中ヲ楽屋トシタル囃子ノ音面白キニツレ頭ヲ剃ツタル芥子《けし》坊主

其扮装ハ頑《かたくな》（すなおでなく、ねじけているさま）是ナキ子供ノ手ニハ絲巻《いとまき》ヲ携エタル夫レニ引カレテフワリ丶ト現ワ

旧藩祖三百年祭等各町催物画　近江町「大鯛造り物の山車と子供仮装行列」（金沢市立玉川図書館蔵）

レ来ル奴凧、続イテ鯛ニ蛸入道、子守、オ多福、猿曳、青鬼、願人坊ナド何レモ扮装ノ可笑シカラヌハナク斯シテ唄ニ合ワセテ名々ガ踊リ手ブリノ品ヤカ身體ノコナシナカナカニ巧ミナル　仁和賀ナリ

尾山神社昇格慶賀祭　明治35（1902）年7月3日〜6日

藩祖前田利家を祀る尾山神社が、明治35年4月に別格官幣社に昇格したことを祝って同年7月に開催された。

同祭を詳細に記録した「尾山神社昇格慶賀会記事」「尾山神社昇格紀念　梅薫録」から、近江町の部分を抜粋する。

△吹寄仁輪加（近江町）

山車ノ大鯛ハ其ノ鱗ヲ渋団扇ニテ造リシノミナラズ尾モ鰭モ共ニ動ク仕掛ノ處妙ナリ

取巻ク滑稽ノ人物ニハオ多福アリ金時アリ提灯ノ化アリ烏賊ノ化アリ飴買アリ武者修行アリ凧上ゲアリ福助アリ其上各自得意ノ藝ヲ演ジタルガ流石ハ魚市ノ腕前夫レヽ面白キ所アリタリ

▲近江町

上下共同にて何れも戸毎に梅林及び續行燈を吊るし山車は団扇にて拵らへたる大鯛にて

曳子は総て子供となし一家より二人宛を出し一様に漁夫姿にて之を曳かしめ大人達は吹き寄せ舞をなす筈

尾山神社昇格慶賀祭では、３年前の旧藩祖三百年祭と同様、大鯛の造り物に仮装行列が行われている。鯛の鱗は渋い色の団

旧藩祖三百年祭記事（金沢市立玉川図書館蔵）

扇で表現され、尾も鰭も動く手の込んだ仕掛けが施されていると記してある。この団扇は上近江町の「廣瀬近廣堂」の製作によるものと推測する。

また、明治時代の出版物「風俗画報」第256号（明治35年9月10日刊）には、「加州金沢尾山神社祭礼の図」と題して、鯛と仮装した人物による魚市の吹き寄せ踊りの絵が描かれていた。

4　初売り

『昔の金沢』（氏家栄太郎著）には、金沢独特の行事「売初《うりぞめ》」として初売りが紹介されている。同書によると、正月2日の早朝から当日限定で催される「売初」は、明治維新前まで決して他所にはなかったもので、売初の元祖は上・下近江町、青草辻、安江町等と書かれ、店頭には種々の造り物を飾り、誰もが正月の縁起物である人気商品の紅鯛を買い求め、景品も呈したとある。

初売りの懐旧談が、250年史の回顧編に語られている。

（略）正月初市のあの賑いも忘れられません。今は四日が初市になりましたがあの頃は一日でした。卸売りのほうは大晦日の午前三時頃から初市がはじまります。除夜の鐘を聞いたかと思うとはや、どんどんと大戸が叩かれてお客様です。一年分のお箸を買っていく方もありました。午前

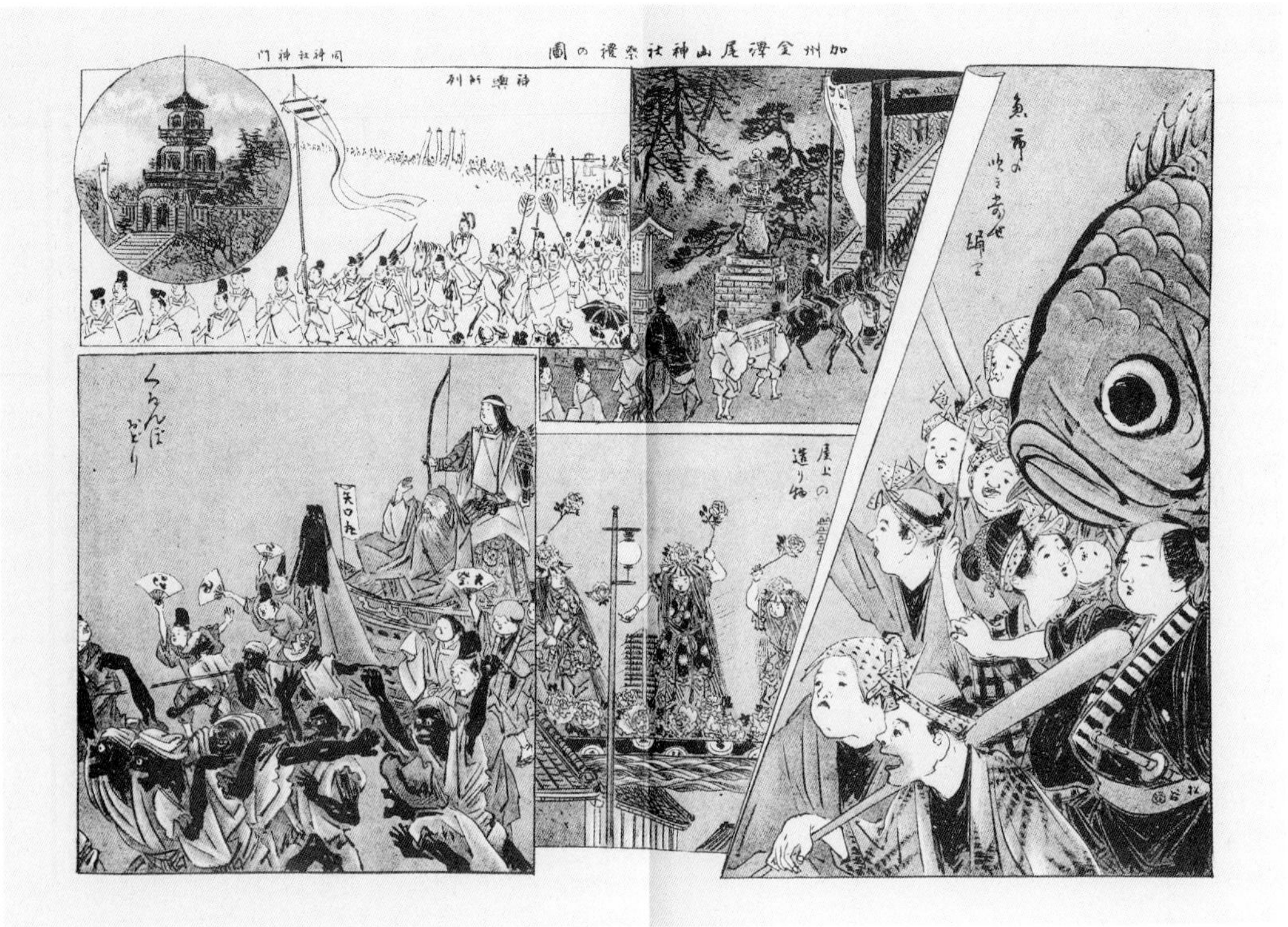

加州金沢尾山神社祭礼の図（「風俗画報第256号」より　石川県立図書館蔵）

六時頃になるとこんどは八百屋さんが初売り用の景品を買いにきてくれました。小売りの初市は一日の午前零時からで、一日から二日にかけては、○印に「弥」という字を背中に染めぬき、衿に「荒木」とかいた真新しい半天に新しいぞうりをはいた店のものや手伝いのものが十数人、注文の品を荷車に積みそれぞれ得意先へ配達するのです。夕方頃になるとだんだん勢いがついて、一寸一杯のいいきげんで荷車を引く若い衆もいたもんです。わたくしらは正月は眠る間もなく、お雑煮を祝うのは四日でした。小間物の中小さんの賑いもたいしたもんでした。町中に飾られたビンダイ、紅鯛ですね。その美しいこと。カネイチさんの前に紅鯛屋が店を開いて、大、中、小の紅鯛をずらっと飾るんです。くす玉、大判、小判、大福帳、宝船、打出小槌など縁起のいい飾りものがしだれ柳の枝にさがって、金銀で輝いていました。五円も張り込むと肩にかついでやっと位の大きなものがあった。一年中の縁起を願って我も我もとかついでいく様子は、忘れられない華やかな正月風景ですね。大正年間は続いていたと思います。（略）

（２５０年史　回顧編　荒木きよ　当時71歳）

荒木荒物店（荒木商事、昭和42年に問屋町に移転）は、明治の頃、きよの祖父常次郎の代から上近江町と下近江町との境にあたる下近江町23番地で竹美術工芸品、荒物などの卸小売を手広く商い、竹美術工芸では各地の博覧会に出品して全国的にも知られた。

話に出てくる初売りは、元旦に行われたとあるが、時代によって変わっていったようだ。

正月の紅鯛は、東京下谷の鷲神社の祭礼で11月の酉の日に売られる熊手と同様の縁起物で、この紅鯛をつくって飾る企画「べんだい『紅鯛』プロジェクト」が平成21（2009）年1月5日から15日まで、近江町市場を会場に開催され、失われた往昔の金沢の正月風景を再現して人気を博した。

新年の市場に飾られた色彩やかな大紅鯛（平成21年1月5日）

第三節　明治の事業所

1 引札

江戸時代から明治、大正、昭和にかけて、商店や問屋などの宣伝のために引札《ひきふだ》が作られた。引札とは、今でいうところの広告チラシである。

本書グラビア40～46ページの写真は、近江町市場の明治大正期の引札だが、その中に×印が付いた引札があった。

縦に三本の線の印がある魚市会社は、そのままサンボン魚市と呼び、マルに横イチ文字の印の魚鳥四十物《あいもの》（魚の塩もの）問屋は、これまたシンプルにマルイチという。

珠洲の蛸島の豪商小場《しょうば》家には、近江町の魚市場の問屋から魚の取引相場を伝える、当時の郵便はがき200通以上が保存されてあり、差出人である魚市会社、マル一四十物合資会社には、そのサンボン、マルイチの商標がみえる。

当時の金沢市内の企業一覧である「金澤明覧」（明治37年3月31日発行）には、上近江町魚鳥四十物糶売《せりうり》「魚市株式会社」、「株式会社魚問屋」が載っている。

では、×印の魚問屋は何と呼ぶのだろうか。かけ印か？　バツ印か？　まさか自社をバツ呼ばわりするのも考え難い。業界の長老、古老の方々に聞き取りを重ねたが、答えを得ることができなかった。ところが調べてみると、北前船の引札にも同様に×印の付いたものがあり、この印は他業種でも使われていたことが分かった。

その後の調査で、×を「ちがい」と呼ぶ漁師の屋号があることを知る。×には商売繁盛の意味が込められ、縁起を担いでいるという。

漁師に北前船、そして魚問屋、この3つの共通項は海であり、海でつながる海に関連する業種で使われる×なのだろうか？

Ⅲ魚市会社の引札（部分）

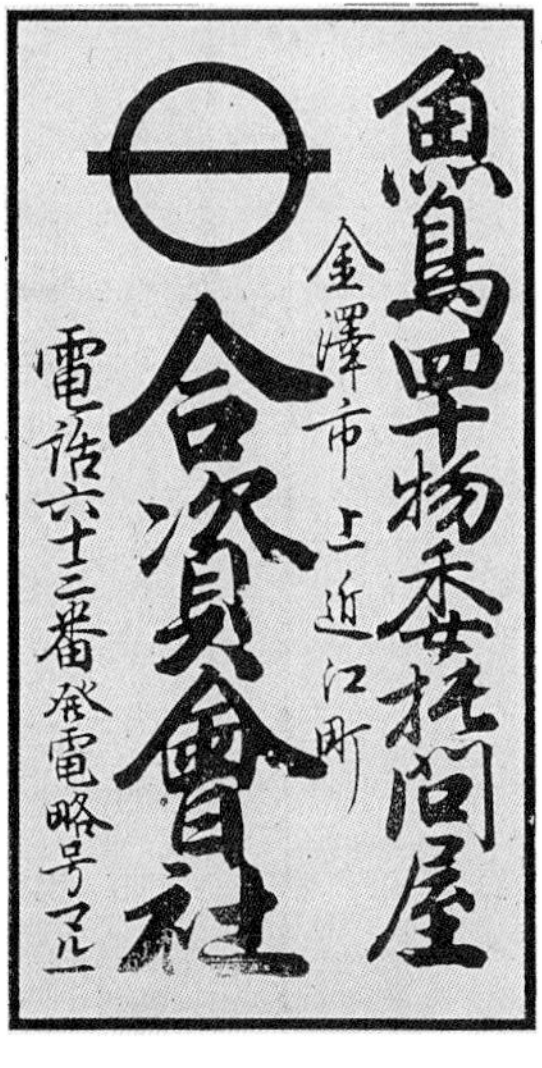

⊖合資会社の引札（部分）

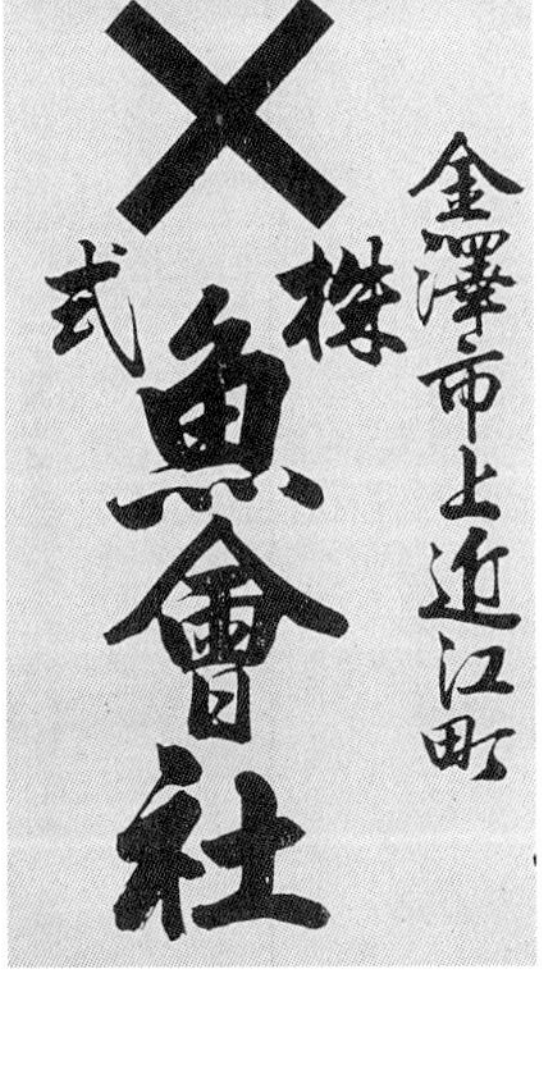

×株式魚会社の引札（部分）

２　明治28年　商業者調査

市内の商業者が網羅された明治28（１８９５）年の商業者名簿調査（金沢市会議案資料）から青草町、上・下近江町の商業者をまとめた。

食料品以外の業種もあり、旅館業が９軒ある。９年後の明治37年に「官許」を願い出る業者名もあり、職業が変わる、代を受継ぐ、現在までの系譜がたどれる人物名も見受けられて興味深い。

この時代、県下の殖産興業として織物産業が発展、躍進を遂げ、上・下堤町、西町、松原町、松ヶ枝町には羽二重商店が軒を並べていたが、明治になって市場にはいろんな職種が集まる中に、上近江町にも輸出絹物を扱う業者がみられた。

青草町　計22

魚鳥	平松亥三郎	魚鳥	山谷亀太郎
乾物	松本又右衛門	乾物	三原理助
乾物	矩繁命	八百物	中谷与兵衛
梨	松平熊吉	米商会所仲買	松岡忠輔
味噌	松本長右衛門	小間物	中村小兵衛
小間物	越次郎平	小間物	島崎清助
硝子	勝見知光	紙	荒木与平
紙	丹羽理右衛門	竹細工	永見二三郎
荒物	金岩他吉	荒物	民谷太平
旅人宿	越田光	甄物等	石黒タケ
反物	越田マツ	酸化満俺《マンガン》	向川喜作

上近江町　計33

魚鳥	柿谷多吉郎	魚鳥	野村喜一郎
魚鳥	今越理吉	魚鳥	柿谷喜右衛門
魚鳥	荒木茂三郎	魚鳥	越村市兵衛
魚鳥	越田徳太郎	魚鳥	多田熊太郎
魚鳥等	伴タケ	魚鳥等	小松長七
魚鳥等	越村吉太郎	乾物	上野伊三次

明治28年商業者調査　業種別一覧

業　　種	上近江町	下近江町	青草町	合　計
魚　　鳥	11	9	2	22
荒　　物	4	4	2	10
乾　　物	1	1	3	5
八百物	2	6	1	9
梨			1	1
米仲買		1	1	2
白　　米	1	2		3
豆　　腐	1	2		3
簾　　麩		1		1
麩		1		1
味　　噌		1	1	2
醤　　油	1			1
砂　　糖	1	2		3
団　　子	1			1
雑　　穀		1		1
小間物			3	3
菓子皮		1		1
薬　　種		1		1
刷　　毛		1		1
硝　　子		1	1	2
紙			2	2
竹細工			1	1
石炭油	1			1
呉　　服	1			1
仕立物	1			1
古　　着	1			1
反　　物			1	1
輸出絹物	1			1
履　　物		1		1
古道具		2		2
旅人宿	5	3	1	9
湯　　波		1		1
仕出し・料理屋		3		3
氈　　物			1	1
酸化満俺			1	1
合　　計	33	45	22	100

八百物　上野栄太郎
荒物　徳野弥吉郎
荒物等　笠間まき
白米　福田孫三郎
豆腐　中佐一郎
砂糖　新保小三郎
呉服小売　増泉京次郎
古着　直井ひさ
旅人宿　越田佐吉

八百物　関口喜兵衛
荒物等　今井与次郎
荒物等　民谷太平
醤油等　中本弥兵衛
団子等　杉本ツヨ
石炭油　滝次助
仕立物等　桑山太作
輸出絹物　杉野伊三郎
旅人宿　浦上はつ

旅人宿　松本栄信
旅人宿　三宅太兵衛

下近江町　計45

魚鳥　大長兵衛
魚鳥　両木喜平
魚鳥　戸田文次郎
魚鳥　礒谷小兵衛
魚鳥　北村次吉郎（喜兵衛二男）

旅人宿　能藤作
魚鳥　紙谷太三郎
魚鳥　入口佐兵衛
魚鳥　利野多平
魚鳥　荒野市太郎
乾物　河智利作

八百物	矩久平	八百物	綿谷次太郎
八百物	鶴来乙吉	八百物	坂井市太郎
八百物	長崎佐兵衛	八百物	平川卯三郎
荒物	田村市三郎	荒物	荒木常次郎
荒物	斉田清太郎	荒物	井波栄次郎
米商仲買	檜田久太郎	白米等	土岐小八郎
白米	経田甚吉	豆腐	黒川吉太郎
豆腐等	不室徳三郎	麩	小坂政吉
簾麩	大寺次吉郎	味噌	中島元兵衛
砂糖	芝田順太郎	砂糖	松岡喜三郎
雑穀	越野弥一	菓子皮	北村権次郎
薬種等	中栄仁助	刷毛	亀井忠兵衛
硝子	太田喜一郎	履物	太郎田広
古道具	平沢喜三郎	古道具	辻与吉
旅人宿	小谷孫右衛門	旅人宿	高松喜助
旅人宿	門久蔵	湯波	蓮沼五三郎
仕出し料理屋	西本喜平	仕出し料理屋	大長兵衛
仕出し料理屋	紙谷太三郎		

（出典：明治28年度県税中商業税分賦等級別交名簿）

３　回想録「過去ノ郷里ヲ追想シテ」

石川県立歴史博物館紀要第21号で、本康宏史（金沢星稜大学教授）が紹介した史料「回想録『過去ノ郷里ヲ追想シテ』（四）」から近江町市場の部分を抜粋する。

同回想録は、明治14（1881）年に金沢区長土塀に生まれた吉田源太郎が、大正4（1915）年から朝鮮京城市清涼里の林業試験場に17年間勤務することとなり、その間に郷里金沢を追想して記録したものである。

本康は、明治期（20～40年前後）の金沢の市街地ほぼ全域を対象として、ごく一般の市民が生活していた地域の実態、当時の町並み、人物、暮らしを実見聞に基づき詳細に記述する、きわめて興味深いテキストであると解説している（紀要第18号～第24号の7回にわたって掲載）。

近江町ハ市内ノ中央デ、昔カラ魚市場、青物市場ガアリ、商業ノ中心地デアッタ、三十七年ノ五月（注六月）ニ全焼後、新ラシク建直シタト同時ニ、道路モ広クナッタ、上近江町ニハ数軒ノ魚問屋ト魚屋ガ並ビアッタ、野村喜一郎氏ハ当時公職者デモアリ、金沢デハ有名ナ方デアッタ、中程ニ与吉ト呼ンデ愛嬌ノ好イ男デ、親シンタ事ハ忘レヌ、付近ニ小松屋ガ魚屋ノ店ヲ開イテ居ラレタガ、失敗シテ松ヵ枝町ニ居ラレタ魚屋ノ呼役ヲシテ居ッタ、初二郎ト云フハ堀川口ノ親分株デ、万歳ガ上手デ、当時名代ナ男デアッタ、下近江町中程ニ四十万屋ト云フ生菓子屋ガアリ、付近ノ店ハ今日忘レテ覚エガナイガ、綿屋治太郎氏ガ高儀町カラ近江町ニ移ラレタハ二十二、三年頃デ、金沢デノ屈指ノ八百屋デアッタ、向側ニ絵具ト売薬店ガアリ、初メテ（セメント）ヲ買イニ行ッタ店デ、当時一□トシテ高価デアッタ事ガ覚エガアル、⌐久ト云フ八百屋モ有名ナ店デアッタガ（略）付近ニ平川ト云フ独身者デ植木ナド商ヒシテヲッタ、⌐久ノ横ニ煙草屋ガアリ、並ビニ徳野ト云フ小間物、荒物ノ下シ店ガアリ、二十三、四年ノ頃ニモ間近ニ杉本屋ト云フ小間物ノ下シ店ガアッタ、向側ニ金鱗ト云フ乾物店ガアッタ、⌐久ノ横ハ切花ノ市ガ毎朝開キ、花売リガ並ビ市内ノ花屋ガ集マリ、商ヒガ出来テ、三十年頃ニ菊花ヲ盛ニ作ッタ時代ハ、毎朝花売リニ出タ事モ忘レヌガ、三十七、八年頃ニ朝顔ヲ数百鉢作ッテ、毎朝商ヒニ出タノモ此所デアッタ、青草町デハ、三久ノ親爺ハ飾リノナイ人デ、子息ハ菊ノ大作リハ人毎ニ真似ハ出来ズ、当時三久ノ菊トテ名代ナモノデアッタ、隣リガ乾物店デ並ビノ越沢小間物店トハ、私ノ父ノ時代カラ縁故ノ深イ親シミノアル店デ、老主人ハ折々ニ来ラレタガ、聞ケバ昭和五年ノ十二月、八十何才デ亡クナッタト、麻糸ノ店ノ隣リガ丹羽ト云フ紙店ガアッテ、母ノ紙ヲ数十年買ヒニ行キ親シミノ店デアッタ、並ビニ失火以前ニ岸伊三ト呼ンダ菓物店ガアッテ、跡ニ菊一新町カラ引移ッテ店ヲ開イタガ、親爺ハ終日酒ニ親シミ放埓ナ言ヲ使ッテ商ヒシテヲラレタ、角家ガ小間物店デアッタ、失火後ニ荒木ガ紙店ニナッタ、向側デハ三久ノ向ヒガ本市八百物問屋デ、松本某ガ経営シテヲラレタ、小間物問屋中小ノ店モ古クカラ親シミノアッタ店デ、並ビニ味噌屋ガアリ、菓子屋、笊屋ガアッテ、中江ト云フ八尾物ノ主人トハ親シミガアッタ、失火以前ニ嶋崎店ガアッタ、失火後ニ跡ガ大八百物問屋ニナッテ辺リハ道路ニナッタ

（回想録「過去ノ郷里ヲ追想シテ」（四）より）

同史料と明治28（1895）年の商業者名簿を照合してみる。

「付近ニ小松屋ガ魚屋ノ店ヲ開イテ居ラレタガ」とあるのは上近江町の魚鳥等小松長七か。

「綿屋治太郎氏ガ高儀町カラ近江町ニ移ラレタハ二十二、三年頃デ、金沢デノ屈指ノ八百屋デアッタ」は下近江町の綿屋次太郎（名簿では次太郎）。

「向側ニ絵具ト売薬店ガアリ」とあるが絵具は不詳、売薬店は下近江町の薬種等中栄仁助。

「⌐久ト云フ八百屋モ有名ナ店デアッタガ」は下近江町の八百物矩久平。

「付近ニ平川ト云フ独身者デ植木ナド商ヒシテヲッタ」は下近江町の八百物平川卯三郎か。

「⌐久ノ横ニ煙草屋ガアリ、並ビニ徳野ト云フ小間物、荒物ノ下シ店ガアリ」の煙草屋は不詳、徳野弥吉郎は上近江町の荒物屋。

「二十三、四年ノ頃ニモ間近ニ杉本屋ト云フ小間物ノ下シ店ガアッタ」は不詳。

「向側ニ金鱗ト云フ乾物店ガアッタ」は青草町の矩繁命、金鱗は屋号カネウロコ。

「⌐久ノ横ハ切花ノ市ガ毎朝開キ、花売リガ並ビ市内ノ花屋ガ

集マリ」とある切花の市、花屋は不詳。

「青草町デハ、三久ノ親爺ハ飾リノナイ人デ　当時三久ノ菊トテ名代ナモノデアッタ」の青草町の三久は不詳。

「隣リガ乾物店デ並ビノ越沢小間物店」は不詳。青草町には乾物店、小間物店がそれぞれ3軒ある。

「麻糸ノ店ノ隣リガ丹羽ト云フ紙店ガアッテ」の麻糸の店は青草町の平松亥三郎、平松の業種は名簿では魚鳥だが、明治37（1904）年の官許申請に名前を連ねたときは麻となっている。その隣は丹羽理右衛門の紙店。

「並ビニ失火以前ニ岸伊三ト呼ンダ菓物店ガアッテ、跡ニ菊一新町カラ引移ッテ店ヲ開イタ」とある失火とは明治37年の近江町焼け、菓物店岸伊三は不詳、跡に菊一が店を開いたとあるのは八百屋の屋号菊一の菊井與作（下堤町）。

「角家ガ小間物店デアッタ」は前述のように小間物店は複数軒あり不詳。

「失火後ニ荒木ガ紙店ニナッタ」は青草町の紙店荒木与平。

「三久ノ向ヒガ本市八百物問屋」は明治20（1887）年4月創業の元市合名会社（名簿では元市）。

「小間物問屋中小ノ店　並ビニ味噌屋　菓子屋　笊屋　中江ト云フ八尾物ノ主人」とあるのは青草町の小間物屋で屋号中小の中村小兵衛、味噌屋は松本長右衛門、菓子屋は不詳、笊屋は竹細工の氷見二三郎、中江の八尾物店は不詳。

「失火以前ニ嶋崎店ガアッタ、失火後ニ跡ガ大八百物問屋ニナッテ辺リハ道路ニナッタ」の嶋崎店は青草町の小間物屋島崎清助か、失火後の跡に大八百物問屋とあるのは屋号大八の大村彌三郎か、辺りが道路になったというのは市姫通りを指す。

吉田源太郎は記憶を頼りにこれだけの近江町市場の商店を克明に綴り、そしてそれが市内の広域にわたっているというのだから驚くばかりである。記憶力の良さに、遠く離れた朝鮮の地から金沢に寄せる望郷の念とが相まって成せる業だったのだろうか。

第四節　官許市場の成立と標柱の変遷

１　官許金沢青草辻市場を申請

明治37（1904）年、2月に日露戦争が勃発した状況下にあった8月、市場に新たな胎動が起きる。青草町の八百物問屋松本長右衛門を始めとする53人が、県に対して青草辻市場の公共市場への認可申請を願い出て許可を得る。6月3日の大火「近江町焼け」の2カ月後のことであった。

申請者をみると、青草町通りの両向かい（下堤町の一部を含む）、下近江町通りの両向かいと上近江町の青草町寄りとなる八百物乾物商の問屋、仲買、小売業者を主として、その他に鮮魚、肴屋、蒲鉾、煮売、飲食、ユバ屋、菓子、パン屋、せんべい、荒物、小間物、薬屋、たばこ屋、紙屋、下駄屋、散髪、玩具屋、麻、マッチランプなどのさまざまな職業の業者達が名前を連ねている。

八百物、乾物商をはじめとする、主な申請者は以下の通り。

青草町

37番地	松本長右衛門	八百物問屋
15番地	民谷せい	下駄屋
17番地	新保小三郎	菓子
18番地	三原理助	マッチランプ
19番地	矩繁命	乾物
22番地	松平熊吉	果物
23番地	松本又右衛門	乾物
24番地	越次良平	小間物
26番地	平松亥三郎	麻
27番地	円羽《ママ》理一	紙屋
30番地	金岩他吉	荒物
32番地	中谷与平	八百物屋
33番地	石黒庄三	菓子屋
34番地	氷見二三郎	荒物
35番地	松本仁太郎	野菜果物問屋
36番地	中村小兵衛	小間物
45番地	酒井久兵衛	仲買　　ほか

下近江町

14番地	北村権七郎	せんべい
16番地ノ1	大長兵衛	鮮魚
17番地ノ2	磯谷與兵衛	かまぼこ
19番地	綿谷作太郎	八百物卸小売
21番地	清水藤作	煮売
22番地	入口佐兵衛	肴屋
23番地	荒木弥市	荒物問屋
26番地	鷹栖藤太郎	八百物仲買
27番地ノ3	堂後伊太郎	市場セリ人
28番地	竹内余三松	荒物卸
30番地	中栄二助	薬屋
32番地	上野伊三次	乾物問屋
33番地	荒木藤三郎	肴屋小売
33番地	山下六三郎	ユバ屋
34番地	江村正太郎	散髪
34番地	高島治三郎	肴屋
37番地	越田長太郎	肴屋小売
38番地	越村市兵衛	肴屋小売
38番地ノ1	徳野弥吉郎	荒物屋
40番地ノ1	米谷次作	八百物仲買
40番地ノ2	本四左門	煮売売店　　ほか

上近江町

18番地	福井藤長衛	飲食
24番地	河内理吉	八百物
31番地	洞庭清次	パン屋
35番地	金田好	木地グリ

36番地ノ３　石黒信　　　　　　タバコ屋
38番地ノ２　松出初太郎　　　　玩具屋卸　ほか
（出典：「２５０年史」30～33ページ）

官許は県の行政と結び付くことによって、業者がこれまで市場付近で思うままに店舗を構えていたものを、まとまった一定の区域におさまるよう、秩序を重んじる自主規制的な意向から申請が出されたものであった。

２　時代とともに変わる標柱

市場には「官許　金澤青草辻市場」の標柱が建てられる。同標柱は、殿様の台所から市民の台所へと、これから先の市場の方向性を示してアピールするとともに、大火からの復興を期した象徴の標柱でもあった。

現在、近江町市場のむさし口に立つ「官許　金澤青草辻近江町市場」の石柱①左側面には、次のように記されている。

公共の市場として明治三十七年八月十六日石川県の許可を得て「官許金澤青草辻市場」の木柱がこの地に立てられ城下町の市民市場として変遷し繁栄して来た
再整備事業に伴い旧標柱の史跡保存のため旧標文を記して設置したものである
平成二十一年三月二十五日　武蔵ヶ辻第四地区市街地再開発組合

市場は青草町、上近江町、下近江町、下堤町の区域にまたがり、毎日未明から正午まで開かれ、組織の維持費は53人の平均負担とし、加入資格、手続きは随意とされ、明治のこの頃になると、いろいろな業者が集まる総合的な市場となっていることがうかがえる。

石柱の説明にもあるように、当初に立った「官許　金澤青草辻市場」の標柱（木柱）には、近江町の文字は入っていない。その昔、市場には土居と堀との惣構が築かれ、惣構の内側、いわゆる城側が近江町の魚市場、外側の城下側が八百物の青草辻市場と、市場は別建てになっていた。

明治時代の標柱の写真は、現在のところ発見に至っていないが、最も古いもので大正時代に撮影された武蔵ヶ辻付近の写真に「官許　金澤青草辻市場」の標柱が写っていた。

同写真は、大正８（１９１９）年に金沢電気軌道株式会社が発行した「金沢市電車開通記念写真帖」に掲載されていたもので、電車が開通する前後の大正6年②と8年③の武蔵ヶ辻付近を撮影している。標柱は、武蔵ヶ辻から市場に入る下堤町側に立っているが、これが明治に建てられた最初の標柱なのだろうか？

昭和に入ると、標柱は青草町側にも立っていた④。後方3階建てで瓦屋根の建物はバナナの大八青果問屋、その後には青駒（八百物乾物商青梅駒次郎）ビルが見える。入口の両側にそびえ立つ大きな2本の標柱は、まるで市場に買い物に訪れるお客

②大正6年、電車開通前の武蔵ヶ辻付近。右側に立つ標柱が明治37年に建てられたものか？（金沢市電車開通記念写真帖・金沢市立玉川図書館蔵）

①「むさし口」に立つ現在の「官許 金澤青草辻近江町市場」の石柱

③大正8年、電車開通後の武蔵ヶ辻付近（金沢市電車開通記念写真帖・金沢市立玉川図書館蔵）

⑤昭和15年頃の標柱。「青」の文字と根本部分のデザインが異なる。左側の人物後方にもう1本立っている（北陸毎日新聞昭和15年5月8日付）

④昭和初期には2本の標柱が並ぶ

様を出迎えてくれているようである。市場の「場」の文字は、旧漢字の「塲」から新漢字に変わっている。道路を挟んで建つ「三越百貨店金沢支店」（昭和5年から10年の5年間だけ営業）が写る当時の複数の絵葉書からも、昭和初期には、2本の標柱が確認でき、「官許 金澤青草辻市場」の標柱は、青草町、下堤町から入る現在の「むさし口」に2本向かい合って立っていたことが分かった。

昭和の15年頃に撮影された標柱⑤の写真を見ると、青草辻の青の文字は旧漢字の「靑」が用いられ、根本部分のデザインが異なっている。標柱は建て替えられたのだろうか。

その後、太平洋戦争末期の昭和20（1945）年7月末、青草町の一角は強制建物間引き疎開によって建造物が壊されるのだが、おそらくこのとき、青草町と下堤

⑧昭和 40 年代以降の標柱。写真は「エムザ口」の標柱、店舗左隅に立っているが、ちょっと見えにくい場所だった

⑥終戦後の昭和 20 年代、通路頭上には葭簀が渡されている。標柱は現在の「むさし口」と「エムザ口」とに２本立てられ、ここから「近江町」の文字が入った。写真は現在の「エムザ口」、左隅に標柱が見える

〝台所〟の看板スッキリ、見やすく

近江町市場の標柱建て替え

金沢市武蔵交差点側の近江町市場青草辻口に立つ「官許　金澤青草辻近江町市場」の標柱が三日建て替えられた。高さ約四㍍、幅約三十六㌢四方の新しい市場のシンボルに設立二十周年を迎えた同市場商店街振興組合関係者も「これを機に更なる発展を」と願いを込めている。

同市場では、昭和三十年ごろに青草辻口に建てられた旧標柱が長年の風雨にさらされ、ひび割れが目立ち、文字も薄くなり、市民からも電話や投書で苦情が寄せられてきたことから新しい標柱に取り替えようと約一カ月前から準備を進めてきた。

新標柱は厚さ約二㌢のラワン材を組み合わせてできており、白地に黒のペンキで「官

建て替えられた近江町市場の標柱＝青草町で

⑨北國新聞昭和 60 年 6 月 5 日付朝刊（10）

⑦昭和 31 年、ネオンサインとアーケードが付いた現在の「エムザ口」。⑥とは標柱の文字、書体が変わっている（矩康子氏蔵）

町に立っていた２本の標柱も取り払われたものと推測する。

そして終戦後、昭和21（１９４６）年２月に「青草辻近江町市場自治協会」が結成され、２本の標柱は青草町から近江町市場に入る左寄りに１本と、下堤町側では現在の「エムザ口」から入る左側にもう１本⑥が別々に建てられ、ここから「近江町」の文字が入った「官許　金澤青草辻近江町市場」と表記された新しい標柱が登場することになり、青草辻の青は「靑」の旧漢字を使用している。

昭和31（１９５６）年、市場にアーケードが取り付けられたときの標柱⑦では、金澤の「澤」は「沢」に、青草辻の「靑」は「青」の新漢字となり、文字の書体も変わっている。アーケードが付いたときに、「官許　金沢青草辻近江町市場」の標柱に替えられたようだ。

昭和40年代に入ると、「沢」「青」の漢字はそのままで、文字の書体が変わった標柱に替わるが、その後「沢」「青」は旧漢字に戻り「官許　金澤青草辻近江町市場」⑧となる。40年代中頃には、標柱の「金沢青草辻―」の文字が消えかけている写真があった。

近江町市場商店街振興組合が、設立20周年を迎

えた年の昭和60（1985）年6月3日、経年劣化した「むさし口」の標柱が新調された。これが唯一記録に残っている建て替えである（高さ約4メートル、幅約36センチ角）⑨。

振興組合には、長年風雨にさらされて立つ標柱を気遣う市民からの電話や投書が寄せられていたという。「金沢市民の台所」に立つ標柱には、市民も関心を寄せていたことが伝わり、当時の振興組合前多正事務長は「いずれ近江町市場再開発が終了した折には御影石などで作り替え、永久的に保存したい」と語った。

平成21（2009）年に「近江町いちば館」が完成し、石柱に替わってその役割を終えた2本の木柱を調べたところ、「むさし口」に立っていた標柱は、木柱の全4面に新たに文字を書き込んだ厚さ2センチのラワン材（板）を組み合わせて張り付け、従来からの木柱をそのまま使用していたことが分かった。「エムザ口」に立っていた木柱は、虫食いが激しい状態から、内部の傷み具合は相当酷く感じられた。

現在、標柱は石柱となった「官許　金澤青草辻近江町市場」（高さ2・63メートル、38センチ角）の1本だけが「むさし口」に立っている。

近江町市場の各入口に建てられ、市場の歴史を見つめ続けてきた標柱の変遷をたどったが、資料や記録に乏しく、残念ながら断片的にしか分からなかった。

3　大正時代

第一節　都市化の進展と市場

大正時代は、自由と平等の民主主義を求める大正デモクラシーの思想が高まり、社会運動や労働運動が盛んになっていく。そして、金沢の街には当時「街鉄《がいてつ》」と呼ばれた市内電車が走り、大通りにはモダンな建物が建ち始める。

1　市姫通りができる

写真の地図は、金沢市役所道路管理課に保管されている地図資料「町図」の近江町市場付近をつなぎ合わせて作成したものだが、同資料には奥付がなく、いつの時代の地図か不詳だという。

地図を見ると、行き止まりだった近江町の「穴」から先は、下堤町にまで道路がまっすぐに突き抜け、また市姫神社の前には武蔵ヶ辻まで直線道路となった市姫通りが通っている。

先に書いたように、明治37（1904）年6月3日の近江町焼けのあと、周辺一帯が整備され、「穴」から先の下堤町への道路と市姫通りが新たに開かれた。とすると、この地図資料はそれ以降のものということになる。

その後、大正8（1919）年2月、金沢で最初の市街鉄道（市内電車）が金沢駅―武蔵ヶ辻―橋場町―兼六園下（公園下）間で開通する。このため、市姫通りの神社側が拡幅されるのだが（このとき、市姫神社の拝殿は大鳥造りとなり、卯辰山の方角を向く東向きから市姫通りに向きを改めた）、地図ではまだ道路は拡げられていなく、以上のことから同地図資料は明治末期から大正初期にかけてのものだと推考する。

市姫通りがついたため、下近江町の区域は通りを挟んで分離されている。青草町も同様で、古くは市場はもっと広域広範囲だったことが分かる。

市姫通りといわれた道路は、現在は「百万石通り」（国道159号）となり、その市姫神社側の街区は住居表示改正によって、昭和45（1970）年6月1日から尾張町2丁目に変更された。尾張町の「中六屋」中島清次が、市姫神社の祭礼を回顧しているのはこのためであり、中六屋も市姫神社も以前は下近江町に属していた。

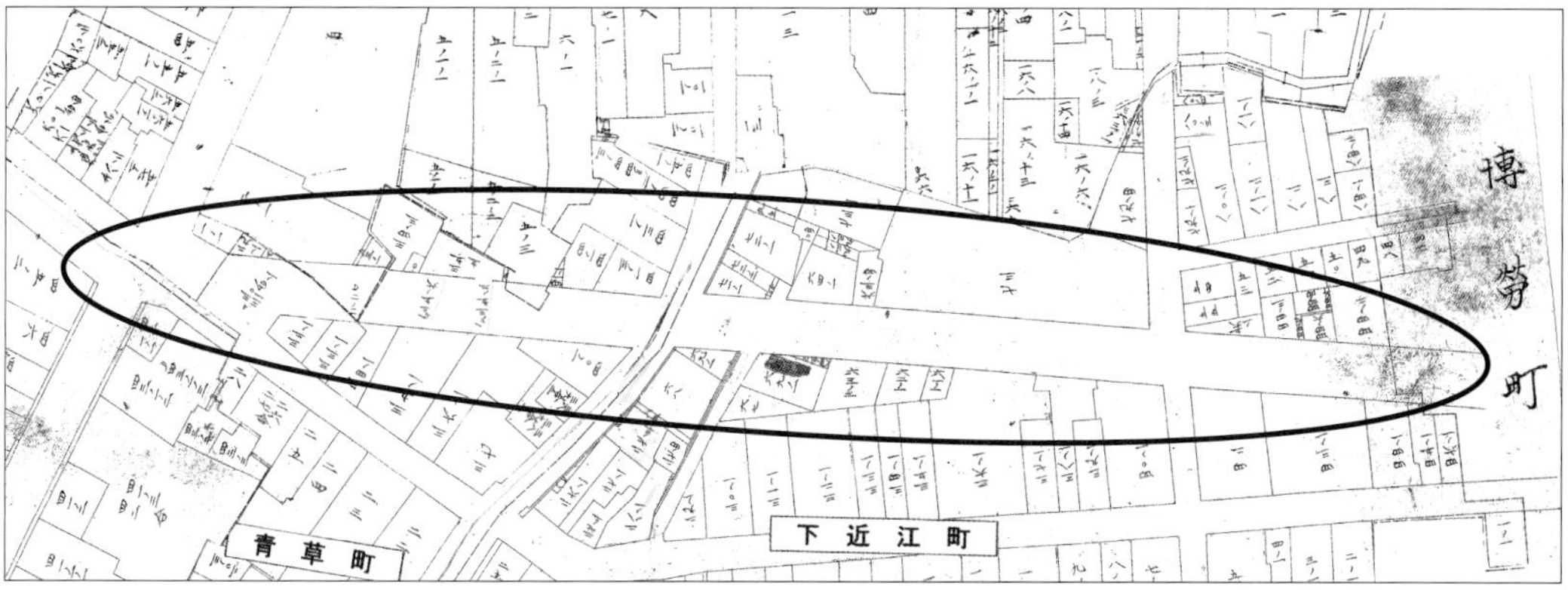

明治末期から大正初期にかけての「町図」（金沢市役所道路管理課蔵）。上の図は市姫通りが武蔵ヶ辻まで伸びていることを示し、下の図は「穴」から下堤町まで道路が突き抜けていることを示す

2　道路元標

橋場町の交差点から枯木橋を渡って尾張町に向かう左側に、「石川県里程元標」が立っている。里程元標は明治6（1873）年の太政官達第413号によって、全国主要街道の府県庁所在地の交通要所に建てられ、ここが石川県の里程（道程）の起点となった。

大正時代に入ると、道路法施行令によって各市町村に1つずつ道路元標が設置されることになり、設置場所は府県知事によって指定され、ほとんどが市町村役場の前か、その市町村の中心となる主要な道路の交差点に置かれた。

道路元標は高さ約63センチ、25センチ角、頂部が丸く削られた直方体で、正面には各市町村名の道路元標であることを記した刻字が、背面には設置年を記したものもあり、材質は花崗岩（御影石）によって製作されたものが多い。

石川県では、大正9（1920）年4月1日付「石川県公報」によって「石川県告示第百四十五号　市町村ニ於ケル道路元標ノ位置左ノ通定ム　大正九年四月一日　石川県知事　土岐嘉平　金沢市　下堤町四十三番地先」と告示された。

下堤町四十三番地は、武蔵ヶ辻の近江町市場「むさし口」から入る右側の角に位置して、古くから紙屋を商う老舗荒木商店（紙文房あらき）の場所であったが、同住所は現在は消失して、この一角は平成21（２００９）年に再開発ビル「近江町いちば館」に姿を変え、住所も同館全体が青草町88番地となったところである。

この辺りを探してみたが、道路元標らしきものは見当たらず、「紙文房あらき」で尋ねても同元標については分からない、見たこともないというのだが、先代から生前に「国道のここ（旧8号、現157号と159号の武蔵ヶ辻交差点）が起点だ」という話を聞かされた記憶があるという。

おそらく、これが道路元標のことを指すのだろうと推測するのだが、前述のように、ここは「近江町いちば館」建設工事の区域だったところであり、さらにさかのぼれば終戦直前の昭和20（１９４５）年7月末、下堤町と青草町は強制建物間引き疎開によって建造物が取り壊された地区でもあった。

当時は市外だった金石、大野、鞍月、戸板、富樫などでは、今もこの道路元標の残存が確認されているそうだが、金沢市の道路元標は、いつの頃からか何らかの事情によって撤去されたようだ。

藩政時代から明治、大正期にかけては尾張町界隈が金沢の繁華街であり、橋場の辻には「石川県里程元標」が建てられ、そして武蔵の辻には「道路元標」が置かれていた。金沢市の中心となる主要な道路の辻は、近江町市場の青草辻だったのである。

３　魚市場の標柱

昭和40年代には標柱「官許　金沢青草辻近江町市場」とともに、次のように記された「魚市場」の案内板が立っていた。

魚市場は藩政の初め、浅野川口では袋町、犀川口では竪町入口にあったが、袋町の市場は元禄の頃、この近江町へ移り、犀川の市場は享保の頃こゝえ合併した。

近江町は俗に尾山八丁の一つで、前田氏の入国前から存在したものと言う。

金沢観光協会

上近江町で文化４（１８０７）年創業の老舗印判彫刻師「廣瀬近廣堂」（平成17年に廃業、他地区に転出）の廣瀬近廣堂（当時76歳）は、２５０年史の回顧編で「大正時代は今の大野屋さんのところに『魚市場』という標識が立っていて、そこから大澤さんのところまでが魚市場だった」と振り返っている。その昔、魚市場側の上近江町通りには「魚市場」の標柱も立っていたという。

「魚市場」の標柱が写る写真は、廣瀬の話に出てきた「酒の大沢」大澤健雄宅に残されていた。路上で友達とふざけて？組み合う坊主頭の大澤少年の後ろに「魚市場」の標柱が写っている。右後方の建物は「金沢美術倶楽部」である。

写真の裏面には、「戦前」「金沢市美術クラブ」「奥村氏宅（魚

大澤少年と友人の後方に写る傾いた「魚市場」の標柱（大澤健雄氏蔵）

上近江町通りで整列する「少国民報国団」。写真右隅に標柱「魚市」の文字が確認できる（石丸学氏蔵）

屋宿）」のメモ書きがあった。昭和７（１９３２）年生まれという健雄の小学校時代の写真であろう。左側に見える外壁が板張り（下見張り）の建物が奥村氏宅で、魚屋宿とは魚の集荷場のことである。

写真を見ると、「魚市場」の標柱はかなりの大きさで屋根の高さほどあり、それも大きく傾いている。立っている位置は、上近江町通りから下近江町へ抜ける四つ辻の角なのだが、かなり通りに入り込んで立っているように見える。混雑する市場での作業中に、おそらく荷車などの運搬用具がぶつかって傾いてしまい、何度直してもまた傾くのでそのままになっている、そんな市場の標柱らしさを物語るような傾きに見えないだろうか。

塩干・珍味の「石丸食品」石丸学宅のアルバムの中にあった写真にも、「魚市場」の標柱が写っていた。裏面には、「昭和15年11月7日」のメモ書きが残る戦時中の写真である。撮影場所は上近江町通りの美術倶楽部を過ぎた四つ辻の手前辺り、大きな空がひらけ、「上近江町少国民報国団」の旗が翻り、子供達が凛々しく直立不動で整列している。その右側に立つ木柱の左に「魚市」の文字が確認できた。

２枚の写真はともに標柱の立つ位置が大野商店側ではなく、同商店の斜め向かい角であり、廣瀬のいう大野屋さんのところがこの位置なのか、それとも近江町の魚市場側の標柱も建てられた位置が大正から昭和の時代にかけて移動したのかどうかは不詳だが、戦後に近江町市場が復興していく過程において手狭になり、「魚市場」の標柱は居場所がなくなって、その姿を消していったようで現在はない。

上近江町通りの「魚市場」の標柱はいつ頃建てられ、いつ頃まで立っていたのかは定かでないが、金沢の伝統工芸加賀水引細工を受け継ぐ老舗「津田水引折型」３代目の津田千枝から、標柱の記憶を語る証言を聞くことができた。

津田家は当時十間町に居住していた。昭和９（１９３４）年生まれの千枝が、終戦後間もない、まだ女学生の頃、母親梅に頼まれて近江町市場へ買い物に行く途中、右の角に大野さん、左には金谷さん、長谷さんの家が並ぶ上近江町の通りを曲がると、そこには堂々とした存在感を放つ「魚市場」の標柱が立っていて、いつもその前を通って市場の中に入って行ったという。

千枝の記憶にある標柱は、真っ直ぐに立ち、市場で働くお兄さん達から歩く姿に合わせて「オイチニ、オイチニ」と号令を掛けてからかわれたエピソードを交え、談笑しながら当時を懐かしんだ。

4　公設市場のテストケース

大正10（1921）年1月、正月用の数の子が異常な高値を呼び、市民の間で批判が起きたことから、金沢市は公正価格維持のために公設市場設置の検討を始める。物価対策の見地から、価格統制機能をもつ公設市場に対して民業圧迫の声も上がったが、市当局は保護政策を取らないことを明言し、公設市場開設に向けて動き出す。

大正11（1922）年6月5日付北國新聞に、「廉売市場」「近江町に設置　試験的に開業」なる見出しが付いた記事が掲載されている。

報道によると、公設市場問題は論議から一向に目鼻が付かず、その成り行きが注視されていたが、こうした状況から魚商組合の役員である森田平太郎、浅野源次郎の両名は近江町市場内に試験的な模範的市場を開く計画を立て、市当局に道路の占用を願い出たところ許可が得られ、私設廉売市場と名付けて間口9尺（約2・7メートル）、奥行5尺（約1・5メートル）の天幕張りによる野菜果実、漬物缶詰、麺類ほか日用雑貨などの品目を確実にして廉価に扱う14の出店者を募ったところ、倍以上の申し込みがあり、信用ある店を選択して4日から営業を開始した。

森田、浅野は交代で監督を行い、これまで市場には無許可の露店が入り込み、時に官憲の取締りを逃げ回り、設備も極めて不完全、というより無設備で衛生上も危険であったが、許可を得た同市場は開業早々非常な人気で一般に周知されて利用者も多くなるだろうと観測されるとある。

その後、公設市場は翌12年に市内各所に開設されることになり、7月10日に並木町浅野川市場、長町川岸香林坊市場、巴町市場（笠市町、安江町）、8月23日には六斗林広見市場（野町）、波着寺白山市場（石引）が開場にこぎつけた。

新聞報道にあった近江町の廉売市場は、そのテストケースとして設けられ、私設の近江町市場が公設市場の開設に一役買ったかたちとなった。

記事には、無許可で不完全な設備、不衛生な露店が営業を行っていると書かれてあったが、官許の市場に露天商がはびこる問題は、この当時からすでにあったことが分かる。

公設市場は、昭和に入って戦時統制から昭和17（1942）年には姿を消す。

5　金沢初のアスファルト舗装

金沢城に旧陸軍の第九師団司令部が置かれ、軍都となった金沢に大正13（1924）年11月3日から5日までの期間、摂政殿下（昭和天皇）を迎えた陸軍特別大演習が行われることとなる。

そんな折、玉川署から摂政殿下が召し上がる食材を納める市場が不衛生であっては食の安全、安心が問われるとして、近江町市場の中通りと上近江町通りが交差する四つ辻を、秋の大演習までにアスファルト舗装にすればどうかといった提案が持ちかけられる。

もともとここは惣構の堀を埋め立てたところで、側溝は排水が不十分なうえ雨が降ればぬかるみ、足場は見た目も悪く、食料品を扱う市場にとっては大きな悩みのタネとなっていた。

さっそく市場では委員会が設けられ協議の結果、提案された四つ辻だけではなく、市場全体をアスファルト舗装にし、工事費用については自分の店の前は自身で負担することで意見が集約した。

（略）青物問屋の松本又吉氏が発起人代表となって旧玉川署の演舞場（現郵政会館）で路面舗装実施に関する総会を開いた。記録によると四十一名が出席（八名欠席）している。最初は魚市場の四辻だけをやろうという計画であったが青物の谷広氏から、どうせやるなら全部舗装したらどうかという動議が出され、それじゃやろうということになった。これがまた市場気質の良い点とでもいえる（略）

（250年史　回顧編　矩繁命　当時85歳）

工事費用の問題になって金沢市と掛け合うが、市は大演習の準備に忙殺されて工事は翌年にズレ込んでしまい、大正14（1925）年8月23日に工事開始、10月15日に完成する。

250年史には、見積りに対する予納金調達に関する問題、市姫神社境内の材料置場に対する苦情、コンクリート用の水供給に関する交渉、腐蝕電柱の埋替に関する交渉、入札後増工事に関する交渉、市場区域の拡張、市場規則の掲示交渉、市場内諸車通行止めに関する交渉、完成後の新しい車置場許可問題など山積する数々の問題や交渉事が発生して、松本又吉、大村彌三郎、青梅駒次郎、谷廣喜一、矩興三郎をはじめとする代表者や役員の苦労は並大抵ではなく、工事が行われた期間というもの関係者は東奔西走、座の温まる隙もなく、仕事も手につかず休業同様の状態であったと記してある。

工事は完成して10月23日に祝賀会が催された。

「路面落成記念」「開通式」「昨日盛大に挙式」

青草辻市場路面アスフアルト工事落成記念開通式は、昨日午後一時から同市場内で開催したが、定刻臨席の長知事、藤岡警察部長、相良市長、辰村商議会頭、坂野市会議長、松本助役、小澤内記課長、玉川署長等竣成地域の道路を巡視して市場内の祝賀式場に至り、市場側の開会辞及び道路舗装工事報告を聞いて、来賓代表として長知事祝辞を述べ、辰村坂野両氏等それぞれ関係方面を代表祝辞を陳じ、その他市場関係者の祝辞祝電披露あつて式を閉ぢ、同市場内で宴を開き東廓主計町芸妓の手踊素囃子あり観衆四囲を囲むで市場空前の賑ひを呈したが宴中ば相良氏の発声で市場の万歳を三唱、順次散会したが、引続いて市場では万歳、浄瑠璃等の余興を公開し夜に入っても雑踏した

（北國新聞大正14年10月24日付朝刊）

県知事、市長、市議会議長、商業（工）会議所会頭、警察署長等の御歴々が駆け付け、県、市の地元を挙げて金沢初の近江町市場のアスファルト舗装落成を祝し、内務大臣若槻礼二郎、商工大臣片岡直温に、金沢出身の代議士永井柳太郎（のち拓務大臣、逓信大臣を歴任）からの祝電も披露される。

市場には多くの見物客が詰め掛け、警備にあたった６人の巡査は人力に及ぶところにあらずとお手上げになったほどの賑いだったという。

北國新聞昭和31年１月17日付朝刊に掲載された「近江町ものがたり」によると、アスファルト舗装に掛かった総工費は８３９５円23銭、派手に行われた宴会には１３５４円の費用が支出され、当時としては画期的な舗装工事だっただけに非常な人気を呼んだとある。

近江町市場の全面舗装は、市場を思う人達の気持ちが等しく強いことの表われで、青草辻近江町市場自治協会の矩会長が２５０年史の緒言で、明治37年８月に官許による市場ができたあと、遅々として進展をみることができなかったが、この市場内路面舗装によって、俄かに面目を一新した近江町市場は、その後さまざまな変遷をみながらも、これが盛況の因をなしたといえようと綴った一大事業であった。

工事竣工後における市場の取締りについて、青草辻市場組合（組織の詳細は不詳）と警察当局の間で次のような覚書が交わされた。

市場取締ニ関スル覚書

一　市場内ノ道路ハ各自担当区域ノ掃除ニ努メ常ニ清潔ナラシムルコト
一　市場関係者ニシテ市場内ノ車ヲ輓キ入レムトスルモノハ細心ノ注意ヲ払ヒ路面ヲ破損セシメザルコト
一　露天ノ売場台ハ各々定メラレタル以外ニ出スコトナク整頓スルコト
一　露天営業者ハ閉店後ハ売場台ノ外荷物ヲモ置カサルコト
一　市場関係者ノ空車ハ必ス既定ノ車置場ニ納メ置クコト
一　下水溝ハ疎通ヲ妨ケサル様浚渫掃除ヲ励行シ常ニ清潔ナラシムルコト
一　露天営業者ハ自己店舗ノ標識トナルベキ番號標札ヲ店頭ニ掲ケルコト
一　露天営業者ハ食料品以外ノ品物ヲ販売セザルコト
一　市場内ノ営業者ハ不体裁ノ服装ヲ為サザルコト
一　顧客ニ対シテハ叮嚀親切ヲ旨トシ粗暴野卑ナル言動アルヘカラス
一　市場内各営業者ハ各自徳義ヲ重シ売品ノ量目ニ不正ヲ行ヒ或ハ腐敗物ヲ販売セサルコト

一　右條々ハ所轄玉川警察署ノ指図ヲ受ケ相定メタルモノナレバ各自之レヲ遵守シ違背スベカラサルコト

第二節　近江町争議と野村喜一郎

1　魚問屋と魚商組合が対峙

こうした状況下に、市場が大きく揺れ動く事件が起きる。

この頃、魚市場は資力の大きい卸問屋に牛耳られ、問屋は魚価をほしいままにし、ほとんどが相対売りとなっていた。

大正12（1923）年3月19日、「中央卸売市場法」が制定される。公正なセリを基本として取引の明朗化を図り、全国主要都市の市場の公営化を目指すことになるのだが、その一方で零細な小売業者は現金決済を義務付けられ、同法制定は論議を巻き起こす。

これが当時のマスコミにも大々的に報道され、近江町市場史上に残る有名な近江町の魚騒動「近江町争議」の発端となる。

不満がつのる魚問屋側のやり方に対して、330人の組合員を率いて立ち上がったのが、小売業者で組織された「石川県金沢区魚鳥四十物組合」改め「金沢市魚商組合」（現金沢魚商業協同組合）の2代組合長野村喜一郎であった。

3月23日、同組合は総会において魚市場改善事項を決議し、卸側4社14店計18問屋で組織する「金沢魚市場組合」能沢長太郎組合長に対して、15項目にわたる改善要求を突きつける。

改善要求の要旨は、せり売り本位とし、価格の安定化を図り、売買に関する帳簿の閲覧、売買場所の統一、調査委員会の設置、卸側店員の自己仕入れの禁止、そして卸側「金沢魚市場組合」は小売側「金沢市魚商組合」に対して、一カ年1万円の割戻金を向こう3年間支払い共同積立金とする、などというものであった。

当時の相対売りは、今日と違って全国相場のような目安になる基準はなく、卸側はいくらでも勝手に値が付けられ、不服であれば売らないといった態度で、しかも情実によって同じ品をある小売業者には安く売り、他の小売業者には高く売りつけるというような、小売業者を手なずけたり、嫌がらせを行ったりした。

もともと市場ではせり売りを主体とし、期間内の現金決済を奨励するため、卸側は小売側に6％の歩戻しを支払う制度を設けていたが、卸側は6％の高率を嫌い、次第に相対売りに変えてきたため、小売側は明治42（1909）年には3％に引下げてせり売りを勧めたものの、なお相対売りが続き、そして7月末、小売側の改善要求は卸側に全面的に受け入れられることになる。

大正15（1926）年7月、「金沢魚市場組合」は改善要求に基づく一カ年1万円で3年間計3万円の割戻金を払い終えると、経営難を理由に割戻金廃止の方針を打ち出してきた。

　これに対して小売側は、卸側の申入れには絶対に応じられないとして、未だ実行されていない売買場所の統一、帳簿の公開、さらに歩戻し金の増額を決議し、要求が受け入れられない場合は取引の中止、不買同盟も辞さないという強行策による対決の構えをみせる。

　その後、双方で何回かの交渉が持たれたのだが、話し合いは難航し両者のにらみ合いは続き、卸側は数台の自動車でデモ行進を行って消費者に直売の宣伝ビラを撒くという、小売側を刺激する作戦に出てきた。こうした事態を憂慮した金沢市と玉川警察署（金沢東警察署の旧名称）までが、仲介に乗り出してくる。

　そこで野村喜一郎は、「金沢市魚商組合」の基幹問屋として資本金40万円の「一印株式会社金沢鮮魚問屋」を設立して社長に就任、「金沢市魚商組合」は「金沢魚市場組合」を認めない、小売側より提案した改善要求に賛同した問屋とは売買取引を行うが、賛同しないものとは取引を行わない旨を卸側に通告する。これが決定打となって卸側は小売側の要求を受け入れ、一件落着となった。

　最終的な取り決め事項は①せり売りを本位とする②帳簿を公開する③卸側は「金沢市魚商組合」の組合員以外とは取引しない④歩戻しは前例により5％とするが、さらに0・5％を支払保証準備金として増額し、卸側より毎月10日までに提出する。「金沢市魚商組合」はこれを共同積立金として蓄積する相互契約が大正15（1926）年12月15日に締結され（翌昭和2年6月16日成立）、こうして近江町争議は終息を迎えた。

2　魚商組合理事長　野村喜一郎

　しかし、一旦は収まったかにみえた魚騒動は、その後昭和7（1932）年に再燃して第2次近江町争議が起きる（昭和戦前期で後述する）。

　大正12（1923）年から10年間も続いた近江町争議に終始小売業者側をまとめて、その先頭に立ち問題解決に導いたのが「金沢市魚商組合」2代組合長野村喜一郎だった。

野村喜一郎

　争議に対して金沢市長、商工会議所会頭、玉川警察署長が調停に入っても、ことごとく不調に終わる、暗礁に乗り上げる、決裂するを繰り返す。魚問屋側の代表者にサンボン魚市会社取締役で尾張町の金物屋、実業家の小鍛冶直芳が折衝に臨んだところ、野村喜一郎は「魚のサの字も分からん人間が何をクチバシはさむ。五十集（いさば・魚市場）のことは五十集で解決する。お前さん達には分からぬ」と言い放った。野村喜一郎の名台詞である。

魚市場の改善は取引の明朗化を図って消費者への安定供給を目指し、卸と小売が対等の立場に立ち、相互の権利と利益を確保しようとするもので、あんた達（問屋側）も飯を食わなければならない、ワシら（小売側）も飯を食わなければならない。ならばここで、全体を俯瞰してキッチリとした市場の枠組みをこしらえようではないか―と説く野村喜一郎であった。

彼は剛毅一徹、第二次争議当時は六十五歳になっていた。その白いアゴヒゲと、人を射るような目は常に他を威圧する風貌があった。彼はその豊かな経験と博識をもって組合を率い、組合員の地位向上のためには、一歩も退かずの態度で対決した。彼のような不撓不屈、卓抜な指導者があったればこそ、組合は魚問屋側とあれだけの長期闘争を貫徹できたともいえよう。

（金沢魚商業協同組合百周年記念誌「金沢魚商百年の風光」より）

この騒動を通じて強くなったのは小売側の金沢市魚商組合だった。大正12年の中央卸売市場法の成立をきっかけに、それまでバラバラだった小売業者達は急速に組織化されていった。そのリーダーシップをとったのは当時の野村喜一郎組合長であった。

「野村さんがいなければ、問屋を相手にあれだけの争議ができるものでなかった」当時の騒動を経験した魚屋さんからは、いまでもこういった思い出話が聞かれるが、この争いを最後に調停した大友奎堂（佐一）さんは「野村さんが考えていたことは、単に騒動を有利にすすめるという視野の狭いものではなかった。小売り業者がこれからどうしていけばよいかを考えた高い展望に立つものだった」という。

（「近江町市場の今昔⑤」北國新聞昭和41年7月21日付朝刊）

金沢市はこれを契機に中央卸売市場臨時調査会を設ける。西念町に中央卸売市場が開設されるまでには、これからのち34年の年月を要するのだが、近江町争議はその生みの苦しみでもあった。

野村喜一郎の情熱を携えた人柄、指導性には、多くのファン、支持者達が野村の周囲に集まった。

業界に多大な足跡を残し、市政財界においても市議会議員、商工会議所議員を務め、県から実業功績者、水産功労者として表彰を受け、野村の幾多の偉大な功績を称えた顕彰碑が昭和９（１９３４）年９月、市姫神社の境内に「野村翁報恩鳥居碑」として建立され、自らも鳥居の前に大門柱２柱を寄進する。

顕彰碑（戸室石、高さ３・５メートル）の碑文は、加賀藩家老で加賀八家の一人前田土佐守家第11代当主にあたる前田直行《なおつら》男爵の起草により、約一千字に及ぶ漢文でしたためられ、その書は県下書道界の最高峰といわれた黒本稼堂の手によるものである。

野村喜一郎翁は、昭和13（１９３８）年３月３日、持病の胆石症を患い惜しまれつつ71歳で逝去。３月５日、金沢西別院は市政財界をはじめ水産業界、近江町市場関係者ら８００余人の参詣者で埋まり、盛大な葬儀が営まれた。

野村翁の顕彰碑は、その後約80年間、通りを挟んだ市姫神社の境内から近江町市場の移ろいを見守っている。

３　金沢水産信用購買利用組合の設立

野村喜一郎の顕彰碑「野村翁報恩鳥居碑」の碑文には、次なる一節が出てくる。

翌年設金沢水産産業組合以奨励勤倹貯蓄并充組合員之金融機関

訳すると、翌年（大正13年）に金沢水産産業組合を設立して、勤倹貯蓄を奨励、併せて組合員の金融機関を充たす―となる。

市姫神社の境内に立つ「野村翁報恩鳥居碑」

この組合設立の背景にあったのは、前述した近江町争議だった。制定された市場法では、小売業者は現金決済を義務付けられ、零細な小売商にとって現金取引を行って商売を継続していく経済力を、どのようにして付けていくかが大きな課題となった。

大正13（１９２４）年2月4日、ここに野村喜一郎によって誕生したのが「有限責任　金沢水産信用購買利用組合」、現在の金沢中央信用組合（理事長山口孝）の前身である。

碑文には金沢水産産業組合とあるが、同組合は当時の「産業組合法」を根拠法として設立されたことから、このように表現されたものである。

金沢水産信用購買利用組合―大変長い組合名称だが、その名称の一つひとつを読み解けば、初代組合長の野村喜一郎が何を目的として設立し、何を行いたかったのかが見えてくる。

まず、信用とは組合員のための預金及び資金の貸付業務を行う金融の事業、購買とは組合員のために必要な物品（例えばまな板、包丁や前掛け、長靴等）の共同購入販売の事業、利用とは組合員のために必要な設備（例えば冷蔵庫等）を設置して共同利用する事業である。

これら3つの事業に取り組む構想は、将来を見据えた市場改革構想の一環でもあり、野村喜一郎のビッグプロジェクトであった。

同組合が設立されたことによって、小売側の組織力はさらに団結強化され、相互扶助の精神の下に個人のリスクを全体でカバーし、貯蓄の奨励、金融の円滑化、そして魚商人の社会的経済的地位の向上が図られ、部戻し金や共同積立金は同組合によって管理された。

業界と時代の要請によって世に生まれ出た同組合は、昭和25（1950）年2月、中小企業等協同組合法と協同組合による金融事業に関する法律により「金沢水産信用組合」に改組、昭和41（1966）年7月の金沢市中央卸売市場の開設を機に、組合発祥の地近江町市場を本店として中央市場に市場支店を置き「金沢中央市場信用組合」に、昭和50（1975）年7月には「金沢中央信用組合」に改称して、その後、他信用組合の事業を譲り受け、合併を経て3店舗を展開し今日に至っている。

金沢中央信用組合

近江町市場とともに歩み育まれて98年—300年を迎える近江町市場の、実に3分の1の歴史をともに紡いできた、野村イズムを脈々と受け継ぐ金沢中央信用組合は、創立以来古くは「すいさん」、現在は「ちゅうしん」の愛称で親しまれ、毎日早朝から、土曜日やGW期間中、そして年末も店舗を開き、近江町市場と一体となった営業体制で市場の発展に寄与貢献し、市場内全体の取引シェアは70％、前掛けや長靴の仕事着スタイルで気軽に立ち寄れる、近江町市場にとってはなくてはならない金融機関であり、その使命、役割は重かつ大である。

4　「大国まつり」の始まり

大正15年（1926）秋、青草辻の青果商の間から前年に近江町市場がアスファルト舗装となり、その祝典が行われた10月23日を市場の記念日とし、商売繁盛を期して大黒天を祀ってはどうかという趣旨の、次なる文書が発出される。

市場諸君、当市場の記念日は来る二十三日であります。然《しか》し我々は徒《いたずら》に路面改造のみを以て市場の記念日として余興等を催すにはあまりに物たりなく感じます。ここに市場委員協議の上当市場の無窮に栄行くを守るべき市場守護神を勧請することに致しましたから宜敷《よろしく》御賛成を願ひます。既に魚市場には恵比寿講あり扨《さて》は我が青草市場には大黒天を祀るこそ最も至当なりと信じます。

即ち我国此神を大国主命と称します。仰《そもそ》も大神の御名を作り神と申し福の神と申し縁結の神等と申して御神徳は広大無辺であります。即ち自ら農耕、園芸の業に従ひ模範を

大黒天を勧請した当時の様子

示され又福の神と申すは心身共に幸福円満に渡らせ給ふたのであります。又縁結びの神と申すはただに男女の縁のみに限らず職業の縁売買の縁或は親子兄弟知己の縁等ですべての縁を授け給ふのであります。かかるが故に出雲大社より御神霊を捧拝する筈ですが遠隔の地幸ひ県下羽咋郡一の宮の国幣大社気多大社は大社と御一体でありますから当社より御神霊を御受けして当市場に由緒ある大問屋に奉安して毎年十月二十三日の記念日を大国祭と名付け祭事を行ひ余興等を催すことに致しました。

右各位に御相談の筈でしたが時日がありませんので勝手ながら斯く取計らひました次第ですから悪しからず御聞き済みを願ひます。

就而《ついては》来る二十二日気多神社に御霊受の式に委員等一同参向致しますから御参列御希望の方は前日までに委員へ御知らせを願ひます。

付記　御神霊は仮祠（明年迄に本神棚新調）に奉安し御霊代は御神鏡にて錦袋・柳筥・唐櫃其他の付属は京都にて新調

大正拾五年十月十九日

青草辻市場委員

世話人　中村余三治

市場各位

10月22日、羽咋市一の宮気多大社に於いて松本又吉ほか10人が参列して御霊移式が挙行され、唐櫃に納められた御神霊が夕刻金沢に到着、安江八幡宮（青草町の産土神）にて仮宮御鎮座式が厳粛に営まれ、翌23日には同八幡宮での御霊移式のあと、松本又吉宅にて御鎮座式が挙げられ、この両日は近江町市場全店が赤鉢巻、赤たすき掛けで大売出しを催し、23日夜には余興として浄瑠璃、万歳、盆栽展示会が開かれ、市場は夜通し大賑いしたという。

こうして誕生した「大国まつり」は、現在も近江町市場で年間を通して開催される各種イベントのルーツといえるものである。

第三節　大正期の事業者と市場の様子

1　大正期の主な事業者

大正期の近江町市場における商店、団体、組合等について、大正13（1924）年4月29日発行版（大正12年度調査）の「金沢商工人名録」（金沢商業会議所発行）に基づく調査を行い、商店地図を作成する。

なお、同人名録に掲載されているのは一定額以上の営業税納付者が対象で、住所、業種、代表者に続いて個々が申告した開業年を付記した。

青草町

5番地	魚鳥	吉田喜太郎	大正5年
17番地	菓子卸	新保小三郎	明治7年
17番地ノ1	魚鳥	向野三松	大正11年
18番地	飴砂糖小麦粉売薬穀類菓子原料	松岡喜六	明治17年
19番地	八百物乾物罐詰卸矩商店	矩繁命	明治17年
19番地	金沢市八百物乾物商組合		明治44年8月
20番地	八百物	押野清正	大正5年
21番地	八百物乾物荒物	釜倉與吉郎	明治6年
21番地	荒物商団体		
22番地	八百物魚鳥塩魚	大橋竹次郎	明治17年
22番地	八百物問屋	土谷與作	明治37年
24番地	荒物小間物雑貨化粧品卸　越次	越次郎平	明治27年頃
26番地	麻苧漁鳥猟具	平松亥三郎	約65年前
26番地	八百物	小林栄次郎	大正2年
32番地	八百物問屋　大八	大村彌三郎	明治37年
34番地	越中銀行金沢支店		大正2年5月
34番地ノ1	農産種子荒物成業園	成瀬太一郎	20年前
35番地	八百物	松田光雄	大正4年
35番地	八百物	鶴来勝二	大正6年
36番地	荒物小間物卸小売　中小　中小合名会社		明治28年8月
37番地	八百物問屋	松本又吉	大正5年
43番地ノ1	八百物果実野菜問屋　天忠	酒井喜一郎	約300年前
青草町市場	八百物	高瀬久松	大正5年
青草市場	八百物	橋場伊三郎	大正7年
青草辻	八百物	出口作次郎	大正12年
青草町	魚鳥	城力栄次郎	大正3年
青草町	八百物	安田恒次郎	明治34年

上近江町

4番地	彫刻印刷引札団扇　近廣堂	廣瀬鍋次郎	天保年間
7番地ノ1　8番地ノ1	魚鳥四十物八百物	大野圓六	明治元年
16番地　17番地	魚問屋	丸市魚株式会社	明治29年9月
17番地	魚問屋	東惣兵衛	明治30年
18番地	魚問屋	小林與三次郎	大正元年
19番地	魚問屋塩乾魚瀧次商店	能沢長太郎	約80年前
19番地	金澤魚問屋組合		明治19年6月
20番地　21番地	魚問屋　網屋	洲崎源太郎	約250年前
20番地　21番地	魚問屋	中越他二郎	慶應2年
20番地　21番地	魚問屋	六右衛門　津田惣太郎	慶應3年
20番地　21番地	魚問屋	米村久太郎	慶應3年
20番地　21番地	魚問屋　利平	野田永次郎	明治6年
20番地　21番地	魚問屋	南吉次郎	明治30年
21番地	魚問屋	元豊次郎	大正4年
22番地	魚鳥煙草ラムネ製造販賣　上長	野村喜一郎	明治6年
22番地	金沢市魚商組合		明治18年4月

24番地	麻眞田原料賣買委托販賣	中長合資会社	大正12年6月
25番地ノ1	蒲鉾製造卸　能登熊	多田熊太郎	明治20年
27番地ノ1	履物材料卸	三宅太兵衛	明治30年
28番地	佃煮	山三　能沢三郎	大正4年
29番地	鶏肉鶏卵	鳥由　則竹文四郎	大正12年
30番地	魚鳥	能村良太郎	大正8年
31番地ノ1	藤五郎せんべい卸小売受酒	大澤爲太郎	明治40年11月
32番地	蒲鉾製造魚鳥丸屋	丸井源太郎	明治37年
32番地ノ1	魚鳥四十物雑穀いなみや	井波谷栄太郎	大正7年
33番地	魚鳥乾魚塩魚今理	今越甚吉	約100年前
33番地	魚鳥海産物	瀬川仁市郎	明治30年
33番地	魚鳥問屋	荒木理吉	明治26年
33番地	魚鳥四十物	高次　高島次一	明治30年
33番地	魚鳥	原屋　原喜一郎	大正4年
34番地	魚鳥	魚定　折戸定次郎	明治43年
34番地	八百物	長谷喜一郎	大正2年
34番地	魚鳥	水口　寺村幸一	大正11年
35番地	魚鳥	米村佐一	大正元年
36番地	魚鳥	三口屋　越村與市	明治元年
36番地ノ2	荒物雑貨燐寸卸	徳野彌吉	約80年前
36番地ノ2	菓子	高柳仁四郎	
37番地	魚鳥	宮野外吉	明治42年
38番地ノ2	飲食物	徳野マス	明治15年
38番地ノ3	八百物	長谷川與太郎	大正2年
39番地	蒲鉾卸小賣魚能登屋	能口甚太郎	大正10年
40番地ノ1	飲食物四十物福力	福舛茂三郎	明治37年

40番地ノ2　41番地ノ1	飲食物魚鳥	出森佐一郎	大正5年
42番地	麩ジンクズ製造卸	池島仁次郎	大正5年
43番地ノ1	魚鳥	八田與三松	大正4年
44番地	蒲鉾製造卸魚鳥橋屋	橋隅四郎	大正7年
46番地	魚鳥　名田甚	名田地甚兵衛	大正5年
47番地ノ1	海産物問屋金沢水産株式会社		大正2年4月
48番地ノ2ノ2ノ1	魚問屋金沢魚合資会社		明治44年10月
50番地	魚問屋魚市株式会社		明治26年5月
53番地	魚問屋　初三郎	直江初三郎	明治16年
53番地	魚問屋　中栄	中川與太郎	明治16年
61番地ノ1	古物仲立業　株式会社金沢美術倶楽部		大正7年10月

下近江町

1番地	古着仕立物　太郎田屋	太郎田はる	明治39年
2番地	履物類	疋田三次郎	明治33年
3番地	紙卸小賣	奥泉嘉一郎	大正10年
4番地	煙草綿木綿	坂井由太郎	大正7年
5番地	古物茶器　平壽	平沢駒四郎	約100年前
7番地	防寒用真綿ノ製品	米杉文吉	明治41年
8番地	檜物　岩吉	岩脇吉太郎	明治26年
9番地ノ1	茶	高畠又得	明治45年
10番地	魚鳥受酒陶器	両木吉次	明治元年
11番地ノ1	豆腐製造湯皮	黒川友成	明治10年
12番地	八百物乾物上野佐平商店	上野壮次郎	明治7年
15番地ノ1	小間物雑貨メリヤス	藤井豊一	大正12年

16番地ノ1　17	魚鳥　大長	大長次	約150年前
16番地ノ3	荒物白瀧箸製造卸小売	目木こと	大正元年
17番地ノ3	檜物　能與朔		明治3年
19番地	八百物乾物果実	綿谷武作	約140年前
20番地	魚鳥飲食物	高島已三郎	明治44年
22番地	蒲鉾	岩内仁兵衛	明治26年
23番地	荒物竹籠卸小売	荒木ふく	明治22年
24番地	八百物	谷廣喜一	大正4年
25番地	八百物乾物罐詰鰹節　青駒	青梅駒次郎	明治30年
25番地	八百物	細川仁三郎	大正11年
26番地	雑穀乾物	山宮李吉	明治10年
28番地	荒物竹籠卸小売	竹内余所松	慶応元年
30番地	薬種売薬洋酒食料品　合名会社中栄草栄堂		明治36年10月
30番地	洋酒売薬製造	中栄仁助	
32番地	八百物果実　北長	北市與一郎	明治41年
36番地	陶磁器卸小売	池田清吉	大正7年
38番地	魚鳥　紙安	紙谷太三郎	147年前
39番地	魚鳥	戸田文次郎	明治12年
40番地	自動車付属品油類　合資会社小西政治商店		明治40年7月 大正12年7月
42番地	麵類製造飲食加登長本店	吉田太郎吉	明治25年
42番地	金沢市飲食店組合		
43番地	麩	小坂政吉	明治10年
43番地ノ2	造花徽章　沢井百花堂	沢井安太郎	大正5年
44番地ノ2	指物	高橋銀一郎	明治40年

45番地	八百物乾物罐詰柿市	柿本市太郎	明治43年
54番地	麩	不室徳三郎	明治26年
54番地	金沢製麩組合		
63番地	そば　堀川亭	清水鉦次	大正9年
63番地ノ4	煙草	高瀬とめ	大正2年
64番地	醤油漬物味噌製造販売　中六	中島清次	明治6年
69番地	看板　清々堂	中川藤太郎	明治40年
72番地	八百物問屋	岡嶋勝次郎	明治36年
下堤町			
19番地	砂糖麦粉肥料石油木材羽二重セメント	株式会社鈴木商店金沢出張所	大正12年3月
21番地	紙製紙原料卸小賣	五十嵐石松	明治11年
23番地	石油米穀肥料丸一石油合名会社		明治38年8月
23番地	石油蝋燭種油燐寸卸小賣　板五	板垣五三郎	先代前
23番地	石油ローソク商団体		
24番地	生糸羽二重	岩田覚	大正7年5月
25番地	問屋有価証券現物	坂本菊英	明治35年4月
30番地	明治銀行金沢支店		明治29年8月
32番地	帽子卸小売	西村定次郎	大正8年頃
33番地ノ1	印版団扇　精改堂	浅野外良次	明治27年頃
34番地	金物卸小売	敷波政二	大正10年12月
35番地	砂糖麦粉肥料合名会社宇野商店		大正12年12月
37番地	牛豚肉鶏肉卸小売　天狗	坂上とく	大正9年
38番地	昆布卸小売	比賀豊次郎	明治38年1月
38番地	金貸業　親交社	南助作	大正11年3月
41番地	染呉服	福居鎌一郎	明治32年頃

「金沢商工人名録」（大正13年4月29日発行）
に基づいて作成

42番地	米谷銀行		大正8年12月
43番地	紙及製紙原料卸小売	荒木次三郎	元禄時代
43番地	八百物商販売 菊一	菊井與作	先代前
十間町			
27番地	飲食物 松の寿し	鈴木重太郎	大正5年
30番地	八百物 三長	山本フサ	明治36年
31番地	飲食物 南亭	南與三右衛門	大正9年
33番地	旅館	八百嘉 八百玉	大正12年11月

38番地	石川県移出米同業組合		明治43年9月
44番地	醤油製造卸小売受酒陸軍兵器被服手入材料販売	林清次	大正8年
53番地	呉服卸	松田清兵衛	明治32年
61番地	呉服関東物卸	河合篤太郎	約60年前
下松原町			
49番地	土地建物仲介古物	阿部成一	明治41年

《近江町市場商店地図》

大正 12 年

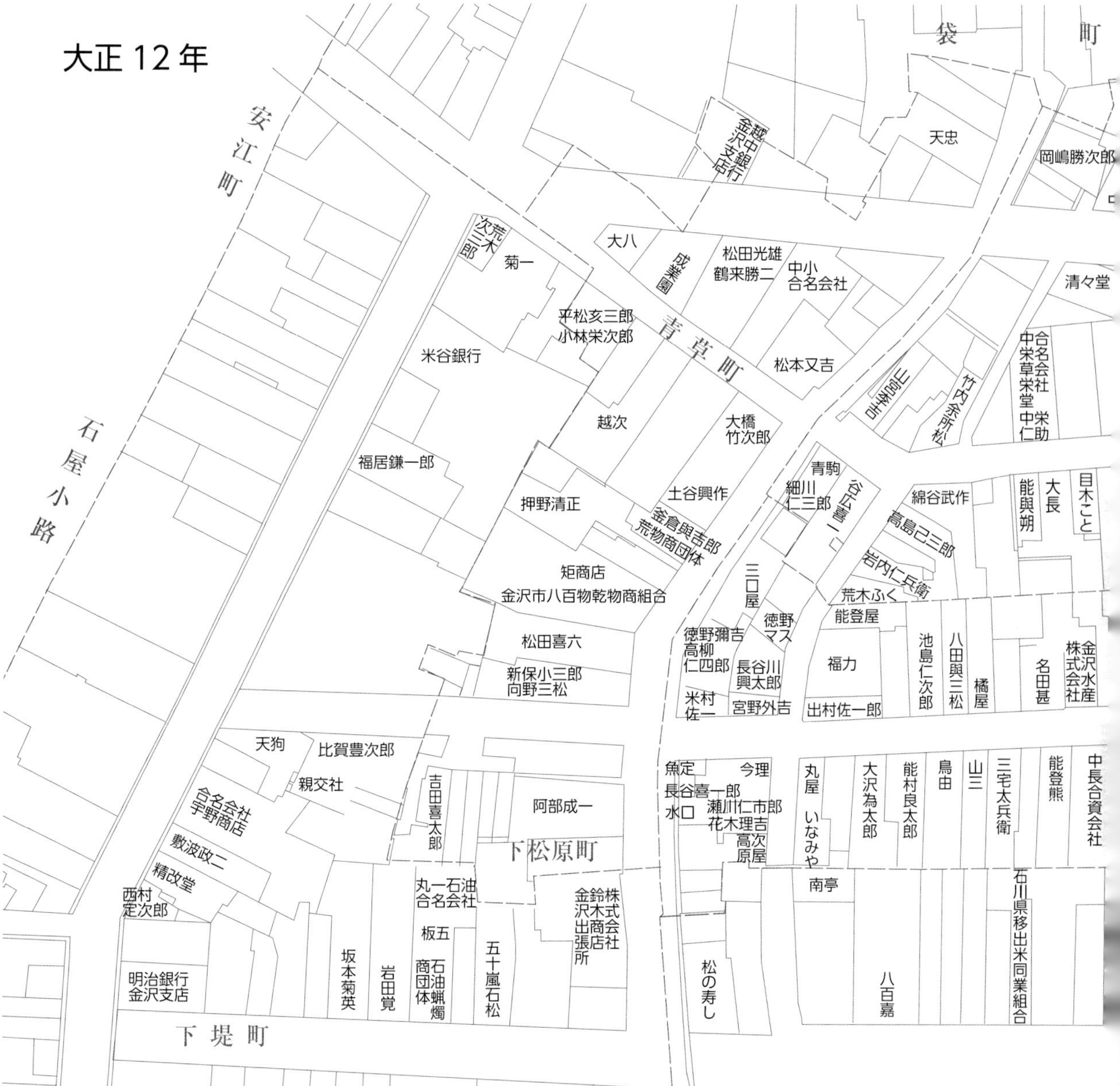

２　市場の人々の仕事

２５０年史の回顧編で、サンボン魚市株式会社専務取締役を務め、のちに石川中央魚市株式会社初代社長となる二木幸二郎（当時74歳）が大正時代を回想している。

（略）大正初期、その頃のサンボンは能沢栄太郎さんが大将で、問屋は二十軒ばかりあったと思う。（略）当時は魚も豊富に獲れて活発なもんだった。毎夜中一時頃から、荷車やリヤカー、天びんなどで魚がどんどん入ってくる。それが到着するたびに十帖位の大きな穴へおろして朝のせりまで一時冷蔵しておく。ゆっくりねむってなどおれなかった。穴はサンボンだけでも三つあった。深さ五、六㍍、大ざるにタラやカレイを五㌔位入れたものをつるべ縄で下へおろし天然氷をのせておく。これを朝、七時半頃の朝せりがはじまるまでにまた引き揚げる。こんな作業のくり返しで、着物なんかどべどべで身体中が生ぐさいもんだった。氷は冬の間に尾張町あたりから集めてきた雪をつめておいたものだ。

それから二、三年たつとせりを覚える。先輩がやっているのを見聞きした。〝せり十年〟といわれたものだが、売り手と買い手の正念場で、せりにも上手下手があって、上手な先輩がやると、やせた魚でもこえた魚になって見えるのが不思議なほどだった。（略）タイといえば折戸さんのカネゴのおやじさんはタイが好きでタイ専門。店は立派なタイが実にきれいに並んでいて、タイのないときは店を休んでしまう。山の原のカネゴのタイといえば有名なもんだった。（略）

（２５０年史　回顧編　二木幸二郎　当時74歳）

まだ冷蔵設備など普及していない頃、すでに埋め立てられてしまった近江町の「穴」に習って、各問屋には冬の期間に雪を貯える穴をこしらえていたとある。

二木は、大正８（１９１９）年に15歳でサンボン魚問屋に住み込みで奉公に出る。市場には女手がないため、母親に教わり、霜焼けで腫れ上がった手で毎日ご飯炊き、洗濯、掃除までこなしたという。この頃、勤め先が近江町だと話すと女性なら後退りしたほどの荒っぽさで鳴らした、魚市場はそんなイメージを持って見られていた時代だった。

二木と同世代で、のちに丸果石川中央青果株式会社２代社長となる河村誠忠（当時74歳）も、２５０年史の回顧編で大正期の青草辻市場を述懐している。

（略）私と近江町のかかわりは大正九年にさかのぼる。親戚筋にあたる土谷商店（カネイチ商店）へ奉公に入ったのが十六歳のときだった。当時は青果物の問屋といえば大八、松本、土谷、谷広、菊井、岡島、柚木といった店が青草辻市場の中心で、通称ヤマダイ市場は、朝早くからせりが行われ、非常に活気にみちていた。奉公初めの仕事は先輩が売買された品物を青草町や下近江町の家々の軒先を借りて宿《やど》をつくっている小売りの八百屋へ買い物を配達することで、天びん棒を肩に、じんべに、三巾の前掛けをし、ぞうりをはいて一生懸命働いたもんだ。（略）給金は住み込み食事付きで月八円だった。奉公人は五人いて四人が住み込んでいた。月に一回二十三日が公休日で、その日は米丸にあった実家へ帰るのが楽しみだった。（略）大正の後半より昭和の初めは景気の悪いときで月に一、五、十、十五、三十日の五回も集金に出た。それでも待ってくれといわれるといやとはいえなかった。半年に一度は石動、高岡、福井までも集金に行った。自転車を汽車の小荷物につけていき、現地では自転車でまわった。ズックの集金袋をさげていたね。その他の日も忙しかった。午前四時起き午後十時まで。晩は見本づくりをした。現在では等級や磨きなども産地でやってくるが、昔は見本づくりに相当の時間をかけたものだ。（略）マツタケのシーズンになると一本一本価値のあるように飾る。（略）みかんやりんごは拭いて車積みにして箱のふちから盛りあがったようにみせたり（略）

（２５０年史　回顧編　河村誠忠　当時74歳）

話の中に出てきた通称ヤマダイ市場の由来については、近江町市場の長老、古老に聞き取りを行ったが不詳だった。「金澤市青艸辻市場　松本長右衛門」の引札を見ると（業種は味噌醬油商）、山印に大の文字「ヤマダイ」の屋号が付いていたが、ヤマダイ市場とは、明治37年に官許を願い出た主要な人物の屋号に由来するのだろうか？

近江町市場の商圏は、すでに北陸3県にまでまたがっていたという。当時の仕事着や労働条件にも触れているが、長時間労働で休みは月に1回だけである。

屋号ヤマダイが付いた松本長右衛門の引札（金沢市立玉川図書館蔵）

青草町の青物問屋土谷商店に生まれ、18歳で向かい筋にあった同じく青物問屋の大八に嫁いだ生粋の近江町っ子を自認する大村みさおが、昔懐かしい金沢ことばを交えて大正時代の青草辻市場を、そしてその暮らしぶりを回顧する。

（略）辻は朝が早うござんした。毎日、夜中の十二時になるともう早、荷車に野菜を積んだ人らがきて、私らの家の前に縄を張って、道でそのまま明け方まで寝とるんです。ござでも敷いておったもんかね。家のしとみを開けるまでそうしとるわけで、子供心に道端のこんなとこでよう眠れるもんやーと何やら恐ろしい思いでみとりましたね。生家では両親と私ら兄弟姉妹十人、店の人七、八人が皆いっしょで賑やかなもんでした。辻の朝食はどこの家もおかゆと決まっていて、二升釜に一杯おかゆを炊いたもんで、御飯は前の晩、寝る前にわざわざ炊いておくんです。不時の出来事に備えるという意味と朝、すぐおかゆにできるということからだと思います。おかゆを食べるのは健康と倹約上からですかね。そのおかゆも〝百間堀あられ〟というて薄いもんで、その上、熱い熱いのを食べるのです。冷めたのはたくさん食べられるからやと思う。辻の人は代々猫舌だというのもその辺に原因があるんでしょう。辻には〝一椀の雑炊大晦《おおとし》日伸びる〟ということわざが生きとるようで、お菜は漬けものだけ。（略）父の与作は「これは欲でするのでない。いいもんはお客様にさしあげんといかん。ぜいたくをしてはいかん」と口ぐせにいっており、そのせいで私ら家のもんは、ネブカ売り赤葉―というのか、売り残ったものを大切に食べとりましたね。

（２５０年史　回顧編　大村みさお　当時75歳）

大正末期にあたる大正15（１９２６）年版「金沢商工人名録」をみると、下近江町36番地に「洋食　カフェミカド」を発見した。カフェ文化が花開き、最盛期には市内に80軒あったというカフェが近江町市場にもみられ、さすがに商売にかけては流行に聡い近江町である。

３　堀川市場と直江市場

「金沢市史」には、明治期末の魚問屋の中に個人集合市場として堀川市場と直江市場が記載されていた。

２５０年史の回顧編で廣瀬近廣堂が、魚市場にはマルイチ、ホリカワバ、イチジルシ、サンボンなどという魚問屋が並んでいたと昔を振り返っているが、その中の通称ホリカワバがこの堀川市場である。

野村喜一郎が大正15（１９２６）年10月に著した「金沢魚市場改善に関する顛末」（金沢市魚商組合発行）には、同12年と15年の金沢魚市場の実況として次のように記されている。

〈大正12年〉

鮮魚問屋

　魚市株式会社　丸市魚株式会社　金沢魚合資会社

堀川場（集合名称にして左の七名の個人経営）

　米村久太郎　南吉次郎　津田惣太郎　州崎源太郎

　中越他二郎　野田永次郎　元豊次郎

直江市場（集合名称にして左の四人の個人経営）

　直江政次郎　中川與太郎　木津善平　茂木茂三郎

独自経営　小林與三次郎

塩干問屋　金沢水産株式会社　瀧次商店（店主能沢長太郎）東惣兵衛

以上の魚市場経営者は金沢魚市場組合を組織し居れり、其従業人員は約百十名

〈大正15年〉

鮮魚問屋

魚市株式会社　丸市魚株式会社　金沢魚合資会社

中栄合資会社

堀川場（集合名称にして左の七名の個人経営）

米村久太郎　南吉次郎　津田惣太郎　州崎源太郎

中越他二郎　野田永次郎　元豊次郎

独立経営者　小林與三次郎　荒木理吉

四十物問屋　瀧次商店（能沢栄太郎）　東惣兵衛

以下は、魚市場において魚問屋で組織する「金沢市魚市場組合」の大正14（1925）年4月1日現在の組合員名簿の記録である。

魚市場

川　魚市株式会社　丸市魚株式会社

マル魚　金沢魚合資会社　マルヨ　小林与三次郎

堀川市場　清右衛門　山岸清右衛門　利平　村田理市

網屋　洲崎源太郎　米屋　米村久太郎

个　元豊次郎　与作　南吉次郎

六右衛門　津田惣太郎

直江市場　初三郎　直江初三郎　中栄　中川与太郎

木ノ捨　北川助太郎　モ　荒木茂三郎

四十物問屋　瀧次　能沢長太郎　仌　金沢水産株式会社

サ　東惣兵衛

「金沢魚商百年の風光」の記念座談会「明日のいしずえを築くために」に出席した石川中央魚市株式会社4代社長向井外喜男、ウロコ水産株式会社初代社長東川真佐夫が次のように語っている。

向井　近江町の魚市場は配給統制がきびしくなるにつれて、県一本の配給会社に統一されましたが、それまでは多くの問屋がありました。近江町の中で堀川場なども合同まであったと思います。

東川　堀川場というのは、戦前上近江町の一角、滝次商店と一印魚問屋の間にあった個人問屋グループです。統制の前までは米屋、吉南、六右衛門津田、个元、亽中越、網屋の六問屋がありました。これらの問屋は本宅を堀川角場東堀川、西堀川方面に構えていたことから堀川場とよばれるようになったのではないかと思います。ここだけは他の問屋と違って、水道がなく井戸ポンプで水を汲みあげていました。

これらの資料と「金沢商工人名録」の調査から、上近江町20～21番地に堀川市場の各問屋が、上近江町53番地には直江市場の各問屋（荒木茂三郎は「金沢商工人名録」大正15年版以降には、

上近江町33番地に魚鳥問屋荒木理吉と並んで掲載されている）が集まって営業していることが分かった。

堀川町の町名の由来は、藩政時代に宮腰（金石）、大野から浅野川の下安江まで河船を通すために堀川をつくった。または、浅野川の左岸を掘り開いたことによると伝わっている。

「皇国地誌　加賀国金沢区地誌　二」には、堀川揚地として「市街ノ西北堀川淵ノ上町ニアリ金石浦着船ノ物品及ヒ能登国産物多ク此地ニ揚ク○古時浅野川ノ下流甚浅ク泛濫常無キニヨリ寛永ノ頃開鑿疏通シ舟路ヲ便ニスト云フ」と記されている。

昭和15（1940）年2月22日付北陸毎日新聞朝刊の連載「銃後の町かがみ」には、「昔は魚の集散地　今は静かな住宅街」の見出しで西堀川町が次のように紹介されていた。

> （略）往昔下安江より、同町まで堀河を掘通したる関係上大野、粟ヶ崎より魚類が続続陸上げされ、そのため同町には大魚問屋が軒を連らねて今の近江町の魚市場の如き賑はひを呈してゐたもので、約二十年前まではまだ大網元も一、二軒残ってゐたが今は、その面影はさらになく当時の問屋の御主人たちは現在近江町魚市場の株主となって老後を同町に養つてゐるのである。

西堀川町にあった魚問屋が、おそらく明治期に近江町市場に移り一区画に集まって堀川市場と呼称したようだ。

直江市場については、浅野川下流域で大野川左岸の内陸部に位置して直江町がある。この町の歴史を調べても、堀川市場のようなケースは見当たらず、市場関係の長老古老の方々に直江市場について聞き取りを行ったが不詳であった。

明治時代の「市姫神社の祭礼」で、北國新聞明治31年9月9日付の記事を紹介した中に「魚会社内に於ける堀川初三郎の万歳、魚市会社内の素人浄瑠璃共に人気好かりき」という一節がある。

また、吉田源太郎の「回想録『過去ノ郷里ヲ追想シテ』（四）」では次のような人物が登場する。

> 初二郎ト云フハ堀川口ノ親分株デ、万歳ガ上手デ、当時名代ナ男デアッタ

新聞記事と回想録から、堀川初三郎と初二郎は同一人で、万歳が得意な名代の人物、屋号を初三郎と称する直江初三郎だと思量する。そして、回想録にはこの人物は堀川口の親分株とも書いている。

「金沢魚市場改善に関する顛末」での大正15年の鮮魚市場の中には、同市場の記載はみられなかったが、堀川から移ってきた魚問屋は2つのグループに分かれ、堀川市場（堀川場）とは別のもう1つのグループは堀川口の親分株である直江初三郎が取り仕切って、その人物名から直江市場と呼称し、同市場を構成していたのではないかと推考する。

画像で見る
明治大正期の近江町市場

明治44年12月24日付「北國新聞」朝刊
「魚市（近江町所見）」

「金沢勝地雙六」（金沢市立玉川図書館蔵）
で描かれた「魚市場」と「青物市場」

大正8年12月27日付「北國新聞」朝刊
「七五三飾りなど正月の用意に忙はし－青草辻」

大正8年12月19日付「北國新聞」朝刊。
「魚鑼る声々」

4 昭和戦前期

第一節　賑わいの一方で近江町争議

1　昭和2年の大雪

大正15（1926）年12月25日、大正天皇崩御によって元号は昭和となる。翌昭和2（1927）年2月、金沢は大雪に見舞われ、4月21日には近江町市場とは目と鼻の先の横安江町からの出火、彦三一帯を焼いた「彦三の大火」が起きる災害が続いた。

これは250年史にも掲載されている（75ページ上段）、昭和2（1927）年金沢での大雪の様子を写した絵葉書である。

この冬、金沢では明治26（1893）年、大正7（1918）年の大雪を超える測候所開設以来の最深積雪167センチを記録して、市内各所で家屋が倒壊、市内電車や北陸線も不通となり、学校は休校になった。

「大雪の金沢市街（青草市場）昭和二年一月」とキャプション

昭和２年２月　大雪の金沢（金沢市立玉川図書館蔵）

が入った絵葉書には、雪の中に埋もれて「金澤青草―」とまで判読できる、屋根の高さほどもあろう標柱らしきものが立っている。手前の案内板からは、「玉川警察□」「牛馬□車通行」「市場関係―」の文字が何とか読み取れるものの、あとは判読不能である。おそらく、ここから先へは市場関係者以外の牛馬及び諸車の通行を禁ずる旨を告げる玉川警察署が立てた案内板であろう。

この案内板と積もった雪とに隠れて、後方の標柱の全体が確認できないのだが、これまで見てきた白地に墨痕鮮やかな文字が映える標柱ではなく、文字の書体も違って見える。

立っている場所が特定できないかと、周囲に写った手掛かりになるものを探すと、絵葉書の中央右上に「―きよい下駄　小松商―」の看板が目に入った。隠れた文字は、「は」と「店」であり（250年史に掲載されている絵葉書には、「は」の文字は写っている）、これを頼りに調べると、大正12（1923）年10月に下近江町32番地で履物店を開業した小松松次郎にいきついた。

昭和２年２月　大雪の金沢（三田裕一氏蔵）

小松商店の場所は、下近江町通りを入って中程を過ぎる、現在の坂井ビル（北形青果中央店）になり、その斜め向かい辺りに標柱が立っていたことになる。昭和の初期には、前述した青草町、下堤町側に立つ2本の標柱のほかに、下近江町通りにもこのような標柱が立っていたのだろうか？

ところが、その後の調査で同年の大雪の写真にも、他所でこれと似た書体の同様な標識が立っている写真が出てきた。とすると、これは大雪の中で場所や位置を確認するために、目印として臨時に立てられた標識ではないか。

大雪の絵葉書にはもう1枚、雪に埋もれた魚市場で魚を商っている絵葉書もあった。まるで、雪を貯えたあの近江町の「穴」を連想させられるような写真である。

2　文豪泉鏡花と近江町市場

金沢三文豪の1人で浪漫と幻想の作家泉鏡花は、明治6（1873）年、下新町に生まれた。現在、鏡花の生家跡は「泉鏡花記念館」となっている。

鏡花は故郷である金沢を舞台とした数多くの作品を残している中で、昭和2（1927）年に発表した作品「卵塔場の天女」は、主人公の橘八郎が久しぶりに帰郷して立ち寄った近江町の魚市場から物語が始まる。

時雨に真青なのは蒼鱫《かわはぎ》魚の鰭である。形は小さいが三十

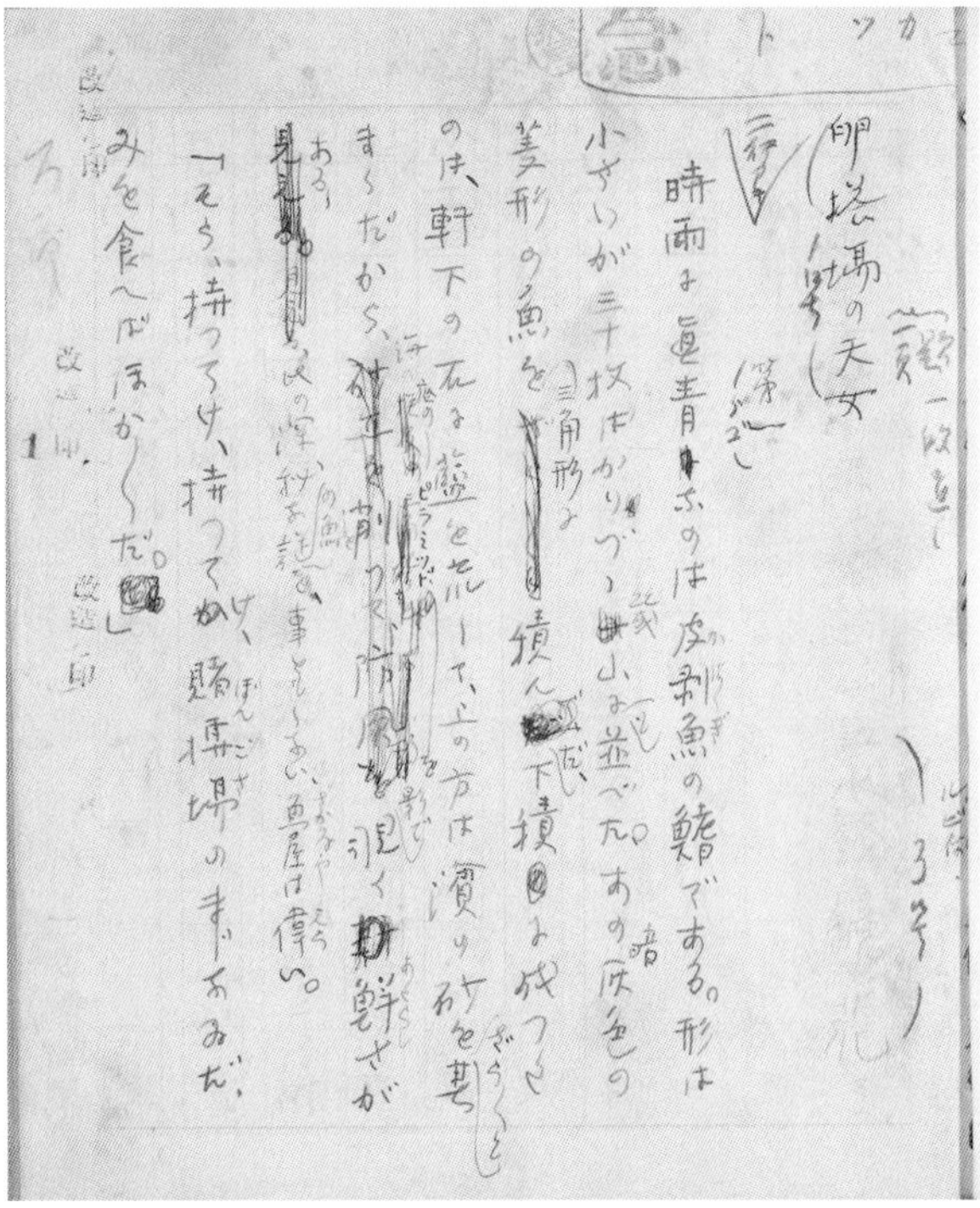

泉鏡花「卵塔場の天女」直筆原稿（慶應義塾図書館蔵）

枚ばかりづゝ、幾山にも並べた、あの暗灰色の菱形の魚を、三角形に積んで、下積になつたのは、軒下の石に藍を流して、上の方は、浜の砂をざら〳〵と其まゝだから、海の底のピラミッドを影で覗く鮮さがある。此の神秘らしい謎の魚を、事ともしない、魚屋は偉い。「そら、持ってけ、持ってけ。賭博場《ぼんござ》のまじなひだ。みを食へば暖《ほ》か〳〵だ。」と雨垂に笠も被らないで、一山づゝ十銭の付木札にして、喚いて居る。

このあとも魚市場の賑いが活き活きと描写され、威勢の良い売り声が綴られる。

「活きとるぞ、活きとるぞウ。」
「鯛だぞ、鯛だぞ、活きとるぞ、魚は塩とは限らんわい。醤油で、ほつかりと煮て食はつせえ、頬ぺたが落こちる。――一《ひと》ウ一《ひと》ウ、二《ふた》ア二《ふた》アそら二十よ。」
「七分ぢやー八分ぢやー一貫ぢやー、そら、お篝《かがり》ぢや、お祭りぢや、家も蔵も、持つてけ、背負つてけ。」
「こうばく蟹いらんかねえ、こうばく蟹買つとくなあ。」
「活きものだ。活きものだ。」

（泉鏡花「卵塔場の天女」より）

卵塔場とは墓場、墓地のことで、天女は羽衣の舞を演じる能楽師の橘八郎。八郎は、自身の芸の未熟さから菩提寺の墓前で一からの出直しを決意する。

市内を走る「金沢ふらっとバス」の武蔵ヶ辻・近江町市場バス停（材木ルート）には、鏡花の知られざる名作といわれる同作品の一節を紹介したプレート（「こうばく蟹いらんかねえ、こうばく蟹買っとくなあ。」）が設置されている。

鏡花の極端なほどの潔癖症は有名で、2階から落ちる埃が気になって天井には目張りを貼り、キセルには紙のキャップをかぶせ、常にアルコールを持ち歩いて消毒を怠らず、食べ物にはすべて熱を通して、酒の熱燗もグラグラと煮え立つまで飲まなかったというが、若い頃の鏡花はそうではなかったようだ。

金沢市在住で鏡花の研究家として知られ、平成26（2014）年に「泉鏡花　逝きし人の面影に」（梧桐書院）で泉鏡花記念金沢市民文学賞を受賞した小林弘子は、同書の中で鏡花が1個の生卵で3杯飯を平らげ、イカの生漬けの茶漬けで丼飯を食する暴食ぶりを紹介し、金沢の土地柄は住む人の味覚を肥やす反面、食品鮮度に対して頭から信用してかかるところがなきにしもあらず、金沢の風土と食物について鏡花の感覚の中でも、そのことはいっそう鮮やかで、金沢はつねに彼の内側を問い続けた母なる街であると同時に、若き日の健啖をよみがえらせる、ほろにがくなつかしい味覚の王土としてあり続けたことだろう―と書いている。

鏡花は幼い頃、久保市乙剣宮で遊び、9歳のときに亡くした母の墓がある卯辰山を聖なる地として仰ぎ続けたというが、生家からほど近い近江町市場には母に手を引かれて訪れた記憶もあるのではないか。そこで見たであろう賑いの市場での体験が作品につながり、母親への思慕とともに想い出す近江町市場は、鏡花にとって特別な空間であったのかもしれない。

平成21（2009）年11月22日には、完成したばかりの「近江町いちば館」近江町交流プラザで、泉鏡花研究会金沢大会「〈泉鏡花〉を解き明かす」が開催された。同大会は、鏡花没後70年を記念して泉鏡花記念館と泉鏡花研究会が共同で開いたもので、鏡花縁の地金沢の近江町に全国から約140人もの鏡花ファンが集い、日本近代浪漫主義文学の代表作家である鏡花の世界に触れ、鏡花を偲んだ。

3　古写真が伝える出し物の定番

市場史編纂作業の過程で、近江町市場商店街振興組合の事務所から、台紙付の古びた2枚の白黒写真が出てきた。古写真には説明やメモ書きなどはなかったが、近江町市場の人達が何かの行事に参加したときの記念写真のようである。

1枚は、両側に石垣が見える階段状の場所で、揃いの衣装を着けた大勢の子供達が整列し、右隅には大きな鯛の造り物の頭部が写っている。

もう1枚には、これまた多くの人達がいろんな扮装をまとい、前列にはイカやタコに仮装した人達が見え、「近江町」と判読できる旗が立っている。

大きな鯛の造り物と仮装行列とくれば、これは明治の3大祭りでの祝賀行事における近江町の出し物である。ところが、写真の台紙右下に目をやると、「S．Ｈａｒａ　原写真館　金沢公園下電停前　電三一二一番」とあり、兼六園下の電車停留所前の原写真館が撮影したもので、金沢で電車が開通したのは大正8（1919）年、となるとこの写真は明治時代のものではないということになる。

写真の中で何か手掛かりになるものがないかと目を凝らすと、仮装した人達が写る写真の左に「萬歳」とおぼしき文字が見える絢爛豪華な旗が目に付く。この旗は「萬歳旙《ばんざいばん》」といって、

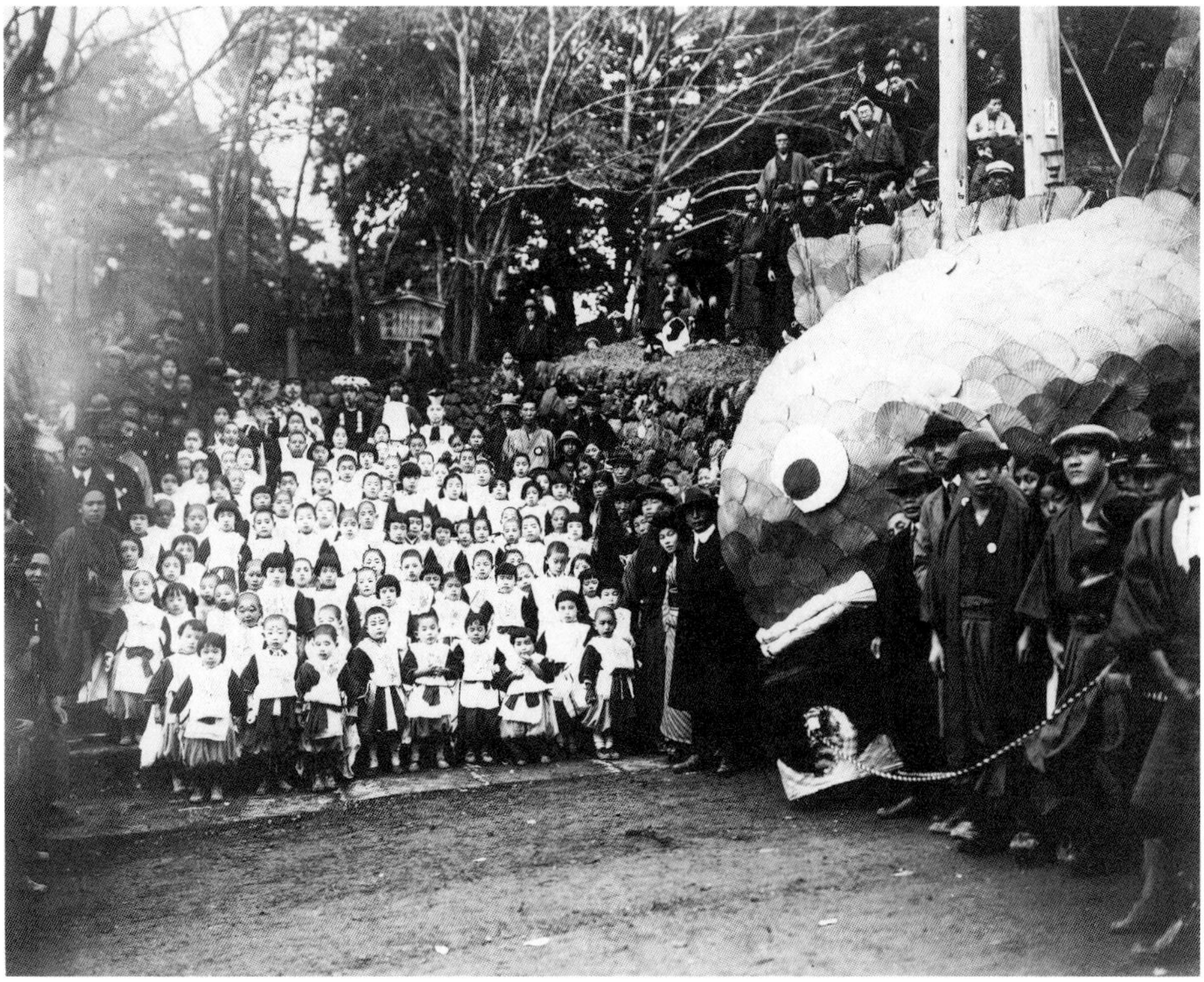

古写真①　団扇でこしらえた大きな鯛の造り物（右）と揃いの衣装の子供達

古写真②　イカ、タコ、奴に武者、力士などに扮装、「奉祝近江町」ののぼり旗、左には萬歳旛

天皇の即位礼や朝賀の式などに威儀をととのえるために用いられる旗であった。

昭和4（1929）年8月に出版された昭和天皇即位礼の写真集「御大典《ごたいてん》奉祝記念写真交名大鑑」のページを捲ると、鯛の造り物を引っ張る子供達の写真が目に飛び込んできた。さらに、イカ、タコに仮装した人達が踊っている写真もある。鯛も子供達の衣装も、イカ、タコも、台紙付古写真に写るそのものであり、2枚の写真は昭和天皇御大典時の記念写真だと判明した。

では、撮影された場所はどこだろう？

写真右上の木柱（電柱）の文字を拡大すると、「出羽町枝」と書かれてあった。NTT（テルウェル西日本）と北陸電力に確認してもらうと、これは電話線をつなげる時に取り付ける表示板で町名、幹、枝と書き記すという。

（上）大鯛を引く子供達が電車通りを行く

（下）イカ、タコが踊る仮装行列（御大典奉祝記念写真交名大鑑より）

写真に写る、石垣に挟まれた階段状で後方に木々が見える場所は、広坂を上っていく途中の左側にある、兼六園に入る川口門（現在は閉鎖されている）と酷似している。金沢市は昭和38（1963）年から住居表示改正を実施、現在川口門が所在する兼六町の旧町名を調べると同所は出羽1番丁だったことを確認した。

さらに当時の新聞記事を調べると、11月12日に近江町の仮装行列、同10日には魚市場の旗行列が行われるとあった。

以上の調査の結果、2枚の台紙付古写真は、昭和3（1928）年11月12日の昭和天皇御大典奉祝行事における、兼六園川口門で撮影された記念写真であるとの結論にたどりついた。

その後の調査によって、石丸家から自宅前（上近江町33番地ノ1）で行列に参加した幼児と一緒に、衣装姿で撮影した石丸清子11歳の頃の写真が発見された。同家の玄関の外灯、軒下には祝いの幔幕が張られ、「奉祝」と書いた提灯が下がっているのが見える。

こうして一件落着となったところで、では大正天皇の御大典には近江町はどんな出し物で祝ったのだろうかという疑問が沸いてきた。

北國新聞大正4（1915）年11月17日付朝刊には、御大典奉祝行事に関する次のような掲載記事があった。

自宅前で衣装姿の記念撮影（石丸学氏蔵）

▲恵比須行列　両近江町にては先頭に造り物の屋台を曳き囃子立てつつ種々の仮装行列をなし本社前（北國新聞社）に於いて「ずぼらん」を踊れるが差手引手も鮮やかにて観者を驚かしたり次いでは男女の子供達が一様に恵比須の仮装をなし手に、笹を持ちて行列を整へ渋団扇にて巧みに造れる大鯛を引き行けるは芽出度いといふ意味もあり時に取つての好趣向なりき

まさに昭和３（１９２８）年の御大典時の出し物と合致し、笹を手に持つ子供達の衣装は恵比須さんで〝大鯛の造り物と仮装行列〟が、これぞ近江町市場の出し物の定番だったことが改めて確認された。

４　三越百貨店が金沢進出

青草町で果実の仲卸業を営んでいた小林栄次郎（当時76歳）が、250年史の回顧編で昭和初期の市場を述懐する。

（略）当時、松本、カネイチ、谷広、大八などが主力問屋で果物専門の仲買いは二、三人しかおらず、穏便な暮らしやったが、大金がもうかるというわけでもなかった。全部掛け売りで、集金に行ってももらえん。半金もくれりゃいい方だった。しょせんは口銭とりで夏みかん、桃、すいか、なし、りんごが取り引きの主なもんで西洋だねというたバナナなどは特殊なもんで大八、谷広が扱っていた。（略）今の武蔵ヶ辻公園の角に大八、むかいに荒木、菊井、平松屋さんらがあり、わしらみたいなまたぎ共はその前方に集まって商いをしとった。卸問屋、仲買いは朝五時か六時頃からの商いで、荷車がずらっと並んで、とにかくカネイチさんあたりの立町は十時頃までがすごいにぎわいであとはからっと静かになり、横町の小売りや小間物の越治《えつじ》さんや中小さんらには、そのあとにお客がきてにぎやかになるわけや。（略）

（250年史　回顧編　小林栄次郎　当時76歳）

穏便な暮らしやったと話した近江町市場に、金沢を揺るがす一大事が襲う。

昭和５（１９３０）年11月15日、近江町市場と道路を挟んだ向かい側の青草町34番地ノ３に、林屋亀次郎（商工会議所会頭、参議院議員、国務大臣を歴任、金沢市名誉市民）が招致した「三越百貨店金沢店」が開業する。

既に片町には、大正12（1923）年10月15日に開店した金沢初の百貨店「宮市百貨店」（現大和）が営業を行っていた。同百貨店は、井村徳三郎が京都大丸と提携して創業し、昭和5（1930）年8月に「宮市大丸」と改称する。

東京の三越呉服店を前身とする日本初の百貨店三越が金沢に出店する噂が広まると、呉服卸小売商組合が中心となった市内の各卸小売業者による進出阻止運動が展開され、大きな波紋が広がる。

こうして迎えたオープン初日は、午前9時の開店に8時頃から市民が押し掛け、当日は東別院の報恩講とも重なって、武蔵ヶ辻一帯は交通整理の巡査が出動するほどの人波で溢れ、百貨店は5万人を超える入場者に満員札止めを幾度も繰り返す盛況が夜まで続いた。

昭和4（1929）年に、三越百貨店のすぐ隣に所在した旧下近江町72番地（市姫通りに面して袋町に抜ける角）の青果問屋に生まれ、青草町で育った岡嶋忠雄（丸果石川中央青果株式会社5代社長）に同百貨店について尋ねたところ、「幼い頃のことで分からないが、食料品が主体の近江町市場にとって、百貨店とは扱う商品が違い、そんなに脅威とはならなかったのではないか」という答えが返ってきた。

事実、当初は三越百貨店進出に反対運動が起きたが、三越の集客が周辺の商店、商店街にも流れる現象を目にした商店主達は多いに気を良くしたという。

おそらく対面する近江町市場にも来場者が増え、相乗効果が働いて互いの売上増加につながったのではないかと推考する。

昭和初期に武蔵ヶ辻付近を撮影した写真では、2本に増えてそびえ立つ市場の標柱について、まるで買い物に訪れるお客様を出迎えてくれているようだと書いたが、2本の標柱は三越の集客の呼び込みを図った戦略だったのかもしれない。

しかし、高級な都会的センスの商品を取り揃える三越に対して、一般大衆向け志向の宮市大丸との商戦は5年で三越百貨店が閉店に追い込まれ（昭和10年8月25日）、三越は金沢を撤退し、その後9月1日からは「丸越百貨店」として営業が再スタートされた。

5　魚騒動「第2次近江町争議」

三越ショックで揺れ動いたあと、またもや近江町市場は騒然となる。魚騒動の火の手が再び上がったのである。

小売側「金沢市魚商組合」と卸側「金沢魚市場組合」との3年毎における相互契約の更新を控え、卸側は経営難を訴え昭和7（1932）年9月8日付で小売側に対して0・5%の支払保証準備金の撤廃か、小売側に対する4万円の売掛金支払要求を記した内容証明付郵便を送付する。卸側は、共同積立金とある以上は卸小売共同のものであると主張し、ここに第2次近江町争議が再燃する。

卸側、小売側双方は譲らず、意見は対立して睨み合いが続き、数回にわたって持たれた交渉も物別れに終わる。争議が長引き小売側の結束に乱れが生じ離脱者も現れる中で、両者はついに12月1日から市内各所において廉売合戦を展開したのである。約2週間続いた採算を度返しした安売りで、双方が被った損害額は卸側が1万3千円、小売側が3万5千円に達した。

こうした動きは連日新聞で大々的に報道され、金沢市、金沢

北國新聞

突立ち上つた魚合戦

矢は放たれ

勇みの双肌脱ぐ　負けじ魂の投賣り

玉川署長の調停も決裂

今朝一齊に火蓋を切る

明治屋横の各商店　續々問屋へ加擔

市民に迷惑かけぬ

野村老

飽迄やる―と　自ら陣頭に立つ

近江町相場で　街頭を賑はそう

大料理屋で　大量の買占め

魚類は　各方面から　豐富に仕入る

戰備全く整ふ

勢ひ立つ兩者の本陣を覗く

大量の魚が　今朝躍り込むぞ

威勢のいゝ魚商組合

飽迄頑張つて　一泡吹かすぞ！

問屋側の凄い意氣

今日を前に昨夜の物々しさ

一昨夜柿木畠で　釣錢を強奪逃走

決裂

魚騒動「第2次近江町争議」を大きく報じる北國新聞紙面（昭和7年12月1日付朝刊）

商工会議所、玉川警察署、料理屋組合が次々に調停に乗り出すのだが事態は容易に変わらず、泥沼の様相を呈する争議に12月10日午後3時から金沢市役所において行われた市長、商工会議所会頭、玉川警察署長に加えて2人の料理屋組合の有力者の徹夜による話し合いも功を奏さなかった。

しかし、料理屋組合の大友佐一、鍔甚平の和解工作はその後も辛抱強く精力的に続けられ、暮れも押し詰まろうとする21日からの大詰めの交渉の結果、23日夜に両者の見解が統一点に達し、共同積立金については、小売側は将来中央卸売市場が開設されるあかつきには保証金にあてること。昭和7（1932）年12月1日から一カ年に限り支払保証準備金を0・25％とし、その後は市場の状況により改訂する。魚商組合からの離脱組合員の復帰と不買同盟撤廃、問屋側直売所の閉鎖と提訴取り下げ、争議で生じた損害は双方で負担するということで妥結し、翌24日金沢市役所市長室において市長をはじめ調停人の立合いの下に両者の調印が執り行われた。

25日には、双方の関係者80余人が寺町の「つば甚」に集まっ

て手打ち式が行われ、全市民が注視する中、魚騒動「近江町争議」はようやく解決したのである。

なお、支払保証準備金の積立は、その後戦時体制の強化から問屋が配給会社となり、魚商組合も統制組合に改組され、次第に自然消滅となっていった。

「金沢魚商百年の風光」で、二木幸二郎（当時のサンボン魚市株式会社専務取締役）は「第二次近江町争議の原動力は私」と題した寄稿文を綴り、私があのとき野村さんの言をそのまま受け取っておれば、あのような大争議にならなかったかもしれない。いわば私が争議の原動力を作ったようなものだ―と回想している。

契約更新にあたって召集された問屋側に、タイプ印刷した書類を提示して押印を迫る野村喜一郎組合長に、相互契約第6条にある共同積立金については解釈上疑義があるとして調印を拒む二木専務、第2次近江町争議の火蓋が切って落とされた瞬間であった。

近江町で魚屋を営んでいたカネゴ折戸広吉（当時71歳）の一番の思い出は、近江町争議だったという。250年史の回顧編から抜粋する。

（略）私の五十六年の近江町暮らしで一番思い出に残っとるのが大正十五年の魚争議やね。野村喜一郎が組合長やった金沢魚商業組合と卸売側の金沢魚市場組合（組合長能沢栄太郎）の間で、歩もどし金をめぐってのいさかいで結局話し合いがつかず、金沢市の魚屋が野村喜一郎を中心に一印魚問屋をこしらえ市場から魚を買わん。漁業者から直接買うことにした。私ら近江町の中の魚屋は、魚商業組合の役員数人以外は三、四十人が皆問屋側のサンボンについた。（略）結局、近江町の魚屋も二つにわかれてしまった。そして問屋側は問屋側で若いもんを皆町の各連区へ出して直接廉売場をこしらえた。両方とも大安売りの直売をやったわけや。二貫以上のピカピカのブリが一円八十銭やった。（略）私ら魚屋でありながら市内の魚屋と対抗したわけや。（略）争議は暮になって問屋側が魚商業組合の提案を呑んでようやく解決した。（略）

（250年史　回顧編　折戸広吉　当時71歳）

第二節　芸術活動や地域組織

1　青江会が昭和5年に発足

大正15（1926）年に始まった「大国まつり」（大国祭）は、以降毎年10月23日に開催されてきた。記録をみると、同まつりは大正15年から昭和15（1940）年まで連続して毎年開催され、その後17年も実施したことになっている（16年は確認できず）。

戦時色が強まり統制経済も相まって、まつりの規模を縮小したり、神事だけを執り行った年もあったのだろうか。

同まつりには、余興として市場内や魚問屋の庭に仮舞台を設えて浄瑠璃、万歳が上演され、盆栽の展示会なども行われてきたが、昭和5（1930）年から新趣向が加わる。

乾物商カネウロコ矩繁命店主（2代目）は、市場で働く人達の美術愛好家を募って「青江会《せいこうかい》」を主宰し、同店を開放して催す展覧会「大国祭青江展」を企画する。

会の名称は青草辻の「青」に近江町の「江」の1文字ずつを取って、「青江会」と読んで名付けられた。女性向きともいう企画だったが、これを機に矩会長自らも仕事の傍ら趣味として絵画を習い始める。

昭和5年を第1回として開催した青江展は、同11（1936）年まで毎年開かれ7回を数えたが、前述のように時局は戦時に傾き、昭和17（1942）年に第8回を開いたものの、その後は中止を余儀なくされる。

最も盛んだったという第5回（昭和9年）当時の青江会の構成を以下に記す。

会長	矩繁命
同人	松本清子（青草町）　荒木清子（下近江町） 大芳枝（上近江町）　板垣外志子（下堤町） 土谷豊子（青草町）　岡島好子（下近江町） 柏野くに子（青草町）　土谷広子 矩外亀（青草町）　金森喜作
審査員	
八田一路	洋画　本名慎一　明治41（1908）年、金沢市に生まれる。昭和5（1930）年の第12回二科展に初入選。以後16回まで連続入選
原田太致	日本画　本名太一　太乙、太乙荘とも号す。明治39（1906）年、金沢市新竪町に生まれる。昭和21（1946）年の第1回日展に入選
市川昌徳	小将町中学校教諭
相川松瑞	日本画　本名蔵太、自然とも号す。明治27（1894）年、金沢市油車に生まれる。父は木彫家の相川松濤。大正3（1914）年の第8回文展に初入選してデビュー、同11年には前田家より大徳寺の塔頭芳春院の什物「文殊菩薩」の臨模の依頼を受けて献上する
高光一也	洋画　明治40（1907）年、金沢市北間に生まれる。第16回二科展、第13回帝展、第20回光風会に初入選。金沢美術工芸専門学校（金沢美術工芸大学）名誉教授。昭和54（1979）年日本芸術院会員。61（1986）年文化功労者に選ばれる
高杉正実（満紗彌）	洋画
中村晧	石川県を代表する洋画家。明治10年頃（不詳）金沢に生まれる。風景画を残す
土田実	彫刻　明治39（1906）年、金沢市長土塀に生まれる。北村西望に師事。第13回二科展初入選。二科会彫刻部の草分け的存在

正木道子	
森豊一	彫刻
越田勝治	日本画　承秋と称する。明治38（1905）年、金沢市に生まれ、地方画壇の重鎮として活躍
吉岡吉太郎	
安井雪光	日本画　本名厚。明治20（1887）年、金沢市本多町に生まれる。花鳥画を得意とした
新納琢川	洋画　本名豊次。明治28（1895）年、金沢市に生まれる。大正から昭和にかけて石川県の洋画発展に貢献
田辺栄次郎	洋画　明治43（1910）年、羽咋郡押水町に生まれる。昭和12（1937）年の第24回二科展に初入選
小松砂丘	日本画　本名為一。別に古越野人と雅号。明治29（1896）年珠洲郡上戸村に生まれる。独自な俳画、俳諧を開拓、自由奔放に描いた

矩家には、「昭和九年　大国祭記念揮毫」の掛け軸が残されていた（グラビア46ページ）。審査員に名を連ねる美術家達が大国祭を記念し、市場に因んでそれぞれに秋の季節の野菜、果物の絵を持ち回りで一気に分かち描きして雅号を記した「席画《せきが》」（集会、客のある席上などで注文に応じて即席に描く絵）である。

「あけび」は松瑞（相川松瑞）、「わさび」は雪光（安井雪光）、「唐辛子」は太致（原田太致）、「ざくろ」は一路（八田一路）、「いちじく」は栄次郎（田辺栄次郎）で自身の出身地である押水の特産物を描く。

「りんご」の雅号は清子だが、同人には2人の清子（松本と荒木）がいるのでどちらかは不詳。「きゅうり」は勝治（越田勝治）、「なす」は松堂（矩繁命）、「かぶら」は梅光（繁命の妻外亀）。梅光は昭和20（1945）年10月の第1回現代美術展に入選する。

ほか、「栗」は満紗彌（高杉正実）、「くわい」は昌徳（市川昌徳）、「里芋」は喜作（金森喜作）、「松茸」は吉生、「人参」は潤、「ぶどう」は草聲、「びわ」は俵岳。

昭和9年開催の「青江展」（10月23日撮影）。人物画、風景画、児童画など多くの作品の展示が見られる

雅号しか分からなかった作品もあるが、当時の画壇で活躍した美術家達の手による貴重な掛け軸だ。

写真は、席画掛け軸が描かれた同年の「青江展」での一コマで、裏面に「S9 10 23」とメモ書きが残る。歌舞伎役者、花魁姿らしき人物画や静物画、風景画、児童画など多くの作品が展示されている。

２　近江町を核に広まる文人人脈

昭和８（１９３３）年に撮影された青江展会場での矩会長を囲んだ記念写真が残っている。前列左から３人目が矩会長、その左は相川松瑞、右が原田太致、その右隣が中村皓、中列左端で微笑む人物が軽妙洒脱な人柄から「金沢最後の文人墨客」と慕われた小松砂丘である。大人砂丘は、青江展の来館者の求めに応じて即興で絵を描き、それに俳句を添えて渡した数は優に１００を超したという。

その右横は新納琢川、後列左から２人目が矩外亀、その右は下近江町の荒木荒物店女主人の荒木清子、２５０年史の回顧編では荒木きよ（本名）の名前で登場する。そのまた右隣は松本清子―

そして、前列の右から2人目のネクタイ、スーツ姿で口髭の人物は、木町（東山1丁目）の真宗大谷派超願寺住職で市議会議員の和田貢、和田は昭和13（１９３８）年９月８日に44歳の若さで急逝する。矩とは相川松瑞を介しての親交だったようだ（同寺は額新町に移転）。

錚々たる美術家の中にあって、市議会議員もいるこれらの人物が、矩会長を、青江会をバックアップする人達である。

左隅には掛け軸が見え、上部には「青江会賞作品」を受賞した作品が飾られている。右奥では展示された絵画を鑑賞する人達、「御自由にお上がりください」と書いた張り紙があり、会場は2階にも設けられた矩会長自身が経営するカネウロコ商店内で撮影された記念の写真である。

昭和17（１９４２）年11月1日付の北國毎日新聞朝刊に戦時下で中断される、最後となった第８回「青江展」の記事が掲載されていた。

「あにい連の力作」「市場を飾る青江展」

（略）大国祭協賛の第八回青江展は三十一日より市場内のカネウロコ乾物店を会場に蓋をあけた。この展覧会は青草町と近江町の両市場人が二十万市民の台所をまかなふめまぐるしい日夜の活動のかたはらに製作した洋画、日本画、印画から手芸品など約百点を出陳したもので珍しい市場人の趣味展である

このほかに一流画家の賛助出品や隠れた趣味人であつた故金森喜岷翁の遺作に児童の作品もならべたにぎやかさで市場の兄哥さんたちや買出しの婦人たちが踵をつらねそのなかに田上博士や小松砂丘氏らの顔も見えてゐた

（昭和17年11月1日付　北國毎日新聞朝刊）

記事中の田上博士とは、旧殿町（尾張町1丁目）の田上病院医院長田上初雄医学博士だと思われる。大樋焼のアマチュア展に入賞するほどの腕前だった田上は、矩会長とは親交が深かったようだ。

記事によると、画壇の一流画家の作品も展示され、市場の一

昭和８年「青江展」　矩会長を囲む記念写真　カネウロコ商店にて

角に美術館が出現したような本格的な展覧会といえるもので、子供達の作品も飾られたとある。

現在、近江町市場で毎年夏に開催している、市場を丸ごと美術館にする「ちびっこ絵画コンクール」のルーツをここにみることができる。

写真や掛け軸、新聞記事からは、青江会がいかに強力な布陣で支えられ、矩会長を取り巻く人脈がいかに広範囲にわたっていたかが伝わってくる。市場と美術という異なるジャンルのマッチングから構築された矩のネットワークである。

また、彫刻家で金沢美術工芸大学教授（のち名誉教授）の矩幸成は、矩会長の義弟にあたる。幸成の作品「浄」（「エムザ」前）、「萬生如意」（「かなざわはこまち」前）、「岬」（「むさし西」信号機付近）が現在武蔵ヶ辻の3カ所に設置されてある。

近江町市場商店街振興組合第4代理事長成瀬清次（成瀬種苗店々主）が、「むさし　限りなき未来に向けて」（武蔵活性化協議会刊　平成5年3月31日発行）のインタビューで、近江町市場を次のように語っている。

（略）大正15年10月23日（アスファルト）舗装完成を記念して大国まつりを催し、以後毎年盛大にやりましたね。その日は店は休み。祭りをダシに商売をやろうなんてそんなみみっちい根性はなかった。朝、神前で祝詞をあげ、お祓いがすむと、ある問屋では浄瑠璃が始まる。また別の問屋では吹き寄せ（演芸）大会が行われる。また一方では絵の展示などがある。さまざまな芸能・文化的な行事を催し、それを楽しみに多くの市民が訪れました。

次のような回顧もある。

（略）昔から近江町といえば、見識の高いところで、尾山クラブへ興業にきた役者連は、かごに乗ってふれ歩きする際、一番先に近江町へ挨拶にきたとか聞いている。（略）

（250年史　回顧編　紙谷栄次郎　当時71歳）

（略）今の美術倶楽部のところは〝しゅうらく〟という筋の良い料理屋があって殿様が一杯飲みにこられたと父親から聞いたことがある。明治時代には古道具のせり市場になっていいなり講といっていたようだ。（略）

（250年史　回顧編　廣瀬近廣堂）

こうした史実や証言から、金沢の高い食文化を支え続け、300年の歴史と伝統を誇る近江町市場は浄瑠璃、万歳、大行燈絵、青江会など文化的、芸術的な側面も合わせ持っていたのである。

３　町　会

町会（町内会）の起源は藩政時代にまでさかのぼるともいわれるが、明治22（1889）年の市制施行後、各町会がそれぞれに立ち上げられ始めた。

「金沢市史　通史編３　近代」896ページの「年代別町会設立数」によると、町会の発足年で突出して多いのは、各町あげた祝賀行事への取り組みや参加が図られた、皇室行事の開催年にあたる明治42（1909）年の皇太子行啓、大正４（1915）年の大正天皇御大典、昭和３（1928）年の昭和天皇御大典だとされる。

近江町市場の一画には、青草町町会、上近江町町会、下近江町町会、市姫会の各町会が組織されていた。４町会それぞれに町会旗を持ち、現在に伝わっている（グラビア48ページ）。

青草町町会　発足は大正時代中頃とされている。同町会は大正末期以降、大国会とも称した。

昭和15（1940）年当時の戸数は20余戸、役員は

町会長　大村彌三郎（バナナ問屋）

幹事　中村初雄（化粧品卸）　菊井與作（八百物商）　矩繁命（乾物商）　土谷與作（八百物商）

顧問　松岡喜六（前町会長、菓子砂糖商）

同町会の商店、問屋は次の通り。

民谷下履商店　城力魚店　松岡商店（砂糖菓子）　カネウロコ矩商店　押野八百物店　紙安魚店　土谷生果問屋　谷口乾物生果問屋　岡嶋友作商店（八百物問屋）　平松商店　菊井生果問屋　大八青果問屋　成瀬種苗問屋　青駒商店　柚木八百物問屋　松本青果問屋　酒井八百物問屋　中野運送店　中小小間物化粧品問屋　村井薬化粧品雑貨問屋

上近江町町会　明治30年代にはすでに誕生し、それが昭和の初期にさらなる組織化が図られる。正確な町会発足年は不詳だが、おそらく昭和3（1928）年の御大典の年と推測する。戦前までの歴代町会長は、初代野村喜一郎、2代能沢栄太郎、3代今越甚吉が務めた。

昭和15（1940）年当時の戸数は57戸、役員は

町会長　今越甚吉（塩干問屋）

副会長　徳野弥吉（荒物商）

幹事　室七雄（絹布問屋）　金谷辰次郎（酒商）　能沢栄一（鮮魚問屋）　三宅清七（下履歯卸）　福升茂雄（飲食店）　石丸一太郎（柚皮製造）

顧問　大野圓六（鮮魚野菜卸）　能沢栄太郎（鮮魚問屋）

同町会の商店、問屋等は次の通り。

石川県底曳網漁業組合事務所　廣瀬近廣堂（彫刻印刷）　達磨商会（薬種売業）　松田綿布卸商　大野圓六商店　金谷商店（酒小売商）　金沢水産信用購買利用組合　金沢魚商組合事務所　丸市魚株式会社　東宗兵衛問屋（塩干）　能沢栄太郎鮮魚問屋　米村久太郎鮮魚問屋　南吉次郎鮮魚問屋　津田惣太郎鮮魚問屋　元豊次郎鮮魚問屋　中越他二郎魚問屋　一印鮮魚問屋　瀬川塩干佃煮問屋　能登熊蒲鉾商　三宅下履歯卸問屋　則竹鶏肉商店　三久飲食店　大澤商店（藤五郎煎餅本舗酒小売商）　丸井蒲鉾商　浅井古着店　大長魚商店　高島魚商店　藤村果実商店　林菓子店　加藤塩干小売商店　石丸商店（柚皮製造）　原魚店　米村佐一魚店　沖津塩干食料品店　徳野商店（雑貨荒物）　高柳菓子店　宮田蒲鉾商　山成海産物問屋　福力飲食店　長谷川八百物店　能登屋蒲鉾店　能登與蒲鉾店　池島麩店　宮野魚商　木村塩干問屋　橋屋蒲鉾商　今利塩干問屋　日本水産販売所塩干部　同鮮魚部　丸魚合資会社鮮魚問屋　サンボン魚市株式会社鮮魚部　金沢美術倶楽部　室絹布問屋

下近江町町会　発足は、昭和9年頃とされている。

昭和15（1940）年当時の戸数は50余戸、役員は

町会長　中栄二助（薬種問屋）

会計　戸田文次郎（魚鳥四十物商）

幹事　大長次（魚商）　岩内與一（蒲鉾商）　吉田長久（加登長総本店）

同町会の商店、問屋等は次の通り。

永野花籠商　高橋東洋堂出張所（アイデアル化粧料）　林兼商店金沢出張所　坂文商店（煙草小売古綿打直電球取換）　平寿骨董店　山一事中村和吉郎商店（学生帽子メリヤス卸問屋）　能島木箱製造店　高畠茶舗　藤廼湯　藤廼井（鍋会席料理）　黒川豆腐店　角一事宝屋雑貨卸店　谷蒲鉾店　北長卸商（落花生製造）　大長魚店　能與作商店（折箱）　塩谷八百物店　岩内蒲鉾店　荒木籠荒物商　七尾坂東塩物出張所　藤沢飲食店　藤田飲食店　柚木生果野菜問屋　青駒支店小売部　山宮

雑穀店　中小小間物店　本折屋蒲鉾店　竹内荒物商　赤崎折箱製造　中栄草栄堂（薬種問屋）　赤井商店（和洋家具塗装）目木商店（荒物割箸曲物諸師）　浅川看板店　井村理髪店　立野食料品店　南布海苔店　戸田魚鳥四十物店　喜楽撞球場加登長総本店　日本水産物販売所　布海苔売場

市姫会　市姫通りを中心として、通りを挟んだ両側の下近江町、博労町、青草町、袋町の各一部で組織され、昭和3（1928）年に加登長総本店々主の吉田太郎吉ほか町の有力者が主唱して当時戸数20余戸で発足した。

昭和15（1940）年当時の戸数は40余戸、役員は

町会長　吉田長久（加登長総本店）

会計　不室勇作（麩商）

幹事　中島清次（味噌商）　中村初雄（化粧品卸）　上蓑正（呉服商）　沢井勇次郎（花商）

顧問　林屋亀次郎（丸越百貨店）　高橋銀一郎（家具商）　柿本市太郎（八百物商）　大和田銀行金沢支店　柿本八百物店　高橋家具店　加藤歯科院　沢井百花堂（花環花束徽章造花装飾洋品一式）　加登長総本店　北陸絹布商会　布海苔問屋　合名会社南商店　立野食料品製造商　中山自転車店　助六茶屋　報知新聞販売支局　志村歯科医院　新愛知新聞金沢販売部　中谷燃料商　加賀谷油店　中小小間物店　たからや（陶器部手芸洋品部文化洋裁学園）　丸越デパート　青駒（大衆食堂純喫茶）　成瀬種商　大八商店（バナナ問屋）

（北陸毎日新聞朝刊　連載「銃後の町かゞみ」　昭和15年4～5月調べ。記事掲載の商店名などはできる限り確認した）

現在、市姫会と下近江町町会は1つになり、町会によると対外的には下近江町町会、町内会内部では市姫会と2つの町会名を使い分けているそうだが、いつ頃、どういった経緯で統合されたかは不詳。

考えられることに、市姫会は4つの町会の寄合所帯で、それぞれが所属する自町会が別にあること、4町の中でも市姫神社の氏子であり、同会の核となる下近江町での氏子数の減少があげられよう。

同神社の横江義雄宮司は、250年史の回顧編で「市姫神社今昔」と題して移り変わった歳月を次のように振り返っている。

（略）私がこの宮社へきた昭和三十四年頃は二百軒あった氏子が今や六十軒に減ってしまった。都市化が進むとドーナツ現象がおきるのは最近の日本中の傾向だが御多分にもれずここでも人々は郊外へ去り、神社だけがとり残されてしまった。しかし有り難いことに残った六十軒の氏子の敬神の念は非常に強く、三年前の四十九年には小さいながらも立派な社務所を新築し、昔と変わらぬ愛情で接してくれている。（略）昔日のにぎわいが消えても市場の土地の神

様としての存在意義も強く、誇りもまた高い。住む人々に幸あれかしと念じながら静かに推移をみつめているのである。

（250年史　回顧編　横江義雄）

明治時代で「中六屋」中島清次も述懐しているように、市姫神社の界隈の様子は相当様変わりしているとともに、氏子数も大きく減少している。現在、市姫神社の氏子数は50を切るほどで、市姫会とも称する下近江町町会の世帯数は7世帯、上近江町町会は10世帯である（令和2年4月1日現在、金沢市町会連合会調べ）。

近江町市場における各町会の役員人事をみると、市場に所在する商店主、会社代表者が名前を連ねている。市姫会は4つの町会で構成されているため、役員の中には他町会でも役員を兼ねる人物がいる。市姫会会長の吉田長久は下近江町町会幹事を、下近江町町会幹事の中村初雄は青草町町会幹事を兼ねている。

4　「公民松ヶ枝」と歴史展

金沢では、小学校の通学区域である校区を校下と呼んでいる。青草町、上・下近江町、十間町、下堤町、下松原町と複数の町にまたがる近江町市場は松ヶ枝校下に属している。

同校下は、松ヶ枝町はじめ周辺の36町会をエリアとして、松ヶ枝地区町会連合会を組織し、各町内会との連携を図って運営される松ヶ枝公民館が昭和27（1952）年4月に設立された。同公民館発行の館報「公民まつがえ」には、松ヶ枝校下の運営委員、関係者が明治大正期の近江町市場の情景を綴った寄稿文が掲載されている。

下堤町に在住した五宝清次郎（漁網綱商）の「下堤町あれこれ　昔かたり」から抜粋する。

尾山神社前からこの辺に流れてくる小川が青草市場に入って小さな土堤をつくっていた。（略）

近江町は魚問屋が並びここもまたいなせな兄さん連中が、ダミ声で魚を競っていた。一流の役者も町廻りの時は、欠かさずこの辺りを人力車何十台も連らね主役は先きの車で挨拶廻りに通った。

（「公民まつがえ」第26号　昭和42年11月28日発行　校下百年誌2集）

（近江町市場入口）

大正の初め頃　日中ともなれば行商人が両側に立並び当時珍しいものの一つ万年筆も説明しつつ売っていたものでバナナのたたき売りの口説も面白かった。

ステッキ片手に屋根石を木刀の先端にくくりつけた気合術で立たせ人寄せをしつつあやしげな痛み止の薬を売る香具師等が入りかわり立ちかわり人だかりであった今日の青草市場発展の一ページでもある。

（「公民まつがえ」第27号　昭和43年3月18日発行　校下百年誌3集）

青草町に居住し、当時同町の町会長を務めた自治協会矩繁命会長も「吾が青草町と市場」と題して、金沢の方言で「ツジ」又は「ウンチョ」へ行くということは「青草辻」「近江町」のことで、買物に出かける人の口ぐせになって今日に及んでいる—の書き出しで明治、大正から昭和の戦前戦後、そして振興組合設立までの近江町市場の歴史を振り返っている。

（「公民まつがえ」第26号 昭和42年11月28日発行 校下百年誌２集）

昭和60（１９８５）年２月７日に発刊された松ヶ枝公民館創立30周年記念誌「—公民館三十年の歩み—　松ヶ枝の広場」で、武蔵町在住の郷土史家迎四三雄が寄稿した「武蔵町と松ヶ枝公民館」の文中に近江町市場歴史展を２回開催した記述があった。

その内の１回の「武蔵町の歴史散歩と近江町市場歴史展」は、昭和52（１９７７）年10月14日から19日まで名鉄丸越百貨店２階スカイギャラリーで催され、迎の収集した万治３（１６６０）年に開業した魚問屋本町肝煎山田屋文左衛門の手代が綴った雑記帳をはじめ、近江町市場の青果、鮮魚商の歴史資料、武蔵町の人々の民俗資料などの貴重な文献史料の数々が展示公開された。

５　「金沢市民の台所」のはじまり

その土地によって、地元や地域の市場が「○○の台所」や「○○の胃袋」などと形容される。では、近江町市場が「金沢市民の台所」といわれ始めたのは、いつからか。

近江町市場の形態は、魚市場に卸仲卸小売が、青草辻市場には仲卸小売が混在し（住吉八百物市場には卸仲卸が混在）、金沢市が西念町に「金沢市中央卸売市場」を開設した昭和41（１９６６）年７月に卸仲卸の機能は中央市場に移され、近江町市場は純然たる小売市場となる。

市民の食をあずかる近江町市場が、いつ頃から「金沢市民の台所」といわれたかとなると、やはり市場側からではなく、対外的にいわれた始めた時期を探らなければならない。

そこで、近江町市場が紹介された新聞記事に「金沢市民の台所」なる形容詞が冠されたのはいつ頃からかという調査を試みた。

昭和11（１９３６）年10月22日付北國新聞朝刊では、「食卓に賑ふ　秋の味覚海の魚」「鯛、蟹、海老、烏賊、あぢなど」「近江町市場の賑ひ」の見出しに続いて、リード部分には「（略）毎日御家庭の食膳に上る鮮魚に於て金沢市民のお台所—近江町市場で聞いてみました」といった表現が用いられている。

昭和13年８月６日付北國新聞朝刊では、「市民のお台所大清掃　常設消防を頼んで放水の洗礼　悪臭汚濁の近江町明朗」の見出しで、来る18日に20万金沢市民のお台所総本山「山の原市場」をあげて、上近江町一帯の鮮魚問屋、小売商、街頭商人、一部青物行商人に市常設消防組員の５百余名が出動、市場内全暗渠の破損個所を修築して店頭の隅々まで清掃、ポンプ放水による洗礼などにより徹底的に磨きをかける、その規模は近来にないものだとある。

同年10月26日付北陸毎日新聞朝刊には、「金沢のお台所安定国策線に乗る近江町、住吉両市場」の見出しがあった。

記事には、戦時下の統制品等に関して監督官が立ち会いの下に値段が決まり、それを新聞、ラジオで毎日伝えるといった内容が報道されている。

昭和15（1940）年10月13日付北陸毎日新聞朝刊では、「野菜と果物一体　青草、住吉両市場合同認可　十五日からお安く市民へ提供」と題して、戦時下に向けた市場の青果問屋合同が認可されたと報じる記事は、「金沢市民のお台所に安価で新鮮な野菜、果実類を提供せんとする金沢青草、住吉市場の仲買人、問屋の合同は（略）」の書き出しで始まり、青草辻市場、そして住吉八百物市場の2つの市場を、金沢市民のお台所と書いている。

先にみてきた昭和17（1942）年11月1日付北國毎日新聞朝刊の「青江展」を伝える記事には、青草町と近江町の両市場人が二十万市民の台所をまかなふ—と書いた一節があった。

青草辻近江町市場自治協会矩会長は250年史の回顧編で、大正時代中頃の近江町市場には金沢市民の台所をあずかっているという誇りがあり、市内の人々もまた連日押しかけて大混雑していたと書いている。

近江町市場はすでに、大正時代でも市民にとっての台所といわれるに相応しい賑わいのある市場であったというが、大正時代で紹介した金沢初の近江町市場のアスファルト舗装完成の新聞記事には、市民の台所といった語句は見当たらなかった。

この時代の近江町市場は、卸から小売までの機能が備わった形態の、まさに市民の台所と直結した市場であり、そうした意味合いからの金沢市民のお台所であったといえる。

新聞報道からすると、近江町市場が対外的に「金沢市民の台所」といわれ始めたのは、昭和の10年代からといった調査結果となった。この「金沢市民の台所」については、以降でも折に触れてみていきたい。

第三節　戦時体制の中で

１　戦時統制経済下の市場

振興組合第４代理事長成瀬清次が、大正末期から昭和初期にかけての近江町市場を追想する。

私の青少年時代、大正の終わりから昭和の初めになりますが、その頃の近江町市場は、現在の中央市場的な役割も果たしておりました。午前９時頃まで卸と仲買の商売をし、それが終わると問屋の軒先で小売りの店が商売を始める。そんな形態が、昭和11年頃まで中心になっていたと思います。

朝はもう４時頃から市内の八百屋、魚屋が近江町市場と当時の住吉市場に集まってくる。今日のように交通機関が発達していませんでしたから、野菜も魚も地場物が中心。それに冷蔵庫の設備がないので、魚などはその日に入ってきたものをその日のうちに売り切ってしまわなければならない。店先だけでは狭いので、どんどん道路にも並べて売ってましたね。

今と比べて、やはり品物の種類は少なかった。けれども、どの店にも本当に瑞々しい旬の物が並び、市場に季節感があふれてましたね。

それに、現在のアーケードのところは八百屋がほとんどでしたが、それぞれの店が得意の品物を持ってました。特に問屋などは蓮根中心でいくとか、バナナ専門でいくとか、それぞれが特徴を出し、それをかたくなに通していた。当時は、それで商売になったんですね。

そんな市場の風景も、戦争まで……

（「むさし　限りなき未来に向けて」より）

昭和６（１９３１）年の満州事変、翌７年は上海事変、８年２月には日本は国際連盟から脱退し世界から孤立する道を進み、昭和12（１９３７）年の日華事変、そしていよいよ16（１９４１）年12月に太平洋戦争へ突入していく。

昭和15（１９４０）年10月には、戦時統制の強化に伴う企業整備令（企業合同）により、青草辻と住吉両市場の青果問屋が５つの青果卸会社に統合される。

翌16（１９４１）年４月、鮮魚介配給統制規則の公布から、近江町市場の魚問屋は合併して金沢合同魚市場㈱となる。

同年８月に青果物配給統制規則が公布され、昭和18（１９４３）年８月には青果卸５社が合併して石川県青果物配給㈱に、昭和19（１９４４）年４月には金沢合同魚市場㈱も、石川県鮮魚介配給㈱と塩干関係の石川県水産物配給㈱となり、配給は一元化されていく。

市場には荷物が集まらなくなり、自由経済から統制経済の色彩を一段と強めていくとともに、市場で働く元気な若者達が次々と軍隊に召集され戦地に駆り出されていき、男手がなければできない業種の魚屋や八百屋などは漸次閉店するほかなく、人手不足から市場の機能はマヒ状態となり、残る者も軍事施設や軍需工場に徴用され、以前の活気に溢れた市場の雰囲気はすっかり拭い去られてしまった。

250年史の回顧編で、二木幸二郎が戦時を振り返る。

（略）昭和十三年、国家総動員法が出、魚に公定歩合ができ、やがて金沢市民一人当り三十匁という計画配給が実施されるようになるとせりも成立しなくなった。せり市のない市場は火の消えたようなもので市場としての機能は完全にそう失してしまった。個人企業も合併して金沢合同魚市場と称し、鮮魚配給統制組合をつくって市民の鮮魚配給に協力した。私自身も石川県鮮魚ＫＫをつくり社長となったが、市場の賑いもなく淋しいもんだった。（略）

（250年史　回顧編　二木幸二郎）

二木は、昭和4（1929）年に71歳で急逝したサンボン魚市株式会社専務取締役だった養父治の慰労金から、市姫神社に青銅製神馬一基を献納する。同神馬は野村翁報恩鳥居碑の奥に鎮座されていたが、戦時中の金属類供出によっていまはない。

2　強制建物間引き疎開

昭和20（1945）年7月17日、県は金沢市内の重要建物、堅牢建物周辺の間引き疎開地区を告示し、第1次疎開対象56戸に対して疎開命令を発する。その中に青草町、袋町、下堤町、栄町の47戸が含まれ、建物の取壊しは軍隊、国民義勇隊、学生、職人らが出動して同月27日から30日まで実施された。

丸越百貨店は昭和18（1943）年、戦時の企業合同によって宮市大丸と合併し大和となり、丸越のビルは航空機部品を作る軍需工場となっていた。青草辻の一角は米軍の空襲に備えた強制建物間引き疎開によって、わずか3日間のうちに建造物は壊され空地になってしまった。

強制建物間引き疎開の対象となった主な建物は

菊一商店（青物業）　平松商店（麻・縄・綱）　岡嶋友作（貸店舗三店　青果・野菜）　谷口博夫（果物・野菜外貸店舗二店）　土谷与作（カネ一商店　青果問屋卸・小売）　紙谷栄次郎　紙谷商店（鮮魚卸小売）　押野正男（乾物・卸小売）　矩繁命（住宅と一部乾物麦酒問屋）　松岡正樹（砂糖卸小売）　大八商店（バナナ問屋）　青駒商店（鉄筋一部三階建食堂・青果卸小売）　成瀬商店（種物卸小売）　松本青果問屋　中小商店（小間物小売）　荒木商店（紙）

銃後を守る戦時下の「下近江町婦人部」（平澤宜正氏蔵）

変わり果てた市場を目の当たりにして呆然と立ち尽くす矩は、２５０年史の緒言で、市場中枢の青草町が強制疎開となり、昭和二十年七月末には取りこわされた。止むなく宅持ちは四散していった。一望の広野となった跡地に立って、先輩の努力を思い、感無量に浸ったのは、私一人だけではなかっただろう―と記す。

（略）大八（青物問屋）はバナナを扱っておって、現在、小公園になっている地下に大きなバナナの室があったけど戦争末期には埋めたててしまった。なかなかこわれぬ頑丈で立派なもんだったようです。私らの家も強制建物疎開でこわされたのですが（略）

（２５０年史　回顧編　大村みさお）

下堤町で疎開対象となって家屋が取り壊された紙商の荒木家では、父は戦地に駆り出され、銃後を守る祖母の口から出たのは「どうでもあそばせ」という諦めの境地の言葉だったという。

青果問屋の松本又吉宅に祀られてあった大黒天の御神霊は、尾崎神社に移された。福井（7月19日）、富山（8月2日）が空襲を受け、次は金沢かという恐怖に襲われ、8月6日に広島、3日後の9日には長崎に原子爆弾が投下される。強制建物間引き疎開は8月15日に終戦を迎える半月前のことで、２５０年史には、戦争は近江町市場に瀕死の重傷を負わせてしまったと記している。

3　戦前期の事業者たち

昭和時代戦前期の近江町市場における商店、団体、組合等について、「金沢商工人名録」（金沢商工会議所発行）の昭和10（1935）年版と14（1939）年版などに基づく調査を行い、商店地図を作成する。

なお、同人名録に掲載されているのは一定額以上の営業税納付者が対象となっている。

青草町

10番地	菓子	南保米松
17番地ノ1	魚鳥	新力　城力栄次郎
18番地	菓子砂糖澱粉	合名会社松岡商店
19番地	蔬菜果実乾物罐詰ビール和洋酒	カネウロコ　矩繁命
19番地	金沢市八百物乾物商組合	
21番地	魚鳥塩干魚食料品	瀬川市太郎
22番地	蔬菜果実バナナ	カネ一商店　土谷與作
23番地	蔬菜果実乾物鰹節	青駒支店　谷口博夫
23番地	蔬菜果実	木村なか
26番地	漁網	平松三郎
28番地	蔬菜果実	菊一　菊井與作
34番地ノ3	百貨店	株式会社丸越
35番地	蔬菜果実罐詰	青駒本店　青梅駒次郎
36番地	糸物手芸メリヤス雑貨陶器	たからや　合名会社財谷商店
37番地	蔬菜果実	松本又吉
45番地	小間物石鹸	村井吉次郎

上近江町

4番地	団扇印判印章スタンプインキ	近廣堂　廣瀬近廣堂
4番地	金沢市印判業組合	廣瀬近廣堂
5番地	薬種売薬薬品化粧品	達磨商会　達磨辰次郎
6番地	魚鳥	丸市魚株式会社
8番地	蔬菜果実魚鳥陸軍御用	大野圓六
15番地	金沢市魚商組合	
17番地	塩干魚佃煮	今理商店　今越甚吉
17番地	塩干魚	合資会社東商店
19番地	魚鳥	瀧次商店　能沢栄太郎
20番地　21番地	魚鳥	中越他二郎
22番地	有限責任　金沢水産信用購買利用組合	
29番地	鶏肉	鳥由　則竹文四郎
30番地	魚鳥塩干魚	魚定　折戸廣吉
31番地ノ1	酒	医王正宗　大澤為太郎
32番地ノ4	蒲鉾	丸屋　丸井源太郎
33番地	魚鳥	原屋　原喜一郎
33番地	塩干魚	瀬川商店　瀬川仁市郎
33番地	魚鳥塩干魚陸軍御用	大長　大長次
33番地	金沢市公設市場指定人組合	
33番地	菓子雑菓子	林鐵太郎
33番地ノ2	魚鳥塩干魚	高次　高島喜代治
33番地ノ6	蒲鉾	能登與　能口與四郎
35番地	魚鳥	栄松　石田栄松
35番地	魚鳥塩干魚	丸米　米村佐一
36番地	金沢市荒物商団体	
36番地ノ2	塩干魚食料品	沖津商店　沖津除一
36番地ノ2	荒物雑貨	徳野彌吉
38番地ノ2	蒲鉾	宮田耕三
38番地ノ4	蔬菜果実	長谷川與太郎
39番地	蒲鉾	能登屋　能口甚太郎
40番地	魚鳥蒲鉾	合資会社能登熊商店

40番地ノ1	飲食店仕出し	福力　福舛茂三郎
42番地	麩	池島仁次郎
43番地ノ1	魚鳥	八與　八田與三松
	魚鳥	忠村喜作
44番地	蒲鉾	坂井未太郎
48番地	魚鳥塩干魚	マル魚　金沢魚合資会社
50番地	魚鳥塩干魚	三ボン　魚市株式会社
53番地	金沢魚市場組合	
61番地	金沢古物商組合	
61番地ノ1	金沢美術倶楽部	
61番地ノ2	呉服洋反物綿布各種	合資会社室安商店
69番地	魚鳥塩干魚	一印　株式会社金沢鮮魚問屋

下近江町

4番地	制綿	坂井由太郎
5番地	古物書画骨董	平寿　平澤喜六
7番地	土地建物売買金貸	北陸土地建物株式会社
7番地	金貸貸家	中村商事合資会社
7番地	洋品雑貨メリヤス足袋タオル	中村和吉郎
9番地ノ1	茶砂糖澱粉	高畠又得
12番地	八百物乾物	上野佐平商店　上野喜久治
12番地	金沢雑貨卸商組合	
15番地ノ1	料理	藤井ふさ
16番地	金沢市公設市場指定人組合	
22番地	蒲鉾	岩内仁兵衛
23番地	荒物竹細工雑貨	荒木ふく
24番地	八百物	谷廣喜一
25番地	乾物罐詰和洋酒鰹節果物	青梅外喜治
26番地	雑穀乾物	山宮綠
28番地	荒物竹細籐細工	竹内余所松
	金沢籐柳製品組合	

29番地	牛鶏肉鶏卵	則竹關三郎
30番地	薬種売薬	合名会社中栄草栄堂
33番地	鶏卵	水野新一
36番地	佃煮罐詰	立野屋商店　立野稔
36番地	自転車	中山甚松
38番地ノ1	魚鳥塩干魚	紙安商店　紙谷太三郎
39番地ノ1	魚鳥塩干魚	戸田文次郎
40番地ノ1	金貸	竹下義一
42番地	麺類寿司飲食物	加登長　吉田太郎吉
42番地	金沢市飲食店組合	
42番地ノ1	造花花環花束	澤井白花堂　澤井安太郎
44番地	金沢市指物業組合	
44番地ノ2	和洋家具指物	高橋銀一郎
45番地ノ1	蔬菜果実乾物	柿市　柿本市太郎
54番地	麩	不室徳三郎
54番地	金沢製麩商組合	
64番地	醤油漬物飴	合資会社中六商店
68番地	洋品雑貨小間物化粧品荒物	株式会社中小商店
69番地	油類	合資会社加賀商会
72番地	蔬菜果実	合資会社岡島商店
79番地ノ4	呉服太物	上蓑弘

下堤町

20番地	呉服洋反物	武知英夫
34番地	金沢青果問屋商業組合	
37番地ノ1	牛鶏豚肉	坂上とく
38番地	昆布	比賀和吉
38番地	株式会社明治屋	
39番地	菓子	小西秀孝
43番地	文房具紙	荒木次三郎

十間町

27番地	呉服洋品雑貨	山本外次郎
28番地	魚鳥塩干魚食料品	赤澤與一
33番地	合資会社毛利清旅館	

下松原町

49番地	洋品雑貨	吉村一二

同人名録には、青草町の青草辻市場、上近江町の金沢魚市場、石屋小路（武蔵町）の住吉八百物市場、泉野町の筍共同販売市場、泉新町（泉）の泉八百物市場、大藪小路（片町）の犀川市場が、公設市場では香林坊、浅野川（材木町）、六斗林（野町）、大衆免（森山）、長柄（菊川）の各市場が掲載されている。

また、堀川市場の米屋米村久太郎と六右衛門津田惣太郎は西堀川町で、ヤマト元豊次郎は彦三7番丁で、網屋洲崎源太郎は淵ノ上町（堀川）で記載されていた（中越他二郎は上近江町で記載）。

昭和の時代は、金融恐慌、世界恐慌の経済不況から始まり、戦時体制へと入っていった。昭和初期の武蔵ヶ辻一帯の写真をみると、田守呉服店の大店、三越百貨店ビル、青草辻の青駒ビルが目を引き、それまで尾張町、橋場町界隈が繁華街だったが、金沢の中心は官庁や学校、銀行などが立ち並ぶ広坂通りに移り、隣接する片町、香林坊が買い物の人気街となっていく。

金沢市街図　昭和14（1939）年「大日本職業別明細図」の上近江町、下近江町（地図では逆に表示されている）には、「近廣堂」「大長」「カネウロコ」「中小商店」「金沢魚市会社」「青果問屋商業組合」などが掲載されている（金沢市立玉川図書館蔵）

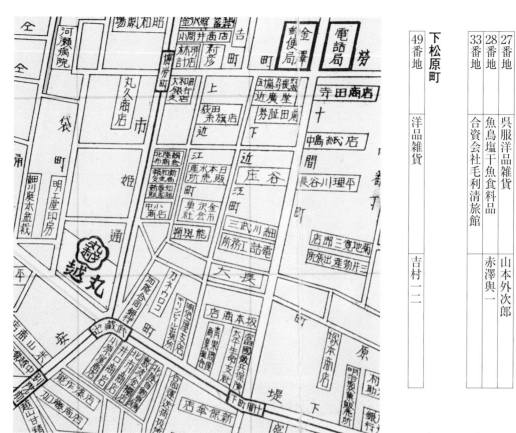

「金沢商工人名録」昭和 10 ～ 14 年版などに基づいて作成

《近江町市場商店地図》
昭和10～14年

4　東山永久寺の観音像と魚市場の人々

卯辰山山麓寺院群の中の1つ、東山2丁目に所在する金澤山真言宗永久寺は、天文8（1539）年現在の白山市鶴来に創建された一王寺を前身とし、文禄2（1593）年に藩祖前田利家の命で兼六園に隣接する金城霊沢の近くに移り金澤寺と改称、以来歴代藩主の祈祷所となる。慶長7（1602）年、2代利長から浅野川上流に約1千6百坪の寺地を拝領して移転し、寛永4（1627）年に3代利常の命により現在地に移る。

本尊は、利長の正室玉泉院（織田信長の4女永姫、5女説もある）より寄進されたと伝わる千手千眼観世音菩薩を奉り、金沢西国三十三観音霊場第二十二番札所として33体と番外1体の計34体の観音石像を境内（東側に11体、南側に23体）に拝置している。以前は境内後庭に点在していたものを、前庭に並置したものである。

寄進者名が刻まれた観音石像の台座を調べてみると、大正期から昭和期戦前当時の近江町の魚市場、青草町や関連する魚商人達の名前がみられ、確認できただけでもその数は半数を超した。

調査結果を以下に記す。

第2番　上新町　南吉次郎
第4番　魚市場　丸井源太郎　　三榀通　大浦次作
第6番　魚市場　大長次
第10番　彦三二番丁　北村伊三郎
第11番　下傳馬町　辻佼
第12番　魚市場　洲﨑源太郎
第13番　魚市場　母衣町　石﨑弥三郎
　　　　魚市場　彦三四番丁　林初太郎
第16番　梅本町　二木幸次郎
第17番　青草町　民谷次吉
第18番　横山町　能沢長太郎
第20番　魚市場　橋隅四郎
第21番　彦三五番丁　魚市場　砺波七三郎
第22番　魚市場　春日町　所村喜三郎
　　　　魚市場　小土《（立）》野　中西秀利
第23番　魚市場　渕上町　藤井松太郎
第24番　百性町　森田甚吉
第29番　十三間町　八田八三郎
第30番　母衣町　長田権太郎
第32番　魚市場　八田與三松

「魚市場」と刻字があるのは9体11人、刻字はないが第2、16、18、30番も魚市場の寄進者で、第2番の南吉次郎は堀川市場（第12番の洲﨑源太郎も同市場）、第18番の能沢長太郎は四十物問屋滝次商店の店主である。第16番の二木幸次郎はサンボン魚市の二木幸二郎で、名前は幸次郎と幸二郎で一字違うが、幸二

東山永久寺の境内に置かれた観音石像

郎の住所の大手町（旧町名は梅本町）を根拠に同一人物だと判断した。第30番の長田権太郎はそのサンボン魚市に勤務していた。第4（大浦次作）、10、11、24、29番の5人は魚商人で、第17番の青草町を加えて18体（第4番は魚市場と魚商で重複）21人となった。

しかし、これらを含めた寄進者はみな別に檀家寺があり、観音石像を寄進した魚市場関係者と永久寺のつながりはどこにあるのか。

永久寺は、明治初頭に近所からの出火で全焼し、本堂をはじめ縁起などの資料のほとんどを焼失してしまい、藩政の崩壊や廃仏毀釈なども重なって再建はかなわず、戦前から戦中戦後と廃寺になっていた時期もあったそうだ。

寺の入口右手に立つ昭和十八年十一月建立とある「西國三拾三所霊場」の石柱裏面には、世話人として八田与三松、越桐弥太郎、北村伊三郎、八百嘉三郎の名前が刻まれている。

永久寺には前述のように金沢西国観音霊場として、境内前庭に西国三十三観音霊場（2府5県）の中興の祖である第65代天皇の花山法皇の石像が、明治36（1903）年に発足した花山法皇報徳会の八百嘉三郎、北村伊三郎、八田与三松によって建てられ（建立日の刻字なし）、石像には同寺入口石柱の越桐弥太郎を除く3人の名前が出てくる。

世話人と花山法皇石像に刻字のある八百嘉三郎は、明治45（1912）年の同報徳会特別会員名簿に「西堀川　八百嘉三郎」

と掲載されていた。この人物は大正期の「金沢商工人名録」による調査で、十間町33番地で旅館業を営む屋号「八百嘉」として掲載した八百玉の配偶者ではないかと推測する（永久寺境内入口脇の宝篋印塔に「八百タマ」の名前を確認）。開業年は大正12年11月、同所は現在の「なるせフラワーガーデン」の場所である。

これで石柱裏面に名前がある4人の世話人の八田与三松と越桐弥太郎の2人は魚市場、八百嘉三郎も市場人、北村伊三郎は魚商人だということにたどりつき、八田与（輿）三松は第32番、北村伊三郎は第10番の観音石像を寄進していた。

こうした調査結果を手掛かりにすると、観音石像の寄進は花山法皇報徳会の会員でもある八田与三松、北村伊三郎が中心となり、自身のテリトリーである魚市場及び魚商人から寄進者を募ったようだ。

確認できただけでも、寄進者は魚市場、青草町や関連する魚商人達で半数を超したと書いたが、もう一つ気付いたことは女性の名前が多いことである。それも大正や昭和の前期に単名で出てくる。その数は8体（第1、3、5、8、9、19、31番、番外）9人、その中には第5番の主計町矢島貞子、第8番の東廓矢島政子（東茶屋街の鎮守社である菅原神社の玉垣にも名前を確認）と刻字するものがある。

さらに第28番には茶屋、芸妓名と思しき「福濱内　蝶八　福九　小梅　茶良　かほる　信次」とあり、調べていくと福濱は東廓の茶屋で、その女将が矢島政子と判り、従って第8番と第28番は連係することになる。

また、第25番「德田安　高井とよ　砺波ナカ　竹越昭雄　尾山鉄」の最後に名前がある尾山鉄は、東廓の茶屋「尾山楼」の主人であった。女性3人は芸妓の本名だと推考する。

第33番にも6人の女性名の後に男性名と続くのだが、これも同様な事例ではないかと推測できる。

同寺は茶屋街に近く、当時は近江町の魚市場や町の魚商の旦那衆に限らず、茶屋街に繰り出すことなど当然考えられる。

茶屋街では稲荷信仰に篤いそうだが、観音菩薩像に救いを託した身の上の隠れた悲話があるのかもしれない（石坂の愛染堂には愛染明王、地蔵菩薩、観世音菩薩を安置）。

謎解きのカギを握る人物八田与三松の孫にあたる方に話を聞くことができた。「厳格で頑固一徹の祖父だったそうだが、祖父を知る人からは世話をやく面倒見の良い一面もあった話はよく聞かされた」と語る。八田家の菩提寺は金石にあり、永久寺の観音石像や信仰については取り立てて聞いてはいないが、祖父ならばさもありなん話だろうといった感想を持ったという。

いま同寺境内に佇み、黙して語らぬ観音菩薩像に囲まれたパワースポットで、遠い日の魚市場に想いを巡らせる。

チラシ・ポスターで振り返る近江町市場

昭和 43 年 10 月　大国まつり出血大特売

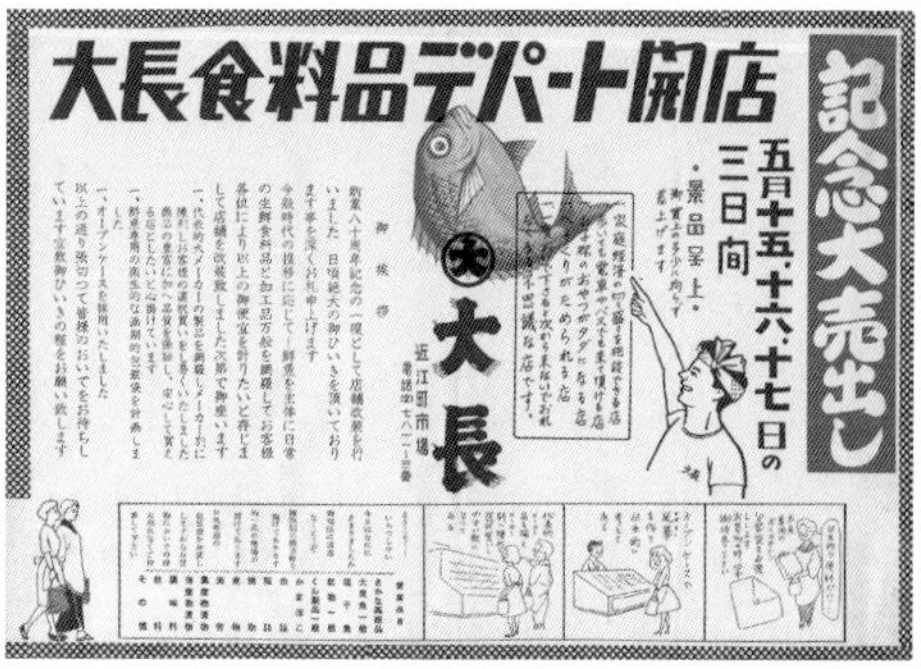

昭和 35 年 5 月　大長食料品スーパー開店記念大売出し（金沢魚商業協同組合蔵）

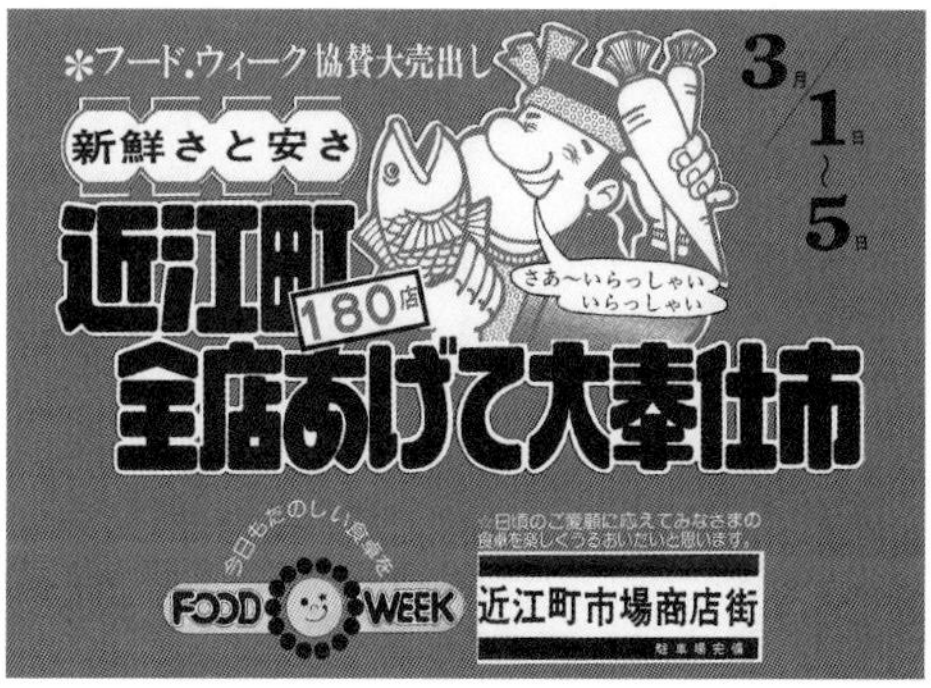

昭和 52 年 3 月
フードウイーク
協賛大売出し

昭和 44 年 10 月　近江町市場 250 年祭

昭和52年4月　ムサシ地下道完成記念大売出し

昭和45年10月　近江町市場まつり協賛大売出し

昭和 60 年 10 月　近江町市場秋まつり

昭和 53 年 12 月　近江町市場第一次近代化完成記念大売出し

5　昭和　自治協会時代

第一節　終戦後の混乱の中で

1　闇市に群がる人々

戦災をまぬがれた金沢だったが、強制建物間引き疎開によって一変した市場は、さらにその姿を変えていく。

250年史の回顧編で、青草辻近江町市場自治協会の初代会長矩繁命が戦後を追想する。

（略）物資統制、強制建物疎開、敗戦と目まぐるしい変化のあと、戦後は歴史ある市場がまるで闇市と化してしまった。ひどい荒廃ぶりだった。建物は櫛の歯の抜けたようにこわされ、旧からの人々は召集から還らぬもの田舎へ疎開したものにかわって復員軍人、徴用者、外地引揚者が続々と品物を持って市場に集まってきた。統制中の米、もち、だんご、にぎりめしまで売買され、売人の入場者が一日二百五十名を数えたことがあった。軍払下げの大きな将校マントを着て、官憲の目をぬすみ、そのマントの下で統制品を取り引きしたり、露天のまま、雪の上にすわって、買うもの売るものもブルブルふるえっぱなし（略）

（250年史　回顧編　矩繁命）

また、矩会長の戦後に書いた日記が、昭和28（1953）年6月20日付北國新聞夕刊に掲載されている。

昭和二十年十一月二十日鮮魚の統制が撤廃されそのご半年にして野菜類また統制のワク緩和されるにいたりしが、おりしも国民はさつまいもの葉茎をあさり、海水くみを競いて人の子とおもえぬほどに食生活に難儀をきわめしころとて先を争うて当近江町市場に殺到しきたり、市場創設いらい最大の繁盛ぶりをしめせり。くわうるに新円切替えにより通貨に対する信用地におち換物熱高まりて当市場には早朝から顧客つめかけ、その行列は辻の配給所から博労町金沢郵便局前を経て十間町―市場と町をとりまきしものなり。そのため売上げ巨大に上り、紙幣は石油カン、石炭箱に紙くずの如くねじ込まれ、二千六百年目の書入れどきがきたと喜びしものなり（略）

左の紙面は終戦直後、近江町市場が闇市となった頃の、昭和20（1945）年12月21日付北國毎日新聞の記事である。前日に近江町で撮影された写真が付いて、魚の売人の前には多くの人達が群がるように集まっている。魚介類、野菜の統制が次第に解かれていき、見出しは「お客も悧口」「闇の市場も次第に安い」と続く。記事には、次のようにある。

（略）自由市場の台頭で復活してきた近江町の通称「山ノ原」市場も日増しに客足を集めているが、駅前昭和通りの市場にくらべて高級品といつた感じがあり値段も品物によつては二割ぐらいの開きがある（略）現在の社会事情から見ればこんな市場の発生は当然すぎることで一部人士がその撲滅を叫んでも、また力で押さへても根本原因が除去されない限りいふだけ野暮といふほかはない、残された手段はこの自然発生的な市場をどうして健全なものに育ててゆくかにかゝつている（略）

近江町の魚市場を「山ノ原市場」と表記し、駅前昭和通り市場とを比較した闇市場時代の貴重な写真付記事である。

悪性インフレーションが起こり、物価は天井知らずに上昇する。昭和20年12月のヤミ相場は、鰤1匹500～600円、ふくらぎ1匹40円、鮒（大）匁につき15円、餅米40～50円、米1俵1500円、芋1貫目15円と、昭和の初めに鰤1匹が1円程度であったことと比較すると、驚くべき物価高といわねばならず一般庶民の生活は困窮した。

お客も悧口

〃〃〃〃〃〃〃〃〃〃〃〃

闇の市場も次第に安い

本格的市に近づく金澤驛前

生鮮魚介類や蔬菜が統制をとかれた十一月二十日以來、金澤驛前その他の闇市場は天下晴れて公然と榮養失調患者を集めてゐるが、最初こそは飛びつくやうに買つた市民も何時でも買へるとなればゆつくり財布と相談するのは當然で、安いものがあつたらといふものが最近目だつてゐる、したがつてはじめは午前中で賣り切れた品物もいまでは賣り手が朝から夕方まで頑張らねばならなくなつてきた

價格 も出廻つてくれば安くなるのが當然で、近江町、昭和通りを通じひところより全面的に安値をとなへてゐる、二十日の調査では魚類にその傾向がとくに強く、一時百匁二十圓台のぶりが十五圓、かつを一尾十圓が七圓五十錢、ふくらぎ三十圓台が二十二圓、いか六圓が三圓と大巾に下つてをり、果物類も出廻り期のミカンが一時の半値近く一つ五十錢に、蔬菜類も一個五圓の白菜が一圓二十錢になつてゐた、自由市場の台頭で復活してきた近江町の通稱「山ノ原」市場も日増しに客足を集めてゐるが、驛前昭和通りの

市場 にくらべて高級品といつた感じがあり値段も品物によつては二割ぐらゐの開きがある

鮮魚についてみると正式なルートと目すべき石川縣鮮魚介配給會社を通じて金澤市民に配給されるものはこの十日間平均一日千三百貫にすぎず、これでは市民十七萬が一人當り三十匁の配給として四、五日に一度といふことになる、しかも配給當日高級品が持ちまはされた日にはとても高くて手が出ないので結局十日に一度もむづかしくなつてくるぶり一切れが二、三十圓もしては自然五圓の鰯でもその方がよいとなり、市場へ走る原因になる

現在 の社會事情から見ればこんな市場の發生は當然すぎることで一部人士がその撲滅を叫んでも、また力で押さへても根本原因が除去されない限りいふだけ野暮といふほかはない、殘された手段はこの自然發生的な市場をどうして健全なものに育ててゆくかにかゝつてゐる

驛前疎開後の泥濘のなかで開かれてゐた當初の市場は風紀衛生の見地から追はれて十二月十日ころから昭和通りに店を並べてゐるが、金澤露店組合の幹部連中が自發的に今その取締りに任じ、地元町會でも土地の繁榮策として何等かの動きを見せようとしてをり、近い將來近江町の〃山ノ原〃と對抗した市場が出現するかもしれない（寫眞はきのふ近江町にて）

北國毎日新聞昭和20年12月21日付朝刊

2　青草辻近江町市場自治協会の発足

昭和21（1946）年4月に鰯が豊漁となり、近江町市場は思わぬ賑いをみせ、鰯を買う市民の長蛇の列が市場の四つ辻から博労町の郵便局へ、もう一方は堤町を一巡して押すな押すなのもの凄いありさまであったという。とにかく、戦後の市場ではこれまでに見たことのない前代未聞のシーンが現出された。

しかし、経済秩序もなく、放任状態が続いて闇市と化し、暴力沙汰が頻発、買い物も安心してできないような市場の現状に対して、先祖代々からの近江町市場人の間からは市場復興の声が湧き起こる。

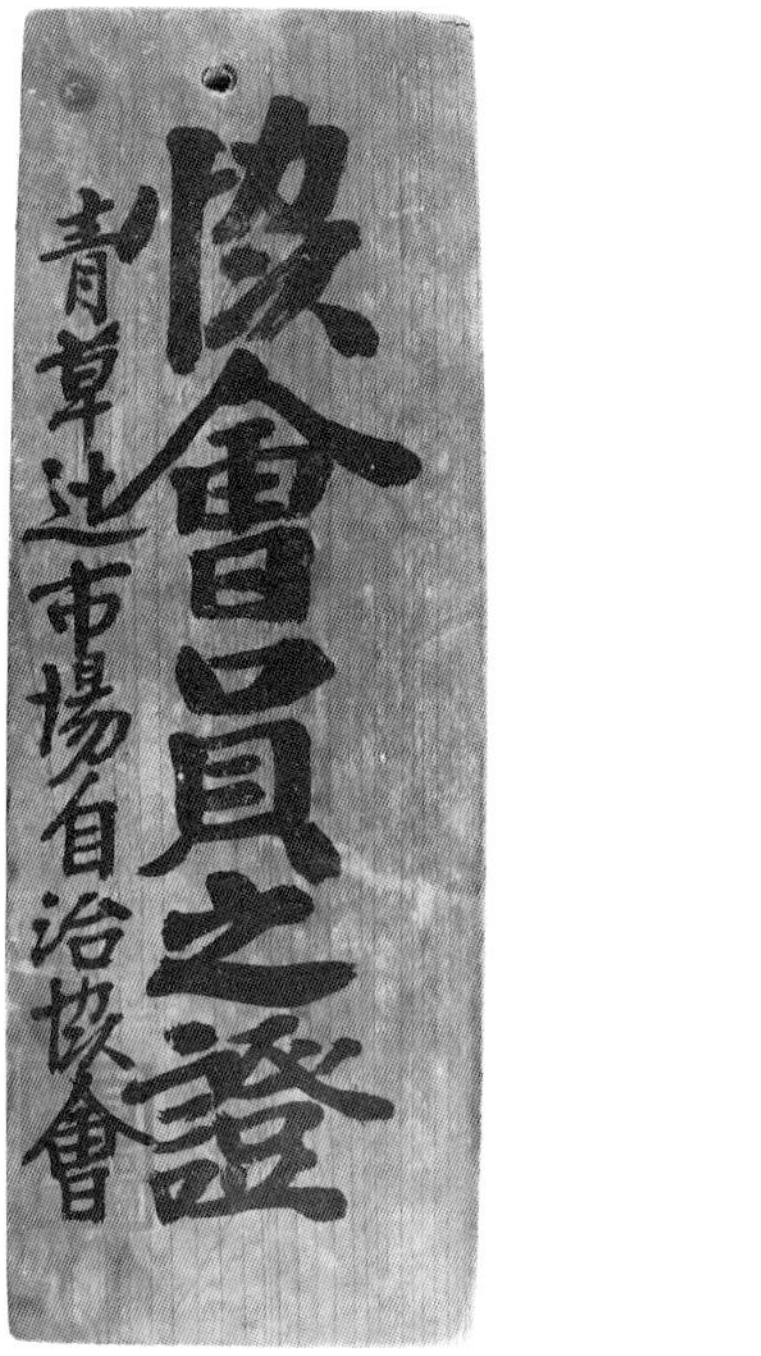

鑑札（能崎幸房氏蔵）

それがたちまちにして自治協会結成の動きとなって表れ、終戦から半年後の昭和21（1946）年2月11日に「青草辻近江町市場自治協会」が誕生、ここに市場の再建が本格的に始動することになった。

協会名称について、矩会長は「それまで魚屋さんの集まっている一帯を近江町市場、青物屋さんの方を青草市場と呼んでいたが、青草辻近江町市場という長ったらしい名前に変えた。市民は近江町としか呼んでくれないのだが、とにかくそう呼ぶことにした」（昭和28年6月20日付北國新聞夕刊）とこのあたりの事情に関して、こう語っているのだが、協会名からは市場の成り立ちが伝わってくる、市場の歴史を重んじた名称とし、許可制となった自治協会の会員には鑑札が発行されることになった。

（略）ついに二十一年二月、私らが中心になって市場の自治協会を発足させ、売人を許可制にし、木の鑑札を渡し、たしか十円位の権利金をとり、鑑札持参者には二円か五円か返却したと思う。（略）　（250年史　回顧編　矩繁命）

青草辻近江町市場自治協会の初代会長に就任した矩繁命は、

自治協会初代会長矩繁命

明治26（1893）年12月20日、大樋町の柚木家に生まれ、名を與三次郎《よそじろう》といった。幼少の頃（明治33年4月30日）、東山に所在した旧家「つばたや呉服店」津田家と養子縁組を行い、改名して津田與三郎を名乗る。大正12（1923）年5月21日、29歳のとき青草町の矩家に婿養子として迎えられ、乾物商カネウロコの事業を承継し先代矩繁命を襲名する。

世話好きで厳格な人柄から人望も厚く、金沢乾物株式会社取締役、金沢製粉ＫＫ取締役、金沢市八百物乾物商同業組合第８代組合長、商工会議所議員、松ヶ枝校下連合会長、同警防団長、青草町々会長、ＰＴＡ役員、武蔵振興会名誉会長、金沢市食品協会常務理事などを歴任した。

〝人の和をもって尊しとする〟をモットーとし、趣味は妻外《と》亀《き》ともども絵画を嗜む美術愛好家であった。

昭和59（1984）12月12日逝去、享年90。

協会結成時の規約は不明だが、近江町市場商店街振興組合には「昭和二十七年四月改正　青草辻近江町市場自治協会規約」が保管されている。

規約には協会の名称、目的、事業、会員、役員、任期、運営

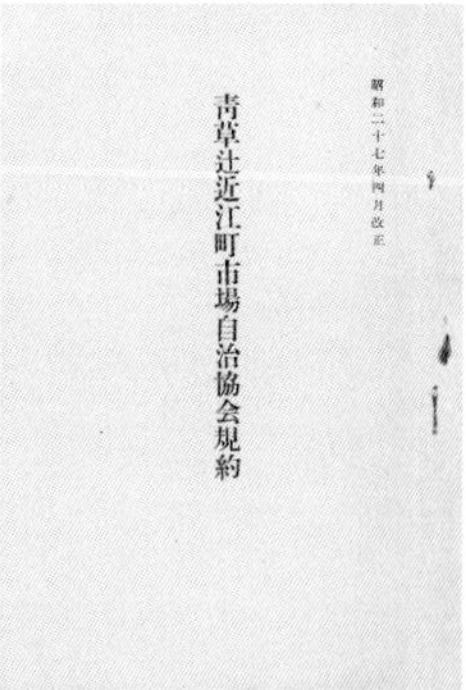
昭和二十七年四月改正
青草辻近江町市場自治協会規約

昭和二十七年四月改正青草辻近江町市場自治協会規約

に関する事項、会計年度等が定められ、第1章総則の第2条（目的）には「この協会は消費者の為に誠実に奉仕することにより青草辻近江町市場の綜合的発展と協会員の地位の向上並びに相互の親睦を図ることを目的とする」とあり、第3条（事業）には「この協会は前条の目的を達成するために左の事業を行う　一、市場の運営に関する申合事項の設定　二、市場内の衛生交通の整備改善　三、関係当局商工会議所その他各種経済団体との連絡強調　四、市場の改善並びに他都市の市場の研究　五、会員又は会員の使用人に対する表彰　六、その他この協会の目的を遂行するに必要な事項」とある。

また、第4条（区域）では「この協会の地区は青草辻近江町市場として指定された区域とする」とし、第5条（事務所）を見ると「この協会の事務所は金沢市青草町十九番地におく」とあり、住所からすると協会事務所は矩会長宅に置かれたことになる。

第2章会員の第6条（資格）には「この協会は地区内に店舗又は板店を有して営業をなす者を以て組織する」とある。

第3章の第11条（役員）には「この協会に左の役員をおく　会長一名　副会長二名　委員若干名」とあり、第14条（役員の任期）には「役員の任期は二年とする但し再選を妨げない」などと定められている。

規約のあとは役員名簿、会員名簿と続く。

役員名簿
会長　矩繁命
副会長　中橋俊雄　青梅駒次郎
会計　紙谷栄次郎
委員　比賀和吉　折戸廣吉　石田與史朗　原喜好
赤澤與一　南保栄松　長田安弘　荒井知行
岩内與一　成瀬清次　徳田助守　土谷與作
北形三次郎　伊東伊松

会員名簿
第1班　10名
折戸廣吉　福島乙吉　寺村正吉　中橋俊雄　能口甚太郎
脇本栄蔵　鷹野まつを　廣村保二　浅井清　石田與史朗
第2班　24名
小松與一　原喜好　茶谷義正　水野善一　板村みつ
桶川義雄　高島喜代治　藤村義永　赤澤與一　中田信義
佐治秀夫　高山與作　平田きよ子　山本照子　片山はる
山本哲次　鍬田吉由　林博　吉野常次郎　久安金二
茶谷理吉　吉村一二　能口三次郎　忠村喜吉
第3班　24名
八田與三松　不破不佐男　油野和作　網本又夫　荒瀬政義

源野忠男　根布長権松　山守外男　小林外喜男　民谷平次
柚木順吉　下田清一　安宅勝二　小室はる　能崎幸市
加茂野與七　寺田年三　越野健治　吉川勝二　河原三郎
田丸其一　根布長理八　中宮與一郎　杉本外次郎

第4班　17名

南保米松　内潟甚次郎　比賀和吉　長田安弘　米崎仁一
村端幸吉　坂上とく　明治屋　北村義雄　池内安清
川畠清八　山本甚一　井口昭三　角間由男　鶴来勝二
小畑充徳　小畑久松

第5班　11名

川原すま子　大口配給部　長谷川清次　藤澤初枝　柚木青果
用川長治郎　岩内與一　荒木登　福枡茂雄　中田豊二
能口與四郎

第6班　29名

安田恒六　橋本弘　田中外茂男　宮崎君子　紙谷栄次郎
押野なつ　矩繁命　金沢丸乾魚市店　北川りと　夷藤初栄
中川栄次郎　石田栄松　松岡政喜　西川正次　新力
新保宗次　前田栄吉　吉田茂三郎　横越仁吉郎　根上市作
越村政吉　八島勝二　沖津一伊　中村佐吉　宮田耕三
徳野彌吉　役山謙二　中島正一　成瀬清次

第7班　20名

江川章藤　筒井柔朗　宮前松雄　三輪草露　青梅駒次郎
本田利蔵　中井政一　金沢乾物会社　能與朔　大茂
北伸二　小島敏章　水野英夫　江村忠蔵　森澤正二
目木義雄　矢田外喜次　中栄草栄堂　竹内余所松　東かの

第8班　23名

徳川徳一　北川義雄　鶴来晃二　藤本寅蔵　太田乾一
天田徳次郎　宮崎久太郎　清水信一　片山勇作　坂野外勇
紙谷外茂吉　松屋　辻慶治　新井永祥　中村小一　竹田理吉
吉田喜久一　永井茂　吉村與一郎　出村敏夫　小林栄次郎
砂崎平八郎　山宮外雄

第9班　27名

田中安太郎　土谷與作　谷口博夫　三友青果　岡島友作
吉藤小三郎　高岡徳治　土橋正矢　平松東峰　安江多嘉
森一雄　菊井アサ　村上實　泉正雄　蚊谷外次郎　山本尚事
境田正治　林幸作　織田茂正　杉原長松　則竹是
綿上體一郎　湯浅みなこ　北形三次郎　宮本栄次
中村喜一郎　伊東伊松

第10班　4名

加川勉　竹内勝人　林量雄　北野次郎

市場内は10班に区分けされ、名簿のあとには地図が綴じ込まれている。第1班は上近江町と十間町、第2班は下堤町と十間町、第3班が青草町、第4班は下堤町、第5班は上近江町と下近江町、第6班は上近江町の一部と青草町、第7班は下近江町、第8班は下近江町と青草町、第9、10班が青草町となっている。

自治協会は、こうした規約に基づいて矩会長の下、189人の会員を擁して運営されていく。

この頃、近江町市場商人は露天商とみなされ、露天業組合に加入していたのだが、テキ屋と同じにみられては近江町の名折れだとして、近江町市場人の自尊心と市場の信用、秩序を取り戻すべく、昭和23（1948）年8月20日付で露天業組合連合会に脱会届が提出された。

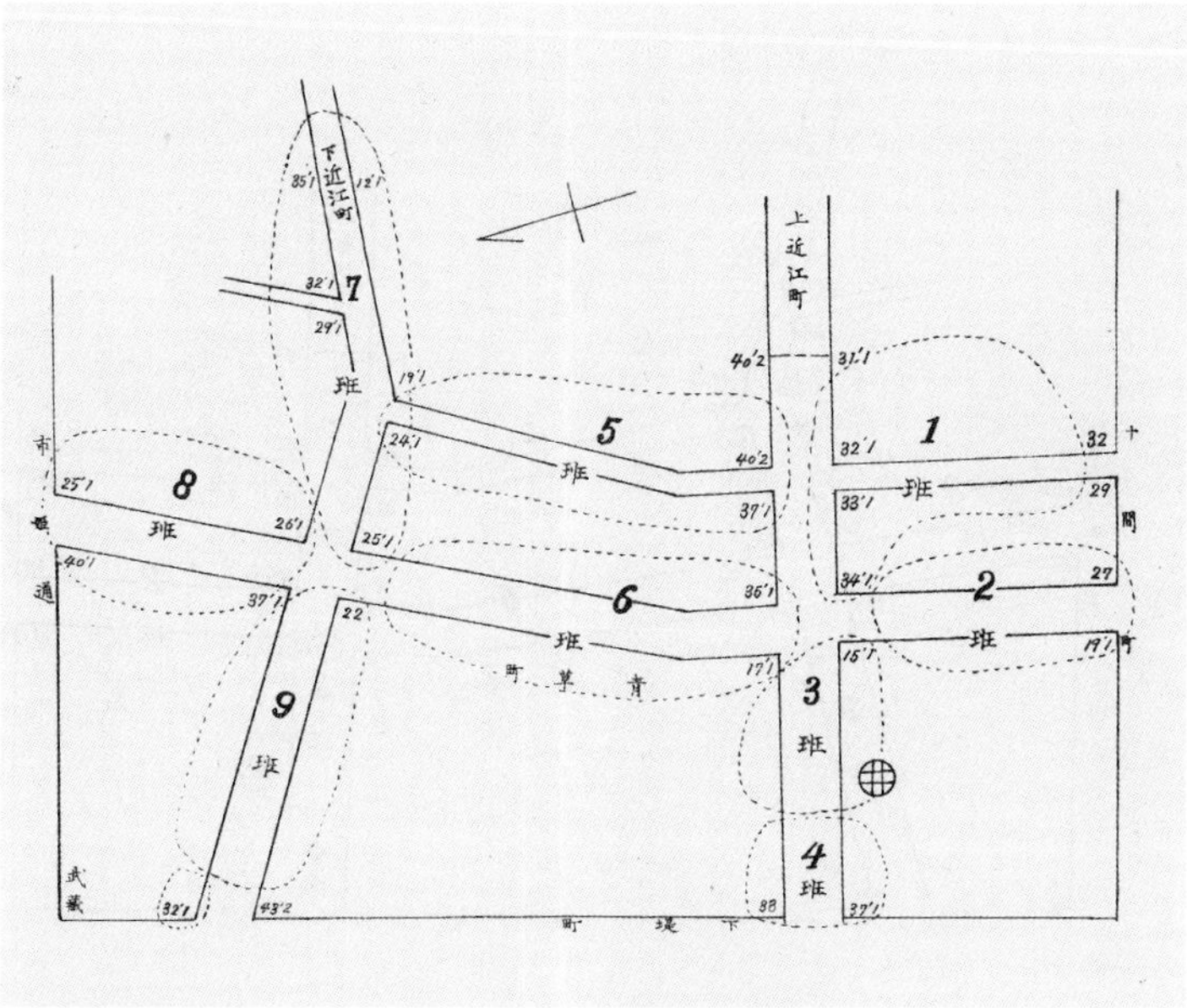

自治協会規約で10班に分けられた市場内の地図

3　新旧組織の再編成

250年史では、戦後の近江町市場の性格を物語る事件として、武蔵ヶ辻小公園周囲の板囲い問題と車置場の問題を取り上げている。

小公園周囲の板囲い問題とは、あと半月で終戦を迎えることになる戦争末期に、不幸にも青草辻の商店が強制建物間引き疎開のため取り壊された。大八商店、青駒商店、成瀬商店、松本商店、中小商店等の地所は政府の買い上げとなり、所有者に返還されることなく、戦後は緑地帯となって、その後は小公園として使用されてきた。

自治協会結成を担ったのは、戦前の家持ちの問屋中心の組織とは対照的に、小売商人が主体となった。当時、まだ家持ちは疎開中であり、戦後の復興は主として小売商人の活躍によるところが大きかったのである。

市場の組織は、戦前戦後の新旧の形態がしばらく並立したままの状況が続いていたのだが、自治協会初代矩会長は旧組織（形態、詳細は不詳）の会計でもあったことから、新旧両役員が一堂に会した会合で、新円切替え時（昭和21年2月）に封鎖預金となった新旧組織双方の預金で、金沢市の了解を得て7847円66銭を市に一旦納入し、それを小公園の板囲い費用に充て、これを契機に戦前からの旧組織を解体して新組織に再編成される。

また昭和23（１９４８）年、旧青草辻が所有する袋町12番地の使用されずに放置されていた車置場を、矩会長は旧役員が疎開中であったり、未帰還であったため了解を得ることができないままに、新会員の一魚商に自動車車庫として貸そうとしたことに問題が発生した。

新旧役員が召集されて会議が開かれたのだが、出席した役員の大半は新役員であったために議事は難航する。

5月24日に金沢美術倶楽部で開催された総会で同問題が諮られ、車置場は売却されることになり、その代金は市場の発展、消費者サービスの向上に資するを目的として、市場内道路舗装工事の費用に充てられた。

総会通知は共栄会、福住会、大国会、エビス会（共栄会を除く、これらの会の詳細は不詳）に対して行われたものであって、この2つの事件を通した問題解決によって、旧青草辻市場の会の財産が整理され、発展的解消を成し終える。

4　市場環境の整備を進める

こうして市場の新旧組織が再編成されたのだが、市場の環境は必ずしも整備されているとは言い難い状態にあった。

戦争末期に強制建物間引き疎開の対象となり、空地となっていた青草辻の一角に、いつの間にか2棟のバラックが建って30軒余りの業者が営業を行い、旧地主との間で売上金を七分三分で分け合っていたのだが、昭和22（１９４７）年の暮に降った雪のために建物は傾き、翌年の冬場を前にして問題化する。

旧地主からは「もともとあの土地は我々の所有地であり、売るなら我々に売るべきだ」という意見に、現営業者からは「戦後、我々が頑張って今日を成したものであり、市場内には青物小売連組合もあって、この方に売るべきだ」という意見が出され、また「現住者に売るべきである」との意向を示す市場役員もいて、中間者を介在させるのは市場の発展にならないという声も漏れ聞こえ、数回にわたる役員会での議論の結果、現住者への売却が決定した。

２５０年史から、緑地帯バラック購入者を記す。

中村喜一郎	宮本栄次	森三郎	土橋正弥
北形三次郎	湯浅みなよ	綿上傳一郎	林幸作
別所是	松原長松	織田藤二	山崎伊吉
坂本正敏	成瀬清次	境田正治	草角直
北野二郎	鶴来務二	北川義雄	高橋忠次
天田徳次郎	山宗小太郎	太田健一	宮崎久太郎
山田富美子	清水信一	坂野外雄	

協会規約第3条二には、市場内の衛生交通の整備改善とあるが、昭和23（１９４８）年8月2日、市場に米進駐軍ＧＨＱ（連合軍最高司令部）の視察が入り、ゴミ処理について厳しい内容の通達が発出される。

近江町市場ヲ清潔ニ保ツ事
市場内ノ一部　四辻ニアル下水ニ芥ヲ捨テル者アリ　一週間内ニ市場ニテ掃除セザル時ニハ　市民ノ迷惑ニナルカモ知レザルモ　或ル期間　営業停止モ又止ムヲ得ザルコトニツキ　市ヨリ厳重ニ　下水ハ近江町市場全体ノ責任ニ於テ常ニ清浄ヲ保ツ事

この通達によって自治協会では緊急役員会を開いて、市場各所に貼紙の掲示による美化清掃の通知を行い、周知を図るとともに市場掃除人を雇うことになる。

さらに、交通問題における道路占用について、２５０年史から引用する。

元来、食品市場は街路上で行われて来たもので、次第に店内商業とはなってきてはいるものの、どちらかといえば間口商業であるといえる。この点、市場の道路占用はさけることのできない問題で、青草辻・近江町市場もまた道路（市道）に面してあるというより、道路上に市場があると解した方が正確といえる。

青草辻・近江町市場自治協会の成立は、このような点からみれば道路占用をめぐり金沢市当局との交渉とともに、市場内の自主的規制なくしては成立しない重要な問題であり、市場内組織成立の背のひとつとなるものであろう。

道路占用問題が最初に発生したのは、自治協会が結成された昭和21（１９４６）年のことであったが、同問題は市場の特色ともいえるもので、２５０年史には矩会長が作成した昭和23（１９４８）年から29年までの市との交渉記録が残っている。

昭23・11／23　道路占用願向こう三ヶ年間にて提出
昭26・1／22　道路占用許可あり
12／9　道路占用について交通課へ出頭
昭27・9／23　代議員会道路占用パンフレット配付
昭28・7／24　市土木課道路占用問題と小公園花壇の話しに行く
昭29・4／3　市場道路占用許可にて武蔵派出所に挨拶
9／24　徳田市議長に土地占用に対して陳情説明
10／14　岡本土木課長から助役の意向を聞く
10／30　土木課長書類受理
11／9　自治協会臨時総会で土地占用料の件可決

占用が問題になりがちだった道路
（丸谷穰氏蔵）

5　近江町和青会と近江町少年協会

手許にある冊子は「近江町青少年」（A５判、活版印刷、22ページ）

第1巻第5号である。奥付を見ると「昭和二十二年十二月二十八日印刷　同三十日発行　編集人金谷明夫　十月号定価八円　発行所金沢市上近江町三十六　近江町和青会　電話一二三四番」となっている。

　表紙には「天覧に輝く　平松三郎撮す」と題した、金沢医科大学（金沢大学医学部）の大煙突の周囲を舞い飛ぶ仏法僧の写真を掲載している。仏法僧を被写体に捉えた写真は珍しく、市川昌徳（小将町中学校教諭、青江会審査員）著「仏法僧の奇習性について」の書籍とともに同年10月に北陸を巡幸した昭和天皇に献上されたと記してある。

　同冊子の内容からすると、「近江町和青会」とは上・下近江町の青年部、青年団で、さらに「近江町少年協会」なる組織があり、その下に少年部、いわゆる子供会の上・下近江町郷童《きょうどう》団がある形態と推考する。

　発行所の上近江町36番地は荒物商の徳野商店、編集人の金谷明夫は上近江町の金谷酒店と推測する。

近江町青少年
第一巻　第五號
天覧に輝く　平松三郎撮す

「近江町青少年」第1巻5号

　ページを捲ると座談会「1947年をかえりみて」が収録されている。和青会から徳野俊夫、金谷明夫、民谷平次、小島敏彰、中谷正明の5人、新制中1年の清水俊明、谷口明、加納嘉一、礪波和子、達磨正子の5人、小学校6年の黒川昭三、竹下他見男、能口進、吉田信子、紙谷順子、柿本浩子の6人の計16人が出席し、8月に開かれた少年連盟主催の野球大会に近江町が優勝（能口）、優勝旗を先頭に町を廻ったときは誇りたい気持ちでいっぱいだった（竹下）、お祭りになると注連縄を張り、お御輿を担ぎ、芸能大会を行った話や、近江町は他町に見られない良いところがあり、みんなが力を合わせて子供のために協力して下さっている（徳野）と語られている。

　ほかには、こども文化祭や敬老会、松ヶ枝小学校での国語、社会科の研究発表会（黒川照三）の話題、10月30日から開催された第2回国民体育大会における「天皇陛下をお迎えして」（金谷他見子）と続く。

　10月16～18日に開かれた和青会主催のオール近江町野球大会には11チームが参加して蒲鉾クラブが優勝、同月26日の上・下近江町郷童団対抗運動会（春秋開催）では、80人の子供と40人の大人による綱引き競技も行われ（2回戦ともに子供チームの勝利）、今年もまた上近江町に凱歌があがったとある。

　敗戦からわずか2年目ながらも、近江町の青少年達は明るく元気に満ち溢れ、ともに力を合わせ、力強い足取りで戦後の復興期を生き抜いていく姿が同冊子から鮮明に伝わってくる。

　そして、この青少年達が次代の近江町を担っていくことになる。

6　前田家17代利建の市場訪問

戦後まもない時期、加賀藩前田家17代当主利建が、近江町市場を訪れた。昭和25（1950）年2月27日、自治協会矩会長宅は終戦間際の建物疎開によって取り壊された自宅を新築した座敷開きの宴席に、利建夫妻を招くことになる。

この企画は、前田家との縁を持つ相川松瑞画伯の提案によるもので、矩が残した手記「御迎えの記」にはこう記してあった。

（略）戦前の我々には殿様を拝むことで眼がつぶれると云う考えが強く　思案して居ったが　又考えて見れば　この市場は永らく　前田藩の御膳所として日々鮮魚蔬菜を納め

明治の世迄続き（略）戦後は一般大衆の市場として　二百五十年間も引き続き同一形態の仕事をして居る事も珍らしく　一度市場の状況を見て戴いても無意義では無いと考え　二三日経てから御請けすることにした（略）

朝から小雪が舞う中、梅の花も咲き始めた当日、夫妻は成巽閣の関係者（前田家美術品顧問青木外吉）とともに午後5時15分に矩宅に到着する。和やかな歓談、祝宴のあとに列席者によって日の出や竹、羽根の絵と「松」「梅」「つる」「亀」「福」などの文字の寄せ書き（席画）に、利建（雅号梅径）は「澄心得妙《ちょうしんみょうかん》観《をうる》」と禅語の5文字を揮毫する。矩家には、これを屏風に仕立て大切に保管されてある。

手記によると、途中に邸宅から時間が随分と経過しているといった電話が入り、夫妻は迎えの車で帰路についたが、奥方（政子夫人）は以前に外亀の絵を購入した経緯もあって、よほど居心地が良かったとみえ、滞在時間はやがて6時間近くもの長時間に及んだ。

成巽閣で確認した日誌（前田家用辨方）には、この日（27日、月曜日、雪）は「后五時ヨリ　家主夫人　青木氏随行　矩繁命氏ノ座敷開キ祝ニ臨席セラル　夜11時前帰閣セラル」と記されてあった。

矩が手記の中で、世が世ならばと数日の間思案したとあるように、加賀の殿様を直々にお迎えした戦後の市場史に残る特異な出来事となった。

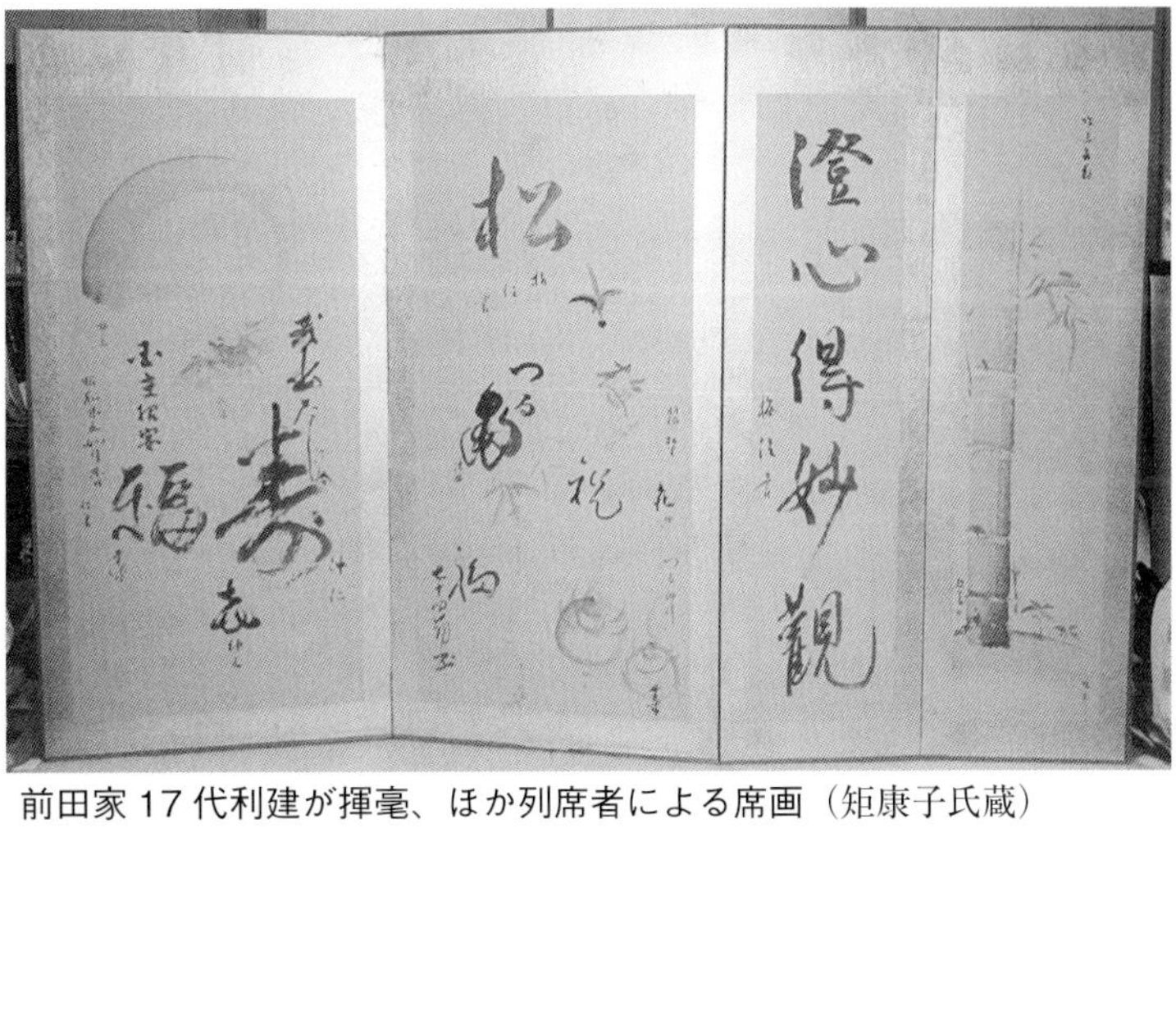

前田家17代利建が揮毫、ほか列席者による席画（矩康子氏蔵）

第二節　市場の近代化が進む

１　販売革命「皿盛り」

戦後の近江町市場に販売革命を起こした人物がいた。大口水産株式会社の創始者であり、のちに近江町市場商店街振興組合2代理事長を務める荒井知行である。

この頃の魚屋は、並べられた魚を売り手側が付けた値段で、客の反応を見ながら対面で売り値を決めていく販売方法が主流だった。

そこに登場したのが正札の付いた「皿盛り」の荒井流販売方法で、お客様の立場に立った商法は、近江町市場にたちまち旋風を巻き起こしたという。まさに流通における販売革命であった。

荒井知行

皿盛り

大口水産50周年記念誌「商魂」には、荒井の商売の信念が語られている。

卸売の場合は、千円の商品を千五百円で売っても、相手が納得していれば、商人同士だから別に問題はない。しかし、小売りの場合はお客様に対しては絶対、そういうことをしてはならない。あくまでもお客様が買える値段が相場だ。仮に仕入れ価格が高いからといって、高いままの仕入れ価格を皿盛りの値段につけてはだめだ。高くてお客さんが買わないのは、値段以上の商品を仕入れてきた者が悪い。だから、仮に損をしてでもお客さんが買える値段まで下げて売ることが大事だ。安くて魚が豊富にある店がわれわれの目指す商売の道だ

（大口水産50周年記念誌「商魂」）

そのエピソードがまた凄まじい。

ある時、サバを闇値で大量に仕入れた。しかし、荒井はお客に合わせた値段設定を指示する。ところが、荒井が売り場を離れると、社員達は値段を吊り上げて販売を始めた。そこへ荒井が戻って来て売り値が上がっていることに気付くと、荒井の顔が怒りで見る間に紅潮し、売場の担当者らに強烈なビンタが飛んだという。

2　金澤魚市場共栄会

「金澤魚市場共栄会」は、近江町の魚市場で商う仲卸小売の鮮魚店で組織され、同会の発足年月は不詳であったが、昭和34（1959）年2月9日開催の総会議事録には、35周年記念という記述が出てくる。

となると、大正13（1924）年頃に発足したことになり、ちょうど近江町争議が起きる頃と合致し、問屋に対抗するため仲卸小売の団結、組織化を図るために会は立ち上げられたのではないかと推考できる。

同会に保管されている法名録（掛け軸、グラビア47ページ）には、大正元（1912）年12月から記載が始まり昭和7年12月まで77、別紙には昭和51年4月まで38の法名が記載されている（物故者追悼法要が営まれていたようだが詳細は不明）。これらの資料記録からも、大正期には魚市場共栄会は発足していたことが分かる。

昭和41（1966）年4月14日開催の総会議事録には、共栄会の解散が議題に上っている。会員の中には、同年7月に開設される金沢市中央卸売市場に仲卸業者として入場を予定する者もいて、5月14日にはお別れ会を開くことが決定され、近江町に残ったメンバーによって同会は再スタートを切ることになる。

同会名称は、昭和48（1973）年9月に金沢魚商業協同組合の第8支部と合わせた「第8支部共栄会」と改称され、役員も統一が図られた。同会では、毎年11月のカニ漁解禁前に恵比寿講を行う慣わしが現在も続いている。

昭和47（1972）年4月までの歴代会長は以下の通り。

初代　大長次（大長商店）
2代　原喜一郎（原屋）
3代　城力吉雄（新力）
4代　中橋栄松（大長商店）
5代　中橋俊雄（大長商店）
6代　紙谷栄次郎（紙安）　※S28・11・17～
7代　折戸広吉（魚定商店）　※S30・11・17～
8代　髙嶋喜代治（髙次商店）　※S39・11・12～
9代　越村収吉（三ッ口屋商店）
10代　油野勉（川木商店）
11代　松本敏三（松本鮮魚）

記録に残っている昭和25（1950）年の会員数は48、昭和32（1957）年7月現在の会員名簿を記す。

大口水産　大長食産　紙安　カネ五　石與　高次　原屋　茶間
米崎　安宅　八與　木戸　杉本　三ッ口屋　田丸　三金
や満当　福島（伊三美）　忠村　吉野　大吉　小與　ヤマ北
新力　島田　横越　能登六　根布長　山八　網本　中宮　山守
相川　福島（一雄）　油野　能崎　(新)　段坂　浅井　水口

下田　吉田　前田　　以上43店

続いて、昭和42（1967）年3月では、

大口水産　大長食産　ヤマカ　髙次　杉本　三ッ口屋　三金や満当　忠村　小與　新力　島田　横越　能登六　中宮　能崎水口　吉田　前田　川木　清　大助　松本　銭屋　　以上24店

そして、現在（令和3年2月28日）では、

大口水産　大松水産　ヤマカ水産　杉本水産　忠村水産　三洋商店　新力水産　島田水産　川木商店　清商店　一念大助　みやむら　　以上12店

資料をみると、同会ではその時代によって冷蔵庫や駐車場建設、そして近江町市場の近代化、再開発、日曜営業の問題が話し合われている。

会が発足した当時の近江町市場には、多くの鮮魚店が営業していた。昭和32（1957）年に43あった会員数は10年後の42年には、ちょうど半数の24に減少している。これは前年の昭和41（1966）年7月に、西念町に中央卸売市場が開業して卸の機能が移ったことに伴い移転した仲卸や、それによって合併、または廃業した店舗があったことが大きな要因となっている。

それから50年余りが経過した現在では、これまた半数の12店となっている。現在、同会の代表は坂本実（一念大助）が務めている。

3　製氷冷凍工場

昭和27（1952）年8月、上近江町19番地に製氷冷凍工場が操業を開始した。

当時、鮮魚商にとっては消耗品となる氷の販売価格の相場は、生産価格に比して高額に推移し（氷1枚の単価は最低320円）、金沢魚商業協同組合の組合員からは、組合事業として組合独自による共同施設の製氷冷凍工場建設案が持ち上がる。同案は、既に野村喜一郎の市場改革プロジェクトの中に盛り込まれていたものでもあった。

この事業が完成すれば、氷1枚の単価は約130円と試算されたのだが、工場の建設費には3400万円という莫大な資金を必要としたことから、組合員の共同出資約600万円、市中金融機関から1千万円、金沢水産信用組合（金沢中央信用組合）から1800万円の借入金によって建設資金が調達された。

掘削工事を前年（26年）12月に開始、ところが400フィートを掘っても水が出ず、工事は一時中断、先行きは不安視されたが、さらに30～40フィート掘り下げてようやく水脈に打ち当たり、27年8月18日の竣工式にこぎつけた。

工場の規模は、製氷設備日産10トン、冷凍能力同1トン、冷蔵能力同200トンという堂々たる設備で、組合事業としては全国的にも珍しく、近江町市場の製氷冷凍工場として市民の台所に大

きく貢献を果たしていくこととなる。

4　「異臭」「怒声」の近江町市場

自治協会時代の近江町市場の様子が伝わる新聞記事がある。先にも紹介した戦後の矩会長の日記が掲載された連載「商店街漫歩」第19回「異臭、怒声のうずまき〝生き馬の目を抜く〟生存戦線」（北國新聞 昭和28年6月20日付夕刊）である。

（略）辻に一歩ふみ入れるとプンと異様なにおいが鼻をつく、てり焼きがにおい、カニのゆでじるが湯気をたてている。切り身の生魚に冷凍魚のにおい、青物に人混みの体臭とまさに百臭のカクテルだ。生ぐさぎらいでなくても胸がムカムカする。（略）矩さんはそれほどでなくても悪臭と雑踏の街を品位ある市場に建直すべく〝衛生と整理、とくに売り子の言語、動作には注意せよといってるんです〟と強調したが、そのときあがり込んだ矩さんの座敷まで〝さアまけたっ、買わんか、これでもかっ〟と怒鳴るような声がひときわ大きくきこえてきた。（略）しかし、主婦たちにとってみれば、ここがまた味わいのあるところ。（略）

250年史の回顧編には、こんな人物が登場する。

（略）売り手は男ばかりで、中には面白い人もたくさんおった。大長さんの前の店に荒木のおじいさんがいたが、年中、うろこや油脂に染まってピカピカになったきものをきていた。達筆な人で、筆をなめなめ「今日ドレコレオカワナイ人ワハカハカ」（今日獲れ（の魚）此を買わない人は馬鹿馬鹿）と巻きたばこの裏にかいて置いてあった。ハカハカとして濁点を打たんとこに人気があった。（略）口の悪いのも近江町の特徴や。「いろてばっかおってどうなる。やかったらおこおこ。お前にむこわんがや。いこいこ」―それで商売ができたんだから近江町というのは面白いとこや。（略）

（250年史　回顧編　折戸広吉）

（略）近江町は面白いところだ。名物男がたくさんいて朝から酒を飲んで市姫通りで大の字に寝て電車をとめたり、気のたったところだからけんかも派手だった。

（250年史　回顧編　河村誠忠）

（略）近江町は歴史の深い町であるとともに人々の気風が独特だ。やたらに頭を下げない。いたずらに妥協しない、買わん人は出ていけという気概がある。

（250年史　回顧編　平松三郎　当時75歳）

（略）人情にもろいくせに、三日にあげずケンカの花を咲かせていた近江町人気質も、商店の法人化、店員のサラリーマン化で次第に変わり、若い衆の気迫が乏しくなり、同時に先輩への礼儀なども薄れて来たように感じます。

（250年史　回顧編　大澤健雄　当時46歳）

名物男は多くいたようだ。こうした人物が引き起こした珍談奇談は、おそらく枚挙にいとまがないほどだったであろう。近江町の気風がまた面白くあり、この頃の近江町市場の特徴を表わしているのが「異臭」「怒声」そして「喧嘩」だったようだ。

ここでまた、掲載記事に戻る。

（略）市場は下堤町、下松原町、十間町、下近江町、上近江町、青草町、市媛通り、袋町の八つにまたがっておりそこに青物が九十、鮮魚が九十五、乾物二十、菓子十五、合せて二百二十店がある。これが自治協会を結んでいて会長は矩さん、副会長は中橋俊雄さん、会計は紙谷栄次郎さん、ほかに委員十四人がいて運営にあたっている。（略）新鮮度がものをいう鮮魚や青物が多いだけに午後も五時に近くなると朝の値の三割引、五割引という法外な値もとびだすのでこれまた忘れられない主婦たちの魅力。（略）〝生馬の目を抜くということがあるが、それはここのことだがね〟と矩さんは述懐するが、板店のうちには半年も店をもち切れぬのがかなり多く、三、四年もつづけばながい方だという。ことほどさように競争激烈のちまたなのである。

近江町はいわゆる商店街ではない。しかし店としても相当なのがある。まず塩物では長田、沖津、赤沢などが代表的で、鮮魚は大長と大口水産が双璧、（略）青物では小畑、つるが屋が珍野菜の店として知られ、菓子では南保、山宮、呉服では宣伝に力を入れているムタムタ屋と日の出、洋服では川畠が目立っており、卸問屋としては柚木、土谷両青果、金沢乾物、石川合水、金沢水産、塩物の瀬川などが手広い商売を行っている。

記事中、近江町市場はいわゆる商店街ではないと書いている。広辞苑を繰ると、商店街は商店が立ち並んだ通りとあり、市場は毎日または定期に商人が集まって商品の売買を行う場所、市《いち》とあるが、現在の振興組合の名称は、市場と商店街を併記した「近江町市場商店街振興組合」と呼称している。

記事では、市場は市姫通り、袋町までを含む広範囲な区域にまたがっているとされ、現在とは違い店舗数は200を優に超している。

昭和49（1974）年3月発行の金沢市商店街連盟創立40年記念誌「金沢商店街のあゆみ」によると、昭和31（1956）年に浅野川地区の振興を図るべく、浅野川沿線の20商店街が結集して浅野川振興会が発足するのだが、加盟商店街の中には「近江町」とは別に「市姫通り」がある。

明治37（1904）年の近江町焼けのあと、尾張町から武蔵ヶ辻までの直線道路「市姫通り」が開通、その後大正8（1919）年には市電が通るため道路は拡幅され、昭和に入ると百貨店も出現し、道路の舗装、街灯施設の整備から市姫通りには商店も増加して、近江町市場と隣接しながら独自に商店街を形成していたことになる（昭和59年11月刊の金沢市商店街連盟創立50年記念誌には、市姫通り商店街の記載はない）。

次々に出てくる各業種別の主要な商店名も、時代の移り変わりを感じさせる。取材を受けた自治協会矩会長は、市場の特色、現状、長所、短所、問題点を余すところなく縦横無尽に語っている。

昭和28年12月17日から始まった近江町市場の記念すべき第1回「近江町特売デー」のチラシが残っている。宣伝文には、金沢名物近江町市場が年末を控えた市場をあげての超廉売サービスを行い、今後は毎月17日に1日限りの特売デーを催すとあるが「金沢市民の台所」という形容詞は用いられてはいない。

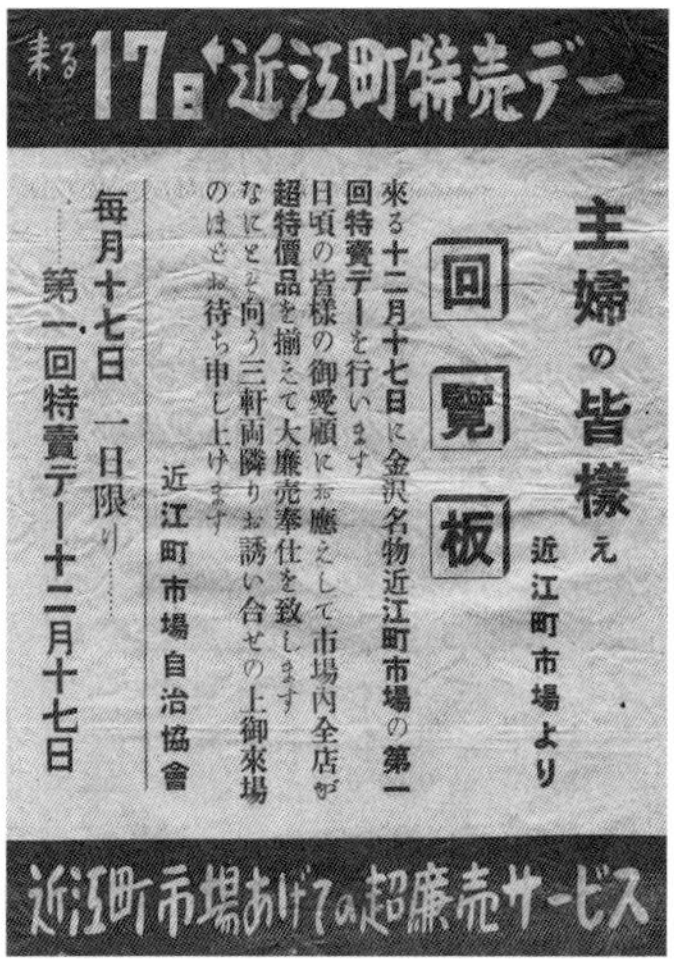
来る17日 近江町特売デー
主婦の皆様え
近江町市場より
回覧板
来る十二月十七日に金沢名物近江町市場の第一回特賣デーを行います
日頃の皆様の御愛顧にお應えして市場内全店が
超特價品を揃えて大廉売奉仕を致します
なにとぞ向う三軒両隣りお誘い合せの上御來場のほどお待ち申し上げます
近江町市場自治協會
毎月十七日 一日限り
第一回特賣デー十二月十七日
近江町市場あげての超廉売サービス
第1回「近江町特売デー」のチラシ（矩康子氏蔵）

これまで、あまり客寄せの宣伝には関心を示さなかった近江町市場の初企画特売デーには大勢の主婦が押し寄せた。

5　ネオン&アーケード完成

もはや戦後ではない―昭和31（1956）年、経済白書に登場した戦後の日本に初めて明るい未来を感じさせる、高度成長期への幕開けとなる有名な神武景気のキャッチコピーである。ラジオ、ミシン、自転車に代わって白黒テレビ、冷蔵庫、洗濯機が三種の神器としてもてはやされた時代で、近江町市場にアーケードを設置したいという意向が起きたのは、まさにこの頃だった。

通路上部に葭簀（上）薦ムシロ（下）を渡していた頃の近江町市場

それまで近江町市場の通路頭上には、日除けのために木材を渡し、そこに葭簀、薦ムシロを掛けて日差しや雨露をしのいでいたのだが、雨が降れば隙間から雨垂れが落ち、風が吹けば捲れあがり、買い物もしずらい市場であった。

市場は見るからにみすぼらしく、オンボロ市場とも揶揄されたが、アーケードが設置されればこうした悩みは一気に解消されることになる。

自治協会では、昭和29（1954）年3月に役員が富山市総曲輪通り商店会に完成したアーケードを見学に出向き、その後アーケード設置委員会が組織され、金沢市と一体となり建設省に設置の許可申請を申し立てる。

「今夏限りか」「近江町市場のヨシズ日除け」

金沢市近江町市場（延千六百メートル）に今夏もヨシズの日除けが張られた。〝毎年三十万円の費用を投ずるよりは・・・〟とカンバス木綿のテントにしたのは昨夏だったがものすごいススで真黒になり、一年だけでオジャン。防火上危険と知りながらヨシズ張りの再現となった。

戦争疎開ですたれた同市場も昨今は二百問屋、千三百人となり福井、富山、能登の業者もあつまる繁盛をとりもどしたが、夏の天幕だけが悩みの種。今春以来、業者間に長い間の〝見果てぬ夢〟だった鉄骨、天井ガラス張り、自由開閉式のアーケードを年内に実現しようという計画がたかまり、このほど早大理工学部都市計画研究室の石川栄輝工博を招いて、全国各都市のアーケードの実情をきき年内完成のプランを依頼した。

計画が実現すれば、夏の一風物だった同市場のヨシズ張りも今夏かぎりで見納めというわけ。

（朝日新聞　昭和30年6月8日付朝刊）

ところが、当局の許可が下りなかったのである。理由は、道幅は狭いうえに家屋は耐火構造ではなく、ここにアーケードを設置すれば火災が起きた場合、火はまたたく間に燃え広がる危険があり消火活動に支障をきたすこと、北陸の雪は水分を含んで重く積雪時には重さが増して危険であること、また風通しが悪くなり食品の腐敗を促進させることなどがあげられた。

完成したネオンとアーケード（矩康子氏蔵）

望みが絶たれたかにみえたアーケード建設だったが、善後策として出されたのがビニール天井張りによる耐久力に優れた合成繊維サラン天幕を用いた、開閉式によるアーケードの設置であった。

そして、このアーケードに先行して当時流行ったネオンサインがお目見えする。市場の4カ所の入口（現在のむさし口、市姫神社口、十間町口、エムザ口）には、鯛やメロンなどが赤、青、黄色など5色のネオンで明るく彩られた。

「近江町市場のネオン完成点灯式」

金沢市青草辻、近江町市場の街灯完成を祝う点灯式が十四日午後五時すぎから丸越五階ホールで地元の丸越社長林屋亀次郎氏、小林県副知事、吉田市助役、徳田代議士のほか経済、警察、消防などの代表七十名と市場側三十名が出席して開かれ、同市場自治会長矩繁命氏のあいさつ、工事を行った八日市組（アーケード工事）北陸電気工事株式会社（街灯工事）吉田ネオン店（ネオン工事）へ表彰状を贈った。

同市場は市民の台所に直結する関係から清潔にして市民から親しまれる市場にする運動をはじめ、その手はじめとして昨年秋ヨシズ張りの日除けを取除き予算一千二百万円で約五百メートルの市場通路に屋根型アーケードの建設に着手、アーケードは昨年暮完成、アーケード真ん中の電灯と四つの市場入口のネオン（高さ三メートル、幅五メートル）が十四日午後五時あかあかとつき、これまで真っ暗だった市場は明るい照明に浮きあがった。（略）（北國新聞　昭和31年1月15日付朝刊）

その3日後、1月17日付北國新聞朝刊掲載の「近江町ものがたり」と題された記事の冒頭は、「金沢市民の台所」近江町市場の書き出しで始まる。

金沢市民の台所〝近江町市場〟に十四日街路照明灯がつき、二つの入口ネオンで美しく彩られた。雪解けを待って天井にはサランを張り〝雨の降らない市場〟にするという。古老たちにいわせれば「変わったもんヤのう」であろう。

（略）

このあと、3月31日にはサラン天幕のアーケードが完成して、これで雨の日も心配なく買い物を楽しめる市場となった。

「しま模様も鮮か」「近江町にサラン天幕お目見得」

市民の台所として親しまれている金沢市青草辻、近江町市場に三十一日アーケード代用品のサラン天幕がお目見得した。これで雨降りでもカサなしで買物ができ、横のデパートだと買物客は大喜び、早くも商店街の人たちが見学に押しよせ、うらやましそうにながめていた。

これは同市場が昨年の秋からヨシズ張りの日除けを取除き約五百メートルの市場通路に屋根型のアーケードを建設していたものですでに電灯と市場入口のネオンが完成、天幕工事を急いでいたもの。（略）

青と白の棒ジマで美しく明るく野菜も新鮮味を失わず一石二鳥というわけ。

（北國新聞　昭和31年4月1日付朝刊）

自治協会では、市場の美観に配慮して各店舗の看板、模様替えについては事前に連絡を願いたい旨の通達を発出する。

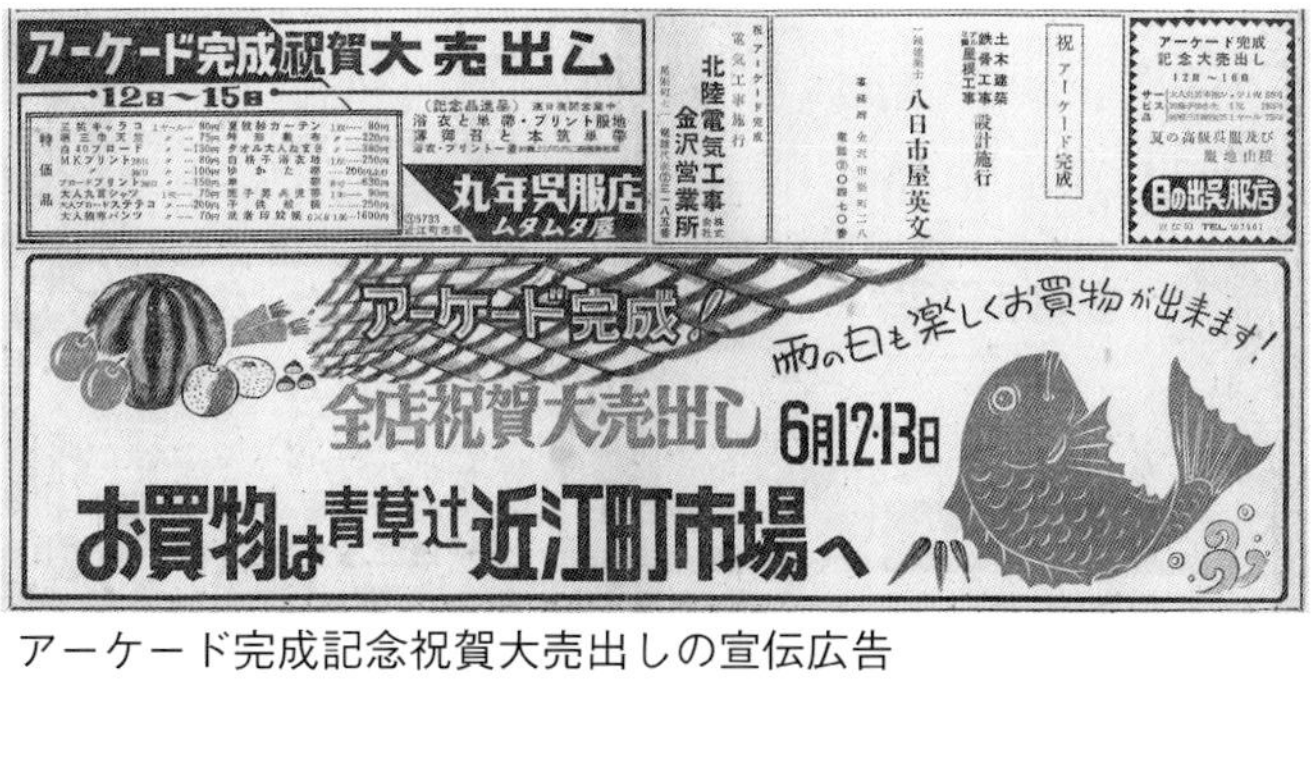

アーケード完成記念祝賀大売出しの宣伝広告

アーケード完成を記念して、６月12、13日の２日間には全店祝賀大売出しが行われ、新聞には「雨の日も楽しくお買物が出来ます！」「お買物は青草辻近江町市場へ」のキャッチコピーが躍る宣伝広告が打たれる。

これに先立つ６月９日、矩会長宅に各校下婦人会の代表を招き、市場について忌憚のない意見を聞く座談会が開かれ、市場一斉の特売デーにおける値段設定の状況、量目のごまかし、従業員の言葉遣い、商品の整理などについて、直接消費者の声を求めるリサーチを行った。

市場の青草町側は色も鮮やかでモダンなネオンサインが彩り、９月の市姫神社の秋祭りになると、近江町側は情緒漂う古風な行燈の灯りで彩られる。市場には時代を越えた得も言われぬ美しい情景が醸し出されたことだろう。カラーの写真や映像は残念ながら残っていない。

６　被爆汚染魚事件

昭和29（１９５４）年３月16日、近江町市場に突然衝撃が走った。

米国が行った太平洋マーシャル諸島ビキニ環礁の水爆実験で、操業中の静岡県焼津市の遠洋マグロ漁船「第五福竜丸」が被爆し、積んできたマグロが近江町市場に入荷していたことが判明し大騒動となる。

上近江町の金沢魚市場㈱では調査の結果、入荷した15日のマグロ４本と16日のカジキ２本が、被爆鮮魚を水揚げした焼津港からの出荷だと確認され、ただちに金沢大学医学部放射線科平松教授、県担当者らが市場に駆け付け、検査を行ったところカジキ２本の尾ヒレと内臓の一部から強い放射能反応が表れた。

マグロが入った木箱の氷詰め替え作業を行った、近江町市場冷蔵庫協同組合の綿貫敏が当時を語る。

「まさか被爆したマグロとは思わんからね」「魚に機械（放射能測定器）をあてると『ガー』という音が鳴って、びっくりしたもんや」

16日夜、ラジオは被爆マグロ事件を臨時ニュースで伝えた。被爆したカジキは、流通寸前で荷止めされて市民は安堵する。厳重に薦で包み荒縄で縛り、「危険品　封印を破るべからず」と書いて木箱に入れられた被爆カジキは、金沢大学の研究に使用され、残りは野田山墓地近くに埋められ処分された。

７　露天商問題

市場内に自治協会々長名で次のような通達が発出される。文書には日付がないため、綴られてある文書の前後から昭和29年夏から秋にかけての頃と推察する。

臨時回報

青草辻近江町市場自治協会々長

最近市場の休日（一の日、八の日）を利用して、猿の頭や朝鮮人参等のいかがわしい物を売る露商が市場内に入って来ますが、之は当市場の信用にも関る事でもあり、出来る限りこの様な者を入れぬ様に致し度く、若し彼等が商売をやり始めたら時期を失せず各役員の方は武蔵交番に届け出られ度く、武蔵交番はこの様な者を市場から排除する事につき協力される旨確約されて居ります

※尚当市場区域の受持警官は〝徳光氏〟ですから、成可く右警官に届出られ度し

役員各位

当時、1の付く日（1、11、21日）は八百屋の休日、8の付く日（8、18、28日）は魚屋の休日にあたり、市場の八百屋、魚屋が休みの店頭を無断借用して、露天商が入り込んでいかにもいかがわしい物を売りつける商法が問題となる。

昭和32（1957）年12月16日に開催された共栄会総会の議事録にも、「公休日に露商が入り込むので之を防止するため自治協会として店先を如何なる理由があろうと貸さない事に決定す」とある。

露天商問題に関しては、かなり以前から抱える懸案事項で、市場自体が露天商組合に加入していた時代があり、同組合から脱退（昭和23年8月）した経緯もあったのだが、市場は露天商のターゲットにされてつきまとわれ、取締りを強化する。露天商問題には、相当期間にわたって頭を悩ませられ続けたようだ。

8　大歳の近江町市場（1）

「金沢市民の台所」である近江町市場は、年末ともなると正月用のしめ飾り、生け花や、お節料理の材料の鰤、鱈、数の子、酢ダコ、エビ、カニ、大根、蓮根、白菜にミカンなどを買い求める大勢の客で通路は身動きできないほどの人で埋め尽くされて大混雑となり、市場の駐車場では順番待ちの車が長い列をつくる。

年末は必ず近江町市場に行って、正月用の食材の買い物をしなければ年が越せない。近江町市場での年末の買い出しは、我が家の大切な年中行事の一つだという嬉しい近江町ファンの声も耳にする。

いまや師走の一大風物詩である大歳の市場の賑いを伝える新聞、テレビの報道は、年越しの歳時記、定番ともなっている。近江町市場の大歳の様子を伝える北國新聞の紙面を調査してみた。

戦後、昭和26（1951）年12月31日朝刊には、「五十一年さよなら表情　近江町へ二万人―」の見出しが付いた記事の掲載があった。暮もあと1日となった大詰めの晦日の街をレポートし、午前9時過ぎの金沢市役所、10時過ぎの玉川警察署、11時過ぎのデパート、午後2時過ぎの理髪店、そして3時過ぎの近

江町市場と続く。
〝さア、まけた、まけたッ〟ねじはちまきを横んちょにしめた兄ちゃんたちの威勢のよい声がせまい露地の両側から乱れとぶ。午後三時といえば平日でも市場のもっとも雑踏する時刻。しかしきょうは出足よく、三時から四時までに約二万人もの客がいもを洗うように市場にごったがえした。調子のよいのは魚屋。
　この朝約二万貫のブリが入荷、値だんも百匁六十五円前後と一日で五円方下がった。続いて大根、にんじん、れんこん、数の子、こんぶ、干だらの類。景気はどこでも異口同音で〝去年より売れませんネ〟
（北國新聞　昭和26年12月31日付朝刊）

　この年を境にして、前年（昭和25年）までは写真だけだった大歳の近江町市場の風景は、翌27年から写真付記事による報道となる。当時の主だった報道（見出し）を紹介する。

昭和27（１９５２）年12月31日付夕刊　２面　写真付
「30年来?の不景気　正月用品は見るだけの近江町」
昭和28（１９５３）年12月31日付朝刊　５面　写真付
「さよなら１９５３年　歳末商戦総決算―近江町雑踏」
昭和29（１９５４）年12月27日付朝刊　５面　写真付
「歳暮用品へひしめく　今年最後の日曜―」
　※延べ三万人の人出をのんだ近江町市場とある。
昭和30（１９５５）年12月29日付夕刊　３面　写真付
「客呼びも威勢よく　ごった返す近江町市場」
昭和35（１９６０）年12月31日付朝刊　８面　写真付
「１９６０年のフィナーレ　終日、買い物客で雑踏―」
※市場の推定では平日の３倍、ざっと15万人の買い物客とある。
昭和36（１９６１）年12月31日付朝刊　９面
「ことしもきょう一日　ごった返す近江町市場―」
※30日、平日の４倍の約12万人の人出でごった返し、昼過ぎ混雑がひどくなって身動きもできないところもあったとある。
昭和39（１９６４）年12月31日付朝刊　７面
「しわすシワス　あぁ忙しい　近江町は三倍の人出　あわただしさ最高潮」　写真付

1960年のフィナーレ

終日、買い物客で雑踏
精出す理髪　モチ屋さん　売れ行きも上がる

あすはお正月。大雪に見舞われた石川県下は〝交通マヒ〟でテンヤワンヤながらすっかり新しい年の装いを整えて一九六〇年のフィナーレを迎えた。三十日の各地の商店街はふぶきと雪に足をとられながらもお正月の買い物客で雑踏をみせた。〝お正月の顔〟をつくる理髪、美容院も超満員。年越しソバ、おモチ屋さん、雪の中で四苦八苦の配達員、いずれも大みそかを控えてラスト・スパート。年末の人出を運ぶ金沢駅もズタズタのダイヤ表に頭をかかえ、同日早くも大口の会社には春のくる前に到着していた年賀状が舞い込んだ。一方、県下五百余の寺院では除夜の鐘の出番を静かに待っている。

上　買い物客でゴッタ返す金沢の近江町市場
下　三日も早く大口会社へ年賀状の配達（北國新聞社受付で）

笑顔でいっぱい
お里帰りを急ぐ女子工員たち

ハネ上が

北國新聞昭和 35 年 12 月 31 日付朝刊

※金沢市民の台所、近江町市場は平日の3倍以上のにぎわいとある。

戦後は昭和25（1950）年の朝鮮戦争による特需、30年代に入って神武景気、その後昭和35（1960）年には当時の第1次池田内閣が打ち出した所得倍増計画が話題となった岩戸景気、そして39（1964）年の東京オリンピックを迎えるオリンピック景気と続いた時代背景の中、「金沢市民の台所」としての近江町市場に寄せる市民の支持率の上昇が年々高まっていく状況がうかがわれる。

9　作家林芙美子の見た近江町市場

矩会長が残したスクラップブックに、「昭和三一・二・七北日本」のメモ書きが残る「町内評判　金沢八百三町（7）」「近江町の巻」と題した新聞記事が貼付され、同記事には来沢した女流作家林芙美子のみた近江町市場を紹介している。

いまは亡き女流作家林芙美子が金沢へ来たとき、強く彼女の心をとらえたのは、近江町の庶民的な市場風景と、白鳥路のみどりのトンネルであつた。人も家もないみどり一色のお堀跡の散策路には古城のほとり、ほのかに香う郷愁が漂つていた。その静とは対しよう的なのが近江町で、ここはまるでオモチャ箱をひつくり返したような喧噪さ、客呼ぶ売り子の声、僅か五円、十円を執ようにねぎる主婦の真剣な表情―。

「乏しきを豊かに―」と願うひたむきな生活上の悲願にもえている姿。こんな素晴らしい市場が他にあろうか。林芙美子は、近江町にすつかり魅せられてしまった

ここには魚采あり、乾物あり、各種食料加工品あり、菓子あり、果物あり、種物あり、繊維あり、何でもある。だからスローガンには

一、何でも揃う近江町

二、新鮮で豊富な近江町

三、飛び切り安い近江町

で、文字通り市民のお台所である。

トンチ教室の石黒敬七は「金沢のヘソですな」と諷刺したが近江町とはまさしくそれで、ここがなくなれば金沢はヘソのない蛙となる。

小説家林芙美子（1903―1951）は、山口県下関市出身で底辺の庶民の生活を描いた「放浪記」でデビュー、「浮雲」「清貧の書」「めし」などが代表作として知られる。

庶民の生活に寄り添う林が高く評価する近江町市場ということで、記事には文字通り市民のお台所であると書かれ、また柔道家で随筆家でもある石黒敬七（1897―1974）は、近江町市場は金沢のヘソだと言及している。

同記事には、当時の自治協会の信条、役員人事体制が掲載され、見事に市場の民主化に成功しているのは特記に値するとも

書いている。

一、ボス的存在を認めず
二、中間搾取を排除する
三、純然たる民主市場とする

▼会長　矩繁命
▼副会長　中橋俊雄（鮮魚代表）　土谷敬一（青果物代表）
　吉村一二（雑品代表）
▼鮮魚部委員　紙谷栄次郎　荒井知行（大口）　石田与史郎
　折戸広吉　原喜好
▼青物部委員　徳田助守　北形三次郎　伊東伊松
　徳川徳郎　橋本弘
▼塩干部委員　沖津一伊　池内安清　長田安弘
▼蒲鉾部委員　能口源作
▼雑品部委員　比賀和吉（昆布）　成瀬清次（種物）
　山宮外雄（菓子）　南保幸一（同）
　荒木登（荒物）

金澤魚市場共栄会の記録綴をみると、昭和31（１９５６）年3月12日に開催された臨時総会議事録には自治協会役員改選期の記述があり、その後4月20日開催の臨時総会で決定した「自治会運営役員一覧表」が記載されている。

会長　矩
副会長　紙安　吉村　小畑
総務部長／比賀　副部長／能源　企書／長田 橋本
庶務／原　経理部長／荒井　副部長／徳田　予算決算／成瀬
出納／沖津　事業部長／大長
第一副部長／池内　施設／山宮　宣伝広告／南保
衛生／吉谷　厚生／石田
第二副部長／折戸　交通／伊藤　防火防犯／山本
青年部／山宮　天幕管理部／片山

同時期の資料から２つの自治協会役員人事を紹介したが、改選された運営体制には違いがみられる（自治協会時代の資料、記録に乏しく不明の点が多々あり、新聞記事掲載の氏名の文字の違いなどはできる限り確認した）。

第三節　戦後復興から高度成長へ

１　大国まつり　復活

昭和31（１９５６）年の10月、戦争によって中断していた「大国まつり」が復活する。

　大国祭復活挙行につ（い）て
大正十五年、能登一の宮気多神社より当市場の守護神として御神体を勧請して毎年十月二十三日市場の大国祭を挙行して参つたのですが、昭和二十年市場の家屋が強制疎開の

遷座式　昭和 31 年 10 月 22 日撮影

為めに一時尾崎神社へ御移していましたが、其後市場も皆様に依りまして元の姿になり今後新たに青江会館も竣工しましたのを機会に御遷御を願うことは最も意義あることと存じまして左記の順序に依り慶賀祭を挙行致しますから各位に於かれては是非御参拝下さる様御通知を致します

昭和三十一年十月十八日

金沢青草辻近江町市場自治協会

矩　繁命

文面に出てくる青江会館は、自治協会事務所が置かれている矩会長宅の2階に工費200万円を投じて改築したものである。これ一つを取ってもいかに矩会長が市場の発展に心血を注いだかが伝わってくる。

10月22日午後9時、白装束に身をまとった市場の面々が、御神体を載せた白木の神輿を担いで尾崎神社を出発、御神体が厳かに通る西町三番丁から下松原町の道筋には真新しい莚が敷き詰められ、灯りを消した暗闇の中を進んで市場南口（現十間町口）から入場、青江会館に到着して遷座式がしめやかに執り行われた。

「大国まつり」復活慶賀祭（荒井角男氏蔵）

23、24日の両日には、全店超特価サービスと銘打って大売出しを行い、純金、純銀小判が当たるラッキーカード入り（500個）の大国餅が進呈され、臨時の舞台では舞踏、万歳などの余興を催して、復活した戦後初の「大国まつり」が開催された。

自治協会からは、近江町特売デー、ネオン、アーケード、大国まつり…と〝市民の台所〟路線の矢が次々と放たれる。

２　機関誌「青雲」

写真は昭和32（1957）年6月5日に自治協会青年部から発行された機関誌「青雲」（B5判16ページ、ガリ版刷り）の創刊号である。表紙は河端徳二（石與商店）が担当し、イラストには「青雲」らしく富士山とたなびく雲が描かれている。

表紙裏面の1ページには、S・Y生の次のような「巻頭のことば」がある。

一人よく一業を成し遂げた人は例外なしに一つの共通点がある。

創意工夫に富み、体験を生かし、これぞと確信したところに、どこまでも全力を傾注して

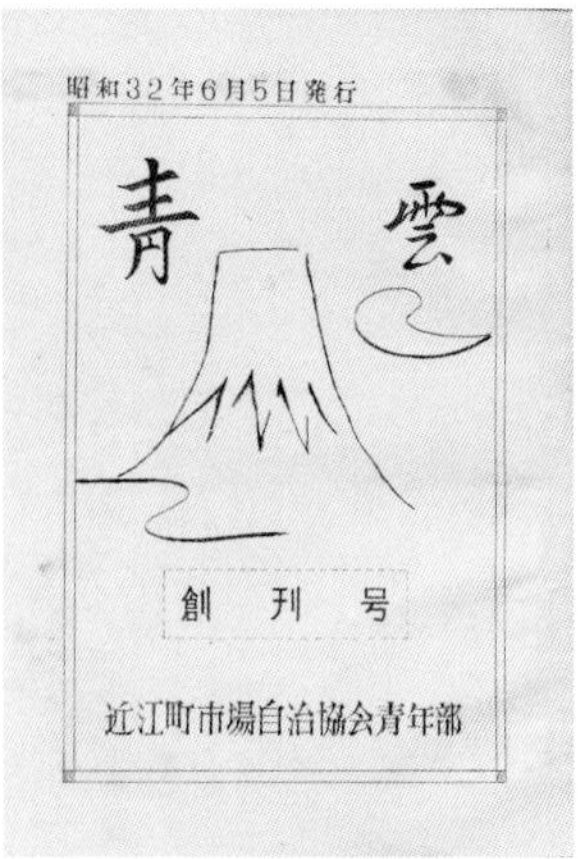

機関誌「青雲」創刊号

かかることである。

商売も、日々をながめれば、平凡そのものである。しかし、自分さえその気になれば、何か必ずそこに、「これこそ」というものが見つかる筈だ。

それを守り抜き、生かし抜くのが、これからの真の成功者というものである。こういう人が、一人でも二人でも殖えれば殖えるほど、この行詰った日本経済も救われるものと思われる。

創刊〝青雲号〟私達の機関誌も、あまたある機関誌に、「これこそ」という特色ある発展をなしたいものである。

ページを捲ると、「青年部は惰性感の払拭へ」と題した山宮外雄青年部会長の発刊の辞、自治協会矩会長、のち3代会長（振興組合初代理事長）となる比賀和吉、共栄会々長折戸広吉、青年部副会長の忠村喜吉と宮鍋芳男が祝辞を寄せている。

共栄会々長折戸広吉は、さきに近江町市場共栄会青年部発行の機関紙「若人」が、今回自治協会内の青年部と大同合併して改めて自治会青年部を基幹とする機関紙を発行し、広く其の活動を期して目的達成に邁進せられることを心から御祝い申し上げますと記している。

ほかには交通部長伊東伊松が市場内道路の交通、占用問題を誌上を借りて取り上げ、雑品部で庶務会計の水野英夫は「商店経営研究会の設置について」、精算所の畑長松は「たのみは若人達」と題した寄稿文、初代アナウンサー塚林淑江の詩が掲載

されている。

「青年部便り」には、自治協会青年部を鮮魚、青果、雑品の3部制として、それぞれの部会に活動の自由を許し、各部会には規約を設けず、市場自治と経営方針是正に目覚め、誘客精神向上の一環に投書箱を設置、自治協会青年部役員会を毎月14日に青江会館にて開催、機関誌を毎月1回5日に発行して会員相互の親睦と地位向上を図り、併せて各部の連絡機関とする「役員一覧表」を掲載している。

青年部会長	山宮	店名（マルミヤ）	部会 雑品
副会長	忠村	（忠村）	鮮魚
副会長	宮鍋	（三友）	青果
幹事長	酒井	（比賀）	雑品
庶務会計	水野	（青駒）	雑品
編集	河端	（石與）	鮮魚
編集顧問	岩内	（岩内）	雑品
幹事	大橋	（高次）	鮮魚
幹事	飯田	（大長）	鮮魚
幹事	松能	（茶間）	鮮魚
幹事	下田	（下田）	鮮魚
	鈴木	（島田）	鮮魚
	北形	（北形）	青果
	板村	（板村）	青果
	安田	（安田）	青果
	松岡	（松岡）	雑品
	片岡	（片山）	雑品
	河端	（河端）	雑品
	大畠	（沖津）	雑品

巻末の「通風筒」では、5月17日に青江会館で開かれた役員会議の議題より、女子青年部結成の動きがあることや休日の一本化運動、市場内交通整理、青江会館内に図書部を設けてはどうかなどといった声を載せ、来る6月17日の午後7時から9時まで青江会館にて開催を予定する「商店経営講座」（内容は接客法、合理的経営法）の案内もある。

「編集後記」では、今度自治協会青年部が会員相互の親睦と市場自治の精神にのっとり、一段と飛躍し、地位向上の為に茲に機関誌「青雲」創刊号を発刊の運びとなりました事は自治協会各位（雑品、青果、鮮魚）の絶大な御支援と青年部一同の愛会の賜の外ありません。今後尚一層機関誌を通して市場発展の為に寄与され、現代青年の威覚を身に付けたいと思います―と結び、会員からの投稿、行事の提案なども呼び掛けた自治協会青年部の意欲満々の創刊号である。

3　消費者アンケート調査

機関誌「青雲」9、10月号では、青年部事業調査係が行った消費者アンケートの結果が2回にわたって報告されている。

この年（昭和32年）の夏に実施されたアンケートは、主に家庭の主婦を対象に約２千人来場者にアンケート用紙を配布して、近江町市場がいかに金沢市民の台所としての役割、期待に副い得ているかを全10項目において回答を求めたもので、回答率は約１割（176名が回答）、回答者の男女別をみると、やはり女性（主婦）が圧倒的に多く７割を占め、それでも男性（中年）が２割を超えていた。

以下はその調査結果である。

1　店員応接態度について
良い14％　悪い36％　普通45％　分からない５％

2　商品の価格（市價との比較）
高い３％　安い71％　普通15％　分からない11％

3　商品の品質（市販との比較）
良い31％　悪い５％　普通52％　分からない12％

4　市場の衛生状態
良い９％　悪い44％　普通42％　分からない５％

5　店舗の整理整頓
良い11％　悪い25％　普通55％　分からない９％

6　市場に来るときの乗り物利用について
汽車２％　電車23％　自転車10％　バス９％　徒歩54％
不明２％

7　市場での買い物回数について
一日の場合
一回38％　二回５％　三回10％　その他47％
一週間の場合
一回９％　二回14％　三回20％　四回６％　その他48％

8　市場での買い物時間について
午前７時０％　８時１％　９時２％　10時17％
11時16％　12時０％
午後１時３％　２時15％　３時17％　４時11％
５時５％　６時０％

9　あなたのお子様を安心して市場に買い物にやられますか
できる20％　できない60％　不明20％

10　市場で一番買い物される品物について

以上10項目にわたったアンケート調査の結果、近江町市場は品物の安いこと、新鮮なこと、何でも揃うことの反面において、衛生面が無頓着、店員の応接態度、道路の汚れ、ヤマ気の多いことなどの問題点が指摘された。

そして、これらの浮き彫りとなった問題の一つひとつが取り除かれてはじめて近江町市場が金沢市民の台所として、また石川県民の台所として発展されるものと思うと総括している。

この時代、すでに来るべきモータリゼーションを予測して、市民の台所から県民の台所へと商圏の拡大化を図り、飛躍を期していることに注目したい。

２千枚もの用紙を配布して大々的に実施された同調査は（回答率は低かったものの）、おそらく近江町市場で初めて行われたアンケート調査だったのではないだろうか。

なお、機関誌「青雲」12月号の編集後記には、新年号（昭和33年度）の編集にあたり機関誌の内容充実を図る為、機関誌構成の再検討、並に編集部の再編成を余儀なくされたので歳末号を以って一応刊行を打切らせて頂きます―との告知があった。

4　2代会長に紙谷栄次郎就任

昭和33（1958）年5月、12年余にわたって自治協会初代会長を務めた矩繁命が辞任して、2代会長に紙谷栄次郎が就任する。栄次郎は明治40（1907）年4月5日、高儀町（長土塀）の鮮魚商明石徳三郎の3男として生まれ、昭和3（1928）年に下近江町38番地で魚鳥商仕出しを営む紙谷太三郎の養子となる。

紙谷家の先祖は、享保年間から続く老舗の魚問屋「紙安」紙屋安兵衛である。安兵衛は本吉港（現在石川郡美川町）の貧しい漁師の家に生まれたが、享保の初め（一七二〇年頃）突然、本吉から姿を消した。金沢城下町で目にした近江町市場は活気に溢れ、夢と希望を抱かせる場所だった。魚についての知識がある安兵衛は、奉公していた店を市場きっての魚問屋にしたのだった。安兵衛は混元丹で有名な薬種商中屋彦十郎らの支援を得て近江町市場に魚問屋を開き、彦十郎がすすめた「紙安」の暖簾を掲げた。安兵衛の働きや店でこしらえる魚料理の評判は藩にも聞こえ、城中への出入りを許され、「紙屋」の姓を与えられたと伝わる。さらに茶席料理を考案し、近江町市場近くに金沢初のウナギ料理専門店「周楽」を開き、大きな人気を集めたという。

第２代会長紙谷栄次郎

「紙安」の屋号は藩政初期、金沢で初めての酒造業、家柄町人として藩主の信任も厚く「紙屋小路」の地名まで残すほどに繁栄しながら没落した「紙屋一族」にちなんだもので、彦十郎が紙屋家再興を安兵衛に託したものらしい。

「周楽」は、250年史の回顧編でも廣瀬近広堂が語った話の中に、殿様が一杯飲みにこられた筋の良い料理屋「しゅうらく」として出てきたが、ヤマカ水産の経営による上近江町の手押し棒鮨「舟楽」の店名はこれに由来する。

紙谷栄次郎は、この紙屋安兵衛から数えて8代目にあたり、「紙安」は昭和41（1966）年7月、西念町に開設された金沢市中央卸売市場に水産仲卸会社「㈱紙安商店」として入場、「ヤマカ水産㈱」「㈱近江町センター」は発祥の地である近江町市場において、享保年間からの老舗の暖簾を引き継ぎ、栄次郎は紙安グループを築きあげる。

紙谷家は、諸勝負事禁止、社会から蒙っている恩は社会に返すを家訓として受け継ぎ、栄次郎の信念は一歩後退二歩前進、明治生まれの気骨を持ち、どちらかといえば短気、家でも怖い存在であったというが、晩年は孫を連れて趣味の釣りに出掛ける好々爺な一面も覗かせた。業界、地域への貢献から数々の表彰を受け、昭和33（1958）年には紺綬褒章を受章した。昭和60（1985）年12月21日、78歳の生涯を終える。紙谷家には、昔日を偲ばせる提灯籠や桶などが伝存している（グラビア50ページ）。

〈役員人事体制〉
会長　紙谷栄次郎
副会長　小畑　吉村　大長
顧問　矩　岡島
総務部長　比賀　成瀬　原
経理部長　荒井　副部長　高次　経理主任　徳田
経理監査　成瀬　出納主任　沖津
第1事業部長　折戸　副部長　片山　天幕管理　山本
衛生　北形　施設管理　片山
第2事業部長　池内　副部長　伊東　厚生　伊東
宣伝広告　南保
第3事業部長　能源　副部長　橋本　交通主任　山宮
防犯防火　桶川　青年部　山宮
（昭和33年4月27日開催　役員会　議事録より）

2代紙谷会長は、近江町市場が「金沢市民の台所」である食品市場としての使命を果たすべく、市場内の保健衛生、交通保全に重点を置いた協会運営にあたっていくこととなる。

衛生管理では、梅雨時の食中毒防止を目的に、市場の通路や側溝を松ヶ枝消防分団の協力を得た消防ホースでの放水による一斉清掃や、ＤＤＴ、乳剤散布、ハエやネズミの駆除を市場あげて店主、従業員総動員により実施する。

市当局からは、占用道路の又貸しと占用外道路の使用について再度にわたって厳重な注意があり、自治協会では交通の取締りを強化して応急策を講じたが（青年部の提唱により、道路にペンキで占用線を表示する）、従来の運営のあり方では本質的な問題の解決は困難で、早晩市場の近代化に踏み切らねばならぬことが痛感された。

昭和33（1958）年には、アーケード改築補強工事が行われる。積雪対策として天幕部分の半分を鉄板にして、雪降ろし時の歩道（足場）を新設、天幕も補強し災害対策を施した（天幕、設計その他仕上げ等総額850万円）。

翌34（1959）年9月には、横安江町商店街に総工費4200万円をかけた高さ6メートル、幅8メートル、天井は金属板と半透明のポリエステルで全面を覆い、火災対策も備えた総延長約330メートルに及ぶ近代的なアーケードが完成した。近江町市場のアーケードは見劣りするばかりであったが、昭和38（1963）年の三八豪雪では、横安江町商店街アーケードの入口約50メートルが雪の重みで倒壊してしまう。近江町市場では、開閉自在の天幕アー

三八豪雪　市場は雪の山

ケードを操作してことなきを得たが、1月11日から27日まで連日降り続いた雪は最深積雪181センチにも達し、金沢気象台が測定を開始してからの最大記録となり市場内は雪の山となる。

交通機関はマヒ状態、学校は休校、生活必需品は底をつき、屋根雪降ろしの雪で車は通行不能、市内8千戸がし尿の汲み取りもできず悪臭に悩み、市民生活は大混乱に陥った。

三八豪雪を体験した人々には、共通的に強烈な印象として記憶に残っているのが、2階から出入りしたという異常な光景で、250年史では市場の道路はみな雪でふさがれ、各商店の軒下わずか1尺（約30センチ）ばかりの幅が通路となり、馬の背のような雪の山で向かい側の商店さえ見通すことができない中を、客足は平素と衰えることなく賑わったとある。市場をあげての除雪が朝から夜の11時頃まで続いたという。

5　スーパーマーケット

近江町市場の老舗魚問屋「大長」の中橋俊雄は、時代を先取りする感性に優れ、先見の明と旺盛な事業意欲に満ちた人物であった。

昭和35（1960）年5月15日、上近江町33番地の住宅兼店舗を改装して、鮮魚を主に生鮮食料品、加工品などを網羅した「大長食料品デパート」を新装開店する。

1階が店舗、2階は住宅だった建物が、1階と2階が店舗、事務所に大改造され、3階建てに持ち上げられた。

開店当日の写真を見ると、お祝いの花輪がズラリと並び、天

新装開店した大長食料品デパート（中橋俊之氏蔵）

井は吹き抜けで高く開放的、明るく広い店内はお客様で溢れ、白い割烹着に買い物かごを下げた主婦の姿が目に付く。開店チラシには来店客に魚専用ポリエチレン包装袋を渡すサービスを行い、オープンケースを採用したとある。これが昭和期中頃の店舗かと思わんばかりの店づくりである。

米国で発達したスーパーマーケットは、昭和30年代に入って日本でも急速に台頭してくる。金沢でのスーパーマーケット第1号店といわれるコジマフードセンター「食品の小島」は、昭和33（１９５８）年に野町でオープンした。

その翌34年、自治協会副会長の中橋俊雄と南保幸一（菓子問屋「南保商店」）の両名が長町に「金沢マーケット」の建設を計画する。

こうした動きに自治協会役員からの反発、さらに長町付近（5連区）の魚商組合員（青果は5連区から共同店舗を出店）からは動議が持ち込まれる。

中橋の革新的な時代先取りの感覚は、当時はまだ周囲に受け入れられず、中橋、南保両名は自治協会に辞表を提出、役員会に諮られ紙谷会長は今後の協会運営も含めた問題解決に苦悩する。

> （略）戦後の混乱も落ち着き、経済成長に入った三十六年四月に従来の鮮魚店の行き方をかえてスーパー形式にした。これは近江町はじまっていらい―というより金沢市でもスーパーの皮切りであった。「紙安」という先祖からの屋号を「近江町センター・F・バザール」として、脱皮を試みたわけである。市場内であちこち歩きまわって買い物をするお客をみて、品物を一ヵ所に集めたら少しは便利になるのではないかと考えたのがきっかけで、ちょうど大学を卒業したばかりの息子の新しい時代にむこう市場内の革新経営の意見により、実行にふみ切った。
>
> しかし、長い間近江町で世話になっているのだから、他店に邪魔になるような専門店的な品物はさけ、主体はあくまで魚屋とした。まあ、おかげ様で皆さんによろこんでもらえる結果になった。しかし、市場内で発足したときはスムーズにいったが、第二店を出したときは町の小売りの魚屋から反対をうけるはめになり、これを機会に出店の方法をかえ、地元の魚屋と十分話し合い、お互いに有利な方法を採ったため、現在までの十六店は円滑に運営されている。
>
> （略）　　　　（２５０年史　回顧編　紙谷栄次郎　当時71歳）

２５０年史の回顧編で、紙谷会長は「バザール」出店時に生じた軋轢を吐露している。流通革命を起こし、小売商に大きな影響を与えたスーパーマーケットは、近江町市場にこうしたかたちで出現して波紋を広げる。

その後、市内には東京ストア、城南食品センター（ニュー三久）、主婦の店（マルエー）、中央生鮮食品、百万石ストア、マルサンなどのスーパーマーケットが続々誕生し、時代は高度経済成長期へ、スーパーの売上げはデパートに迫るほどの躍進をみせていく。

6　比賀和吉が第3代会長に

昭和39（1964）年5月5日、紙谷会長から辞任届の提出があり、12日開催の臨時役員会で受理される。次期会長選出は同月21日に開かれた総会でも難航し、当分の間は比賀和吉、荒井知行、小畑久松の3副会長によって自治会業務を代行することになる。

その後、8月24日の定例役員会において緊急動議が出され、全役員の賛成により第3代会長に比賀和吉の就任が決まり、紙谷前会長は常任顧問に推挙された。

第３代会長に比賀和吉

比賀和吉は、明治38（1905）年に金沢市で生まれる。趣味の写真は高級カメラを複数台所有する玄人肌で、明治15（1882）年に父豊次郎が創業した昆布専門店「比賀商店」の2代目を継承する。業界では北陸昆布協会理事長を務め、その傍ら松ヶ枝小学校のＰＴＡ会長も引き受け、自治協会はこのあと近江町市場商店街振興組合となる組織替えが行われるのだが（昭和40年）、その重要な時期を担うことになる。

比賀商店は3店舗となり、30～40人の従業員を抱えて業容を拡大していくのだが、家庭では仕事の話は一切せず、苦労を苦労とも思わない、明治生まれの辛抱強い気概と信念を合わせ持った人物であった。

9月7日開催の臨時部長会では、新役員の業務分担案が示され、翌8日の臨時役員会で同案が承認される。

〈役員人事体制〉

会長　　比賀
副会長　　小畑　荒井　池内
顧問　　矩繁命　田中富士夫
常任顧問　紙谷栄次郎
総務部長　成瀬　副部長　原　　監査　山宮
経理部長　高島　副部長　橋本　　経理　吉村
出納　桶川
事業部長　徳田　副部長　片山　　施設　北形
衛生厚生　本田　広告宣伝　南保
青年部　　役員会参加は今後考慮する
特別防犯委員　折戸　副　伊東　　木戸　境田　山甚　忠村

（昭和39年9月7日臨時部長会　8日臨時役員会　議事録より）

７　町名問題

市指定無形民俗文化財「加賀万歳」の中で人気の高い演目に、金沢の旧市内の町名を唄い上げる「町尽くし」がある。「とくわかに御万歳とや、ありがたかりける君が代に、北国一番金の成る木の金沢の、百万石の御城下で、御城高く見上げれば、御紋所が梅鉢で」に始まり、近江町周辺は「何か私の堤町の、其うへ武蔵坊弁慶が、首十間町の袋町をば口にくはへて、寄せくる敵が近江町の、魚一番とせりあげて」と続いていく。

金沢市では、昭和38（１９６３）年４月「住居表示に関する条例」の交付から、町名、区域が20有余年の歳月をかけて大改正された。これは住人が不在の町名、他と紛らわしい町名や飛び番地、枝番地などを整理して、行政の効率化、能率化を図ったものだったが、その結果「町尽くし」に出てくる伝統、由緒ある古い町名の多くが消えていった。

現在、地図をひろげてみると近江町市場は青草町、上近江町、下近江町、そして道路を挟んだ下堤町、十間町に取り囲まれるようにしてポツンと下松原町の飛び番地がある、６町にまたがった複雑な形状となっている。

当時、町名改正の対象となった区域は、青草町、上近江町、下近江町、下堤町、十間町、下松原町に加えて博労町、西町三番丁、西町四番丁、西町藪ノ内通の松ヶ枝校下に属する10町、面積にして８万５６００平方メートルとなった。

市側と地元の交渉で、統一される町名については市に一任することで一旦は合意したかにみえたが、青草町と上・下近江町の３町は統一新町名に「近江町」を主張し、昭和46（１９７１）年９月28日に市長、市議会議長、住宅表示整理審議会長に２０１人の連署による陳情書を提出すれば、他の７町はすべて反対に回って何度も話し合いの場が持たれた。

中央卸売市場移転前から、苦情を抱えていた十間町だったが、今回は黙ってはいなかった。市場のイメージが強過ぎる近江町の町名では、古くは米穀取引所が立ち並び、古美術商や料亭、旅館が所在する十間町とは町の趣が異なるとして大反対、市場側が近江町を主張するならば十間町も我が町名を残したいと対立、西町側も市場と間違えられる町名だとこれまた反対、松原町に至っては、そんな魚の臭いがしみ込んだ町名の仲間に入れるものかと猛反発してエキサイトする場面もあったとか。

統一町名問題は容易に事が運ばず、天正８（１５８０）年に佐久間盛政が尾山城を築いた時代以来の尾山八町（堤町、西町、南町、松原町、近江町、安江町、材木町、金屋町）のうち、新町名対象区域にはその半数の４町が所在し、それぞれの町にはそれぞれの歴史、伝統があり、プライドも高く、青草町と上・下近江町の３町だけの近江町案も出されたが、10年以上にわたった交渉はついに決裂、この区域の住居表示改正は手付かずのままに終わってしまった。

したがって、地図をひろげると近江町市場は前述のような複雑な形状になっているのは、こうした経緯があった訳だが、改正によって昔ながらの多くの町名が消えていき、旧町名復活の動きもみられる昨今、結果的にこれで良かったという見方もできそうな統一町名問題となった。

近江町市場内下松原町の飛び番地の経緯については、同町近辺の長老古老を訪ねて聞き取りを試みたが不詳である。

8　近江町パーキングの始まり

昭和30年代の終り頃、石川県米穀株式会社（昭和32年6月に田丸町へ移転）の跡地であった十間町21番地の土地売却話（約1200平方《メートル》、4400万円）が持ち上がった。

近江町市場では、今後のモータリゼーションの到来を予期し、利用者のための駐車場用地確保の必要性から、市場に近く立地条件の良い同跡地は、是非とも購入したい土地であった。

自治協会は、早速「駐車場建設協議会」（会長荒井知行）を設置して買収交渉に乗り出し、対象地と隣接する浅田屋旅館とは親戚関係にあたり、土地購入問題に関わっていた米沢外秋県議会議員に、荒井会長ら近江町市場関係者が陳情した。

交渉の結果、同土地は極めて公共的な使命を帯びた「金沢市民の台所」近江町市場に、有効利用してもらうという結論が導き出された。

自治協会では資金調達計画が諮られ、成瀬委員の提案による1口80万円で60口計4800万円の出資を募ったところ、40口の申し込みがあり、残り1500万円は県から1千万円、市から500万円を借入れ、昭和39（1964）年12月8日に契約が結ばれ、こうして近江町市場の駐車場建設の基礎が築かれた。

駐車場建設協議会の荒井会長が、250年史の回顧編で振返る。

（略）四十年以降になると今度は商売の方が変わってきた。車の増加、流通機構の変化―明治時代の考え方では通用しない面が多くなったのは事実だ。そのため三十九年には十間町の土地を買収し、四十年に六十台分の駐車場をつくり、四十五年には、市場の三十五人の有志をつのり駐車場の立体化をはかり、四十九年に市場駐車場が出来一日三千台の車をまかなえるまでになった。（略）

（250年史　回顧編　荒井知行　当時70歳）

以降、荒井会長は駐車場建設問題の先頭に立って奔走する。

第四節　戦後の事業所再編と商店

1　「市民の市場」化進む

戦後、統制経済は次第に解除されていく。

戦後の配給時代も問題がおこったね。魚屋の過去の売り上げ実績にもとづいて配給量を決めるといって調査したところ近江町だけで金沢の七割を占めておった。そしたら市内の魚屋から反対がでて結局近江町側が市の三分の一位をもらうことにしたと思う。（２５０年史　回顧編　折戸広吉）

その後、昭和24（１９４９）年8月にはすべての統制価格が撤廃となり、統制令による集荷配給を行う鮮魚の㈱石川合水、塩干の石川水産㈱の2社から自由経済の下、魚問屋は一時20社を超えたが、その後10社に淘汰される。（　）内は代表者

㈱石川合水（二木幸二郎）　石川水産㈱（木村喜義）
㈱金沢中央魚市場（丹羽専一）　金沢魚市場㈱（中西秀利）
㈱金沢丸魚（本野真明）　㈱丸共魚問屋（多田六郎）
㈱山長魚市場（長谷英俊）　㈱大野商店（大野孝）
㈱瀬川商店（瀬川信三）　大長食産㈱（中橋俊雄）

住吉市場でも新たな青果問屋が設立され、昭和28（１９５３）年までには住吉市場に19問屋、青草辻市場には3問屋が営業を競い合う。（　）内は代表者　※青草辻市場の３社

カネイチ青果物㈱（土谷与作）　柚木青果㈱（柚木三次郎）
大八青果㈱（徳田助守）

昭和24（１９４９）年4月25日、市制施行60周年記念式典が挙行される。２５０年史では、記念パレードに参加した青草辻近江町市場の仮装行列の写真6点を掲載している。野菜、タコ、大黒天、浦島太郎に扮し、竜宮城の造り物には「市民の市場」「皆様どうぞ」の宣伝文句が見える。

同年に開催された「市姫神社秋祭　奉納　浄瑠璃番組」（主催魚市場有志連）のプログラムが残されていた。金沢美術倶楽部を会場に、9月7日午後5時開演、入場は無料、「語り物番組」には式三番叟、義経千本桜、忠臣蔵四段目などがあり、大阪文楽座の武本七五三太夫、鶴澤市次郎が特別出演する豪華版で、裏面には「鮮魚の御用命は是非共名実共日本一の近江町魚市場内にて御求め下さい　おさかなら何んでも揃ふ皆様のお台所
近江町魚市場」とあった。

2　自治協会の多様な取り組み

昭和29（１９５４）年3月、市場に有線放送が設備された。

同年11月2日開催の役員会議事録には、青年部を組織し防災部

に協力する態勢を整えるとあることから、自治会青年部はこの頃発足したものとみられる。12月には防犯委員会が結成され、市場内の梯子所有者調査が行われた。

振興組合には、「昭和二十九年十二月　近江町市場防犯委員会々則並名簿」が保管されている。全16条から成る会則には昭和29年12月15日から実施とあり、荒井知行を会長とする役員名簿に、鮮魚47青果物53雑品44塩干16蒲鉾7部外24に分けられた191名の委員名簿、市場の地図が綴じ込まれてある。

昭和34（1959）年1月1日からのメートル法実施に向けて、自治協会では印刷物、換算表を作成して啓蒙に務めたが、同法が浸透するまでには相当期間混乱が続いた。

テレビの普及が急速に高まったといわれる同年4月10日の皇太子御成婚では、市場は奉祝の看板と紅白の幕で飾られ、11日は提灯行列に2台のお御輿（青年部鮮魚部は大鯛、青果部は皇太子と美智子様の似顔絵）と仮装による祝賀パレードにも参加する。

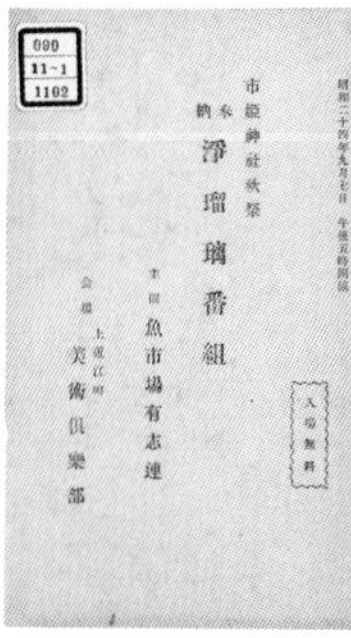

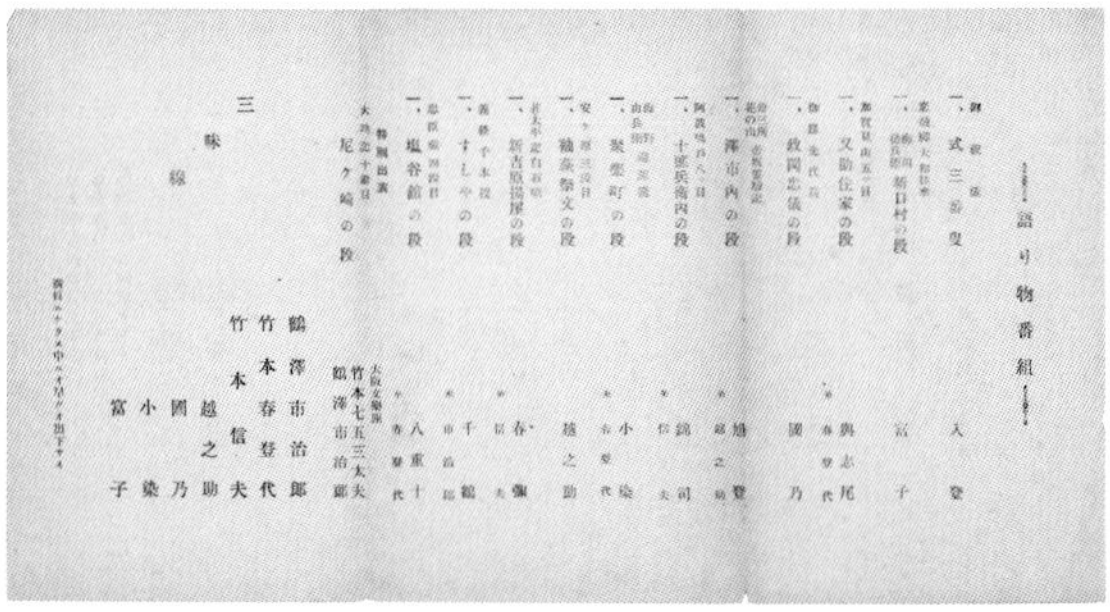

昭和24年9月7日市姫神社秋祭奉納浄瑠璃番組プログラム（金沢市立玉川図書館蔵）

アーケード改築補強後には、市場内の防火壁、防火シャッター、消火器備付け等の防犯防火対策が検討されている。

昭和35（1960）年1月13日開催の臨時役員会では、閉店時（午後6時）のアーケード天幕開放厳守（防災雪害対策）を文書配布、場内放送とリンを鳴らしての周知徹底が決められる。

5月26日、自治協会青年部（会長山宮外雄）は、県防犯協会から防犯防火活動の功績（市場内のスリ検挙10回、出火の発見未然消火67回）により表彰を受ける。

翌月（6月）19日未明、市場で放火事件が発生、青草町40番地の宮崎八百物商の店先売り台横で新聞紙が燃えているのを同店店員が発見して消し止めた。この後、近辺では2件の連続放火事件が起きる。

同月25日開催の定例役員会議事録には、週休制（日曜休日）について労働基準局による調査が行われたが、実施は難しく現在検討中とあった。

昭和37（1962）年5月22日開催臨時役員会では、換気のために直射日光が当たらない箇所の天幕開放（食品衛生対策）を午後2時頃から30分間場内放送で呼び掛けると決まる。

7月10日、戦後の混乱期から市場の再建に尽力した自治協会初代会長矩繁命の功績を称え、県知事、県商工会議所連合会頭から本県産業界の至宝を象徴する産業功労章が贈られた。

９月28日開催臨時役員会の議事録には、同月21日に市役所より呼び出しがあり、緑地帯側の道路を３㍍ほど拡張したい意向が伝えられ、県警からもアーケード柱を撤退するよう要望があったと記されている。

昭和38（１９６３）年８月23日開催の定例役員会では、緑地帯看板掲示場修理の件、同年12月13日開催定例役員会には美観を損ねる公園内の自転車やリヤカー放置の件が協議され、翌39年７月17日開催臨時役員会においては、緑地帯に噴水を設置して美観を創出する計画案が示されている。

昭和30年代には、運動会や野球大会が開催されている。自治協会が催す第１回の運動会は、35年９月18日の日曜日、金沢市営陸上競技場で行われた。

市場の親睦と慰安を兼ねた初めての運動会には、商店主、店員、その家族ら約２千人が集い、午後からはあいにくの雨模様となったが会場は大きな歓声に包まれた。

写真は、昭和38（１９６３）年９月22日の「第４回近江町市場自治協会運動会」（主催青草辻近江町市場自治協会

昭和40年代卯辰山での運動会（矩康子氏蔵）

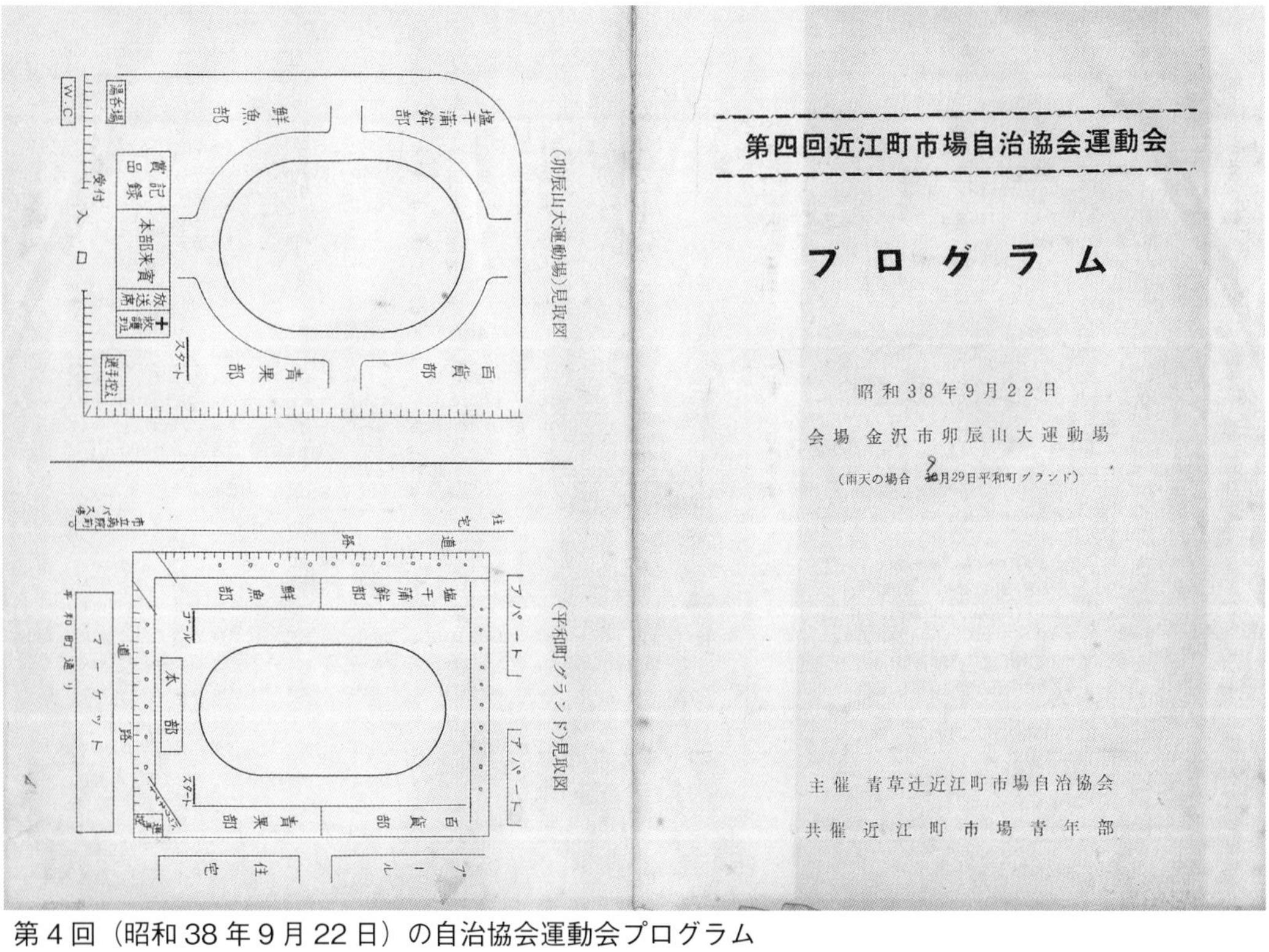

第４回（昭和38年９月22日）の自治協会運動会プログラム

共催近江町市場青年部）のプログラムである。会場は卯辰山運動場（雨天の場合は平和町グランド）、当日は午前7時30分に開会式、8時から競技が開始され、午後3時閉会式とある。

市場の運動会だけあって、競技種目には果物拾い（幼児全員）、どじょうつかみ競走が行われ、昼食時には全員で民謡を踊り（仮装賞あり）、出場者全員が体育行事に親しんだ1日となった。

新聞等に「金沢市民の台所」近江町市場というフレーズが目に付くようになってきた反面、新聞の投書欄には近江町市場の一部商店における接客マナー、商品品質、道路占用に関する厳しい意見や近江町用水の管理に対する苦情などが載せられるようになるのもこの頃からであった。

3　昭和34年の住宅地図から

昭和の戦後期、自治協会時代の近江町市場の商店、団体、組合等を、昭和34（1959）年版の金沢市住宅詳細図（金沢市制七十周年記念号）を用いて調査を行い、商店地図を作成する。

青草町

小室食料品店　安宅鮮魚店　南保菓子店　八与鮮魚店
忠村鮮魚店　不破鮮魚店　相川鮮魚店　根布長鮮魚店
山守鮮魚店　新力鮮魚店　杉本鮮魚店　中宮鮮魚店
田丸鮮魚店　木戸鮮魚店　山八鮮魚店　大吉鮮魚店
三金鮮魚店　や満当鮮魚店　松本鮮魚店　能崎鮮魚店
中屋かつお店　井口乾物店　松岡乾物K・K
金沢乾物K・K　清正種子店　紙安魚問屋　カネ一青果店
宮崎菓子　宮崎肉店　谷口乾物店　村田果実店
三友商会果実部　岡嶋青果物店　まつや菓子店
あけぼの菓子店　もりいち果実店　菊一果実店　加川花店
近江屋肉店　山本食料品店　境田果実店　林果実店
松原果実店　鳥由精肉店　綿上はきもの　湯浅はきもの
宮五青果店　伊藤食料品店　北形青果店　天田青果店
坂野青果店

上近江町

近江豆腐店　廣瀬近廣堂　東京興信所北陸興信所金沢支所
大野魚店　笠間菓子店　富士運送K・K　山長魚店
尾山かしわ商店　金沢水産信用組合　金沢魚商業協同組合
金沢丸魚　石川水産　大長食産　瀬川乾物店　金城電気商会
丸共魚問屋　鳥由鶏肉　金沢水産　大沢酒店　石与商店
やちや蒲鉾　浅井衣料店　桶川　高次　小坂魚店　よしの
石丸　板村商店　小川　越野　沖津商店　三ッ口屋　徳野
成瀬種苗店　大口水産　長谷川　宮田蒲鉾店　能登屋蒲鉾店
池島製麺店　丸井　はしや蒲鉾店　日冷魚市場　石川合水
金沢魚市場　大福水産加工所　金沢美術倶楽部

下近江町

平寿　北陸ダイヤK・K　トナミホーロー店　石織K・K
黒川豆腐店　蝶屋商店　賛協商会　山田金融　マルヨシ市場

「金沢市住宅詳細図」昭和 34 年版に基づいて作成

《近江町市場商店地図》
昭和34年

高光カメラ　北長菓子　浜口こんぶ店　能島折箱店
荒木荒物店　岩内蒲鉾店　長平　金沢乾物K・K　柚木
K・K青駒乾物　マルミヤ　竹内
中栄草栄堂（昭和43年に神宮寺へ移転）　矢田自転車店
目木　木谷　杉本洋服店　江村理髪店　おでん弁けい
水野　中山自転車店　北国タクシーK・K　戸田　今村
暁化学工業　竹下縫製所　加登長総本店　志村歯科
大井証券　朝日タイプK・K　鶴来運輸　千福食堂
松屋洋服　山さん本店　中六醤油店　村上理髪店
中島めんや　不室麩

下堤町

まつや菓子店　片山菓子店　白川ハム店　鍬田菓子店
日ノ出呉服店　日本冷蔵支店　天狗中田肉店　長田海産物店
米崎鮮魚店　比賀昆布店　川畠洋服店　池内乾物店
K・K明治屋金沢支店　荒木紙店　池内鞄製品

十間町

高山はきもの　中田　赤沢　能登與　脇本　高沢商店
野村歯科　広村乾物店　本田蒲鉾

下松原町

丸年呉服店　能口蒲鉾店

昭和30年代の近江町市場

アーケードが設置された市場を上から撮影する。右側にネオンサインが付いた現在の「むさし口」が見える。青果通り外の壁面には、各商店の看板がズラリと並んでいる。後方に屋根瓦があり、当時は住居と店舗が一緒だった頃の近江町市場。現在は「近江町いちば館」に姿を変える。

お母さんが子ども連れで買い物に

昭和 34 年、皇太子御成婚を祝う市場の人々

昭和 31 年、アーケードが完成し数多くの提灯で飾られた市場内。記念の大売出しが催される（荒井角男氏蔵）

昭和 37 年の「武蔵小公園」（丸谷穰氏蔵）

6　昭和　振興組合時代

第一節　大転換期の到来

昭和40年代に入ると日本経済は戦後最長の景気拡大「いざなぎ景気」を迎え、黄金時代といわれた高度成長期の歩みを早める。昭和45（１９７０）年には、大阪で万国博覧会が開催された。この時期、近江町市場は大きな転換期に立ち、新たな時代を切り拓いていくこととなる。

1　近江町市場商店街振興組合の設立

商店街振興組合とは、商店街が形成されている地域において、小売業又はサービス業に属する事業、その他の事業を営む者等が協同して経済事業を行うとともに、当該地域の環境の整備改善を図るための事業を行う組織である。

これらの事業者の事業の健全な発展に寄与し、あわせて公共の福祉の増進に資することを目的として商店街振興組合法が制定され、商店街振興組合は同法に基づいて設立される。

商店街振興組合法は、昭和37（１９６２）年５月17日に制定、同年８月15日に施行され、公的（国県市）な助成を受けることもでき、繁華街をつくる基盤ともなった。

自治協会役員会で、振興組合の設立が会議の俎上に載せられたのは、昭和38（１９６３）年夏から秋にかけての頃であった。石川県商工要覧（石川県／石川県商工会議所連合会発行）によると、同年には市内ですでに新天地、横安江町、尾山神社前、片町、竪町、武蔵の６商店街が、翌39年には英町、香林坊、玉川通りの３商店街が振興組合を立ち上げており、こうした地域の発展、振興への取り組みに対する気運の高まりから、昭和40（１９６５）年１月26日の自治協会定例役員会で「近江町市場」の名称による商店街振興組合設立が承認される。

その後、２月２日の臨時役員会で主旨説明が行われ、同月23日の定例役員会での設立準備経過報告、27日の部長会での定款作成査定を経て、３月31日に開催された設立総会において「近江町市場商店街振興組合」設立（出資金２４３万円、組合員数１６６人）が全会一致で承認可決され、比賀会長が青草辻近江町市場自治協会の発展的解消と、近江町市場商店街振興組合の4月1日設立を声高らかに宣言した。

4月19日、旧石浦町（香林坊1丁目）の仙宝閣で挙行された設立披露宴に来賓として招かれた徳田與一郎金沢市長は、「近江町を中心とする地域の発展については、金沢市もいろいろと考えているが、その推進力はみなさんだ」と激励の祝辞を述べる。

当日は、同じく4月1日に設立された「近江町駐車場協同組合」（代表理事荒井知行、後述）との合同による盛大な祝賀式典であった。

2　初代理事長は比賀和吉

「近江町市場商店街振興組合」の設立目的を定款第1条で、次のように謳っている。

本組合は、組合員の相互扶助の精神に基づき、組合員のために必要な共同事業を行なうとともに、地区内の環境の整備改善を図るための事業を行うことにより、組合員の事業の健全な発展に寄与し、あわせて公共の福祉の増進に資することを目的とする。

組合の地区は、第3条で

青草町　1番地から5番地　14番地から15番地　17番地から24番地
上近江町　26番地から29番地　35番地　40番地から41番地　31番地から40番地
下近江町　19番地から28番地　68番地
下堤町　19番地
十間町　27番地から32番地
下松原町　49番地の1

と定め

役員は第24条で

理事19人以上23人以内
監事2人または3人

理事のうち1人を理事長、3人を副理事長、1人を専務理事とし、理事会において選任する

理事のうち少なくとも18人は、組合員または組合員たる法人の役員でなければならない

役員の任期を第26条で

理事2年、監事2年

としている。

自治協会から法人格を有する商店街振興組合に改組した「近江町市場商店街振興組合」は、新たな時代に向けて近代化への道を歩み出す。

〈役員人事体制〉

理事長　比賀和吉
副理事長　荒井知行　小畑久松　池内安清

専務理事　成瀬清次
理事　徳田助守　高島喜代治　伊東伊松　橋本弘
片山勝次郎　桶川義雄　北形三次郎　本田利蔵
南保幸一　吉村一二　越村収吉　沖津一伊
杉本外次郎　中橋俊之　能崎藤作
監事　山宮外雄　境田正治
（昭和41年5月26日開催　理事会議事録ほか　より）

3　中央市場設立の機運

近江町と住吉の両民営市場に代えて、金沢市に公営の中央卸売市場を建設する計画は、大正時代にまでさかのぼる。野村喜一郎は、大正9（1920）年に「勧業報告公設市場調査報告」、15（1926）年には「金沢魚市場改善に関する顛末」を、能沢栄太郎（魚市場組合長）は同15年に「魚市場改善について」を著して、小売側と卸側双方の立場から市場の改革を説いた（ここに魚騒動「近江町争議」の背景をみる）。

昭和24（1949）年4月、井村重雄市長の示した金沢市都市計画に、中央市場を駅付近に設置する案が盛り込まれるが機熟さず、話の進展はみられなかった。

その後（昭和28年頃）、住吉市場の青果物商荷受連合会が金沢市に中央市場建設要望書を提出、市商工観光課は民営市場の実態調査に乗り出し、昭和30（1955）年に中央市場建設構想をまとめた調査報告書を発表するも時期尚早となる。

ところが、30年代中頃から状況に変化が現れ始める。昭和34（1959）年9月、農林省は全国の中央卸売市場建設該当都市調査を行い、日本海側では金沢、新潟、秋田を候補に挙げ、金沢をモデル市場として推薦したい意向があると伝わる。

この計画に敏感に反応した青果業界からは、金沢市に中央市場建設賛意書が提出された。水産業界は慎重な態度を取ったものの、翌35年には市議会で中央市場設置特別委員会の設置が決定した。

この頃、近江町市場の環境は混乱していた。当時の物流は貨車輸送が主流で、入荷した魚は駅から市場までトラックで運ばれ、そのため道路は渋滞し、市場近隣の民家の軒下で荷卸しや解体作業が深夜に行われ、路上に駐車するトラックの騒音なども合わさって付近住民からの苦情が続出する。

また、市場の建物は明治期以来の木造で、自動車が通ればその振動で揺れ動くほど老朽化し、側溝は雨が降れば溢れ、大量の水を使用する市場の排水処理設備は不完全で非衛生的、さらに早朝午前4時から始まるセリには、300を超す町の鮮魚店が買い出しに集まり、当時市内電車も走っていた周辺の路上には約1千台の大型小型のトラック、オート三輪、リヤカー、自動車などの各種車両が放置され、市場はさながら戦場のような様相を呈していた。ここで一たび事故、災害が発生した場合や、食の衛生面でのリスクも大きく問題視される事態となって

中央市場が西念町に開設される直前の近江町市場　昭和41年撮影（池内孝輔氏蔵）

いた。

昭和37（1962）年には、恒例だった市姫神社秋季例大祭での近江町市場の大行燈飾り行事は、こうした事情から見送られ以降途絶えてしまう。

二木幸二郎は、250年史の回顧編で述懐する。

（略）それにつけても私の養父が昭和三、四年頃すでに、「立地条件からみて近江町市場は必ず移転せんなん時がある。早めに考えたほうがいい。今のうちに手を打っておかねば」とよく言ったものだが、市姫、尾張町商店街は全面反対、私でさえ、そんなことができるか―と半信半疑で心から考えなかった。もし、その時、父の言葉通りに実現していたら、市場はどんな風に変ぼうしていただろう。

（250年史　回顧編　二木幸二郎）

当時、㈱石川合水の社長と魚市場の卸問屋10社で組織する金沢水産物卸売問屋連合会の会長を務めていた二木の自宅にまで、市場の付近住民が押し掛けて安眠妨害だ、子供が寝付かない、受験生がいて困る、一度現場を見に来てほしいといった苦情が持ち込まれ、二木が夜中に出向くと、なるほど荷卸し作業や手鍵の音が響いて煩い。

病気になったのは、市場の騒音にあると訴えて玄関先から動こうとしない老婦人も現れ、中央市場の開設は金沢市の仕事であると説明すると、今度は市長のもとに駆け込み、博労町々会では市長も出席した会合が持たれた。

住吉市場でも同様な施設や設備の問題が発生し、産地の広域化に伴って、荷受側も次第に大型化を迫られ、さらに騒音問題、交通問題が起きて、オート三輪やトラックの路上駐車には、警察署から連日忠告されていたという。

戦前までは消費市場であった近江町市場は、戦後は集散地市場となり、北陸3県から新潟、長野方面にまで商圏を拡大して分荷する形態基盤が固まり出した時期でもあり、卸問屋間の過当競争や、二木の話に出てきた近隣商店街の反対、近江町市場の既得権益の維持、さらに過去の先輩達が永年にわたって苦労に苦労を重ねて築き上げてきた市場を、なんでみすみす市（金沢）に渡さなければいけないのかという愛着ある近江町市場への感情移入も手伝って、中央市場設置に関する対応には、こうした複雑な事情を抱えていた。

中央市場が西念町に開設される直前の住吉市場
昭和 41 年撮影（池内孝輔氏蔵）

市場の取引は戦後の経済復興とともに年々増加して、昭和35（１９６０）年の水産青果合せた年間取扱高は約10万３千トン、金額にして約55億円、翌36年には13万１千トン、68億円余と飛躍的な増加を示した。

しかし、近江町市場と住吉市場の両市場を合わせた敷地面積は３万１８４平方メートルで、街中にある市場は立地条件からこれ以上拡張する余地はなく、情勢は市場移転の方向に大きく傾いていく。

４　金沢市中央卸売市場が開設

昭和36（１９６１）年３月、中央卸売市場設置特別委員会は土井登市長に対して市場建設の早期着工を申し入れ、金沢市中央卸売市場建設協議会を設置、いよいよ中央市場が開設に向けて動き出す。

市場の敷地選定に着手した市商工観光課は、金沢鉄道管理局が金沢駅を客貨分離した場合、鉄道貨物駅に接近した場所が適地として西金沢駅付近及び東金沢駅付近の４～５カ所を想定したが、生産地の関係から青果側は西金沢を、水産側は東金沢に固執してまとまらず約1年が経過する。

翌37年5月に同管理局は、北陸線電化に伴って客貨分離の必要がなくなり、駅裏機関庫跡に貨物ヤード建設案を発表したため、市場敷地は当初の予定を変更して金沢駅西側の二口、西念地区に決定した。

卸売人については、農林省の行政指導は市場法に基づく1社制で、住吉市場の青果問屋側はすでに1社制を選択していたが、小売側は卸売人の複数制、仲買人制度不要、売買参加権の全員獲得を要望、その後仲買人不要は撤回されたが、41年7月12日に市内の青果商261人が出席して開かれた臨時総会では、総会を決起大会に変えて協議が行われ、1社制を複数にして、小売業者に永久売参権を与えることを市に要求、これが受け入れられない場合は同月18日に開場を予定する中央卸売市場の取引には不参加を決議する。

14日の臨時総会には、徳田市長の出席を求めて決議要求について大議論が展開され、途中に採決を3度も繰り返し、4時間を超す大詰めの大評定が続けられた結果、売参権は小売全員に与えられ（1年更新の許可制）、中央市場開場日からの取引に参加することとなった。

水産側も卸売人は1社制か2社制かの単複論で大論争となり、各問屋と在京大手水産会社との系列の思惑も絡み、公式非公式合せて100回を超す会合でも決まらず、41年2月10日に石川合水会議室に卸小売百数十人が集まって、正午から始まった最終大評定では、日付が変わった11日午前1時まで、実に13時間に及んだ白熱の大激論が交わされたが、それでも結論は出ず、市場開設者である市長に白紙一任することになる。

近江町市場鮮魚商は卸（魚問屋）の統合と、このまま市場で営業を続けるか、それとも仲卸業者として中央市場に入場するかの選択と決断を求められ大きく揺れ動く。

市長は1社制に断を下し、魚問屋10社は石川中央魚市株式会社（代表取締役社長二木幸二郎）に統合、青果問屋8社は丸果石川中央青果株式会社（代表取締役社長塩原弥吉郎）に統合が成り、新設された仲買人制度では水産29社（近江町から問屋出身7社、小売関係その他20社の合計27社）、青果32社（青草辻から問屋関係1社、小売関係10社の合計11社）の仲卸各社、ほか付属営業人52業者（近江町から30業者）が中央卸売市場に入場することになり、売買参加権を有する参加者は金沢魚商業協同組合その他349人、金沢市青果食品商業協同組合その他382人が許可された。

中央市場に移転した金沢魚商業協同組合に隣接する魚商会館には、白川畜産（白川正雄）、兼六蒲鉾（谷内佐吉）、能崎商店（能崎幸房）、杉本水産（杉本外次郎）、瀬川商事（瀬川信三）が入居、金融機関では金沢中央市場信用組合（原喜好理事長）が市場支店を開設する。

水産　27社

問屋出身　7社

丸海水産（疋田喜一郎）　丸水（西尾外二）

金沢丸中水産（塩川清三）　石水（佐藤正寿）

大一水産（坂井忠寿）　丸魚商店（浅野勇）　大東（中橋俊雄）

小売関係その他　20社

石与（石田与四郎）　三鱗水産（木戸儀一）

福根水産（根布長権松）　高忠水産（高島喜代治）

安宅商店（安宅勝二）　大千（南出千一郎）

金沢中央水産（福島伊三美）　北与水産（北久男）
広村商店（広村保二）　大中水産（茶谷義正）
山甚商店（山本甚一）　マルイケ海産（池内良輔）
丸二中央水産（新保肇）　米仁商店（米崎仁一）
新和水産（不破不三男）　紙安商店（山下吉信）
丸八水産（茶谷吉太郎）　原屋（原喜好）
魚定商店（折戸広吉）　八与商店（八田近士）

青果　青草辻11社

問屋関係1社
カネイチ青果（土谷栄三）

小売関係10社
水野商店（住吉／青草 水野善一）　共和青果（井口昭二）
片山青果（片山勇松）　三友商会（北村義雄）
東洋青果（長谷川清治）　丸東青果（村田芳雄）
丸一青果（徳田助守）　丸友青果（北形良作）
明三商店（森三郎）　生駒青果（生駒栄吉）

付属営業人　30業者

鳥由商店（則竹関三郎）　石川鶏卵販売（田島秀一）
筒井商店（筒井柔郎）　やまは食品（坂井勝男）
蒲富士食品（本田利蔵）　舛定蒲鉾店（宮田耕三）
能登与蒲鉾（能口与四郎）　能源蒲鉾（能口ミサ）
岩内商店（岩内兵祐）　黒川商店（黒川俊夫）
えびすや（中田信義）　角間由男（西川正次）
中屋鰹節店（中屋俊男）　成瀬種苗店（成瀬清次）
砂崎商店（砂崎伸之）　江川斗起一　まつや（平松三郎）
まるみや商会（山宮外雄）　片山甘々堂（片山勝次郎）
南保商店（南保幸一）　十智（瓦田智英雄）
竹内商店（竹内余所松）　荒木商店（荒木登）
谷口商店（谷口章一）　徳野商店（徳野弥吉）
林田治夫（則竹是）　宮崎梅松（坂上義久）
青駒商店（水野英夫）　比賀商店（比賀和吉）
金沢乾物（桑島喜三男）

（昭和41年3月現在、金沢市中央卸売市場発行「市場30年史」より抜粋）

当初予定された中央卸売市場の開業日は昭和41（1966）年4月1日だったが、水産側の調整が遅れ、青果だけでも先に入場する案も出されたが延期となる。

7月10日、総工費10億1375万円を投じ、敷地面積7万5250平方㍍、建物面積1万8696平方㍍、1千台収容の駐車場を備え、4年の歳月をかけた金沢市中央卸売市場が完成し竣工式が行われ（市が開設した総合市場として日本海側では新潟に次いで2番目、全国では24番目）、18日に開場初市を迎えた。

初日の取扱高は水産141㌧、2437万円、青果661㌧、2478万円に上り、水産物は近江町魚市場の平日120㌧の約1・2倍、青果物は住吉市場での1日平均276㌧の約2・4倍と幸先良いスタートを切る。

一方で、近江町の魚市場と住吉市場では7月15日早朝に最後のセリが行われた（16、17日は盆休み）。市場の卸・仲卸の機能は中央卸売市場に移され、ほかにも付属営業人として移転する商店も相当数あって、前年に商店街振興組合に組織が変わった近江町市場は、さらに様変わりして新時代を迎える。明治時代から続いた住吉市場の歴史には、幕が降ろされた。

同年6月に丸果石川中央青果、8月には石川中央魚市に対して公正取引委員会から1社制に対して独占禁止法違反の疑いがあるとして審判開始が通告され、その後審判は続いたが、制度上の障害を除く対策が評価できるとして46年12月に審判が打ち切られた。1社制に異を唱えた金沢魚市場㈱出身の6人が、中央市場開場当日にウロコ水産株式会社を設立、上近江町32番地で場外市場を開業し、昭和54（1979）年5月11日に農林水産大臣から卸売業者許可書が交付され、水産部門は2社制となった。

5　小売商店だけになった市場

昭和41（1966）年7月17日付朝刊の新聞紙上で、振興組合は「明18日より問屋は新設の中央市場へ移転しますが　お買物なら近江町市場へ　小売市場は従来通りです」「皆様のためにより安く、より新鮮で衛生的にと近江町市場は近代化を計り問屋を新設の中央市場に移転しますが全小売店は従来通り皆様の横の食品デパートとして今後より飛躍、充実してゆきたいと存じます。何とぞ今後ともよろしくお引立の程お願い申し上げます。」という「お知らせ」を掲載した。

実は、自治協会初代会長矩繁命は昭和31年1月17日付北國新聞朝刊「近江町ものがたり」（自治協会時代で紹介）の記事の最後で、今後の近江町市場の方向性について「問屋を全部外部へ移して、純粋な小売市場にする」という将来ビジョンを語っていたのだが、矩会長が描いていた小売市場構想はちょうど10年後に実現することとなった。

金沢市中央卸売市場が開設されたあと、近江町市場はどのように変わったか―中央市場開業から3年が経過しようとする昭和44（1969）年4月1日現在における振興組合の組合員名簿を基に、近江町市場商店街地図を作成する。

〈組合員名簿〉　昭和44年4月1日　現在

鮮魚部

事業所名（屋号）	代表者名	事業所所在地
清商店（清）	後清	青草町10
夷藤商店	夷藤しげ子	上近江町35
大口水産㈱	荒井知行	上近江町38
川木商店	油野勉	青草町17
北川商店	北川りと	青草町19
三金商店	越野健治	青草町17
越村商店（三ッ口屋）	越村収吉	上近江町36
大助商店	坂本清助	上近江町26
島田商店	島田才吉	上近江町35
㈲新力商店	南喜久次	青草町17
杉本商店	杉本外次郎	青草町17
大長食産㈱	中橋俊之	上近江町33

㈱高次商店	高島一夫	上近江町33の2の1
㈱忠村商店	忠村喜吉	青草町17
やまと商店	寺田邦男	青草町17
水口商店	寺村正吉	上近江町34
中与商店	中宮外雄	青草町17
中宮商店	中宮操	上近江町34
能崎商店	能崎幸房	青草町17
前田商店	前田栄吉	上近江町35
松本商店（丸松）	松本敏三	上近江町34
横仁商店	横越茂	上近江町35
米崎商店	米崎寿一	下堤町37
三協水産㈱	中橋幸雄	上近江町30
ヤマカ水産㈱（ヤマカ）	紙谷栄次郎	下近江町15
柳田商店	柳田富雄	下近江町16
松本商店	松本幸雄	下近江町17
西村商店	西村元良	下近江町8
三洋鮮魚商	北久三男	上近江町35

青果部

青駒商事㈱	水野英夫	下近江町62
浅野商店	浅野精孝	青草町40
石川商店（丸川）	石川喜之助	青草町22
伊東商店	伊東伊松	青草町27
伊東敏商店	伊東敏雄	青草町22
今村商店（山ツ）	今村清彦	青草町22
鶴長	太田乾一	青草町40
㈱小畑商店	小畑久松	下堤町38
小畑商店	小畑充徳	上近江町36
北形青果㈱	北形誠次	青草町21
北川商店	北川美男	青草町35
北村商店	北村義忠	下堤町38
小林商店	小林栄次郎	下近江町26
境田果実店（丸サ）	境田正治	青草町24

大八青果㈱	高木守正	下近江町20
丸富商店	田中富男	青草町22
山外商店	田中外茂雄	青草町22
山安商店	田中安太郎	青草町25
谷口商店	谷口政吉	下堤町38
土橋商店	土橋正矢	青草町24
土谷商店（カネイチ）	大西実	青草町22
出森商店	出森清政	青草町22
天田商店	天田黎明	青草町40
徳一商店	徳川徳一	青草町35
坂野商店（カネ坂）	坂野外勇	青草町40
中川商店	中川栄次郎	下近江町24
長野青物店	長野健	青草町35
中村商店（木の吉）	中村喜一郎	青草町27
橋本果実店（今キ）	橋本弘	青草町22
林果実店	林龍助	（空欄）
東商店	東かの	下近江町28
久安商店（久小）	久安教雄	上近江町35
藤村商店	藤村義盛	上近江町33
藤本商店	藤本寅蔵	青草町36
丸宮商店	牧友雄	青草町22
松田商店	松田三次	青草町22
宮久商店	宮崎久太郎	青草町40
宮五商店	宮本栄次	青草町35
宮本昇商店	宮本昇	青草町24
ムラハタ果実店	村端幸吉	下堤町38
役山商店	役山謙二	上近江町36
安田商店（市安）	安田正昭	青草町22
山本商店	山本尚事	青草町24
赤小商店	吉藤敏子	青草町24
マルヨネ	米田重政	青草町22
鶴来屋商店（つるぎや）	鶴来勝二	下近江町39

百貨部

㈱あさ井屋	浅井清	上近江町32
えび新	新井永祥	下近江町68
荒木紙店	荒木澄子	下堤町43
泉商店	泉正雄	青草町28
江川菓子店	江川斗起一	下近江町24
大倉商事㈱	竹倉吉雄	下堤町36
酒の大沢	大沢太計雄	上近江町31
㈱近江町ストアー（オーミスーパー）	松岡正幸	青草町18
㈱近江町センター	紙谷栄次郎	青草町21
清正商店	押野正男	青草町20の4
㈱加川珍花園	加川昭美	青草町17
片山甘々堂	片山勝次郎	下堤町19
紙谷鶏卵店	紙谷外茂吉	青草町41
㈱越山甘清堂	越山一清	青草町24
小室商店	小室秀雄	青草町1
坂井商店	坂井作一	青草町40
㈱天狗中田近江町店	坂上義久	下堤町38
白川畜産㈱（白川ハム）	白川正男	下堤町19
ダイヤモンド商事㈱	柚木三次郎	下近江町24
高山履物店	高山与作	十間町27
㈱竹内商店	竹内余所松	下近江町28
金城電機商会	多田長松	上近江町25
山さん	辻慶治	下近江町68
㈱徳野商店	徳野弥吉	上近江町36
えびすや	中田義信	十間町27
成瀬種苗店（金晃園）	成瀬清次	上近江町36
㈱南保商店	南保幸一	青草町5
鳥由精肉店	則竹是	青草町35
長谷川商店	長谷川清治	上近江町38
畑野糸釦店	畑野ふみ子	青草町35
珉々	林三郎	下近江町26
日の出呉服店	林博	下堤町19
近江屋精肉店	林田治夫	青草町18
㈱比賀商店（カネト）	比賀和吉	下堤町38
まつや菓子店	平田米光	下堤町19
まつや	平松三郎	青草町26
白川畜産㈱（白川ハム）	松本忠充	上近江町35
松本日光舎㈱	松本由	上近江町32
まるせん	山宮外雄	下近江町26
㈱丸年呉服店	吉村一二	下松原町49
㈱マルミヤ商会	山宮外雄	下近江町26
宮崎精肉店	宮崎梅松	青草町22
みやま	深山賢次	下堤町38
宮前商店（あけぼの）	宮前八重子	青草町26
奥野照明堂	宮本あい子	下堤町19の1の8
炭田今川焼店	山崎喜美子	青草町42
柚木生花店	柚木順吉	青草町15
グリルロンドン	山宮外雄	下近江町26
ライフコーナー	柚木繁	青草町19の23
ミート・ノリタケ	則竹保男	青草町15
㈱北長商店（北長）	北伸二	下近江町16の3
佐藤商店	佐藤喜明	青草町17
㈱明治屋金沢支店	坂本外治	下堤町38の3
㈱北陸ダイヤ	原隆三	下近江町7
やまだ茶店（滴翠堂）	山田博	下近江町14
クローバー	大辺外治	上近江町19
黒川豆腐店	黒川俊夫	下近江町11の1
江村理容店	江村忠蔵	下近江町34
目木商店	目木義雄	下近江町32
矢田モータース	矢田外喜次	下近江町32
おふくろ	福田弥生	下堤町19の9

塩干部

赤沢商店	赤沢与一	十間町33

組合員名簿（昭和44年４月１日現在）に基づいて作成

《近江町市場商店街地図》
昭和44年

池内㈱	池内安清	下堤町38
石丸食料品店	石丸孝一	上近江町33の1
㈱沖津食品	沖津一伊	上近江町36
角間商店	角間由男	下堤町38
金沢乾物㈱（丸乾）	角間喜一	下近江町19
砂崎商店	砂崎伸之	下近江町26
瀬川商事㈱（丸二）	瀬川信三	上近江町47
中屋食品㈱（山二）	中屋俊男	青草町17
山崎商店	山崎賢照	青草町24
山本商店（山与）	山本与三次	下堤町38
高川物産	高川武士	青草町24

蒲鉾部

岩内蒲鉾店	岩内兵祐	下近江町22
蒲富士食品㈱	本田利蔵	青草町15
能源蒲鉾店	能口里陽	下松原町49の1
宮田蒲鉾店	宮田耕三	上近江町39

部外

	内潟甚次郎	
	岡島忠雄	
	矩繁命	
	新保外喜雄	
	民谷平次	
金沢中央市場信用組合	原喜好	上近江町15
	荒木登	
	東川真佐夫	
	谷口博夫	
	下田清一	
	山守外男	
	水野英夫	
	吉川勝二	

鮮魚部29　青果部46　百貨部61　塩干部12　蒲鉾部4
部外13　合計165

第二節　振興組合が進めた近代化

1　近江町市場に冷蔵庫協同組合設立

金沢市中央卸売市場の開設により、金沢魚商業協同組合は中央市場に移転が決定する。これに伴って、同組合が昭和27（1952）年8月に操業を開始した近江町市場の冷蔵庫（製氷冷凍工場）の今後の運営が問題となった。

市場を代表して近江町の冷蔵庫存続を訴え続け、のちに設立される近江町市場冷蔵庫協同組合の代表理事を務めることになる荒井知行は、「近江町に残るものにも冷蔵庫は必要だ。近江町市場の灯りを消さないためにも、近江町に冷蔵庫を残し、頑張っていく」と述べ、このあと近江町市場の冷蔵庫運営に生涯を捧げることになる綿貫敏に「君も近江町に残って頑張ってほしい。これから近江町は必ず発展するから」と説いた。

綿貫は中央市場で新たに始められる冷蔵庫事業に関心を寄せていたのだが、荒井から面と向かって頼まれると断り切れなかったという。

近江町市場冷蔵庫協同組合

こうして近江町市場の冷蔵庫は、金沢魚商業協同組合第8支部（近江町）に経営委託されることとなる。

冷蔵庫はその後、近江町市場各業者の取扱高増加とともに製氷や保管スペースの需要も年々増加し、更に冷凍食品の普及によって、これを保管するための高度な冷却能力を有する冷蔵庫の必要性から、市場魚商業者一同は「近江町市場冷蔵庫協同組合」を設立（昭和47年2月4日、出資金75万円、組合員数25人）、近代的な冷蔵庫建設に取り掛かる。

総工費8500万円（別途土地購入費6500万円）、鉄筋コンクリート3階建、延面積1326・09平方メートル、製氷能力は日産10トン、貯氷能力は50トン、エレベーター、砕氷機を備えた最新式性能を誇る冷蔵庫が完成、同47年10月15日に新築落成式を迎えた。

近江町市場冷蔵庫協同組合専務理事の綿貫は語る。

荒井さんは、冷蔵庫の利用が非常にうまい人だった。戦後間もない頃は、日本海が荒れて十日も時化が続くと、たちまち近江町市場の魚屋の店頭から魚がなくなったものだ。しかし、大口さんだけは魚を切らしたことがない。それは大量に仕入れた魚を冷蔵庫に保管して、どんな事態になっても、市民に魚を途絶えさせないことに大変な情熱を注いだからだ。戦後、冷蔵庫業一筋でやって来たが、荒井さんはどんな時でも、市民に魚を提供できる体制も考え続けていた。それが近江町市場冷蔵庫協同組合の発足にもつながったのじゃないでしょうか。

（大口水産50周年記念誌「商魂」より）

同冷蔵庫は、市場の店舗で使用する氷をすべて賄うほか、夏場に気温が高くなり30度を超す日が続くと、市場内の十数カ所に置かれ、親子連れの買い物客に人気の氷柱（縦横30センチ、高さ60センチ、重さ30キロ）もつくり、市民の台所近江町市場を支えている。

また、風物詩となっている湯涌温泉の「氷室行事」で保存する予備の雪は、ここ近江町市場冷蔵庫で冷凍貯蔵される。

〈近江町市場冷蔵庫協同組合〉

初代理事長	荒井知行	昭和47年2月～昭和59年3月
2代	荒井角男	昭和59年4月～平成26年3月
3代	松本雅之	平成26年4月～

２　市場の活気を盛り上げる施策

戦後の最盛期、近江町市場には１日５～６万人の来場者があったが、昭和40年代に入った頃にはスーパーマーケットの進出もあって３万人前後に落ち込む。中央卸売市場に卸部門が移転して早朝からのセリ声が消え、商店街に脱皮を図る近江町市場には午前10時頃からようやく人波が続くようになった。

市場の活気が失われてはいけないと、店舗の改装、駐車場の設置、アーケードの増設、道路舗装、下水排泄溝の整備などの市場近代化プランが練られるとともに、武蔵地区との連携による活性化も図り、昭和40（１９６５）年から「大国まつり」は近江町市場、武蔵の両商店街振興組合と丸越百貨店の共催で行うことになる。

昭和42（１９６７）年７月、振興組合は組合員の要望もあって下堤町、下近江町を主とした武蔵商店街振興組合との区域調整を図り、近江町市場商店街振興組合の範囲が拡張される（現在、双方の組合に加入する組合員もある）。

同年12月８日、振興組合に近江町市場再開発委員会（成瀬清次委員長、委員10人）を結成し、古い伝統を持つ市場の近代化に取り組むことになり、翌43年５月、県中小企業総合指導所、金沢市商工観光課、金沢商工会議所、経営コンサルタントなどの協力を得て買い物客へのアンケートに追跡調査、テレビカメラによる動態調査や通行量調査、店舗診断などの大掛かりな実態調査を実施し、結果を勧告書として理事長に提出した。

その骨子は、市場の近代化と今後の発展を近江町市場だけでなく武蔵ヶ辻、彦三、横安江町を含めた区域全体の問題として捉え、いまの市場形態は狭い区画に雑然と店舗が集中して売り上げの効率が悪いため、全店を整備してワンフロアの共同店舗形式とすることや、ショッピングに足を運んできた人達を引き止める娯楽センターをつくるなどであった。

この結果に基づき、43年７月には再開発研究会（成瀬清次会長）を組織し、市場を10地区に編成して市場の全員が参加するブロック会議を開き、市場をあげて新しい近江町市場のビジョンづくりに取り掛かることとなり、同研究会で協議を重ねた結果、翌44年９月３日開催の振興組合臨時理事会において次のような案がまとめられた。

１．規模 目標

（１）再開発の規模　ブロック毎の改造とする

（２）第１次再開発の範囲　現組合員店舗所有地の範囲とし、仮店舗及び荷捌所を現駐車場その他適当の場所に設置する

（３）完成期日目標　５年以内とし、可能なブロックから早急に着工すべきである

２．道路

（１）道路幅員　特に狭い所だけ拡幅する　尚北國銀行裏

と、大口スーパー後方に夫々1本通路又は道路を新設することが望ましい　新設、拡幅については関係ブロック内又は相互間で処理する

3．建物

（1）建物の階層　2階建又は3階建とする　1階は全部店舗とする

（2）建物の構想　重量鉄骨ブロック建とする

（3）建物の規格　設計時において建物の軒先、天井、カラーなど最小限度の統一が望ましい

（4）店舗の形態　オープンフロア方式を原則とし、2階は出来るだけ店舗として使用が望ましい　場所によっては住宅にもなり得る

（5）建物と所有線　建物は共同所有、共同管理が望ましい

4．土地

（1）土地所有権　基本的には共同所有が望ましいが、ブロック別の実態に即した処置をすべきである

5．資金

（1）所要資金　軽い資金範囲で行うことが望ましい

（2）資金調達　低利の資金を組合で斡旋すべきである

6．住宅

（1）住宅と店舗の関連　住宅と店舗は別個とすることを原則とし、3階以上を住宅とする公団住宅建設も必要である

7．企業体制

（1）再開発を行う企業の体制　現経営体の中で行うが、終局は協業化することを目標とする

8．業種配列

（1）業種配置転換の必要性　基本的には各ブロック内で処理するものとし、例外的に必要とあればブロック相互間の異動で行えばよい　尚一店舗の最低の規模面積の標準を定めることが必要である

9．核

（1）大型店導入の必要性　ビッグストアの誘致が望ましい　但し導入の時期、業種などは周囲の状況による

10．導入業種

（1）導入を必要とする業種　風俗営業など、特に好ましくない業種は導入しない

11．駐車場

（1）お客様駐車場　十間町駐車場を立体化し利用する

12．バス停

（1）小公園前バス停　緑地帯をバス停と近江町の店舗との併用利用とするが、とりあえずバス停のための道路拡幅に緑地帯の一部を利用することが必要である

（2）明治屋バス停　乗降が技術的に可能ならば、北國銀行駐車場をバス停に利用することが必要である

以下、アンケートによって必要な共同施設をつくること、アーケードは現組合員の店舗の範囲（大口作業所、北陸ダイヤ）まで延長設置することが望ましい―と続く。

同44年9月17日、振興組合は臨時総会を開催する。来賓に招かれた徳田金沢市長は、近江町の人達は危機感が薄いようで、近代化に後向きの姿勢であると感じられる。現在の黒字はいつまでも続かない。早急に施設の改善を図らねば現代の早いテンポの流通機構の変化、環境の変化に立ち遅れ取り残されてしまうと警告し、市としてはいつでも相談に応じ協力を惜しまないと述べた。

総会に先立ち、立田憲治市経済部長の近江町市場商店街再開発に関する講演が行われ、同部長は、ドーナツ化現象による商圏の縮小が市場の衰退を物語っている。武蔵地区全般の再開発とともに、近江町は大衆向きの最寄り市場として必要とされる各種の共同施設、お客の便利を考えた業種毎のワンフロア共同店舗をつくり、道路上の商売でなく屋内で商う考え方、即ち線を面とする考え方で進むべきであり、いまは10年位を目途として簡単な近代化にとどめ、四囲の環境の変化を見ながら永久的な近代化工事をすべきであるといった内容の講演を行った。しかし、市場の近代化はこのあと、昭和53年の「近江町中央小売センター」建設まで待つことになる。

3　近江町パーキングと近江町駐車場

昭和40（１９６５）年4月1日、「近江町駐車場協同組合」（初代理事長荒井知行、出資金1億80万円、組合員数47人）が設立され、前年取得した十間町21番地の土地に軽量鉄骨平屋建60台収容の組合員専用共同車庫を建設する。

昭和44（１９６９）年には車での買い物客を受け入れる大規模な駐車場確保の必要性から、隣接地を買収して「近江町パーキングビル」の建設に着手する。

翌45年4月に工事着工、駐車場ビルのデザインについては、米国の駐車場視察見学を行い、関係者の意気込みを感じさせる、当時としても斬新な立体駐車場が完成（総工費1億2千万円、鉄筋3階建、屋上を含め4層延面積４４０９平方メートル、自走式旋回斜路方式、２０１台収容）、同年12月11日に使用開始、翌46年1月20日に同ビルで来賓、組合員、関係者１００人余が出席した落成式典が挙行された。

屋上に融雪装置も取り付け

近江町パーキングビル

られた同ビルは、45年度から設けられた市の駐車場設置資金制度融資の適用第1号となった。その後、昭和50（1975）年6月、60（1985）年11月にも増築工事が行われ今日に至る。

〈近江町駐車場協同組合〉

初代理事長　荒井知行　昭和40年4月～昭和59年2月

2代　山宮外雄　昭和59年3月～昭和63年2月

3代　荒井角男　昭和63年2月～平成26年2月

4代　比賀泰夫　平成26年3月～令和2年8月

5代　出口　力　令和2年9月～

振興組合は昭和41（1966）年7月、㈱石川合水（同社は統合されて中央市場へ入場）の所有する上近江町48番地ノ1から同52番地ノ1にまたがる土地約816平方メートルを購入して市場会館と駐車場を建設する。同年12月18日、工事落成により組合事務所を青江会館から上近江町50番地に移転、12月27日から駐車場業務を開始した。

近江町市場駐車場

同42年4月には、上近江町48番地ノ6、同49番地ノ2に下近江町12番地ノ1、同13番地ノ1と3の土地合せて約415平方メートルを取得して駐車場を拡張、これによって上近

コラム　奇妙なエレベーター

近江町市場駐車場には、不思議で奇妙な3基のエレベーターがある。その名も「タイ」「バナナ」「ウシ」と名付けられたエレベーター。

昭和49（1974）年12月に使用が開始された同駐車場で、駐車場から市場に入った買い物客がどのエレベーターを使ったのか忘れ、迷ってしまうケースが続出した。

そこでエレベーターに名称を付けて扉を色分けすることになり、市場にちなんだ生鮮3品から魚の「タイ」（赤色）、果実の「バナナ」（黄色）、肉の「ウシ」（緑色）と名付けられる。

現在、タイのエレベーターの位置はそのままだが、バナナとウシの名称は令和2（2020）年4月にオープンした「近江町ふれあい館」にできた新しい2基のエレベーターに引き継がれて、みなさまのご利用をお待ちしています。

江町、下近江町のどちら側からも駐車場に入ることが可能となる。

その後、46年には約３７０平方メートルの隣接土地を、49年２月にも約66平方メートルの駐車場用地を確保、時を同じくして農林省の総合食料品小売センター設置事業による共同店舗（生鮮食品を主体とした17店舗「近江町市場名店街」）を１階部分に設置することとした事業採択を受け、振興組合では49年５月27日開催の通常総会において立体駐車場、名店街建設を決議して７月１日に工事着工、「近江町市場駐車場」が同年11月30日に完成、翌12月１日に関係者約２００人が集って落成式が行われ、３日から業務をスタート、共同店舗の名店街は16日から営業を開始した。

総工費約３億２千万円（駐車場部分約２億６千万円、共同店舗部分約５４００万円、補助金は共同店舗のみ国県市１７００万円）、鉄骨造地上５階建塔屋付耐火構造（１階共同店舗、１階～５階駐車場）、敷地面積１６０８・03平方メートル、建築面積１１９９・52平方メートル、延面積５５３８・24平方メートル、駐車場は２３９台が収容可能で十間町の近江町パーキングと合わせて「金沢市民の台所」の利便性向上を図った。

〈近江町市場名店街〉

㈲松本鮮魚　鮮魚一念大助　フルーツのむらはた卸部
青果ヨコイ　出森青果店　ミート・ノリタケ
ミートショップかわうち　天狗中田　高川物産　沢昌
レストランパーラロペ　倉寿し・元禄寿し　倉屋のもち
目木商店　山さん　ツバメセンター㈱石川プレート工業社
よろずや

同駐車場の工事中、取り壊される建物にツバメの巣が発見され、折からツバメ調査を行っていた松ヶ枝小学校の生徒達が工事延期を嘆願したものの日程は変えられず、ツバメの巣は撤去され７羽のヒナと５個の卵（数字については諸説あり）は犀川で水葬することになり、地元テレビ局のニュースでも報道され話題となった。

子供達の悲しむ姿をみた振興組合役員の大澤健雄は、ツバメへの罪滅ぼしと鎮魂を願って駐車場のマークにツバメの形を残すことを提案、同役員の柚木繁と協議を行い、デザイン事務所によってパーキングの頭文字Ｐにツバメの羽を付けたマークがデザイン化され、同マークが使用されることとなる。

近江町パーキングビルの完成が昭和45年12月、近江町市場駐車場が昭和49年11月と、どちらの駐車場もモータリゼーションを予見する荒井知行が振興組合役員（理事、副理事長、代表理事）の在任期間（昭和40年４月から昭和49年５月）に建設され、十間町の近江町パーキングビルは近江町駐車場協同組合、近江町市場駐車場は近江町市場商店街振興組合によって管理運営が行われている。

4　荒井知行が第2代理事長就任

昭和44（1969）年3月10日、振興組合比賀初代理事長が急逝、享年63。

4月27日に開かれた理事会で、2代理事長に荒井知行が選出され就任する。荒井理事長は「このたびは特別な場合でもあり、総意でもあるから私個人の考え、即ち次代を荷う若い人をとの意見は引っ込め、お引き受けすることにする。但し理事長という名でなく代表理事という名で任にあたりたい」と述べた。

〈役員人事体制〉

代表理事　荒井知行
副理事長　小畑久松
専務理事　成瀬清次
理事　山宮外雄　片山勝次郎　橋本弘　伊東伊松
越村収吉　忠村喜吉　坂本清助　寺田邦男
荒井角男　杉本藤吉　高島一夫　北形三次郎
境田正治　小畑四郎　村端儀一　田中富男
南保幸一　紙谷邦蔵　松岡正幸　柚木繁
竹内敏弥　沖津一伊　砂崎平八郎　岩内兵祐
監事　谷口博夫　本田利蔵

（昭和43年度　事業報告並びに収支決算書より）

消費者会館2階に安置する「商魂　荒井知行氏之像」（徳田与吉郎元金沢市長の書）の業績書には次のように記されてある。

商魂　荒井知行氏之像

「明治四十一年十一月八日医王山の麓、湯谷原に生れ十四才から鮮魚商の修業をされ昭和十五年近江町市場で独立し同十九年現大口水産株式会社を設立今日の発展を期された。

一方近江町市場関係組合の設立に意を注ぎ代表理事等を努めこの育成と市場発展に尽力され、昭和五十五年四月勲六等瑞宝章を授けられた。昭和五十七年十二月十五日享年七十四才で逝去。昭和五十八年十一月在りし日を偲び偉大な業績を称え茲に之を建立する。」

胸像は近江町駐車場協同組合、近江町市場冷蔵庫協同組合、近江町市場商店街振興組合、大口水産株式会社の4団体が発起して建てられた。

勲六等瑞宝章の叙勲を受けた荒井は、近江町市場の振興に寄与する人材の養成、福祉の向上に役立ててほしいと百万円を寄付、これを基に「近江町市場振興基金」設立を呼び掛け、市場関係者から寄せられた３６５万円を加えた４６５万円によって同基金が発足（昭和55年7月1日）する運びとなった。

近江町市場のカリスマ的存在であった荒井の取り組んだ功績については、これまでにも記してきたが、生前に荒井は「世の中というのは所詮は風呂の湯、洗面器の水」（湯や水を自分のところばかりに引こうとすると溢れてこぼれてしまうが、みんなのところにやればこぼれない）、そして薄利多売の精神につながる「損して得を取れ」と常々口にしていた。

５　近江町市場２５０年祭

「金沢市民の台所」近江町市場の誕生２５０年を祝って、昭和44（１９６９）年10月14日から18日まで記念式典、記念の行事や各種イベントが多彩に開催される。

記念式典は16日午前10時から市場会館において荒井代表理

市場誕生250年を祝した記念式典が執り行われ（上）、各種イベントが開催された（下）市場は多くの市民で賑った

コラム　酒ある暮らし

「酒ある暮らし」は、上近江町の酒屋「酒の大沢」が発行する宣伝情報紙である。先代の大澤健雄が昭和44（１９６９）年9月に創刊したというから、現在まで50年以上も続いていることになる。

発行当時は「しおり」と呼ばれ、二つ折りにした封筒大の4ページにお酒や近江町市場の情報、小話、笑い話などを満載して裏面には翌月のカレンダーが付き、愛読者が多くいた。現在、同店は病気療養中の健雄に代わって長男一嘉が店を継ぎ、「酒ある暮らし」はニュースレターにリニューアルされ（通算で５００号を超す）、父親ゆずりのユーモア溢れるセンスとネタで、発行を待ちわびるファンがこれまた多いと聞く。

健雄は筆を執れば達筆、口八丁手八丁の名物おやじぶりを発揮して地元ＭＲＯのラジオ番組に出演、専属コーナーを持ち近江町の昔話や市場の四季、歳時を題材にし、自慢の低音ボイスによる軽妙なトークが人気を博し、近江町市場の宣伝に大いなる貢献を果たす。

事、成瀬専務理事ら組合役員30人が出席して行われ、神事のあと全員が玉串を捧げて市場の繁栄を祈った。

同会館では、市場従業員の生け花展や茶会が開かれ、石川県太鼓打ち競演大会、民謡お国めぐりのイベントを催し、記念の大売出し、豪華景品が当たる抽選会が行われ、市場の各商店では250年を祝った紅白の幔幕を張り巡らせ、店員は紺の法被にねじり鉢巻き、大勢の買い物客でごった返す市場には、いつもよりさらに威勢の良い大きな掛け声が響き、丸越百貨店でも近江町市場250年祭に協賛した売り出しが行われた。

記念事業の一環として『金沢市近江町市場史』刊行が企画され、市場史編纂特別委員会（矩繁命委員長）を設け写真や資料収集、文献調査に取り掛かり、昭和55（1980）年1月に上梓された（A5判、253ページ、上製本箱入り）。

通史編（第1章～第9章）に続いて歴史の証人21人の市場関係者が綴った回顧編、別章として柚木繁専務理事が司会を務めた座談会「これからの近江町市場」（各委員会の委員長、委員10人が出席）を収録する。

市場史編纂に先立ってパンフレット「近江町市場の由来」を制作（44年10月）、市場来場者に配布された。

6　第3代理事長に北形三次郎

昭和45（1970）年5月27日開催の振興組合定時総会で任期満了に伴う役員改選が諮られ、同日の臨時理事会で第3代理事長に北形三次郎が選出され就任する。

第３代理事長　北形三次郎

北形三次郎は明治31（1898）年1月10日、内川村に生まれる。大正14（1925）年、住吉市場で八百屋の修業に励み、昭和7（1932）年に近江町市場で「北形商店」を開業する。

一に仕事、二に仕事、毎日その日一日の仕事の時間割を組み立て、当時はまだ冷蔵庫のない時代で、朝に仕入れた品物は夕方までに売り尽くさなければならず、五感（見る、聞く、嗅ぐ、味わう、触れる）を研ぎ澄まし、まず自身が食して納得したものしか客には勧めず、確認を怠らず、しかるに失敗は宝、のちには財産になると説いた。

食べ物に旬がなくなったことに嘆き、タバコはピース、酒は一日一合を律儀に守り、10人の子供（男6人、女4人）を育てあげ、夏はアユ釣り、秋には山菜採りを趣味とし、地域貢献にも尽力した。昭和57（1982）年4月8日、84歳で逝去する。

〈役員人事体制〉

常任相談役　荒井知行

理事長　　　北形三次郎

副理事長　小畑久松　成瀬清次　越村収吉
専務理事　成瀬清次（代行）
常務理事　伊東伊松　片山勝次郎　忠村喜吉
理事　荒井知行　坂本清助　杉本藤吉　中橋幸雄
中橋俊之　橋本弘　境田正治　村端儀一
土橋正矢　小畑充徳　山宮外雄　南保幸一
竹内敏弥　大澤健雄　沖津一伊　紙谷邦蔵
岩内兵祐　柚木繁　松岡正幸　瀬川市蔵　牧友雄
松本敏三　紙谷穣
監事　谷口博夫　本田利藏

（昭和45年6月12日開催　理事会議事録ほか　より）

北形理事長は「市民の台所」としての近江町市場と市民の距離間を今一度確認すべく、昭和46（1971）年8月18日に座談会「近江町を語る」（出席者10人）を開き、次いで9月2日には、市内校下婦人会の代表49人を招いた懇談会を、金沢中央市場信用組合（金沢中央信用組合）3階会議室で開催する。

司会は北陸放送のラジオ番組「市場ジョッキー」担当の山崎利一が務め、出席した主婦の中にはバス定期券を買い込んで、寺町台から毎日買い物に来る大の近江町市場ファンもいて、近江町は安くて新鮮、豊富という声の一方で、衛生面に苦言が集中、設備面、販売員の対応、商品の質や価格に対する問題点も指摘され、市場側は市民の台所なればこその意見と真摯に受け止め傾聴した。

町名問題に関しては、幾度となく会合を重ね、陳情書の提出と粘り強い取り組みを図った。

７　第４代理事長に成瀬清次

昭和47（1972）年5月30日開催の振興組合通常総会において、任期満了に伴う役員改選が行われ、同日の臨時理事会で第4代理事長に成瀬清次が選出され就任する。

成瀬清次は大正4（1915）年11月21日、青草町に生まれる。学業優秀で石川県立一中（泉丘高校）、第四高等学校を経て東京大学経済学部を卒業。三井鉱山に入社後1年足らずで軍隊に召集され、終戦後の昭和23（1948）年11月にシベリアから復員する。

成瀬種苗店の創業者である養父太一郎は西洋シャクナゲ、東洋蘭の研究栽培にかけては国内第一人者としての名声が高く、清次は2代目として家業を継ぐ。

第４代理事長　成瀬清次

温厚で人望も厚く世話好き、趣味は博物館や美術館に出向くこと。辞書を片時も離さず、簡潔明瞭に内容を伝える話しぶりには定評があり、英会話にも良く親しんだ。

　長年にわたって四高同窓会の幹事を務め、99歳のときに開かれた同窓会では最高齢の成瀬の発声により乾杯が行われ、会場は盛大な拍手に包まれた。平成7（1995）年9月30日に紺綬褒章を受ける。平成28（2016）年3月15日、100歳の天寿を全うした。

〈役員人事体制〉
顧問　米沢外秋　中川哲夫　矩繁命　紙谷栄次郎
相談役　荒井知行　北形三次郎　小畑久松
理事長　成瀬清次
副理事長　伊東伊松　越村収吉
専務理事　柚木繁
理事　荒井知行　境田正治　山宮外雄　忠村喜吉
　沖津一伊　紙谷邦蔵　坂本清助　岩内兵祐
　村端儀一　松岡正幸　杉本藤吉　土橋正矢
　瀬川市蔵　竹内敏弥　中橋幸雄　小畑充徳
　牧友雄　松本敏三　大澤健雄　坂上義久
　出森清政　深山健次　桜井余喜知　水野道明
　北形誠次　安田政昭
監事　谷口博夫　本田利藏
（昭和47年6月22日　役職並びに業務分担表ほか　より）

昭和51（1976）年7月、農林省が52年度新規重点施策として計画する「食料品商業地区高度化モデル事業」実施地区に、近江町市場が候補にあがる。

　1日平均2万5千人から3万人の来場者があり、年間売上高は180億円から200億円、不揃いな老朽店舗が雑居する近江町市場に農林省から近代化の白羽の矢が立てられ、振興組合では、翌52年7月26日に臨時総会を開いて市場再開発、民営小売センター設立調査を決議する。

　審議の結果、近江町市場は同52年10月末日にモデル事業実施地区として承認され、53年2月初め事業実施計画書を提出、同月22日に事業採択された。

8　近江町中央小売協同組合

　近江町市場の第1次整備計画とする近代化事業は、市場東側の上近江町通りに面して「近江町中央小売センター」と周辺関連施設の建設を実施、53年1月14日に「近江町中央小売協同組合」（代表理事荒井知行、出資金1千万円、組合員数10人）が設立され、中央小売センターは同中央小売協同組合が、周辺関連施設は振興組合が事業体となり、同年3月1日に起工式を行い12月3日に落成式を挙行、市場関係者ら約170人が出席して、来賓の中西陽一県知事、尾戸嘉博市収入役が祝辞を述べ、振興組合成瀬理事長と中央小売組合荒井代表理事が挨拶、乾杯のあとは青年部による餅つきに、近江町市場らしく刺身が振る舞われ、4日から6日まで完成記念大売出しを催した。

総事業費約4億6千万円（国県市補助約1億9500万円）、鉄骨造3階建一部塔屋付、延面積3千902・28平方メートル、中央小売センターはA、B両棟に分かれ、A棟には1階に共同店舗、2階に消費者会館、事務室、3階は大ホール、料理教室施設、倉庫、屋上に36台収容の駐車場を設け、振興組合事務所は2階に置かれ、10月10日には神棚を市場会館から消費者会館3階大ホールに遷座する。

B棟は1階が共同店舗、2階から3階に事務室、倉庫、周辺には自転車置場、小公園緑地帯（市姫外苑）を設置し、十間町から近江町に通じる買物引込み道路（延長50メートル幅員5・4メートル）の新設などが整備された。

盛大に行われた落成式

〈近江町中央小売センター〉

A棟

よこい青果　山田茶店

㈱米崎　㈲一念大助

靴のフロンテア　大口水産㈱　寺田青果

B棟

大口水産㈱　近江屋食肉センター㈱ニュー近江屋

肉のみやざき本店惣菜部　肉のみやざき　㈲宮田蒲鉾店

㈲三ッ口屋商店　小畑商店　役山商店

〈近江町中央小売協同組合〉

初代代表理事　荒井知行　昭和53年1月14日～昭和57年12月15日

空席

2代　林田治夫　昭和58年3月25日～昭和59年3月23日

3代　荒井角男　昭和59年3月23日～平成26年3月18日

近江町中央小売協同組合事務所

4代　　出口力　　平成26年3月18日〜

近江町中央小売協同組合は、組合員の経済的地位向上、業界の振興発展に尽力した多大な功績により、平成2（1990）年5月に石川県中小企業団体中央会から、また平成7（1995）年5月には石川県知事から表彰を受ける。

9　金城小売協同組合

昭和54（1979）年9月、農林水産省の承認を受けた金城地区食料品小売業近代化事業が近江町市場の第2次近代化として、市場の南東部にあたる十間町口に共同店舗「金城小売センタービル」の建設計画を決定する。

翌55年3月11日に「金城小売協同組合」（理事長宮崎修、出資金1千万円、組合員数20人）が設立され、振興組合は5月16日開催の通常総会において同近代化事業実施を承認、金城小売センタービルは金城小売協同組合が、周辺関連施設の整備（アーケード延長、シンボルアーチ設置、道路照明設備など）は振興組合が事業体となり6月10日に着工、翌56年2月20日に同ビルが竣工した。

ビルの愛称は「デリカのひろば」（美味しいものがいっぱい揃っている楽しいお買い物のひろば）と決まり、23日の消費者会館で開かれた竣工式には、棚橋正治北陸農政局長、中西県知事、江川昇市長、小川商工会議所副会頭ら来賓を含め約140人が出

事業完成を祝し記念大売出しを告知する広告

近代化がなった金城地区の竣工式

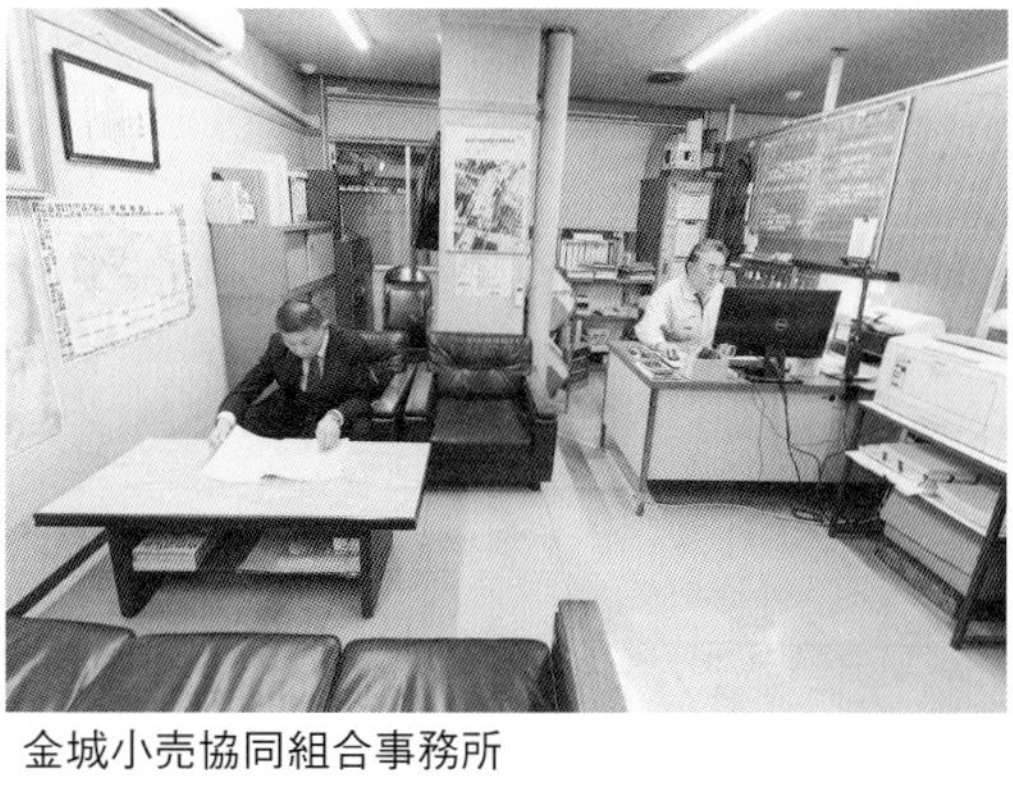

金城小売協同組合事務所

席して事業完成を祝った。

総事業費約3億300万円（国県市補助1億3500万円）、敷地面積586・77平方メートル、建築面積524・05平方メートル、延面積1611・31平方メートル、鉄骨一部鉄筋コンクリート造3階建、一部地階塔屋付、1階に惣菜を中心とした食料品店14店と食堂、薬局、クリーニング店の合わせて17店舗が入居したほか、展示会、即売会や各種催し物を行う9平方メートルの「催事コーナー」に、これを綺麗なタイルの回廊で取り巻く広さ15平方メートルの「消費者広場」を設け、2階には共同店舗事務室、作業室、3階に会議室、倉庫、従業員寮が併設され、2月24日から3月1日まで開店記念大売出しが行われた。

昭和53（1978）年に近代化路線第1弾の中央小売センター、続く第2弾として金城小売センターが完成して、近江町市場の近代化事業が展開されていく。

〈金城小売センター〉

㈱大松水産　おにぎりのポッポ　芝田商店　水口鮮魚店
㈲惣菜の大友　㈱松本日光舎　デリカーテみやざき
㈱赤玉近江町店　田中青果店　焼肉材料ポパイ
ながた生花店　岡崎商店　レストランフレーズ　花の木
久小商店　㈱ラ・セーヌ近江町店　小林薬品

〈金城小売協同組合〉

初代理事長　宮崎修　　昭和55年2月27日～平成14年6月28日
2代理事長　松本雅之　平成14年6月29日～

金城小売協同組合は、組合員の経済的地位向上、業界の振興発展に寄与貢献した多大な功績により、平成2（1990）年5月に石川県中小企業団体中央会から、また平成7（1995）年5月には石川県知事表彰を受ける。

第三節　昭和後期の市場の姿

1　大歳の近江町市場（2）

自治協会時代に続いて、振興組合時代における大歳の近江町市場の新聞紙面（北國新聞）をチェックする。

市場の賑いぶりが伝わる紙面から、昭和の大歳の近江町市場を再現する。

昭和40年12月30日付朝刊　11面
「〝ここは不景気知らず〟好天でにぎわった商店街―」　写真付
※県内の〝台所〟である近江町市場には、平日の5倍の8万人の人出とある。

昭和43年12月30日付朝刊　10面　写真付

北國新聞昭和40年12月30日付朝刊

「68年フィナーレ　おせち料理に人気集中　デパート、近江町は人の波」

※近江町市場ではしめ飾りが飛ぶような売れ行き、高値のボウダラに買いが殺到とある。

昭和45年12月28日付朝刊　11面　写真付

「高い『お正月』を買う　近江町市場　最後の日曜ごった返す」

※お正月用品を求めて繰り出した人達でごった返し、狭い道路の人がきを縫うようにミカン箱を肩にした男性客の姿も目立つとある。

昭和46年12月31日付朝刊　10面　写真付

「師走騒然　あとひとガンバリ・・・　近江町やデパート、スーパー」

※金沢市民の台所―近江町市場は朝からぞくぞく主婦達がつめかけ、買い手も押し流されるなかでの〝調達〟とあって「ゆっくり買い物もできない」とボヤきながらかけ回り、市場を出るときには重い荷物も手伝ってぐったり、31日は午後6時頃から8時までには閉店の予定とある。

昭和47年12月31日付朝刊　10面　写真付

「歳末の街に〝狂騒曲〟　近江町市場へは10万人」

※時おり小雪もちらつき、最高気温4・0度（平年7・1度）と肌寒い空もよう。近江町市場は朝8時頃から買い物客がつめかけ、延べ10万人と今年最高の賑わい、威勢の良い呼び込みの声も人の波で消されがちとある。

昭和48年12月30日付朝刊　11面　写真付

「インフレ直撃のお正月―　最後の買い物にドッと　近江町市場に十万人」

※金沢市以外の近郊市町村からも客が押し寄せ、延10万人と今年最高の賑い、早い客は午前8時頃に現れ、正午頃には身動きもできないほどの混雑ぶりとある。

昭和50年12月30日付朝刊　12面　写真付

「新年へ　押せ押せ……　近江町市場十万人が買い物―」

※金沢市民の台所、近江町市場は朝から好天の買い物日和に恵まれ、家族連れで訪れた買い物客でごった返し、活気にあふれた。市場事務所の推定では平日の3倍、約

10万人の人出で、市場内の道路は足の踏み場もないほどの混雑ぶりとある。

昭和51年12月31日付朝刊　12面　写真付
「近江町市場に熱い息　あと一日に主婦走る　雪が拍車、最高のにぎわい」
※金沢市民の台所、近江町市場は30日今年最高の人出で、ピークの午後3時頃には身動きできないほど、年の瀬の〝庶民の市場〟らしい活況をみせ、周辺の駐車場付近はマイカーの行列ができたとある。

昭和53年12月31日付朝刊　19面　写真付
「人出フィーバー押すな押すな　不況の年きょう限り―近江町市場に12万人」
※朝からあいにくの雪もようながら買い物客の出足は好調、午前9時には近江町市場駐車場（3百台収容）、十間町パーキング（2百台収容）とも満車となり、市場内の狭い通路は押すな押すなの大混雑、振興組合の推計では約12万人と昨年より1割方多い人出となったとある。

昭和57年12月31日付朝刊　17面　写真付
「『混迷』よ　サヨウナラ　暖冬年の瀬　人出爆発　近江町市場に12万人」
※午前7時過ぎの開店と同時に買い物客がドッと繰り出し、8時頃には2カ所の駐車場（５５０台収容）は早くもパンク状態。30日の人出は約12万人で今年最高を記録し、振興組合では「31日は7～8万人の買い物客が訪れるだろう」と皮算用しているとある。

昭和59年12月31日付朝刊　16面　写真付
「正月準備に大忙し　金沢近江町市場に10万人」
※雪の影響で人出が昨年の30日より2万人前後少なかったものの、各通路とも午前9時頃から買い物客でいっぱいになり、昼頃にはほとんど身動きのできない状態、2カ所で約5百台収容する駐車場が一日中満車、このため閉店時間を延長して夜7時頃まで客の対応に追われる店が続出したとある。

昭和61年12月31日付朝刊　19面　写真付
「お正月　たっぷり買った！　近江町市場　押すな押すな14万人」
※買い物客は午前7時過ぎから繰り込み始め、10時頃にはどの通路も身動きできないほどの人出となり押しくらまんじゅうの様。連れ立ってきた子供を肩車したり、買い込んだ正月用品を肩に担ぐ父親の姿もみられ、この人出に31日分の商品まで売り尽くす店もあり、市場周辺道路では押し寄せるマイカーを整理するため交通規制も行われたとある。

昭和63年12月31日付朝刊　18面　写真付
「正月準備　近江町市場に15万人」
※金沢市の近江町市場には今年最高の約15万人が訪れ、

近江町市場に15万人

正月準備

ことし最高の人出　正月用品を買い求める市民らで大混雑した金沢市の近江町市場

◇…金沢市の近江町市場にはことし最高の約十五万人が訪れ、威勢のよい売り声が響く中、身動きができないほどの混雑が終日続いた。

身動きもできないほど

買い物客は開店直後の午前八時ごろから込み始め、人出がピークを迎えた午後二時前後はどの通路も身動きができないような状態となった。店頭では「安いよ」「早いもの勝ちだよ」などと、半ば絶叫に近い売り声が飛び交った。

鮮魚や青果が集中する市場中央部は特に込み具合が激しく、せっかく買い込んだ正月用品をつぶされないようにと、買い物袋やクーラーを肩や頭の上に乗せて市場の出口へ急ぐ買い物客の姿も見られた。

■美容院■

◇…髪を整える女性で開店時からにぎわった金沢市のラブロ片町内にある美容院では平常の倍の客の対応に追われた。

同店によると、今年の正月用の髪形の流行は後ろで髪を束ねてリボンや花で飾った、シンプルな新日本髪風スタイルで、大みそかもこのスタイルの予約が十件ほどあるという。

ここ数年は毎日シャンプーする習慣が浸透しているため、外出する直前まで髪を整えない人が多く、同店では年明け後の三日が一番のピークとなりそうという。

■デパート■

◇…平日の二倍を超える

北國新聞昭和63年12月31日付朝刊

買い物客は開店直後午前8時頃から込み始め、人出のピークを迎えた午後2時前後はどの通路も身動きができないような状態、買い物袋やクーラーを肩や頭の上に乗せて市場の出口へ急ぐ買い物客の姿も見られたとある。

この頃になると、記事の見出しに「近江町市場」の文字が見られ、「金沢市民の台所」のフレーズも定着し、写真も添えられた報道となってくる。どの写真を見ても市場内の通路は人、人、人の買い物客で埋まり、万引きやスリにご用心といったポスターや場内放送が流れ、マイカー時代の到来から、近江町駐車場と近江町パーキングには長い車列ができ駐車場はフル回転、来場者数は年々増加をたどるこの時代の大歳の近江町市場である。

2　8つの入口

現在、近江町市場には8つの入口があり、それぞれに「むさし口」（から時計回りに）「市姫神社口」「青果通り口」「鮮魚通り口」「買物通り口」「パーキング口」「十間町口」「エムザ口」と名称が付いている。

昭和31（1956）年、市場の北側から西側、南側にかけて4カ所の入口（現在の「むさし口」「市姫神社口」「エムザ口」「十間町口」）にネオンサインが設置され、アーケードが完成した。

当時の写真を見ると、ネオンサインには「青草辻近江町市場」とだけ表示され入口の名称はない（189

①（矩康子氏蔵）

②青草辻近江町市場　青果売場

③近江町市場　むさし口

④むさし口

ページ参照）。ネオンサインが設置されなかった現在の「鮮魚通り口」には、「青草辻近江町市場」に恵比寿さんの顔が描かれた看板①が取り付けられている。そのほかの入口は、写真や資料が残っていないため不詳である。

「むさし口」は、昭和40年代は「青草辻近江町市場　青果売場」②、昭和50年代では「近江町市場　むさし口」③となり（その間は「近江町市場」だけの表示で入口名称はなく、他の入口も同様だったようだ）、そして現在の「むさし口」④となる。

「市姫神社口」は、昭和40年代は「青草辻近江町市場　青果売場」⑤、昭和50年代に入って「近江町市場　ダイエー口」⑥（昭和56年10月ダイエー開店）、その後「近江町市場　ダイエー・口」⑦となり、平成17年10月のダイエー閉店後もそのままになっていた入口名称は、平成20（2008）年2月に現在の「市姫神社口」⑧と改称される（「十間町口」が南口と称していた昭和40年代には、ここが北口とされた可能性がある）。

「青果通り口」⑨については、資料や写真がないため不詳。

「鮮魚通り口」は、昭和50年代は「近江町市場」⑩のみの表示で、その後（年代不詳、平成15年にアーケード新設）現在の名称が付けられる。⑪⑫

「買物通り口」⑬は、8つの入口の中で最も新しく、食料品

⑨青果通り口

⑤青草辻近江町市場　青果売場

⑦近江町市場　ダイエー・口

⑥近江町市場　ダイエー口

⑧市姫神社口

⑩近江町市場

⑪アーケード新設前

⑫アーケード新設後

⑭パーキング口

⑬買物通り口

商業地区高度化モデル事業において買物引込み道路として新設され、昭和53年8月23日に開通式を行った通りで現在の名称となる（年代不詳）。

「パーキング口」⑭は、昭和46（1971）年1月に十間町に「近江町パーキングビル」が完成した以降に付けられた名称で、それ以前は不詳。

「十間町口」は、昭和40年代は梅鉢の紋に「青草辻近江町市場　南口売場」⑮、昭和50年代に現在の「十間町口」⑯⑰となる。

⑮青草辻近江町市場
南口売場

⑯十間町口

⑰十間町口

⑱青草辻近江町市場　魚売場

「エムザ口」は、昭和30年代後半は「青草辻近江町市場　魚売場」⑱、昭和40年代になると鯛の絵柄が付いた「青草辻近江町市場　鮮魚売場」⑲、昭和50年代には「近江町市場　スカイビル口」⑳（昭和48年10月金沢スカイビル開業）、平成には「近江町市場　スカイビル・口」㉑となり、その後「金沢名鉄丸越百貨店」の「めいてつ・エムザ」商号変更（平成14年4月）に伴い、平成20（2008）年の鮮魚通りのアーケード架け替え時に現在の「エムザ口」㉒となる。

⑲青草辻近江町市場　鮮魚売場

㉑近江町市場　スカイビル・口

⑳近江町市場　スカイビル口

㉒エムザ口

「むさし口」「市姫神社口」「エムザ口」には、朱色の近江町市場のシンボルマークが配されているが、ほかの5つの入口はブルーのシンボルマークと赤字で「近江町市場」の文字が表示されている。

写真や資料等で過去を振り返ってみると、現在の入口名称は昭和50年代から付けられたようである。

さて、これらの8つの入口がある「金沢市民の台所」近江町市場の正面入口はどこだろうか？　この質問を地元買い物客50人、市場関係者50人の合わせて100人に聞くアンケート調査を試みた。

以下はその結果である。

地元買い物客50人
エムザ口34　むさし口12　十間町口1　鮮魚通り口1
パーキング口1　その他1
市場関係者50人
エムザ口29　むさし口13　十間町口2　鮮魚通り口1
市姫神社口1　その他4
結果
エムザ口63　むさし口25　十間町口3　鮮魚通り口2
パーキング口1　市姫神社口1　その他5
（平成28年11月調査）

「エムザ口」の回答が6割以上を占め、その根拠は通行量が最も多いところであるから、次いで「むさし口」となり、その根拠は市場の標柱が立っているからという答えであった。あとはそれぞれが入ってくる入口を答えたようだ。

質問にはこれまで考えたことがなかったと回答に窮する人が大半であったが、近江町市場のすべての入口が正面であるというのが市場の公式見解である。

３　くノ一

近江町市場を上空から見ると、くノ一「女」の文字にみえるという話をご存知だろうか。市場には上通り、中通り、鮮魚通り、青果通りの４本の通りがあって、通りにはアーケードが架けられている。昭和55（１９８０）年12月に完了した第２次食料品小売業近代化事業での関連施設工事で、上通りのアーケードがパーキング口に向かって33メートル延長され、市場北側（市姫神社側）の上空から見下ろすと、アーケードが女の文字を浮かび上がらせた。この話は、いつ頃、誰が言い始めたか定かではない。

ではどの通りが「く」で、どの通りが「ノ」で、どの通りが「一」なのかを説明する。まず、パーキング口から入った上通りが青果通り口で左に折れてむさし口に出る「く」、十間町口から入って市姫神社口に出る曲線を描く中通りが「ノ」、鮮魚通り口から入って直線に進む鮮魚通りが「一」である。

幸いにも戦災を受けずに済んだ金沢は、江戸時代からの道が7割ほど残っているといわれているが、近江町市場の辺りを江戸時代の古地図と照らし合わせると、「く」「ノ」「一」（「一」は「穴」で行止まり）の3本の道が確認でき、なるほどと合点がいく。

上空から見た近江町市場。アーケードが「女」の字形を浮かび上がらせる（2001 年撮影）

昭和44（１９６９）年9月、近江町市場再開発研究会がまとめた計画案の中に、アーケードを下近江町通りにまで延長するプランが練られたが、これが実現していれば「女」の字形にはならなかった。

ところが、「近江町いちば館」がオープンした平成21（２００９）年4月、同館の屋根が市場の一角を覆って、上空から見ると「女」の文字の一部である「く」の文字の下半分が欠けてしまった。しかし、「く」を形成する青果通りには従来通りアーケードが架けられ、「女」の字形もそのまま健在であることを付け加えておく。そして、中通りと並行して「新通り」が1本増えた。

4　人口世帯数調査（明治41年～現在）

以前の近江町市場には、住宅兼店舗を構えた世帯が多くあった。住み込みの奉公人がいたり、近江町で生まれ育って、市場の中でかくれんぼや鬼ごっこ、缶けりなどをして遊ぶ子供達がいて、学校へ行く子供の「行ってきます」「行っといで」と朝のあいさつが聞こえた。

それが現在では住宅兼店舗世帯の数は激減して、わずかに4軒（酒の大沢、あさ井屋、天狗中田武蔵店、なるせフラワーガーデン）となっている。こうした傾向はいつ頃から現れたのだろうか？

近江町市場を構成して核となる青草町、上近江町、下近江町の3町の人口世帯数の変遷を調査した。以下がそのデータである。

大正から昭和10年頃までは、3町合せて千人近い人口がいて、大正3年の戸数が２５１、人口が９９５、この時期が最も

コラム　水かけの儀式

「昔の金沢」（氏家栄太郎著）には、婚礼の祝いとして「石投げ祝」「水祝」が紹介されている。古くは、婚礼の晩より7日間石礫《いしつぶて》を門戸に投げ打つ「石投げ祝」（入ったものは外には出さないということ）、婚礼後の回礼で挨拶を欠くと手桶の水を頭上から浴びせられる「水祝」の慣習があったそうだが、近江町市場では現在でも結婚した新郎に水をかけて祝う〝水かけの儀式〟が行われている。

お熱い新婚ホヤホヤを冷ますという趣向なのだろうが、仲間や同僚達が手に手にバケツやホースを持ち、四方八方から一斉に水を浴びせかける。

水には氷、塩、ワサビ、はてはカニの茹で汁、魚のアラ汁を混入したり……、新郎側もついには反撃に出て、双方が水浸しになって逃げ惑うシーンが展開されることもあり、この遠慮会釈もいらない仲間内の手荒い祝福の奇習は、どうやら前述した「水祝」を起源とするのかもしれない。

また、このほかに新郎を担いで丸越デパート跡地の向かいにあった池へドボンと投げ込むと書いたものや、緑地帯の池に投げ込んだという話もあって諸説あるようだ。

因みに、この水かけのしきたりは中央市場でも見られる。

町名	明治41年		大正3年		大正14年		昭和5年		昭和10年		昭和15年		昭和25年		昭和30年		昭和35年	
	戸数	人口	戸数	人口	世帯数	人口	世帯数	人口	世帯数	人口	世帯数	人口	世帯数	人口	世帯数	人口	世帯数	人口
青草町	35	127	40	136	27	189	26	169	30	158	24	146	16	73	17	77	15	71
上近江町	74	280	91	465	56	295	56	313	56	323	60	301	56	266	57	289	53	273
下近江町	92	324	120	394	64	395	66	429	68	462	70	390	76	378	71	345	57	294

（金沢市統計室調査）

町名	昭和40年		昭和45年		昭和50年		昭和55年		昭和60年		平成元年	
	班数	世帯数	班数	世帯数	班数	世帯数	班数	世帯数	班数	世帯数	班数	世帯数
青草町	1	13	1	13	1	35	1	13	1	13	1	13
上近江町	4	51	4	51	3	78	3	31	3	13	3	13
下近江町	5	50	5	50	5	50	5	50	4	42	4	42

町名	平成5年		平成10年		平成15年		平成20年		平成25年		平成30年	
	班数	世帯数	班数	世帯数	班数	世帯数	班数	世帯数	班数	世帯数	班数	世帯数
青草町	1	13	1	11	1	9	—	—	0	0	0	0
上近江町	3	13	3	13	3	13	3	10	3	10	3	10
下近江町	4	42	4	42	4	30	2	20	2	20	2	5

（金沢市町会連合会調査）

多い数字となっている。その後減少をたどっていき、戦後３町で１５０近くあった世帯数は、昭和35年で１２５、40年と45年で１１４に減少するものの、50年では１６３と一旦増加に転じる。下近江町の数字は変わりないのだが、青草町と上近江町はここで大きく変動して、昭和55年にはまた減少を示す。

青草町においては、13と元に戻っているが、何か調査方法に違いがあったのだろうか（上近江町では50年代から60年代にかけて食堂街「味の散歩道」ができて、最大で10店舗ほどが店を開いた時期があった）。

世帯数のピーク時は昭和50年となり、55年で１００を切り、平成に入り60台で推移して15年で52、20年では30となる。ここから青草町で数字が出てこないのは、再開発ビル「近江町いちば館」の建設工事（19年3月）が始まったためで、以降青草町の世帯数は0となって、さらに減少に拍車がかかる。

平成30年で上近江町10、下近江町５のデータは、令和２年４月１日現在で上近江町10、下近江町７となる。

データによると、昭和50年代から世帯数の減少傾向が始まるのだが、近江町の魚屋、八百屋では、一生懸命に働いて金沢の高級住宅地である彦三に邸宅を構えることが一つのステータスだという話を聞いたことがある。住宅部分が店舗に取られ、市場内は手狭で建替工事になると商売にも影響し、この頃から近隣にマンションが建ち始め、マンションに（あるいは他地区に）住居を移して通い店舗となった現象も見逃せない。

下近江町の蒲鉾店々主岩内兵祐が、２５０年史の回顧編で昔日を語る。

（略）何といっても生まれ育った町である。思い出は数多くあるが、町並にしても以前と大変な変わり様だ。鉄筋家屋が建ち並び、家の話声まで聞こえた昔の時と大違い、幼友達も大勢いた仲間も今では少なくなった。兵隊ゴッコやカクレンボをした連中はどうしただろうか。指折り数えても現在近江町にいる人は十指に満たない。今はそれぞれがそれぞれに名を成しておられる事だろうと思うが、時の流れといっても、あまりの激しい変化に驚くばかりである。

（略）　　（250年史　回顧編　岩内兵祐　当時49歳）

５　武蔵地区再開発が進展

武蔵ヶ辻地区の市街地再開発は、片町・香林坊地区と比べて10年の後れを取ったといわれる。戦後、昭和27、28年頃に県、市から片町・香林坊地区より先に重点防災地区として武蔵ヶ辻再開発の働き掛けがあったものの、地元の反応は鈍く、深刻さも希薄だったという。

昭和30年代に入って、市内都市部地域の再開発が行われる。この時代、武蔵ヶ辻界隈は片町一帯と肩を並べる商業地であったが、まず昭和32（1957）年から42年にわたり片町・香林坊地区が道路拡幅、商店街改装、駐車場設置などに着手する。

昭和41（1966）年11月16日、武蔵ヶ辻地区の地盤沈下防止を図って都市計画「武蔵ヶ辻第一地区市街地改造事業」が決定する（事業施行者金沢市）。

市街地改造事業は、昭和36（1961）年制定の「市街地改造法」に基づき、一定規模以上の道路、広場等の重要な公共施設の整備と関連して、その付近の土地の高度利用を図るための建築物及び建築敷地の整備を行うことを目的とするもので、狭い道路に木造の建物が建ち並ぶ武蔵ヶ辻交差点北側の金沢駅寄りの一角に総事業費約5億円を投じた「武蔵ヶ辻ビル」（補助対象額1億6200万円、地下1階地上4階、敷地面積1610平方メートル、延床面積6185平方メートル、店舗、事務所、駐車場65台）を建設し、44（1969）年5月29日に完成式を迎えた。

完成を祝して武蔵、横安江町、近江町市場、彦三の各商店街と丸越百貨店が27日夜、「ムサシ民謡おどり大会」を開き、4商店街は26日から3日間、初めての試みとして全店をあげて「記念共同大売り出し」を実施した。

次いで、片町・香林坊地区に追いつき追い越せと、旧住吉市場跡地に「武蔵ヶ辻第二地区第一種市街地再開発事業」「武蔵ヶ辻第三地区第一種市街地再開発事業」が行われる。

市街地再開発事業は、市街地の土地の合理的かつ健全な高度利用と都市機能の更新とを図るため、都市計画法（昭和43年制定）及び都市再開発法（昭和44年制定）の定めにしたがって行われる建築物及び建築敷地並びに公共施設の整備に関する事業、これに付帯する事業をいい、第一種市街地再開発事業は都市再開発法制定当時より設けられている事業手法で、施行地区内の従前の権利を一括して新しい権利に変換する権利変換と呼ばれる手法によって行われ、第二地区は昭和46（1971）年3月

30日に都市計画が決定する（事業施行者金沢市）。

この頃、他地区への移転説（金沢駅前、香林坊）が流れていた丸越百貨店には、名古屋鉄道の資本が入ることになり、武蔵地区再開発の核として「金沢名鉄丸越百貨店」をキーテナントとする地下2階地上18階の金沢初の高層ビル「金沢スカイビル」（総事業費約83億円、補助対象額12億円、敷地面積９２００平方メートル、延床面積6万３５６６平方メートル）が建設され、昭和48（１９７３）年9月29日に完成式、30日には前夜祭を行い、10月1日より百貨店をはじめ75の専門店、スカイプラザ、金沢スカイホテル（１４４室）が一斉にオープンした。

「武蔵は一つ」を合言葉に、武蔵ヶ辻交差点に北陸初の十字型横断地下歩道「むさしクロスピア」（武蔵地下2号線）が建設され（総事業費約4億5千万円、地元建設負担金9千万円のうち近江町市場商店街振興組合は５６０万円を拠出）、昭和52（１９７７）年4月1日に開通式が行われる（武蔵ヶ辻の地下道構想は昭和31年、44年に練られ、その後46年には地下街建設も計画されたが、防災上の問題から不許可となった経緯がある）。

武蔵ヶ辻交差点の地下2メートルに直径15メートルのロータリーを設け、これを中心に武蔵ヶ辻ビル側、金沢スカイビル側、近江町市場側、三和銀行金沢支店側の4方向へ幅員5メートルの歩道を設置（総延長１１０メートル）、中央の円形広場（１７６平方メートル）には7つの乗降口があり、武蔵ヶ辻の4つ角を4つ葉のクローバー型に結び合わせた。

「むさしクロスピア」の愛称は一般公募によって決定し、同地下歩道は交通安全対策と買い物客の回遊性を高めて武蔵地区の商圏拡大化を図ったもので、近江町市場は祭壇に山海の珍味を供えて開通を祝し、完成記念の協賛大売り出し、チンドンマン大行進、お子様プレゼント（キャンディと風船）の催しを行った。

第二地区スカイビルに隣接する第三地区の再開発事業専門店街「ニュースカイプラザ」の都市計画は、昭和47（１９７２）年12月22日に決定する（事業施行者金沢市）。

ところが、高度経済成長期に入って以降、当時の田中内閣が打ち出した日本列島改造ブームに乗った日本経済を、翌48年10月に中東で起こった第4次中東戦争によって引き起こされた石油ショックが襲った。

第1次、第2次（昭和54年）にわたった石油ショックによる不況と、同地区の権利関係の調整が進まず、着工が5年も遅れた第三地区再開発事業は、昭和56（１９８１）年4月22日にようやく完成式を迎えて25日からオープンした（総事業費約37億円、補助対象額12億９２００万円、地下1階地上6階、敷地面積２２４６平方メートル、延床面積1万６３２平方メートル、店舗43店、住宅16戸、店舗併用12戸、ほか教育施設）。

同年10月、第二地区に移った旧丸越百貨店跡地に日本最大、スーパー業界最大手のダイエーが開店する。

昭和50（１９７５）年11月、当初ダイエーは香林坊に進出を

平成13年の武蔵地区。中央右に武蔵ヶ辻ビル、左上に金沢スカイビル、右下にはダイエー、そして左下の近江町市場で“4つ葉のクローバー”

計画すると、金沢市商店街連盟が大型店進出の阻止運動に立ち上がる。その後、ダイエーは一転して武蔵ヶ辻に出店の意向を示すと、武蔵側も第一、第二地区再開発ビルや武蔵クロスピアに次ぐ新たな魅力創出がなければ武蔵地区の浮上は果たせないとして、地元商店街との共存共栄策を図ったダイエー誘致に動き出す。

振興組合でも、昭和52（1977）年にはダイエー対策特別委員会（柚木繁委員長）が立ち上げられ、受入問題、対応策、各地商店街の現地調査（ダイエー新潟、長野、仙台、津田沼、堺）等を行って検討が重ねられた。

商工会議所商業活動調整協議会では、ダイエー側から申請があった売場面積1万800平方メートルを大幅に削減した8千平方メートルに結審を下し（同時期に申請を行った北陸ジャスコは、1万2千平方メートルから6千平方メートル）、これを受けてダイエー側は通産大臣宛てに大店法第5条（小売業者の届出）に基づき届出を提出したことを明らかにして、昭和55（1980）年1月に武蔵出店が確定した。

翌56年10月23日、開店にこぎつけたダイエーのオープン初日には、約8万人の人出が押し寄せ、レジ通過客は3万8千人、売上額も同店側が予想した6千万円を上回る7600万円に達し、武蔵ヶ辻を中心にした4つのクローバーブロックがそれぞれにバラエティーに富んだ個性の集合体として結晶して「クローバーCITY」宣言を行い、ニュームサシが誕生、武蔵浮上に弾みをつける。

同店オープンに合わせて武蔵地区の商店街、大型店など10団体は「クローバーCITY秋まつり」を開催（10月23日～11月3日）、振興組合による餅つきのイベントも行われた。

ダイエー金沢店は昭和43（1968）年のユニー、翌44

（１９６９）年の長崎屋、51（１９７６）年のジャスコ進出に次ぐ大手スーパーの金沢出店とあって地元経済界、消費者間に大きな関心を呼んだ。

こうして進展していく武蔵地区の商業集積は、あと第四地区の近江町市場の再開発を残すのみとなる。どんなに時代が移ろい、どんなに同地区の街の風景や様子、佇まいが変わってもこの一角だけは長きにわたって変わることなく、近江町市場が占めるエリアであった。

6　日曜祝日営業を模索（1）

近江町市場の日曜営業に関しては、以前からもたびたび取り上げられていた。厳しくなる一方の流通業界にあって、武蔵地区周辺の武蔵、横安江町、彦三、尾張町の各商店街では、いずれも木曜日を定休日としていたのだが、近江町市場では昭和50年代に入ってダイエー出店計画が導火線となって日曜祝日営業問題についての議論が高まる。

昭和54（１９７９）年、振興組合では毎年秋の10月に開催する「市場まつり」の期間中に、近江町市場に訪れる買い物客を無作為に抽出して、日曜祝日営業に関する消費者アンケート調査を行った。

北國新聞昭和54年11月2日付朝刊「近江町市場七割が日祝日営業望む―」によると、アンケートは日曜祝日に「営業した方

コラム　銭籠と金勘定

店先で天井からぶら下がっている銭籠は、お札や小銭のほか何でも入れられる便利な竹細工製。もう使われていないかと思いきや、魚屋では今も重宝がられている。

市場の業者間で使う数字の業界用語は、魚屋と八百屋では若干違う。魚屋では、１２０は「しかんはっぴゃく」、１３０は「だいかせ」、1と10はどちらも「しかん」のため1を「小しかん」とも言う。

八百屋では15は「ありあけ」、25「きーご」、35「かせご」、45「しょうご」、55「こすこ」、65「しょうろくげ」、75「げーご」、85「やまご」、95「きわご」と言い、数字が並ぶと魚屋、八百屋とも「ぴんぴん」と呼ぶ。これらの言葉の由来は不詳とか。

市場で「やまご」というと85、１００には少しばかり足りず「ちょっと足りないヤツ」を指す言葉だそうだ。紹介した業界用語は、現在ではあまり使われてはいないようである。

	魚　屋	八百屋
1	しかん	ぱい
2	やかん	やかん
3	かせ	かせ
4	じゅうろっかん	だり（だる）
5	だご	おんて
6	しょうろく	しょうろく
7	げ	げ
8	やま	やま
9	きわ	きわ
10	しかん	ぱい

が良い」か「現状のままで差し支えない」かの二者択一形式で、約2千通のはがきを準備して10月16日から25日の10日間実施され、973通の回答が寄せられる。その結果「営業した方が良い」が651、残りは「現状のままで差し支えない」と回答、全体の67%が日祝日営業に賛成しているが、現状のままで差し支えないと答えた中にも、日曜祝日営業に反対する人は少ないと判断し、地域別では、近江町市場から1㌖以内の賛成が173で現状は75、それ以外の金沢市内での賛成が437で現状は23、金沢市以外での賛成が77で現状は34、どの地域でも約3分の2の人が日曜祝日営業に賛成していることが分かった。

回答者の年齢は、30歳未満が188人で全体の19%、31歳から50歳が451人で46%、51歳以上が334人で35%と20歳代の顧客の少なさが目立ち、7割近くの消費者が日曜祝日営業を望むという結果について、「若い層の顧客をつかむためにも、日曜祝日営業を前向きに検討したい。時間をかけて組合員の理解と協力を得たい」と語る成瀬理事長の談話を掲載した。

近江町市場の日曜営業問題は、ダイエー金沢店が開店する昭和56（1981）年10月に大きなヤマ場を迎える。

読売新聞で連載された「近江町市場　町づくりの戦略《10》日曜営業」（平成4年1月19日朝刊）では、日曜営業の最大のネックは人手不足にあり、鮮魚店は早朝から夕方までの長時間労働で「給料より休みを欲しがる時代だけに人手不足は深刻」「事務の女性を中心に、日曜が休みだから近江町で働いている人も多い。日曜だけのパートでは、五年間でやっと一人前になる売り子のまねはできない」（大口水産中村又一専務）、「労働は厳しく汚い業界に、あと十年すれば入ってくる若者がいなくなる。外国人労働者やお年寄りのOBの雇用も考えないと」（忠村水産忠村喜吉社長）と分析した。

（略）「日曜営業の火の手を上げたの、わしなんや。ダイエー進出の話が出た時に、大手（小売店）を説得にかかった。対抗するには日曜営業しかないぞ、とね」と桜井理事（近江町市場商店街振興組合）。実際、ダイエー口から入る通り沿いを中心に、約半分の店が自主的に日曜営業する状態が一年余りも続いた。しかし、「売れんかった。全店営業でないとだめやわ。それに日曜の朝の八時、九時から来るもんなどおらん。それで、客がないといって昼過ぎに店閉めとるようじゃね」と、市安商店の安田恒夫さん（三四）。もう一つ、ダイエーの生鮮食料品の売り上げの意外な伸び悩みという要素も加わった。近江町の価格、商品などを一年余りも研究しての〝旗揚げ〟だったが、「市場のイメージに負けたんでしょうね。（近江町の品は）パックものより見た目にも鮮度あるし、対面売りの強みもあった」（ダイエー大阪本社）。（略）

（読売新聞平成4年1月19日付朝刊）

ダイエー金沢店は、平成17（2005）年10月に撤退する。そして、再開発が日曜営業のカギを握ることとなる。

7　第5代理事長に柚木繁

昭和57（1982）年5月27日に開催された振興組合の通常総会において、任期満了に伴う役員改選が諮られ、2日後29日の理事会で第5代理事長に柚木繁が選出され就任する。

柚木繁は昭和8（1933）年2月2日、下近江町24番地に生まれる。温厚でユーモアに富む人柄から人望に厚く、交遊も広い。趣味は読書、辞書を繰ること、新聞記事のスクラップに旅行、美術館巡りとくれば柚木の博覧強記ぶりも納得でき、またゴルフにスキーとアウトドア派でもあった。

第５代理事長　柚木繁

振興組合理事長のほか、武蔵活性化協議会の会長も務め、元国鉄石田総裁が語った「粗にして野だが婢ではない」の言葉を近江町市場に例え、近江町市場をこよなく愛する。歴代理事長の中で最も就任期間が長期（7期14年）にわたり、平成7（1995）年には中小企業庁長官表彰を受ける。

令和3年3月6日逝去、享年88。

〈役員人事体制〉

顧問	徳田与吉郎	米沢外秋	中川哲夫	
常任相談役	荒井知行	成瀬清次		
相談役	矩繁命	紙谷栄次郎		
理事長	柚木繁			
副理事長	伊東伊松	山宮外雄	忠村喜吉	
理事	荒井角男	松本敏三	後潔	寺田美喜男
	坂本実	西村道昭	牧友雄	北形誠次
	小畑四郎	安田政昭	村端儀一	土橋正俊
	宮本昇	徳川一雄	桜井余喜知	大沢健雄
	深山健次	松岡正幸	水野道明	比賀泰夫
	宮崎修	石丸孝一	村田和男	河内徳則
	冨田穣二	岩内兵祐		
監事	谷口博夫	本田利蔵		

（昭和57、58年度役員等名簿より）

8　団体観光バスツアー

石油ショック以降、高度成長から安定成長への転換期となる昭和50年代に、近江町市場では団体観光客の姿が見られ始める。

北國新聞昭和54年12月5日付朝刊「近江町市場団体観光客に人気―」には、昭和53（1978）年の冬、県観光連盟が全国に向けて北陸の冬の味覚カニ、甘エビをアピールしたポスター作戦を展開すると、奈良の旅行業者が近江町市場を観光ルートに組み入れ、片山津温泉に一泊して金沢へ直行、近江町市場で買い物を楽しみ、兼六園を回って帰るツアーを企画、これが評判を呼んで他社の旅行業者も相次いで乗り入れ、ポスター効果のほかにも近江町市場そのものの魅力、これまで市場に訪れた観光客の口コミもあって、近江町市場の人気が冬の金沢の目玉観光となったとある。

54年11月下旬から約10団体千人前後の団体観光客がやってきて買い物を楽しみ、翌55年3月までも主に名古屋方面から10数団体のツアーが来場する予定が入り、これまで市場関係者の団体視察や個人の観光客の姿は珍しくなかったが、団体観光客は初めてで市場には「歓迎」の垂れ幕も下がって、振興組合では観光客用の荷造り法などを文書にして配布する対応にも努める一方に、「旅のお客さんを差別はしないが、近江町市場はあくまで市民の台所で、市場が観光ズレしてしまっては困るし、商品の値上がりはもっと困る」といった声が組合員から上がり、市民からは近江町市場には観光客を相手にして、これまでなかった気取りが出てきたのではないかといった見方もされると書かれている。

観光バスで訪れる観光客が増えると、付近の商店でトイレを借りるケースが多くなったことから、振興組合では金沢市に公衆便所設置を要望し、昭和58（１９８３）年3月30日に完成した。

屋根は茶色でドーム状の明かり窓が付き、壁面は白っぽい緑のモダンな作りで、清潔感のある公衆便所の周りには花壇も設けられた（総工費８００万円、鉄筋コンクリート平屋建、面積20・25平方メートル）。

また、近江町市場付近の路上には大型観光バスの路上駐車が目立ち始め、観光バスは比較的道路の広い十間町一帯に駐車するケースが多く、店先や自宅前をふさがれた商店、住民からの苦情が幾度となく持ち込まれ、金沢市や市場側でも注意の立て看板を設置して路上駐車防止を訴えたが一向に効き目がなかったことから、市では観光バス５〜６台収容可能の「近江町周辺観光バス専用駐車場」（十間町9番地3、面積４３６平方メートル）を整備、平成９（１９９７）年12月18日に山出市長、周辺商店街関係者ら約40人が出席して完成式を迎えた。

9　昭和61年の商店など

昭和40（１９６５）年4月、１６６人でスタートした振興組合の組合員数は、微減微増を繰り返しながら58年１８０人、60年１８１人でピークを迎え、昭和の終わりの63年には１７４人となる。

店舗数は59年１９１、60年と61年が１９２でピークとなり、63年には１８２になる。したがって、振興組合が設立されて以降現在までの間、昭和60年前後の近江町市場が最も多くの店舗を構えていた時期であった。

そこで昭和61（1986）年を捉えて、同年４月１日現在の組合員名簿を基にした商店街地図を作成する。

〈組合員名簿〉　昭和61年４月１日現在

鮮魚部

組合員名	事業所名／法人代表者名	事業所所在地
後潔	清商店	青草町10
夷藤茂子	夷藤商店	上近江町35
大口水産㈱	大口水産／荒井角男	上近江町38
中川隆	川木商店	青草町17
㈲三ッ口屋商店	三ッ口屋商店／越村収吉	上近江町36
㈲一念大助	一念大助／坂本実	上近江町46－3
㈲島田水産	島田水産／島田才吉	上近江町35
㈲新力水産	新力水産／南喜久次	青草町17
杉本水産㈱	杉本水産／杉本藤吉	青草町17
㈱高次商店	高次商店／高島一夫	上近江町50
㈱忠村水産	忠村水産／忠村喜吉	上近江町22－3 青草町15
㈱や満当水産	や満当水産／寺田美喜男	青草町17
寺村順吉	水口鮮魚店	上近江町33－1
㈱のざき	のざき／能崎幸房	青草町17
前田守	前田商店	上近江町35
横越茂	横仁商店	上近江町35
㈱米崎	米崎／米崎寿一	上近江町47
ヤマカ水産㈱	ヤマカ水産／紙谷譲	下近江町31－1 青草町21
㈱柳田	柳田／柳田富雄	下近江町16
㈱松本	松本／松本幸男	下近江町17
㈲西村商店	西村商店／西村千代子	下近江町８
北久三男	三洋商店	上近江町35
大松水産㈱	大松水産／松本敏三	上近江町33 上近江町34 上近江町21
㈱大三	大三／上野信光	上近江町32

青果部

石川昇	石川商店	青草町23
伊東伊松	伊東商店	青草町27
伊東敏雄	伊東敏商店	青草町22
今村清彦	今村商店	青草町22
太田好信	太田果実店	青草町40
㈱小畑商店	小畑商店／小畑四郎	下堤町38 青草町22
北形青果㈱	北形青果／北形誠次	青草町27 青草町24 青草町24 上近江町50
㈲北川食品	北川食品／北川美博	青草町35
北村義忠	フルーツきたむら	下堤町38
小林三平	小林果実店	青草町35
大八青果㈱	大八青果／高木守正	下近江町20 青草町22
田中富男	丸富果実店	青草町22
田中照夫	山安商店	青草町22
谷口孝二	谷口商店	下堤町38
土橋正俊	土橋商店	青草町24
㈱土谷商店	土谷商店／土谷淳子	青草町22
出森清政	出森果実店	青草町22
㈲徳一商店	徳一商店／徳川一雄	青草町35
坂野外勇	フルーツ坂野	青草町40
中村喜美男	中村商店	青草町27
橋本佳宜	橋本商店	青草町22
久安金二	久安商店	上近江町34
藤本たまき	藤本商店	青草町36

牧友雄	牧商店	青草町22
松田三次	松田青果店	青草町22
宮崎久夫	宮久青果	青草町40
宮本昇	宮本青果	下近江町24 上近江町50
㈱フルーツむらはた	フルーツむらはた／村端儀一	下堤町38 青草町15
役山謙幸	役山商店	上近江町36
安田政昭	市安商店	青草町22
山本尚事	山本商店	青草町24
吉藤敏子	赤小商店	青草町24
㈱鶴来屋商店	鶴来屋商店／鶴来勝二	下近江町39
水口二三夫	水口青果	下近江町24
寺田賢治	寺田青果	上近江町50
横井建治	よこい青果	上近江町50
岡崎進	岡崎商店	上近江町33-1
田中雅章	田中青果店	上近江町33
㈱丸乙小林商店	こばやしフルーツ近江町店／坂野幸雄	十間町27-1
長谷川久夫	長谷川商店	青草町40
㈱堀他商店	堀他商店／須田幹雄	上近江町27-1
南幸男	南青果	青草町18

百貨部

㈱浅井商店	あさ井屋／浅井清	上近江町32
荒木澄子	荒木紙店	下堤町43
泉正雄	泉袋物店	下堤町43
大昇物産㈱	元禄寿司倉や／竹倉吉雄	下堤町36 下近江町26 上近江町50
大沢健雄	酒の大沢	上近江町30
㈱近江町ストアー	オーミスーパー／松岡正幸	青草町18
㈱近江町センター	味覚大全／紙谷邦蔵	青草町21

㈲清正商店	清正商店／押野正男	青草町20-4
㈱加川珍花園	加川珍花園／加川昭美	青草町17
㈱越山商店	越山甘清堂／越山一清	青草町35
小室秀雄	近江町食堂	青草町1
ダイヤモンド商事㈱	世界の食品ダイヤモンド／水野道明	下近江町24
高山章	高山履物店	十間町27
㈱竹内商店	リビングストアたけうち／竹内健郎	下近江町28
辻慶治	山さん	下近江町68
成瀬種苗店㈱	成瀬種苗店／成瀬清次	上近江町36 十間町33
南保祐一	南保商店	青草町5
林博	日の出呉服店	下堤町19
㈱比賀商店	比賀商店／比賀他美	下堤町38
㈱山本常商店	ディスカウントストアまつや／山本常	下堤町19
平松三郎	まつや	青草町26
㈱松本日光舎	松本日光舎／松本巌夫	十間町33-1
㈱丸年呉服店	丸年呉服店／吉村一	下松原町49 下堤町38
㈱マルミヤ商会	マルミヤ商会／山宮外雄	下近江町26
深山健次	衣料ミヤマ	下堤町38
宮本愛子	奥野照明堂	下堤町19
山崎喜美子	寿美田今川焼店	青草町42
柚木順吉	柚木草花園	青草町15
㈱ライフコーナー	ライフコーナー／柚木繁	青草町19
山田博	茶・茶の湯道具やまだ	下近江町14-1
塩本喜和一	鮨源平	上近江町30
大口商事㈱	大口商事／荒井角男	下近江町7 下近江町23
テキサス食品㈱	テキサス食品／宮崎修	下近江町26
㈲惣菜の大友	惣菜の大友／大友章司	上近江町33-1

山口良盛	肉のみやざき本店惣菜部	上近江町36
宮崎雅子	宮崎菓子店	青草町22
㈱フロンティア	靴のフロンティア／元女久雄	上近江町50
㈱西井美容院	西井美容院武蔵店／西井友勝	下近江町26
沢野井鎮男	沢野井商店	下堤町19－1
小林智香子	小林薬品	十間町29
山田栄勝	サンエー近江町店	十間町27
吉村武吉	ながた生花店	上近江町29
牧友幸	喫茶ロペ	上近江町50
日鉱石油販売㈱金沢営業所	日鉱石油販売金沢営業所／鍋島静雄	十間町43
武功	トーコー資材紙商事	上近江町50
能島正蔵	能島商店	下近江町38
芝田二郎	芝田豆腐店	上近江町33－1
小間徹夫	ポッポ	上近江町33－1
㈱ラセーヌ	ラセーヌ／上田外喜三	十間町28
吉村知子	喫茶ジュン	下堤町19－9
まるせん㈱	乙女食堂／山宮外雄	下近江町26
㈱ビッグエル金沢	小僧寿司近江町店／菅原淳輔	十間町32
小杉寝具㈱	ナイティショッププティ／小杉宏	下近江町28
㈱キリン堂	キリン堂／地区長川口不二夫	下近江町68
瀬川勉	トム	上近江町24－1
沖田保	大国鮨	十間町41
中山武雄	中山サイクル商会	下近江町36
㈱和平	和平／藤沢弘	上近江町33－1
㈲雨横産業	雨横美容室近江町店／店長小嶋貴久子	下近江町68
新田商事㈱	新田商事／松下光男	下近江町19
中西喜久雄	美容室ロマン	十間町29

日本通運㈱金沢航空支店	日本通運近江町配送センター／目次安幸	上近江町50
㈱マルシン	ホットチキン／丸岡信一	上近江町33－1
山田栄子	お好み焼きビック	上近江町33－1
石川水産	喜夢羅／木村丹二	上近江町21－1
㈲近江町サロン	近江町サロン／山本淑子	十間町41
福江馨	閼伽	下堤町37
㈲松永商会	チャペック／松永茂	十間町42
土井学	横綱	上近江町33－1
㈲ハロー商会	喫茶軽食ハロー／谷村昌人	下近江町68
青駒商事㈱	近江町催事センター／水野英夫	下近江町24

精肉部

坂上義久	天狗中田近江町店	下堤町38
則竹是	ミート鳥由	青草町35
近江屋食肉センター㈱	近江町食肉センター／林田治夫	下近江町7－2 上近江町38－1
㈲白川産業	白川ハム／松本忠允	上近江町35
宮崎食品㈱	宮崎食品／宮崎修	青草町22 上近江町33 上近江町36
㈱鳥由チェーン	鳥由チェーン／則竹保男	上近江町29 青草町15
㈲天狗中田笠市店	天狗中田青草町店武蔵店／中田外松	青草町35 下近江町36
㈲大力	肉の大力／河内徳則	下堤町38
㈲牛勝	牛勝／番匠友市	十間町32
㈱トキオ	ミートトキオ／宮保外喜男	十間町31

塩干部

ダイヨシ食品㈱	シェフショップ福良し／池内良輔	下堤町38
石丸孝一	石丸食品	上近江町33－1

㈲沖津食品	沖津食品／沖津喜志子	上近江町36－2
カナカン㈱	カナカンフーズ／角間俊夫	下近江町19
砂崎伸之	砂崎伸之商店	下近江町26
中屋食品㈱	中屋食品／中屋俊男	青草町17
やまざきフルーツ㈱	山崎食品／山崎賢照	青草町24
山本与三次	山本商店	下堤町38
高川武士	高川物産	青草町24
幸山幸次	幸山商店	青草町40

蒲鉾部

岩内兵祐	岩内蒲鉾店	下近江町22
蒲富士食品㈱	蒲富士食品／本田利蔵	十間町32　青草町15
能口晃	能源	下松原町49－1
㈲宮田商店	宮田商店／宮田明	上近江町39

部外

金沢中央信用組合	今村喜一	上近江町15
近江町市場冷蔵庫㈿	荒井角男	上近江町19
近江町中央小売㈿	荒井角男	上近江町50
金城小売㈿	宮崎修	上近江町33
内潟清		
岡嶋忠雄		
矩康子		
新保外喜雄		
荒木商事㈱	荒木登	問屋町2－84
谷口博夫		
土谷勇		
中喜作		
中田信義		
徳田助守		
坂井隆幸		
三宅信昭		
広村保二		
北徹		
平田米光		
紙谷外茂吉		

協力組合

近江町駐車場協同組合　山宮外雄　十間町21

丸八倉庫協同組合　伊東伊松　武蔵町16－5

鮮魚部　組合員数24　店舗数33

青果部　組合員数42　店舗数55

百貨部　組合員数71　店舗数75

精肉部　組合員数10　店舗数13

塩干部　組合員数10　店舗数10

蒲鉾部　組合員数4　店舗数6

部外　組合員数20（組合4家主16）

合計　組合員数181　店舗数192

中六商店
市姫神社
キリン堂
山さん
雨横美容室
近江町店
喫茶軽食ハロー
ミヤ商会
ナイティショップ
プティ
リビングストア
たけうち
ヤマカ水産
武蔵店
天狗中田
中山
サイクル商会
能島商店
鶴来屋商店
加登長
総本店
下近江町
平寿
ナカン
ーズ
青果
松本
柳田
新田商事
茶・茶の湯
道具やまだ
宮本青果
北形青果
喫茶ロペ
近江町食肉センター
西村商店
大口商事
日本通運近江町配送センター
近江町市場商店街振興組合
近江町中央小売㈿
金沢美術倶楽部
靴のフロンティア
一念大助
米崎
よこい青果
トーコー
資材紙商事
倉屋
寺田青果
高次商店
上近江町
鳥田チェーン
堀他商店
テキサス食品
トム
忠村水産
喜夢羅
大松水産
近江町市場冷蔵庫㈿
金沢中央信用組合
広瀬近廣堂
大国鮨
近江町サロン
チャペック
日鉱石油販売
金沢営業所
十間町
近江町パーキング

組合員名簿（昭和61年４月１日現在）に基づいて作成

《近江町市場商店街地図》
昭和61年

三和銀行
金沢支店
ダイエー金沢店
荒木紙店
泉袋物店
珍花園
加川
南青果
山本商店
北形青果
高川物産
山崎食品
山ト鳥田
ミート清水堂
越山甘草町店
天狗中田青村商店
中東商店
伊東商店
寿美田
フル
長谷
太田果実
小林果実
藤本商店
北川食品
徳一商店
北形青果
倉屋
青草町
まつや
土橋商店
北形青果
赤石商店
小川商店
松田青果
宮崎菓子店
丸富果実店
土谷商店
山安商店
市安商店
小畑商店
橋本商店
出森果実店
牧商店
大八青果
伊東敏商店
今村商店
宮崎食店
ヤマカ水産
味覚大全
清正商店
世界の食品
ダイヤモンド
宮本
水口
成瀬種苗店
役山商店
肉のみやざき
本店惣菜部
宮崎食品
三ッ口屋商店
近江町催事センター
岩
大
宮田商
沖津食品
島田水産
横仁商店
近江町食肉センター
大口水産
大口水産
三洋商店
前田商店
久安商店
夷藤商店
白川ハム
金沢名鉄丸越百貨店
SKY プラザ
NEW SKY プラザ
北國銀行
武蔵ヶ辻支店
丸年呉服店
ライフコーナー
オーミスーパー
シェフショップ福良し
フルーツきたむら
フルーツむらはた
山本商店
谷口商店
肉の大力
小畑商店
フルーツきたむら
のざき
や満当水産
川木商店
杉本水産
新力水産
閼伽
天狗中田近江町店
元禄寿司
比賀商店
衣料ミヤマ
南保商店
清商店
柚木草花店
島田チェーン
フルーツむらはた
中屋食品
蒲富士食品
忠村水産
能源
近江町食堂
下松原町
丸年呉服店
日の出呉服店
喫茶ジュン
奥野照明堂
ディスカウントストアまつや
沢野井商店
あさ井屋
大三
左下枠内に一覧
鮨源平
ミートトキオ
蒲富士食品
牛勝
小僧寿司近江町店
サンエー近江町店
高山履物店
こばやしフルーツ近江町店
下堤町
金城小売㈿
久安商店　水口鮮魚店　大松水産
石丸食品　和　平　ながた生花店
岡崎商店　ポッポ　田中青果店
惣菜の大友　横　綱　芝田豆腐店
宮崎食品　ラセーヌ　小林薬局
お好み焼きビック　松本日光舎
ホットチキン　美容室ロマン

10　丸八青果組合

自治協会時代で魚市場共栄会について記したが、青果では丸八会（発足年不詳）が組織されている。現在、近江町市場の青果商は金沢市青果食品商業協同組合第８支部に所属し「丸八青果組合」を設立している（青果小売組合第13代小畑久松組合長の時代に第７支部から独立、発足年不詳）。

同組合は、昭和41（１９６６）年７月の金沢市中央卸売市場開設時に、住吉市場に所在していた大一青果㈱の第２売場（石屋小路25番地）の土地約2千平方メートルを購入、昭和41年10月28日に「丸八倉庫協同組合」（伊東伊松理事長、出資金５４７０万円、組合員35人）を立ち上げ共同倉庫、駐車場を建設した。

令和３年２月末現在、丸八青果組合の組合員は30人、代表は北形誠、丸八倉庫協同組合の組合員は20人、小池田均が第５代理事長を務める。

第四節　振興組合の多彩な事業

1　レクリエーションと市場まつり

振興組合はレクリエーション、厚生衛生事業として運動会や日帰りバス旅行を企画実施する。

青年部では教育情報事業としてソフトボール大会、バスケットボール大会、バレーボール大会、卓球大会、ボウリング大会、ダンス講習会、着付教室、タコあげ大会に餅つき、釣り、ハイキングのほか、春は竹の子狩り、夏には盆踊り、海水浴、地曳あみ、冬になるとスキーツアーなどの主催行事を活発かつ精力的に催し、大阪黒門市場（58・11）、京都錦市場（61・6）など各地の市場、商店街視察（55・7福井、56・3大阪など）や市場活性化近代化の研修会を開き、年末年始には歳末助け合い募金、東兼六町の養護施設林鐘園の慰問を行う。

昭和44（１９６９）年７月26日夜、近江町市場駐車場にて行われた盆踊り大会には、市場の従業員や付近の主婦、子供達約３００人が参加して「百万石音頭」「金沢よいとこ」「21世紀音頭」などを踊った（盆踊り大会は昭和42年より武蔵商店街振興組合と共同開催、45年から青年部の単独開催となる）。この当時、夏場の盆踊りは各地で盛んに行われ、地域の町内会などでは貸切バスを仕立てて海水浴にも出掛けた時代であった。

昭和45（１９７０）年夏より「武蔵納涼フェスティバル」（主催武蔵再開発組合）にスイカの夜店などの出店を行う。

昭和42年　大国まつりのチラシ（10月23～25日）

昭和59年　市場まつり（10月23日～27日）

昭和46年　市場まつり（10月12日～16日）

昭和61年　市場まつり（10月14日～18日）

毎年10月に行われる「大国まつり」は、昭和45（１９７０）年に「市場まつり」と改称され、昭和59（１９８４）年からは春（4月）と秋（10月）の年2回開催されることになる。

「市場まつり」では、豪華景品（総額５００万円～１５００万円）を取り揃え新聞、テレビ、ラジオなどで宣伝、市場をあげての大安売り、チンドンマン競演、保育園幼稚園児小中学生による図画作品コンクール、キャラクターショー、ミニ動物園（53・10・20～10・21）、チャリティバザール、ぬいぐるみ大行進、健康食品つかみどり、花自転車行進、くじ引き、輪投げ大会、仮装行列とミス近江町によるお菓子プレゼント（61・10・14～10・18）、ジャンケンポン大会などなど実に多彩なイベントを開催し、「お客殺到　2万5千人」（北國新聞昭和62年10月14日付朝刊）と大好評を博す。

昭和43（１９６８）年8月31日、一般公募を行った市場の標語は、金沢市西金沢3丁目の加賀太郎作「手さげかご　今日も笑顔で近江町」と決まり発表される。宣伝広告には、「新鮮・低廉・豊富　みなさまのお台所　近江町市場」のキャッチコピーに、当選した標語が添えられることとなった。

2　衛生や防火防災事業

市場全体で年間推定３６００万円にものぼる損害が出ている鼠被害に対して、昭和43（１９６８）年9月と10月の２回にわたって専門会社に依頼した一斉駆除掃討作戦を展開した結果に効果がみられ、その後も継続的に実施される。

翌44（1969）年7月20日、比叡山において旧役員物故者の追悼法要を営む。

昭和50（1975）年3月1日未明に武蔵周辺で連続火災が発生する。午前0時25分頃、武蔵町の丸八倉庫西側の5区画が全半焼、午前1時頃には下近江町のダイヤモンドストアに飛び火、同ストアは全焼して、さらに隣の成瀬種苗店、宮崎精肉店も類焼、また武蔵ヶ辻ビル地下にあった布製の看板に燃えた形跡があることが発見され、近江町の現場からはマッチ軸が見つかり放火の疑いが濃厚となる。

現場は店舗が密集し、アーケードによって煙が包み込まれるようになったうえ、2階以上の消火を難航させ、各店舗の防火シャッターは延焼防止の役割を果たしたものの、店内消火ではシャッターを壊さなければ放水ができず、アーケードとシャッターに囲まれた近江町市場の消火活動の困難さをみせつけた。

振興組合では早急に役員会を開き、夜間無人となる店舗が多くあるため夜警巡視を実施する防火対策が図られた。防火防災訓練の実施や消火器技術競技大会にも参加し、組合員の防火防災に対する意識向上に努めた（記録をみると消火競技大会では優勝、上位入賞を果たすなどの好成績を残す）。

3　周辺整備事業など

振興組合では、12の委員会（総務、経理、施設管理、再開発、販売促進、駐車場、交通防犯、防火防災、厚生環境、食品衛生、料理指導、ホール）と6部会（鮮魚、青果、百貨、精肉、塩干、蒲鉾）を置き、理事会の議決を経て特別委員会を置くことができる「委員会及び部会規約」を昭和53（1978）年5月25日に制定する。

翌54年、市姫外苑花壇が整備され（厚生環境事業）、12月には近江町市場のシンボルマークが販促委員会と食品流通改善協会川瀬孝二によって定められる。近江町市場の「近」の文字をモチーフにして、武蔵ヶ辻交差点と近江町市場、丸い皿と箸をイメージしてデザインされ、縦線と横線が交わるスペースに大きな円形を配し、円中の「金沢」に「近江町」の文字は市場らしく威勢の良さが伝わってくるダイナミックな書体で書かれてある。

同マークは平成16（2004）年10月8日に商標登録（第4807919号）され、次いで「近江町市場」は平成18（2006）年11月2日に区分第29類（第4999876号）、平成19（2007）年7月27日に

シンボルマーク

は区分第43類（第5065082号）として商標登録された。

昭和56（1981）年の年明け、北陸地方は三八豪雪以来となる五六豪雪に見舞われる。近江町パーキング4階屋上の積雪が1・8メートルにも達し、作業員100人を要して除排雪が行われた費用は89万4400円にも上った。このあと、7月11日には上近江町（111メートル）に消雪装置設置工事が竣工した。

12月には、6角形の統一デザインによる新看板「吊り行灯」が各店舗上部（アーケード下）に掲出される。

近江町市場には、これまで市場の北側の尾張町通り沿いに約30台の自転車をとめられる駐輪場があったが、付近路上には違法駐輪があとを断たず、通行人の妨げにもなって振興組合には再三にわたって苦情が持ち込まれていた。

こうした事情による地域住民からの要望と、買い物客の利便性を図って同年11月26日に購入した十間町39番地（256・52平方メートル）、同40番地（98・18平方メートル）の土地に自転車置き場を建設することとなり、翌57年5月27日開催の通常総会で駐輪場設置が承認される。

商店街などの違法駐輪一掃を目指して、同57年4月から施行の金沢市の自転車駐車場設置事業融資制度による第1号駐車場「近江町市場自転車駐車場」（現在は金沢市営十間町自転車駐車場）が5月27日に完成して（総事業費1億405万円、自転車116台、バイク32台収容）、6月1日から買い物客や一般に無料開放された。

また、市場に隣接し国有地で市が管理する武蔵外苑（小公園）の三和銀行金沢支店仮店舗が新店舗完成に伴い市に寄付されたことから、武蔵再開発組合が借り受けて地域の公益目的に使用することになった。

4　販売促進事業にも工夫

57年10月、武蔵地区の「クローバーCITY秋まつり」行事の一環として「あなたが選ぶ素敵な店員さんコンテスト」が行われる。参加9商店街（武蔵、横安江町、近江町市場、彦三、名鉄丸越、スカイプラザ、ニュースカイプラザ、ダイエー、金沢スカイホテル）など16カ所に投票箱が設けられ、消費者が買い物の際に接した店員の中から、親切で好感が持てる、商品知識が豊富などの素敵な店員を投票で選出するコンテストで、8日から11日までの期間中に約2千の投票が集まり、各商店街ごとに上位得票者2人ずつ合計18人が表彰される。近江町市場では高橋昭一（大松水産）、水口洋子（ダイヤモンド）が選ばれた。

昭和58（1983）年、周辺商店街が実施する夕方5時の安売りタイムに対抗して、それより先の午後4時40分に一斉に特価品を販売する「近江町市場良い良いタイム」を、時の記念日にあたる6月10日からスタートさせた。

毎年夏季に市場内に氷柱が置かれる販売促進事業は、昭和50年以降の記録に出てくる。同58年からは調理師会石川県支部「調美会」のメンバーによる氷の彫刻の実演展示も行われる。

7 平成時代

第一節　武蔵ヶ辻第四地区再開発事業

昭和64（1989）年1月7日、昭和天皇が崩御、翌8日から新元号「平成」となる。大喪の礼が行われた平成元（1989）年2月24日は、百貨店、大手スーパーをはじめ市商店街連盟加盟の36商店街が一斉に営業を取り止め、近江町市場でも全店が休業して喪に服した。4月1日からは消費税（税率3％）が導入される。

1　再開発への気運

平成の近江町市場にとって最も大きな出来事である再開発事業のスタートは、昭和42（1967）年にまでさかのぼる。

振興組合では、同年12月8日に発足した再開発委員会を年度中に3回開催、翌年度に立ち上げられた再開発研究会は21回行われた記録が残っている。

昭和44（1969）年4月27日開催の理事会で「武蔵ヶ辻再開発協議会」への加入が諮られ、45年度には講演会や座談会が開かれ、以降も再開発関連の各会合が毎年積み重ねられていく。

この頃、再開発事業を実施する際には明治屋、北國銀行武蔵ヶ辻支店、武蔵外苑（小公園）を含めた第四街区（仮称）を近江町市場の表玄関として整備する必要があるとの意見が高まり、振興組合が昭和47（1972）年1月に明治屋（下堤町38番ノ3）の土地建物を9516万円で先行購入する。

昭和51（1976）年からは、食料品小売業近代化事業が始まり、翌年4月、振興組合は再開発事業のコンサルタントとして株式会社アールアイエー建築綜合研究所（金沢支社長村田秀彦）を指定。同年5月25日開催の通常総会では、議案審議終了後、組合員から市場再開発の進行状況について質問が出る。成瀬理事長の詳細な経過説明のあとに、荒井相談役からは組合員が一致団結して夢のある市場の再開発を進めるべきであるとの発言が添えられると、成瀬理事長は再開発へ向けた強固な決意表明を行った。

昭和56（1981）年、「青草地区市街地再開発準備組合」結成に参加した振興組合は、翌年9月29日開催の臨時総会で地権者、営業者が不利にならないよう充分に検討することを前提に「武蔵ヶ辻第四地区再開発基本構想」と「武蔵ヶ辻第四地区再開発準備組合（仮称）」加入の２議案を承認。これを受け、翌30日には市長に宛てた再開発事業促進についての要望書を柚木理事長名で提出する。

この時点で、昭和40年代初めに策定された武蔵ヶ辻地区再開発事業「４つ葉のクローバー構想」は、「むさしクロスピア」開通、ダイエー出店により、交差点角の３つの葉が形成済であり、あとは近江町市場側を残すのみであったが、これまで何度も再開発への声が上がりながらも、地権者らの意見がまとまらず、事業着手に至らなかった。

昭和61（１９８６）年に地権者らで立ち上げた「武蔵ヶ辻第四地区市街地再開発研究会」は、紙谷武を座長に金沢市の指導を受けつつ、再開発計画のたたき台を練り上げる。周辺地区を取り込み、地上10階を超えるシンボルビルを中心とした再開発構想で事業認可を急ぎ、平成６年の完成にこぎつけたい考えであった。

これを受け、市では昭和62年度にA調査（現地調査のうえ整備手法、事業区域、事業構想をモデル的に検討）を実施、翌63年度にはB調査（再開発事業化への更なる詳細な検討、住民意向調査など）を行い、昭和42年以来20年ぶりにようやく再開発事業が実現に向けて始動する。

２　再開発準備組合の発足

北國新聞平成元年5月23日付朝刊の連載「金沢再生　78　再浮上にかける武蔵②　高度化めざす近江町市場」で、振興組合桜井余喜知常務理事（再開発担当）が語る。

（略）「組合員にはまだ公開していない」と前置きして、四枚のイメージ図を見せてくれた。十数階建てのビルの中に小ぎれいな店舗が並ぶ。高い天井はゆったりとした空間を思わせ、回遊しながら買い物が楽しめる。外観の中身も、おおよそ現在のそれとは違った近代化した明るい近江町市場が描かれている。

絵は、市場の関係者や地権者で結成する「武蔵第四地区再開発研究会」が三年かけた議論を参考に、今後煮詰めるプランのたたき台として作ったものである。「庶民の市場だから、もっと泥くささを残すべきだとかね、いろいろ意見はあるんですよ」（桜井常務理事）。（略）

同年11月28日、「武蔵ヶ辻第四地区市街地再開発準備組合」（紙谷武理事長）が発足する。

消費者会館で開かれた準備組合設立総会には、地権者17人のほか市関係者が出席。理事長に選出された紙谷武は「近江町という特殊な地域の開発は多くの問題があるが、地権者の意見を十分尊重し、近代化を達成したい」と抱負を述べた。

こうした中、平成３（１９９１）年９月に鮮魚通りをはさんで再開発地区と向かい合う青草町15番地の民谷ビルに入居する忠村水産、蒲富士食品、中屋食品、刺身屋の４店と隣接する柚木草花園が新装開店、この一角だけが従来からの市場のイメージとは変わったお洒落な外観となる。

市では平成４年度に事業の推進計画策定に向けた地区内の現況測量を行い、土地利用構想の検討に必要なデータ収集と現況図を作成し、翌年度中にも都市計画決定を目指したい意向であったが遅々として進まず、昭和57（１９８２）年の再開発基本構想策定から10年以上が経過しても、事業推進の核となる本組合の設立にまでは至らなかった。

アーケード沿い店舗イメージ図

（低層案）外観イメージ図

計画施設内店舗イメージ図

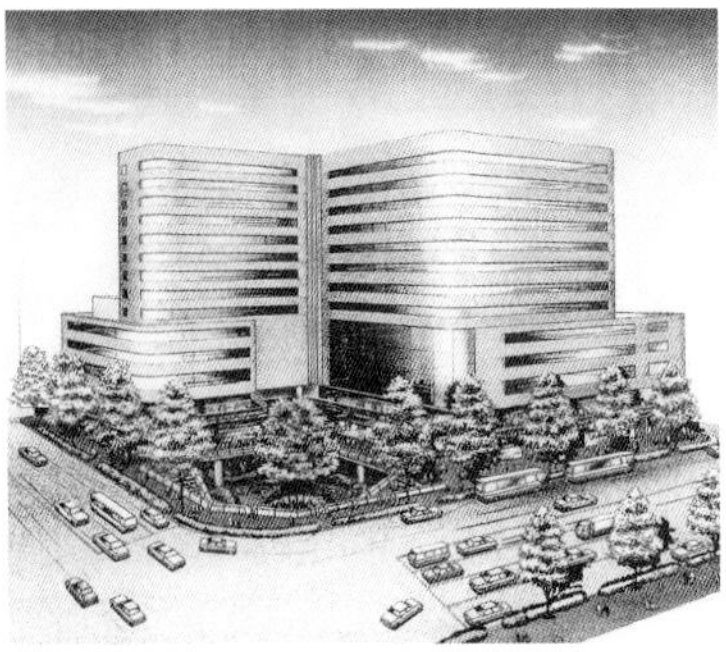

（高層案）外観イメージ図

３　金沢市の全面的支援

この状況を見かねた市は、平成５（１９９３）年５月28日、武蔵外苑（三和銀行金沢支店仮店舗跡）に現地事務所を開設する。事務所開きでは自筆による看板を自ら掲げた山出保市長が、「行政と民間が手を携えて、近江町市場の再開発を前進させよう」と挨拶した。

本来なら、都市計画決定を受けて本組合が設立されたあとに現地事務所が開所される手順であったが、市は全面的支援の姿勢を打ち出し、行政としては異例のテコ入れに乗り出す。

市場関係者からはカンフル剤になるとの声が上がる一方で、課題は多く行政が出てきてもそう簡単には進まないだろう、といった冷めた見方もささやかれる。

事実、再開発ビルには市場の約60店舗が入るため、権利関係や仮設店舗用地などの交渉は難航することが予想された。

駐車場の具備も難問であった。附置義務条例に基づく所要台数の確保が必要不可欠であるものの、南側と東側は市場の大動脈である市道、北側と西側は都心交通の要である国道と、駐車場の出入口に制約があったことから、市の協力を得て、隣接地に取り付け道路を確保して高架により上階駐車場と結ぶ案や、地下2、3階部分を駐車場としてスカイプラザ地下駐車場と連結する案などが検討された。

合わせて、施設構成を絞り込み、国道157号と159号に面して高さ60メートルの事務所（11階）とホテル（15階）を誘致するツインビルを主体に、1階から3階までを市場部分とする高層型ビル案が練られ、これをたたき台として関係者間の調整を急いだ。

しかし、平成2（1990）年以降、日本経済はバブル崩壊による深刻な平成不況を招き、民間設備投資の冷え込みと長引く景気低迷から、ホテルなどのキーテナント確保にめどがつかず、さらに複雑な地権問題、仮店舗用地などがネックとなって事業が停滞し、基本に据えていた10階建ビル2棟が並ぶ高層型ビル案は方向転換せざるを得ない状況に陥った。

4　低層型ビル案の登場

この状況を打破すべく、振興組合が主体となり、平成9（1997）年に石川県中小商業活性化事業の助成を受けて「商業環境等整備基本構想」を策定。〝旬鮮市場日本一〟を基本理念にソフト事業と施設環境整備を2本柱に据えたマスタープランを提案したことを緒に、平成12（2000）年「活路開拓ビジョン委員会」を編成して近江町市場のあるべき姿について議論が白熱するなかで浮上したのが、地下1階地上4階建の低層型ビル案であった。

この頃、準備組合のワーキング部会長である松岡暢也（現青草辻開発株式会社社長）が理想とする再開発ビルのイメージ図を作成。「人が集い、賑う事の楽しさ、買物本来の楽しさの再認識」をテーマに1階に青果店、鮮魚店、衣料スーパーを描き、吹き抜けの階上にはオープンテラスを設けたレストラン、2階には事務所やバックヤードを、権利者が共同経営する駐車場を3～4階に積んでいる。

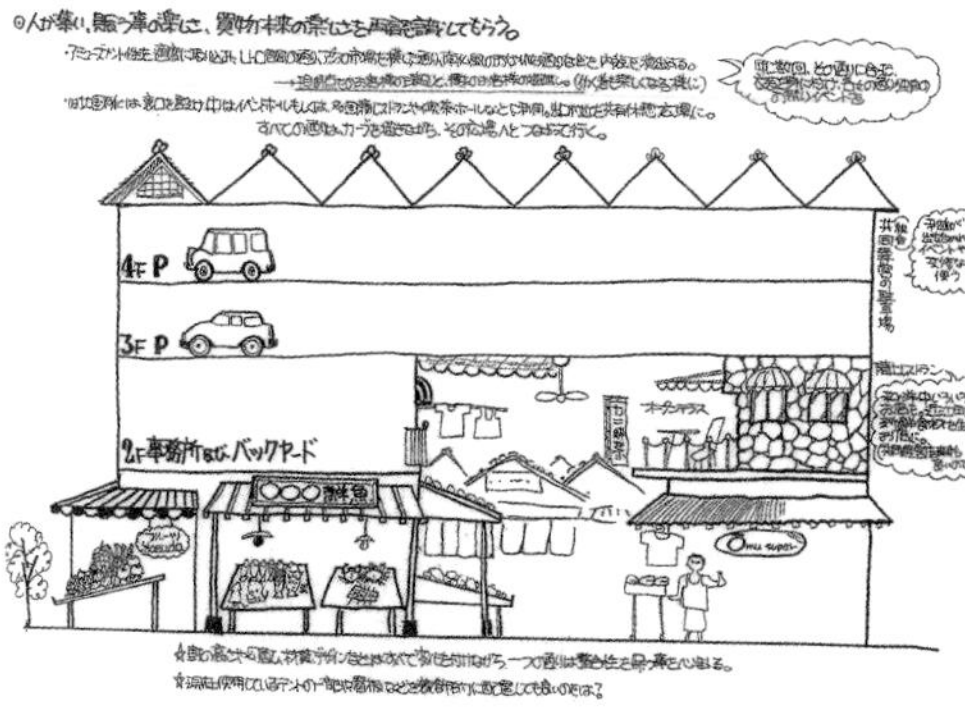

再開発ビルイメージ図（松岡暢也氏作成）

1階の通路は、アミューズ性を適度に盛り込んだレトロ調の通りのほか、東南アジアの市場風の通りや、南仏風のお洒落な通りなど期待感を醸し出す内装を演出、独自のお祭りイベントの開催、近江町市場の新鮮食材を活かした和洋中のレストラン、ほっと一息つける休憩広場などの書き込みもあり、これがその後の「近江町いちば館」を作り上げる礎《いしずえ》となった。

準備組合においても、原点に立ち返り、「食・材・市」をキーワードに、基軸となる1階は生鮮3品を展開する「市場フロア」、2階は飲食店主体の「飲食フロア」、地階は新たな客層の掘り起こしを志向する「賑わいフロア」とした三層構造の商環境計画を立案した。

2階は1階と一体となる回遊通路に吹き抜けを散りばめ、飲食街のほか調理の講習コーナー、荷捌場や倉庫などの後方施設を配置、地下1階には催事広場を設けるなど、近年足が遠のいていた家族連れなど幅広い層に来店していただき、市場全体の魅力アップにもつながる施設構成とし、駐車場は3、4階および屋上で200台程度の収容を計画した。

地下駐車場を取り止め低層型施設とすることで、懸案であった仮設店舗での営業期間も2年足らずで済むよう工期短縮を図るとともに、工事費も削減しうる事業計画案を検討した。

これと呼応し、市において工事期間中の仮店舗用地に活用できるよう、市場に隣接する十間町用地約100平方《メートル》の先行取得を決定するなど、新たな計画が現実味を帯びてくる。

平成13（2001）年には、準備組合が主体となり再開発事業の街区整備計画を策定。国道157号と159号の拡幅、歩道整備、市道整備（近江町市場内）、武蔵外苑整備、むさしクロスピア改良と地下道新設などが検討された。

5　「再整備」という考え方で

平成14（2002）年に入ると、市場活性化マスタープランとして識者ら17人で組織する「近江町市場再整備プラン検討会」を設け、2月5日に初会合を開き「再開発」に代わって「再整備」という表現が新たに提唱される。同年2月28日と3月27日の開催を経て、近江町市場を残す（存続させる）ことを再整備の基本に据え、近江町らしさを残す（対面販売、街路構成）、市場の風景と雰囲気を残す（今の風景、象徴的空間、親しみのある風景、愛着のある建物）、市民の台所としての機能を残す（競争力、情報力、利便性、存在感）を再整備の方向性とする最終案がとりまとめられた。

こうして同年12月27日に都市計画が決定され、事業の骨格が固まった。

6　青草辻開発㈱と本組合の設立

事業推進の実務機能のみならず、開業後におけるビルの運営管理組織が必要不可欠であったことから、地権者の発意により、都市計画決定という節目を迎えた平成15（2003）年3月21日に、権利者法人「青草辻開発株式会社」（小畑四郎代表取締役、資本金8千万円）が創立される。

平成18年10月10日に公表された再開発ビルの外観（上）と、市場施設部分（下）のイメージ図

平成元年の準備組合結成以来、紆余曲折を経た事業は、平成17年に不退転の段階を迎える。3月8日、事業計画の認可が下り、21日には設立総会が開かれ法人格を有する本組合（小畑四郎理事長、組合員数38人）が設立された。

事業の正式名称は「武蔵ヶ辻第四地区第一種市街地再開発事業」、施行者は「武蔵ヶ辻第四地区市街地再開発組合」、施行地区は下堤町、青草町の各一部の宅地のほか、国道157号、同159号、市道4連区線一号（青果通り）、2号（鮮魚通り）、5号（中通り）の各一部などの道路を含み、施行期間は平成17（2005）年3月15日から同20年3月31日（平成18年5月、21年9月30日までに変更）までと決定する。

工事に先駆けて、平成17年7月から10月にかけて武蔵外苑の現地事務所跡地（青草町53番地ノ1ほか）と北國銀行武蔵ヶ辻支店駐車場（下堤町24番地）で、埋蔵文化財発掘調査が実施される。発掘調査面積は385平方メートルで、17世紀の初頭にまでさかのぼる遺物も出土した（「下堤・青草町遺跡」）。

一方、かねてから噂のあった経営再建中のダイエーが10月31日、金沢店を閉店することとなり、24年間の歴史に幕を閉じる。同日には、開業から36年の武蔵ヶ辻ビルも最後のテナントが退去して閉館し、両ビルにつながる地下道の一部が閉鎖される。4つ葉のクローバーの2つが欠けたことで、武蔵地区の商圏は縮小し地盤沈下が懸念されることからも、遅れている第四地区の再整備事業は、もはや待ったなしの差し迫った状況となった。

この時期に、再開発組合は再開発事業の最大のヤマ場となる権利変更計画を策定する。

先祖代々の資産を守る土地所有者、借地権者、借家人らの意思統一から始まり、戦時中に国有地となった緑地帯での営業者の処遇の明確化や、難解な1階での店舗配置の認知など、権利の保全の手続きを推し進め、平成18（2006）年11月30日に権利変換期日（従前の権利が新たな権利に置き換わる法廷期日）を迎えた。

ここまでくる道程は、長く険しいものだった。事業の原動力となる再開発組合と青草辻開発株式会社の両輪の代表に就任した小畑四郎は語る。

近江町市場に誇りを持ち「器も中身もこれまで以上の市

場にして、支えてくれたお客さんに恩返しをしたい。そのための再整備でなければ嘘になる」「1人が反対しても再開発は成功しない。店子も地主も、全員がまとまるためには時間が必要だった」「近江町の浮沈は市場だけの問題ではない。武蔵ヶ辻商圏全体の発展のために、私利私欲を捨てて臨むべきで、これからが正念場だ」（平成17年4月4日付北國新聞朝刊「人ありて」）

7　名称は「近江町いちば館」

平成19（2007）年3月9日、青草町に槌音が響いて解体作業が始まり、いよいよ工事に着手する。既に1月6日には市場の駐輪場と多目的広場があった十間町の約1千平方メートルの敷地に、「上近江町口」「十間町みどり口」「十間町オレンジ口」の3カ所の入口を設けた仮設店舗棟が完成し、15日には再開発組合、振興組合の役員や入居者ら約20人が出席して開所式が行われた。

重機による解体工事が始まる（平成19年3月9日）

　ここには鮮魚店や青果店など22店が入居し、工事区画内では、鮮魚通りと中通りに沿って市道にせり出す形で18店舗が営業を続けるほか、1店舗は工事区画外の市場内に、もう1店舗は国道157号沿いに仮移転し、同日には土地が明け渡された。建設工事の施工業者は2度の入札（平成18年12月22日、同19年1月26日）を経て、株式会社熊谷組に決定（請負金額21億7350万円）し、3月25日、再開発組合や施工業者、市場関係者ら約100人が出席して起工式が挙行された。

　鍬入れを行った小畑理事長は「近江町市場は約280年の間、金沢の台所として親しまれてきた。回遊性を高め、対面販売でのサービスに努め、市場特有の雰囲気をつくりたい」と挨拶し、山出市長は「普段着で買い物を楽しむ近江町らしさと、機能性をどう確保するかが課題である。良い仕上がりを期待する」と祝辞を述べた。

　この年、8月になって分譲床出店者の一般公募が開始されたほか、歴史的建築物でもある北國銀行武蔵ヶ辻支店（日本芸術院会員の建築家村野藤吾の設計、昭和7年竣工）を保存活用することから、10月8日から13日までの6日間を掛けて、建物の位置を約20メートル曳家して移転する作業が行われる。

　平成20（2008）年4月12日から5月12日まで、再開発ビルの愛称を募集。県内外から763件の応募があったものの最終決定に至らなかったことから、有識者を交えた愛称選定検討会を設置して再考、発音時の語感の良さや、ひらかなで親しみやすさを感じる「近江町いちば館」と決定、10月16日に発表された。

8　絵画展や大行燈まつりで原点回帰

若手経営者達が市場の将来について考えるビジョン委員会のメンバーが、市場を丸ごと美術館にしようと企画した「ぼくの・わたしの好きな食べ物絵画コンクール」が平成11（1999）年からスタートする。同コンクールは、市民の台所である近江町市場を買い物以外の楽しみのある場として開放し、子供から大人まで幅広い年齢層の人達に市場の魅力を知ってもらおうと、小学校1～2年生及び幼稚園、保育園の幼児を対象にしたもので、これをきっかけに園児の市場見学を行った幼稚園もあった。

復活した「大行燈まつり」（平成15年10月6日）

コンクールには予想を大きく上回る1882点もの応募があり、集まった全作品にラミネート加工を施し、市場内の各店頭に展示（8月19日～28日）して、市民のみなさんに鑑賞していただくとともに、優秀作品267点の表彰を行った（表彰式8月21日）。

平成15（2003）年10月6日～11日、市姫神社の秋季例大祭で催されていた大行燈行事が、近江町市場のイベント「大行燈まつり」として復活する。

同まつりは、これまで開催されていた秋の「市場まつり」をリニューアルしたもので、大行燈行事は近江町市場内道路の交通事情から昭和36（1961）年を以って途絶えていたのだが、42年振りに甦る。県内唯一人となった映画看板絵師東貞昭の手による縦約2・3メートル、横約4・3メートルに描かれた勇壮な歌舞伎絵大行燈が「むさし口」と「鮮魚通り口」に取り付けられ、各商店前には小行燈74基が飾られて市場を懐かしく彩った。

まつりには、カジキ解体販売やビーフステーキ販売、バナナ販売、きのこご飯、ぜんざいの振る舞いのほか、最終日の11日には踊り流しや横痔亭珍宝こと横越茂（横越鮮魚店々主、芸名は近江町冷蔵庫の綿貫敏により命名）のマジックショーも催され、会場はやんやの拍手と大きな歓声に包まれた。

大行燈絵は、同まつりに先駆けて5日に彦三通りで開催した「恵比寿・大黒むさし山海まつり2003」でお披露目され、翌16年には小行燈が大阪市内スーパーの物産展でも展示公開された。

上近江町の通り約81メートルにアーケードが新設される（工事費約1億円）。平成15（2003）年11月26日の完成式には関係者約80人が出席し、荒井角男理事長が式辞を述べた後、山出市長からは、「市民の台所として280年の歴史を持つ市場であり、もっと元気になってもらいたい」と激励の祝辞が贈られた。振興組合顧問の下沢佳充県議会議員も駆け付け、テープカットとくす玉が割られ26日から29日まで完成記念セールを催した。

アーケードのない部分は市場でないと勘違いする利用者もいたようで、新設によって市場の回遊性が高まり人通りも増加する。

また、足元の路面は土間の雰囲気を醸し出す土色の特殊なアスファルト舗装を施し、通路の両脇には御影石を配して古風さを演出する修景整備工事も合わせて行われた。

平成16（2004）年の上通りを皮切りに、昭和31（1956）年に設置されてから約50年が経過するアーケードは、初の全面改修を行うことになる。17年と19年は中通り、20年には鮮魚通りのアーケードが架け替えられ、同20年11月18日に全区間380メートルの工事が完了（総事業費約12億8千万円）、アーケードはこれまでより2メートル高い約8メートルとなり、オレンジ色に統一され、明るく開放感に溢れたつくりで、12月1日の「近江町いちば館」仮オープンに向けた準備が整えられ、当日を待つばかりとなった。

平成11（1999）年から始まった絵画コンクールでは、戦前の「大国まつり」に新風を吹き込んだ青江会美術展が懐古され、15（2003）年10月に市姫神社の大行燈行事が「大行燈まつり」として復活し、同年11月の路面の修景整備、20（2008）年11月にはアーケードの全面改修と、再開発を前にして市民の台所近江町市場は原点に回帰していく。

9　近江町いちば館オープン

平成20（2008）年12月1日、年末を控えて「近江町いちば館」の1階部分が先行開業する。6日までに37店が順次開業、7日には大半の店がこれまで定休日だった日曜日の営業も試行、アーケードや裸電球、対面販売など従来と変わらぬ雰囲気でありながらも新しく斬新な通りは、多くの買い物客で賑い、市民の台所にふさわしい活気にあふれる門出となった。

「近江町いちば館」が仮オープン（平成20年12月1日）

同7日は、仮オープンといちば館に新たにできた「新通り」の開通を祝った式典が挙行され、再開発組合小畑理事長が謝辞を述べ、山出市長は

「再開発区域も近江町の雰囲気が守られた。先祖から受け継ぐ資産を大事にしてほしい」と祝辞を贈った。

「新通り」に面する土谷商店のある一角は、「カネイチ通り」と呼ばれる小路で囲まれていた。昭和30年代後半、屋号カネイチの青果問屋土谷商店で修行した人達が次々に独立してここで店舗を構えた。

翌8日から、プレハブ平屋建の仮店舗の取り壊しが始まる。20ヵ月余の期間を要した仮店舗での営業中はお客様に不便の掛け通しであった。移転場所が分かり難いという声に、各店は張り紙で仮店舗の場所を知らせ、振興組合でも案内地図を配布するなどしたものの、間口減や場所の移動の影響を受け売り上げは減少、ひたすら耐えてきたが、これからが本番、仮オープンで「戻ってこれて良かったね」というお馴染みさんの声に励まされたと営業者は口を揃える。

年が明けた平成21（2009）年3月25日、「近江町いちば館管理組合」（小畑四郎理事長、組合員47人）が結成される。この組合は、区分所有法に基づくもので、再開発事業により整備された施設建設敷地と施設建物及び付属設備のうちの供用部分の管理、区分所有者相互間の権利義務や共同利用等を調整し建物全体の良好な環境を維持増進して運営することを目的とし、実務は青草辻開発株式会社が担っている。また、再開発事業により生ずる保留床の一部を青草辻開発株式会社が取得する必要があったことから、財団法人民間都市開発推進機構の出資支援を仰いでいる。

同25日に工事が完了、4月3日に内覧会が開かれ、16日には再開発ビル「近江町いちば館」がグランドオープンを迎える。午前9時から神事が執り行われ、10時の竣工式で再開発組合小畑理事長の挨拶のあと、金沢スカイホテルでの祝賀会には岡田直樹国土交通政務官、谷本知事、山出市長、民間都市開発推

グランドオープンを迎えた「近江町いちば館」（平成21年4月16日）

進機構の竹内直文常務理事、商工会議所深山彬会頭らから祝辞が贈られた。

　前年12月に先行開業した1階には、鮮魚店や青果店、軽食店など50店が出揃い、2階は近江町市場初となるフランス料理店や中華料理店、寿司店、お茶漬け店など10店が入居し、地下1階にはドラックストアや惣菜店、パン店など13店が並び、買い求めた惣菜をその場で味わえるフードコーナーを設け、近江町市場とめいてつ・エムザを結んで行き来できる地下道が新設され、ここに「食の武蔵」が誕生した。

　近江町市場振興基金からは、いちば館広場で時を知らせる大きな電波時計（1メートル四方）が贈られ、4月14日に除幕式が行われる。

　総事業費56億6千万円（補助金34億9千万円）、区域面積約０・9ヘクタール、敷地面積４８２７・49平方メートル、延床面積1万７３４９・81平方メートル、鉄骨鉄筋コンクリート造一部鉄骨造、地上5階地下1階建、3～4階に公益施設と駐車場（約１００台）、5階には業務施設が入居する。

　1階の商業施設は権利床で、他は保留床。保留床のうち3、4階は金沢市が取得、参加組合員が地階を取得、2階は一般公募し、その他の未処分床は青草辻開発株式会社が取得した。

　公共施設のうち、市場内市道の中通り（延長約１００メートル）は幅員6メートルに、鮮魚通り（約70メートル）は同7メートルに揃えられ、人や車イスは簡単に通ることができる広さを確保。

　地下の「むさしクロスピア」（武蔵地下2号線）は幅員5メートル、延長約50メートルに改修整備を行い、地下でも4つ葉を形成した広場（地上約３００平方メートル、地下約３００平方メートル）が新たに設けられる。めいてつ・エムザと近江町いちば館を地下横断施設（武蔵地下3号線、延長約40メートル、幅員6メートル）でつなぎ、回遊性向上を図って県内最大となった地下通路では、6月から市場とエムザの買い物カート共用が開始された。

　国道１５７号（延長約１１０メートル）は幅員25メートルから28メートルに、国道１５９号（延長約70メートル）は同21メートルから25メートルに拡幅される。

　親子連れの市民や観光客が近江町市場に大勢詰め掛け、いちば館広場ではチャリティー大鍋が振る舞われ、18日からの2日間いちば館開業記念「春のむさしまつり２００９」を開催、地元サンバチームの演舞やブラスバンド演奏などで盛り上がった。地下のクロスピアでは地元人気店の特別弁当が販売され、市場全体では約3万人の人出となり、食を中心とした多彩なイベントが繰り広げられた武蔵地区は、近江町市場の「再生」と「新生」によって大いに活気づいた。

10　ちかちゃん　えっちゃん

「近江町いちば館」仮オープンを前にした平成20（２００８）年11月28日、近江町市場のマスコットキャラクター、小グマの「ちかちゃん」の誕生が発表される。

ちかちゃん（左）えっちゃん（右）

近江町市場には、いろんな食べ物が揃っていることをアピールするために、雑食性のクマをキャラクターとし、名前は近江町の「近」から取った雄グマの「ちかちゃん」と命名。茶色のボディに「近」の文字が入ったオレンジ色の腹掛け、背中には魚や野菜でいっぱいのカゴを担いでいる。

「ちかちゃん」だけでは寂しかろうと、荒井角男理事長の提案による、雌グマのピンク色で愛らしい「えっちゃん」も誕生、名前は近江町の「江」からもらい、赤いフリル付のエプロンには「江」の文字が入っている（兄弟かガールフレンドかは未設定）。「ちかちゃん」と「えっちゃん」は、翌21年4月14日に行われた、いちば館時計贈呈式でデビュー、テレビCMにも登場してステッカーや缶バッチ、キーホルダーなどのグッズも製作された。

2匹は仲良しで市場のイベントにはいつも一緒、百万石踊り流しにも参加してパフォーマンスを披露し、子供達から写真撮影や握手を求められる、愛らしい人気者の「ちかちゃん」「えっちゃん」である。

同年6月、再開発組合は事業により市場の風景と雰囲気を継承した再整備を行い、新たな交流人口の創出と商業の活性化へ

コラム　いちば館　食のゆるキャラ

近江町いちば館で、金沢の食をテーマとした55種類ものゆるキャラが誕生し、同館地下1階から地上2階にかけての階段に掛けられたタペストリーで紹介されている。

いちば館が開業した年（平成21年）に開かれたデジタルアートの祭典「eAT　KANAZAWA」で全国から集まった185種類から選ばれ、槍を手にした凛々しい前田かぼ家、キュウリが兜の前田キュウ太郎、五郎島金時の姉妹で五郎島金子ちゃん&時子ちゃん、カニと治部煮が組み合わさった治部煮クラブ、金時草が髪のきんじろうなどなどが大集合している。

また、同館のエレベーター扉には近江町市場ホームページの4コマ漫画「おみちょば！」のキャラクター「としうえ」（加賀藩祖前田利家をモデルに1字を変える）と「おまつ」のイラストが描かれている。近江町市場の非公認キャラクターではあるが、今後の活躍で昇格を目指す。

の貢献から、まちづくり功労者国土交通大臣表彰と平成21年度市街地再開発功労者表彰を受賞する。

組合による全事業が完了した再開発組合は、11月26日に解散総会を開き、債権債務は「近江町いちば館管理組合」が承継。管理運営する青草辻開発株式会社を小畑から引き継いだ山本文男社長は「低層建物の再開発事業、しかも市場の再開発事業の成功は全国でもまれ、われわれも引き続き経営に努力していく」と語った。

11　長年の取り組みを振り返る

遠く長い道のりを経て、ようやくたどり着いた近江町市場の歴史に残る一大事業「近江町いちば館」の完成を、前市長の山出保は自著「金沢を歩く」（岩波新書）で次のように記している。

（略）近江町市場の卸売りと仲買いの機能を金沢駅の西側に移し、中央卸売市場として開場したのが一九六六（昭和四一）年でした。このことが近江町市場整備の発端となりました。区域面積は0・9ヘクタール。高容積型の再開発計画が何度もつくられましたが、不況が続き、売却の目途が立たず、いずれの計画も挫折しました。

そこで私は、「再開発というよりも、身の丈に合った再整備をしよう」と呼びかけ、賛同を得て、五階建ての施設規模になったのです。再整備にあたっては、古くからの市場の雰囲気を壊さないこと、対面販売の親しみを残すことに苦労しました。市場関係者の意見を聴き、魚や野菜の鮮度が見てわかるように昔ながらの裸電球を取り入れることにしました。（略）

武蔵ヶ辻地区の再開発事業に昭和期から関わり、武蔵ヶ辻のローマ字表記の頭文字「M」と、第四地区の「四」を組み合わせた通称「M四」の名付け親でもある株式会社アール・アイ・エーの木島一宣は、国道側と近江町市場の一体的な融合、インフラ施設と民間施設の協調、近江町市場の原点を残しつつ古くて新しい商環境の創出、来街者への環境整備の工夫に苦心し、事業期間中の変更は日常茶飯事で待ったなしの格闘の日々は「針の筵《むしろ》でした」と述懐する。

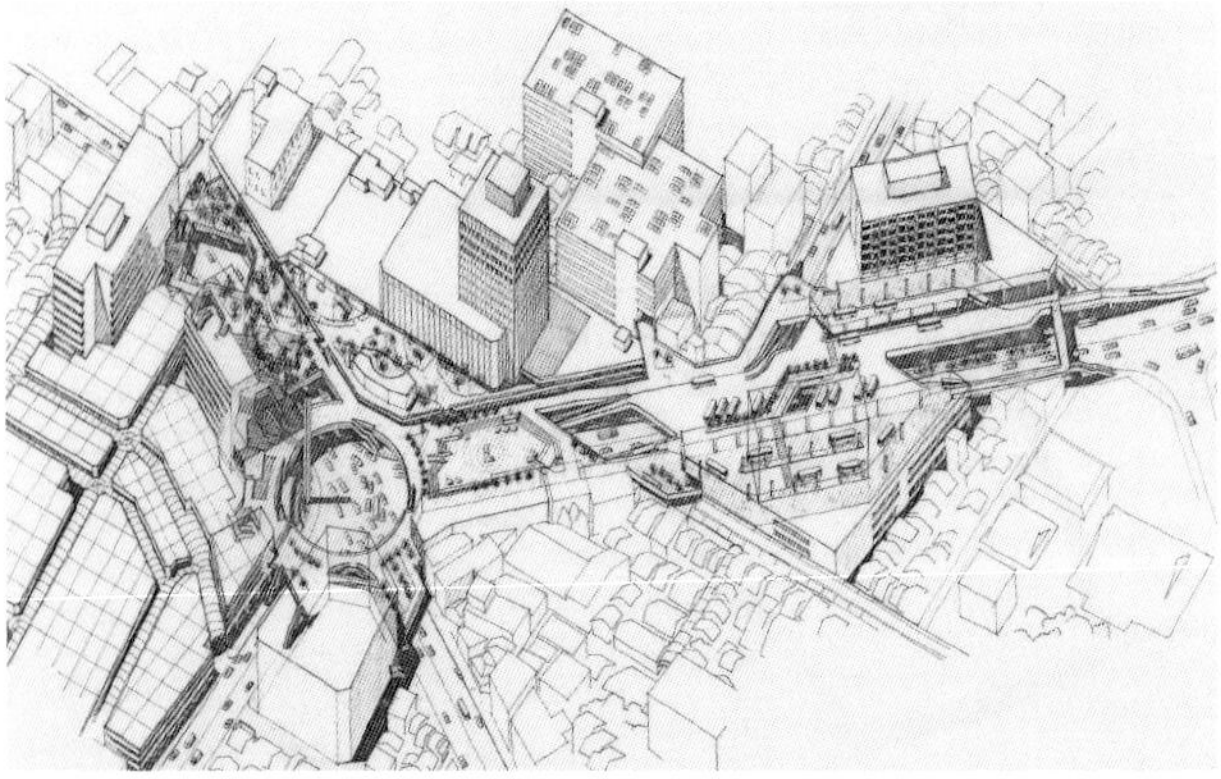
荒井知行の武蔵地区近代化構想

平成22（２０１０）年5月、武蔵ヶ辻第四地区が国土交通省の同22年度都市景観大賞「美しいまちなみ特別賞」に選ばれる。24（２０１２）年10月には、近江町いちば館が一般財団法人都市みらい推進機構主催の同24年度土地活用モデル大賞において特に優秀と認められた「国土交通大臣賞」に輝いた。

　近江町中央小売協同組合の事務所に1枚のイラストが掛かっている。武蔵ヶ辻の交差点付近を描いてあるようだが、裏面には、「この絵図はS55・6・27 市内RiA米沢宗隆氏が荒井知行の構想を纏めて書いたものである」と記されていた。

　地上18階の金沢スカイビルがそびえ建ち、その後方には2棟の名鉄スカイパーキングが見える。武蔵ヶ辻交差点は立体化され、下部は自動車が走る車道で上部は広場、緑地帯と歩行者専用の歩道に分離されたペデストリアンデッキとなり、近江町市場と名鉄丸越百貨店（めいてつ・エムザ）を空中でつないでいる。エムザ2階の国道157号側にいくつかのドアがあるのは、将来的にこのペデストリアンデッキを取り入れる構想であったことがうかがわれる。

　左下が近江町市場で、アーケードは下近江町通りにまで延びているが、むさし口に出る青果通りにはアーケードがなく、上空から見ると、くの一「女」の字形になってはいない。

　市場の国道157号側はビル化され、下堤町にもビルが建ち、安江町側には、何台ものバスが見えターミナルが設けられている。

　イラストが描かれた昭和55（1980）年といえば、近江町市場の第2次近代化「金城小売協同組合」事業に差し掛かった時期だが、いまから約40年前、荒井知行の頭の中には、こんな武蔵地区の近未来が描かれていたことに驚かざるをえない。

12　いちば館開業後の商店など

　近江町市場史において歴史的な転換期となった「近江町いちば館」開業時の平成21（2009）年4月1日現在における店舗数は、前年比で37増加した185店舗、組合員数では前年比21増加する164人となった。その時点の組合員名簿と商店街地図（6月1日現在）を掲載する。

〈組合員名簿〉平成21年4月1日現在

　※住所の青草町88番地は「近江町いちば館」

鮮魚部

店名	組合員名	法人代表者名	所在地
一念大助	㈲一念大助	坂本実	上近江町46－3
大口水産本社	大口水産㈱	出口力	上近江町38
鮮魚			上近江町38
業務部			上近江町50
塩干部			上近江町40
冷凍			上近江町32
川木商店	㈲川木商店	木戸義治	青草町88
清商店	㈲清商店	後外志広	青草町10
三洋商店	北久三男		上近江町35
島田水産	㈲島田水産	島田恵一	上近江町35
新力水産	㈲新力水産	伊藤幸男	青草町88
杉本水産	杉本水産㈱	杉本雅宏	青草町88
大三	㈱大三	荒井角男	上近江町32

大松水産本社 1号店 塩干	大松水産㈱	松本雅之	上近江町33
2号店			上近江町33
業務部			上近江町21－1
忠村水産	㈱忠村水産	忠村健司	
本社・卸部			上近江町22－3
小売部			青草町15
のざきの焼魚	㈱ホクチン	山上智之	青草町88
松本	㈱松本	松本信之	下近江町17
水口鮮魚店	寺村順吉	越村収一	上近江町33－1
三ツ口屋	㈲三ツ口屋商店		上近江町36
みやむら	㈲みやむら	宮村宏志	青草町88
ヤマカ水産	ヤマカ水産㈱	紙谷一成	
金沢本店			下近江町30－1
上近江町店			下近江町32
中通り店			青草町88
新通り店			青草町88
米崎	㈱米崎	豊岡大一郎	上近江町47－1

青果部

赤小商店	中山栄造		青草町88
石川青果	石川昇		青草町88
市安商店	安田政昭		青草町88
岡崎商店	岡崎進		上近江町33－1
小畑商店	㈱小畑商店	小畑四郎	青草町88
きゅうまつちゃん	㈱小畑商店	小畑四郎	
北形青果	北形青果㈱	北形誠	
本社・名店街			上近江町50
本店			青草町88
中央店			下近江町32
北川食品	㈲北川食品	北川美博	青草町88
フルーツきたむら近江町店	㈲フルーツきたむら	北村忠八	青草町88

宏昌果実	久安英二		
本店			上近江町34
支店			上近江街35
フルーツ坂野	坂野勇		青草町88
大八青果	大八青果㈱	林光雄	下近江町20
田中青果店	田中雅章		上近江町33－1
土橋商店	土橋正俊		青草町88
土谷商店	㈲土谷商店	大西登	青草町88
寺田青果	寺田賢治		上近江町50
徳一商店	㈲徳一商店	徳川一雄	青草町88
フルーツはしもと	橋本加代子		青草町88
長谷川商店	長谷川久男		青草町88
久安青果	久安都		上近江町33－1
堀他 近江町店	㈱堀他	須田紀久治	上近江町50
牧果実店	牧友喜雄		青草町88
水口青果	水口二三夫		下近江町24
みなみ	南幸男		青草町88
役山商店	役山謙幸		上近江町36
山本青果店	山本吉夫		青草町88
山安	㈲山安	田中照夫	
卸部			上近江町50
本店			青草町88
中通り店			青草町88
近江町店			下近江町26
よこい青果	㈲よこい青果	横井建治	上近江町50

飲食料品

あきら伝輝	寺西亮		下堤町37－1
石丸食品	石丸孝一		上近江町33－1
岩内蒲鉾店	㈲岩内蒲鉾店	岩内兵祐	下近江町22
近江龍	末延洋洋		上近江町33－1
酒の大沢 近江町店	㈱酒の大沢	大澤一嘉	上近江町30－1

沖津食品	㈲沖津食品	沖津喜志子	上近江町36－2
奥野照明堂	奥野弘		下堤町19
海道屋	海道物産㈱	野地一	上近江町33－1
海道 宮崎店			上近江町36
海道 大口店			上近江町38
まぐろ海道			十間町32
海道屋 4号店			十間町32
海道屋 6号店			上近江町27－1
うみ丸本店			上近江町33
海藻ライフ			青草町88
近江町のパン屋さん	海道フーズ㈱	野地一	下堤町19－2
鯛将	海道フーズ㈱	野地一	下堤町19－1
カナカン・ジョイ	カナカン㈱	荒木章	下近江町18
蒲冨士食品	蒲冨士食品㈱	本田法生	青草町15
金澤屋珈琲店	キャラバンサライ㈱	西岡憲蔵	十間町27－1
キャラバンサライ	キャラバンサライ㈱	西岡憲蔵	青草町88 BF
牛乳村夢番地	㈱牛乳村夢番地	中村忠信	青草町88 BF
越山甘清堂	㈱越山商店	越山好子	青草町88
サクラスイーツ	㈲タカシアンド・ジョージカンパニー	芦崎貴	青草町88 BF
沢野井商店	沢野井鎮男		下堤町19－1
豆腐家しば田	㈲豆腐家しば田	芝田二郎	上近江町33－1
豆腐家しば田 いちば館	㈲豆腐家しば田	芝田二郎	青草町88
舟楽	㈱舟楽	紙谷一成	上近江町24－1
ジョアン近江町店	㈲ジョアン	藤沢謙聖	青草町88 BF
寿美田今川焼	山崎務		青草町88
仙桃香港 手づくり点心	長田雅稚		青草町88 BF
ダイヤモンドL1	ダイヤモンド商事㈱	阿部靖司	上近江町24
ダイヤモンドL2			青草町88
ダイヤモンドL3			青草町88

肉のみやざき			上近江町36
近江町コロッケ だいや			上近江町36
高川物産	高川武士		青草町88
近江町こだわり玉子 だし巻屋	㈲明正	中村錦人	青草町88 BF
鳥由	則竹良雄		青草町88
中屋食品 近江町支店	中屋食品㈱	中屋敏明	青草町15
なんぼ商店	南保祐一		青草町5
昆布の比賀	㈱比賀商店	比賀泰夫	下堤町38
ポッポ	小間徹夫		上近江町33－1
無添加パンまつや	平松敦子		青草町88
ディスカウントショップ まつや	㈱山本常商店	山本隆志	下堤町19
まるか	マルカ珍味㈲	河野徳男	下近江町26
いか焼きみなせん 近江町店	金谷雅彦		青草町88 BF
みつばちの詩工房 近江町いちば店	㈱みつばちの詩工房	矢野浩	青草町BF
山本商店	山本与三次		青草町88
良縁堂茶楽	渡辺健一		青草町88 BF
和平	㈱和平	地蔵彰	上近江町33－1
和平中通り店	㈱和平	地蔵彰	上近江町33－1

衣服・身の回り品

あさ井屋	㈱浅井商店	浅井清治	上近江町32
紙・文房 あらき	荒木信治		青草町88
オーミスーパー本店	㈱近江町ストアー	松岡誠介	青草町88
オーミスーパー 2号店	㈱近江町ストアー	松岡誠介	下堤町38－1
紙谷商店	紙谷晃子		青草町88
高山履物店	高山洋子		十間町27

市場バス停（此花ルート）
国道159号線
尾張町・東山→
近江町市場駐車場入口
近江町市場駐車場
☎(076)232-2241
神社口
1F キリン堂
2F 美容室メリット
B1F メロメロポッチ
山さん鮨本店
近江町市場寿し
ヤマカ水産マリンカ
北形青果
天狗中田武蔵店
下近江町通り
青果通り口
大八青果
蒲鉾店
カナカンジョイ
松本商店
ヤマカ水産
北形青果事務所
山安商店
北形青果
牧宅急便
大口商事
バナナ
掘他
2F・3F 近江町市場商店街振興組合
2Fホール 近江町中央小売（協）
料理教室／R 駐車場
タイ
ウシ
大口水産
一念大助
米崎
よこい青果
寺田青果
よこい青果
大友家
近江町市場駐車場出口
ヤマト運輸近江町宅急便センター
鮮魚通り口
買物通り口
海鮮丼家ひら井
海道じもの亭
鮨源平
舟楽 持ち帰り棒鮨
忠村水産
石川水産ビル
大松水産
近江町市場冷蔵庫（協）
金沢中央信用組合
活性化広場
東出珈琲店
ふらっとバス十間町バス停（材木ルート）

近江町いちば館案内

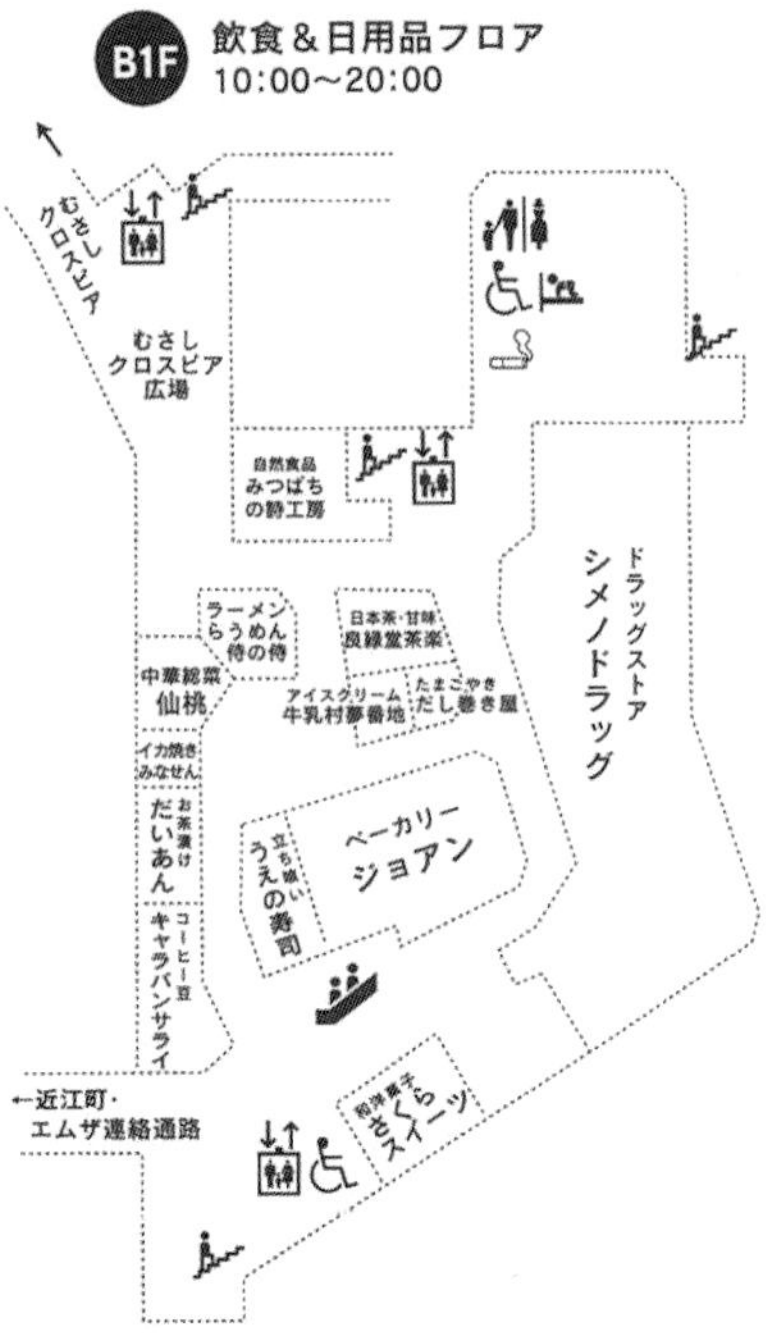
B1F
飲食＆日用品フロア
10:00～20:00
むさしクロスピア
むさしクロスピア広場
自然食品 みつばちの時工房
ドラッグストア シメノドラッグ
ラーメン らうめん侍の侍
日本茶・甘味 長緑堂茶楽
中華総菜 仙桃
アイスクリーム 牛乳村夢番地
たまごやき だし巻き屋
イカ焼き みなせん
お茶漬け だいあん
立ち喰い うえの寿司
ベーカリー ジョアン
コーヒー豆 キャラバンサライ
←近江町・エムザ連絡通路
和洋菓子 さくらスイーツ

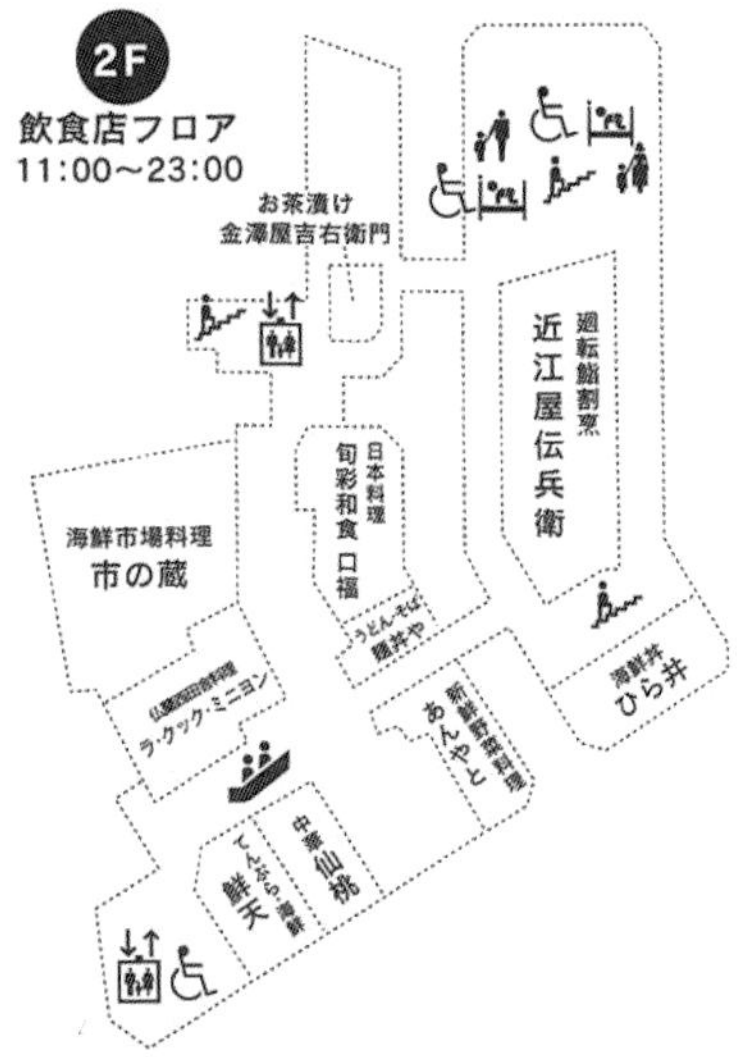
2F
飲食店フロア
11:00～23:00
お茶漬け 金澤屋吉右衛門
回転鮨割烹 近江屋伝兵衛
海鮮市場料理 市の蔵
日本料理 旬彩和食 口福
うどん・そば 麺丼や
海鮮丼 ひら井
新鮮野菜料理 あんやと
ラ・クック・ミニヨン
てんぷら・海鮮 鮮天
中華 仙桃

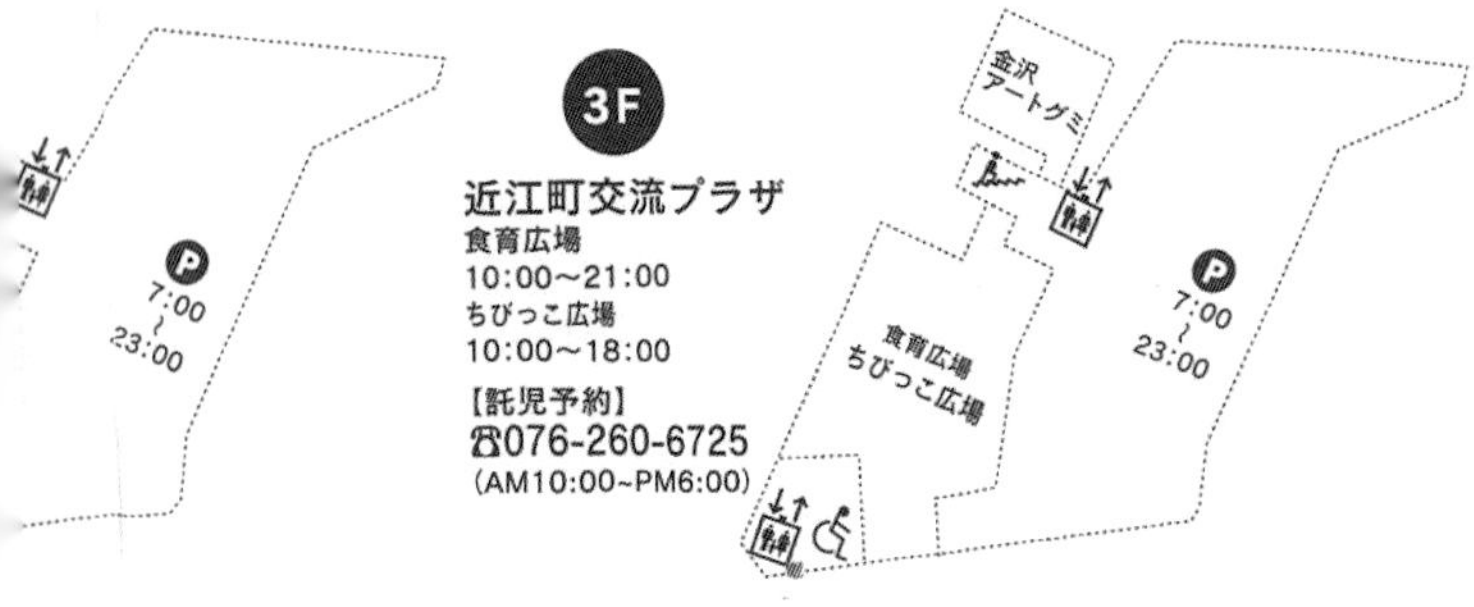
3F
近江町交流プラザ
食育広場
10:00～21:00
ちびっこ広場
10:00～18:00
【託児予約】
☎076-260-6725
(AM10:00~PM6:00)
金沢アートグミ
食育広場
ちびっこ広場
7:00～23:00
7:00～23:00

平成 21 年 6 月 1 日現在

ＭＡＫ	㈲ワイエムコーポレーション	柳沢光男	上近江町33−1
丸年 近江町店	㈱丸年呉服店	吉村一	下松原町49
丸年 ムサシ店	㈱丸年呉服店	吉村一	青草町88

その他

加川珍花園 近江町店	㈱加川珍花園	加川勉	青草町88
清正商店	㈲清正商店	押野有亮	青草町88
キリン堂 近江町店	㈱キリン堂	寺西豊彦	下近江町68
シメノドラッグ近江町店	㈱示野薬局	示野義和	青草町88 BF
ジョル・フルながた	㈲ジョル・フルながた	吉村武晴	上近江町33−1
なるせフラワーガーデン	成瀬種苗㈱	成瀬謙次	十間町33
成瀬種苗店	成瀬種苗㈱	成瀬謙次	上近江町36
日光舎近江町店	㈱松本日光舎	松本健夫	上近江町33−1
美容室メリット	㈱オオモト	大元海聖	下近江町68
ヤマト運輸 近江町宅急便センター	ヤマト運輸㈱	木川眞	上近江町54
ヤングドライ近江町店	㈲ヤングドライ金沢	栃谷義隆	青草町88
柚木草花園	㈲柚木草花園	柚木陽介	青草町15
牧宅急便	（牧友喜雄）		上近江町50
大松水産 コインパーキング	（大松水産㈱）		十間町43−2
近江町駐車場	近江町駐車場㈿	荒井角男	十間町21

精肉

牛勝精肉店	中原一世		十間町32
天狗中田近江町店	坂上成久		下堤町37
天狗中田武蔵店	㈲天狗中田笠市店	中田富次	下近江町35−1
天狗中田青草店	㈲天狗中田笠市店	中田富次	青草町88

ミート市場	㈲金沢ミート市場	伊登実	十間町31

飲食

喫茶 闕伽	福江馨		下堤町37
あんやと	㈱あんやと	湯浅敏江	青草町88 2F
いきいき亭	寺西政隆		青草町88
市の蔵	㈱ハチバン	後藤四郎	青草町88 2F
井ノ弥	米田義則		上近江町33−1
近江町市場寿し	㈲近江町市場寿し	三十苅美代子	下近江町28−1
海鮮丼いちば	㈲近江町市場寿し	三十苅美代子	上近江町36−2
近江町市場寿し上近江町店	㈲近江町市場寿し上近江町店	亀田恵介	上近江町32−6
近江町食堂	㈲小室商事	小室秀一	青草町1
近江屋伝兵衛	島崎衛		青草町88 2F
かいてん寿し大倉	㈱大倉	谷雅陽	下堤町38
大友家	㈲惣菜の大友	大友伸司	上近江町50
海鮮どん屋	㈱和	須磨和也	十間町32
金澤屋吉右衛門	島崎衛		青草町88 2F
カフェ・アルコメルカート	㈱カンパーニュレストラングループ	堀勝彦	青草町88
銀の風	（海道フーズ）		十間町27−2
鮨処 源平	㈱源平	塩本芳久	上近江町25−1
旬彩和食 口福	㈲中里	中里知	青草町88 2F
こてつ	山本外行		下堤町37−1
刺身屋	㈲や満当	寺田美喜男	青草町15−1
じもの亭	㈱近江町じもの亭	阿部靖司	上近江町27
鮮天	渡辺隆志		青草町88 2F
仙桃広東料理	長田雅稚		青草町88 2F
だいあん	セントラルホテルシステム㈱	古谷利彦	青草町88 BF
ごはん屋たつや	橋野達也		下近江町26
Ｂａｒ木村	㈱季生り	木村淳子	青草町88
東出珈琲店	東出陽一		十間町42

百万石うどん	大口商事㈱	荒井角男	下近江町23
近江町海鮮丼家ひら井本店	㈱シーフード・サービスひら井	平井慎太郎	上近江町29
近江町海鮮丼家ひら井いちば館店	㈱シーフード・サービスひら井	平井慎太郎	青草町88 2F
まめや金澤萬久	ぶどうの木㈱	本昌康	青草町88
メロメロポッチ	熊野盛夫		下近江町68
麺丼や	齋田八平		青草町88 2F
もりもり寿し近江町店	㈱ウエノフーズサービス	上野謹一	青草町88
立ち喰いうえの寿司	㈱ウエノフーズサービス	上野謹一	青草町88 BF
山さん寿し本店	㈱山さん寿し本店	辻良子	下近江町68
らうめん侍の侍近江町店いちば館店	㈲明正	（中村錦人）	青草町88 BF
ラ・クック・ミニョン	古川真二		青草町88 2F
金融業			
金沢中央信用組合	金沢中央信用組合	王生義彦	上近江町15
北國銀行武蔵ヶ辻支店	㈱北國銀行武蔵ヶ辻支店	支店長 室田淳	青草町88
製造業			
近江町市場冷蔵庫	近江町市場冷蔵庫㈿	荒井角男	上近江町19
大口商事	大口商事㈱	荒井角男	下近江町7
不動産・住民			
青草辻開発	青草辻開発㈱	小畑四郎	青草町88
近江町中央小売	近江町中央小売㈿	荒井角男	上近江町50

コラム　金沢電気ビルの和紙人形パノラマ

本多町の金沢電気ビル（北陸電力）ギャラリーには、「和紙人形パノラマ　近江町市場」が常設展示されている。金沢電気ビルが竣工した平成4（1992）年11月から展示を開始した。

パノラマ（縦1・6メートル、横約4メートル）は、新年が間近に迫った明治期の師走を時代背景にして、近江町から十間町を望む一角の市場に、「乾物」「あらもの」「青物」「こめや」「くすり」「魚」の店が立ち並び、道端でも野菜やお餅などの商いが行われている。石置き屋根には雪が積もって氷柱が下がり、後方の山々は山頂が白く雪化粧している。雪だるまの前では子供達が雪合戦に興じ、雪だるまの横には「官許　金澤近江町市場」（裏面は「官許　青草辻市場」）の標柱が立ち、市場は多くの人々が行き交う賑わいをみせている。

着物を着た人形を始めとして、すべてが細部まで手の込んだ手づくりで、1つ1つに見惚れてしまうほど。ほっこりとした温かみが伝わる癒しの同パノラマ制作は、東京の「やまと凰人形スタジオ」中西京子、監修は250年史の著者大井川明、一見の価値ある近江町市場の和紙人形パノラマ展示である。

金城小売	金城小売（協）	松本雅之	上近江町33－1
岡嶋忠雄　柚木繁　矩一浩　㈱紙安　石川水産㈱ 新保外喜雄　荒木商事㈱　谷口英樹　土谷淳子　中田信義 徳田寿美子　坂井降幸　三宅信昭　㈲みずの企画　広村憲郎 能島敏文　平田悦子　能口和子　則竹保男　林由美子 山田博			
参考			
丸八倉庫	丸八倉庫（協）	安田政昭	武蔵町16－5
近江町市場駐車場	近江町市場商店街振興組合	荒井角男	上近江町50
いちば館中央監視室			青草町88　2F
近江町交流プラザ託児受付			青草町88　3F
近江町交流プラザ			青草町88　4F
近江町　市民サービスコーナー			青草町8　4F

第二節　平成期におきた変化

１　近江町市場２７０年祭

平成３（１９９１）年９月20日、市場開設２７０周年を迎えた式典が行われる。21、22日の両日にわたり消費者会館で記念行事「近江町今昔風景写真展」「温故知新料理無料試食会」を開催する。写真展には、市民から応募のあった明治期から大正、昭和の近江町市場を写した２５０枚が展示された。

頭上に葭簀が見える市場、アーケードが設置され、舞台の上で演芸が始まった大国まつりでの一コマ、割烹着に買い物かごを下げた主婦で賑わう「金沢市民の台所」など、セピア色した白黒写真に写る近江町市場の風景が懐かしく、カラー写真になった市場の様子では買い物客の服装も変わり、時代の変化をみるのもまた面白く、活き活きと働く市場の人達、魚や野菜、果物の旬が色鮮やかに市場を彩っている。

展示された数々の写真の前には、立ち止まって見入る人達のいくつもの固まりができ、飲食会では「温故知新」と銘打たれたように、現代と昔を感じさせる焼きおにぎり、漬物にカレーピラフ、ゼリーなど３５０食分が振る舞われた。

２　第６代理事長に小畑四郎

平成８（１９９６）年５月27日開催の通常総会において、任期満了に伴う役員改選が行われ、その後７月８日に開かれた理事会で第６代理事長に小畑四郎が選出され就任する。

小畑四郎は大正14（１９２５）年12月22日、二口家の男ばかりの５人兄弟の４男として十間町に生まれる。金沢高等工業高校（金沢大学工学部）を卒業後、教員として静岡県に赴任、戦後昭和23（１９４８）年に近江町市場で青果商を営む小畑久松の婿養子となり店を継ぐ。

第６代理事長　小畑四郎

昭和33（１９５８）年10月、石川県を行幸した昭和天皇、香淳皇后が湯涌温泉白雲楼ホテルに宿泊の折、天皇皇后の食される食材を同ホテルまで届ける大役を担う。

お客様第一主義と、実直で自他ともに厳格主義を貫く小畑の信任は厚く、青果食品商業協同組合第19代理事長をはじめ武蔵ヶ辻第四地区再開発組合理事長、青草辻開発初代社長を務め再開発事業に尽力する。

趣味は登山、平成10（１９９８）年に中小企業庁長官表彰、12（２０００）年には全国中小企業団体中央会々長表彰を受けた。

〈役員人事体制〉

顧問　米沢外秋　松本捷男
相談役　成瀬清次　柚木繁　忠村喜吉　牧友雄
理事長　小畑四郎
副理事長　松本敏三　村端儀一　松岡正幸
常務理事　宮崎修
理事　荒井角男　坂本実　寺田美喜男　越村収一
伊藤幸男　忠村健司　土橋正俊　今村清彦
田中照夫　松田一郎　北形誠　安田恒夫
横井建治　大澤健雄　比賀泰夫　吉村一
南保祐一　阿部靖司　大友章司　小室秀一
浅井清治　則竹保男　坂上成久　沖津雅子
能口晃　岸博之
監事　土谷勇　紙谷武

（平成8年7月8日開催　理事会議事録ほか　より）

小畑理事長は、金沢街づくり機関（ＴＭＯ）の㈱金沢商業活性化センター取締役に就任する。近江町周辺道路の修景整備について、十間町、下堤町両町会と連携を図り、町会長と連名による要望書を金沢市に提出（平成10年）、再開発事業のほかでも武蔵地区の環境整備に取り組んだ。

また、市場来場者の意見を聞くリサーチを実施（御意見箱設置、校下調査）するなど、内外から市民の台所を見つめ直した。

3　第7代理事長に荒井角男

平成12（２０００）年5月31日開催の通常総会において任期満了に伴う役員改選が諮られ、同日の理事会で第7代理事長に荒井角男が選出され就任する。

荒井角男は昭和14（１９３９）年3月5日に生まれる。父知行の教育は厳しく、約束は守ること、嘘をつかないことについては特に厳しく躾けられた。

昭和36（１９６１）年春、明治大学経済学部を卒業した角男

第7代理事長　荒井角男

は日本冷蔵系商社「日冷スター販売株式会社」に就職、3年間の勤務のあとに金沢へ帰り「大口水産」に入社する。56年に代表取締役社長に就任した翌57年12月に創業者知行が他界、近江町市場と同市場に生まれ育った大口水産を大切に守る精神、熱き情熱を父より受け継ぎ、「天は人の上に人をつくらず、人の下に人をつくらず」（福沢諭吉「学問のすすめ」）を信条とした。

人材の育成、登用に長け、人望に厚く振興組合理事長職を6期12年にわたって務め、平成15（2003）年に経済産業大臣賞を受賞する。趣味は、アユ釣りにキノコ採りと自然と親しむ。

〈役員人事体制〉

顧問　米沢外秋　松本捷男
相談役　成瀬清次　柚木繁　忠村喜吉　小畑四郎
理事長　荒井角男
副理事長　比賀泰夫　村端儀一　坂本実
専務理事　比賀泰夫
常務理事　吉村一　土橋正俊
理事　忠村健司　伊藤幸男　松本雅之　久安英二
田中照夫　安田恒夫　松田一郎　林光雄
南保祐一　大友章司　阿部靖司　大澤健雄
浅井清治　吉村武晴　宮崎修　伊登実
高川武士　寺田美喜男　越村収一　小畑文明
北形誠　小室秀一　坂上成久　岩内三千夫
監事　松岡正幸　紙谷穣　大橋昌寛
（平成12年5月31日開催　理事会議事録ほか　より）

4　週休2日制の普及と日曜営業

平成に入ると、時代のすう勢として週休2日制の導入が急速に進み出す。この時代、人材確保に向けた休日増や労働時間の短縮が検討課題となり、金沢市中央卸売市場も変動週休2日制を取り入れ、近江町市場でもこれに追従して日曜祝日の定休日と変則的な水曜休業を組み合わせた週休2日制が増え始める。こうした状況に足並みの乱れた休業は、近江町市場全体の賑いに水を差すという声が上がる。

平成7（1995）年、市場の定休日が分かりにくいという現状から、鮮魚店、青果店では月1回の水曜休日をなくし、全店で平日完全営業を実施する方向に踏み切る。

ドーナツ化現象で中心部の人口が減少し、郊外には大きな駐車場を備えた大型商業施設が次々とオープンして、近江町市場に訪れる地元買い物客は落ち込み、同7年と昭和59（1984）年を比較したデータでは、平日で8千人減の約1万6千人、土曜日は5千5百人減の約1万9千人となり、観光客の姿が目立ち客全体の3割を占める。

近江町市場では平成12（2000）年、中央市場に合わせた水曜休業を取り止め、全店で日曜祝日以外は営業日として、郊外大型店に対抗する。

ダイエー金沢店が撤退（平成17年10月）して以降、日曜祝日はめいてつ・エムザが孤軍奮闘を余儀なくされている中で、18年のGWを機に近江町市場は祝日が土曜と重なった場合に限り営業することとなる。この頃、市場に訪れる買い物客数は1日平均で約1万4千人、土曜日は約1万5千人で市外からの客が目立っていた。

再開発事業の工事が開始された年の平成19（2007）年9月、振興組合では近江町市場の事業主（108人）と市場周辺を訪れた買い物客（千人）を対象にした、日曜営業についての意識調査を実施した。

北國新聞平成19年10月26日付朝刊「近江町市場の日曜営業意識調査結果まとまる」によると、結果は、日曜営業に「賛成」と答えた事業主は43％、「反対」は24％、「他店の動きを見てから」が22％。「賛成」の理由は「市場や武蔵地区の活性化のために必要」「日曜営業をしなければ生き残れない」という意見が出される。

「反対」とした理由では、「従業員の確保が難しい」が最も多く、『日曜は営業ではなく、イベントの形によって各店持ち回りで人を出してはどうか」という意見があった。

買い物客への調査では、約8割は日曜営業を行った場合は「買い物に行く」と答え、行かないと答えた理由では「駐車料金が掛かる」が3割を超え、「観光客が多そうだから」などの意見もあった。

日曜営業開始の時期は、再開発ビルの一部が先行開業する仮オープンを目途にすべきとの意見が多く、振興組合吉本紘三事務長の「指摘された課題を克服しながら、日曜営業の試行時期を探りたい」とする談話を掲載している。

近江町市場は、これまでに「カナザワムサシまつり」やカニ漁解禁に合わせた臨時の日曜営業、一部の店舗による日曜営業

「近江町日曜市」がスタート（平成20年12月7日）

が行われていたが、振興組合では平成20年１月25日開催の理事会で日曜営業を行うことを正式決定、各店に日曜営業の実施を呼び掛け、同年12月１日の「近江町いちば館」仮オープン後の７日の日曜日から「近江町日曜市」が始まった。

日曜営業実施は各店の判断に委ねられ、長年続いた日曜休日の慣習に戸惑いも見られたものの、頭上には「近江町日曜市」の懸垂幕が下がり、鮮魚店や青果店など全１５０店のうちの８割にあたる約１２０店が営業を行う。人出は例年の12月初旬の週末よりも多く、お歳暮商戦と相まって武蔵地区には賑いが波及し、午後からは周辺道路で断続的に約２キロの交通渋滞が起き、近江町パーキングには一時順番待ちの車列ができたほどであった。

ところが、年が明けると（平成21年）日曜営業を行う店は半数ほどに減少する。前年12月は年末のかきいれ時でもあって、１月の休業は家庭の都合や従業員の休日にあてられたなどの理由によるものとみられた。

「近江町いちば館」がグランドオープンした後、初めての日曜日（平成21年４月19日）には全１７２店の約７割にあたる１２７店が店舗を開け、市場は家族連れや観光客で終日賑い、日曜営業の開始から１年が経った同21年12月６日には、全１６６店のうち１２１店（73％）が店舗を開き、日曜日も営業を行う近江町市場が定着してこの１年間で来場者も増加、これまで２、３万人台だった週末の１日歩行者通行量は、平成21年

近江町市場通行量（入数＋出数）の推移

年　度	歩行者通行(金)	歩行者通行(土)	歩行者通行(日)	備　考
平成元年	40,706	49,536		
平成3年	39,748	47,025		
平成5年	34,703	39,690		
平成7年	32,122	38,030		
平成9年	34,696	37,923		
平成11年	28,928	32,782		
平成13年	27,200	35,930		
平成15年	30,526	34,139		
平成17年	28,627	30,123		ダイエー撤退
平成19年	25,428	36,427		
平成20年12月			40,070	日曜営業開始、いちば館仮オープン
平成21年 6月		51,142	38,043	いちば館オープン(4月)
平成21年10月	36,978	54,379	51,762	
平成22年10月	40,889	47,103	43,259	
平成23年10月	39,129	49,897	46,184	
平成24年10月	35,934	45,025	39,270	5～7日(金～日)
平成25年10月	31,064	37,593	26,847	5、6、11日(土、日、金)
平成26年10月	33,122	42,718	27,409	3～5日(金～日)
平成27年10月	42,304	60,132	62,683	9～11日(金～日)北陸新幹線金沢開業
平成28年10月	39,804	58,003	64,435	7～9日(金～日)3連休
平成29年10月	41,847	59,945	65,256	6～8日(金～日)3連休
平成30年10月	40,085	58,241	48,741	5日(金)、20～21日(土、日)
令和元年10月	42,643	64,087	74,222	11日(金)、11/12～13(土、日)

※当市場の通行量調査については、すべての出入り口の入数、出数をカウントすることから、実質の来街者数は半分としている。

10月の日曜日には約2万7千人にまで増加した。

一方で従業員の負担増や休日の分散による客離れに悩む声も聞かれ、振興組合では日曜の代休を水曜に取るように推奨したが、休日はバラバラの状態だった。

日曜営業が開始されて3年を迎えた平成23年になると、市場は当初観光客が大半だったが認知度が高まるにつれて地元客も増え、9割以上の店舗が日曜営業を実施してすっかり定着した感が出てきた。

5　金沢市指定史跡

金沢市は平成20（2008）年12月26日に、金沢城惣構跡を市指定史跡とした。市文化財保護課によると、近江町市場の中で惣構があった場所は、上通りと中通りに挟まれた範囲と推定され、上通り側には土居が、中通り側には堀があって、そのうちの土居の内側で兵が移動できる内道にあたる道幅二間（3・6メートル）の上通りと、辰巳用水の分流が暗渠になって流れ込んでいる中通りの「近江町用水」の水路部分を、惣構堀の痕跡として史跡に指定する。

上通りと中通りの間には、惣構の土居を崩して堀を埋め立てた名残の高低差がみられ、最も分かり易いところは、上通りの「大口水産鮮魚部」と「いいね金沢」の間から入って中通りへ抜ける距離にして約12～13メートルの通路部分、ここを通ると土居と堀の惣構のイメージが湧いてくるようで、「世界の食品ダイヤモンド」の上通り側入口にある5段の階段は、この高低差を調節したものである。

もう1カ所、上通りの「田中青果」と「鮨えのめ」の間から入って中通りに出る、距離にして約17～18メートルの通路部分も高低差が感じられる。

青果通り口から入って中通りが交差する辺りでも傾斜が見られ、上近江町の鮮魚通りから入って直進し、上通りが交差する四つ辻を過ぎ、さらに中通りが交わるもう1つの四つ辻を過ぎて後を振り返って見ると、通路にはなだらかな傾斜がかかっている。

また、惣構の堀には間隔を置いて橋が架けられていた。「近江町橋」「下近江町橋」「世界橋」「せつかい橋」「接待橋」「三

この通路が最も惣構の痕跡と高低差を体感できる場所。是非とも通っていただきたい

右衛門橋」と幾通りもの呼び名があった近江町の橋は、青果通り入口から中通りに出る辺りに架けられていたと推測され、ここでも通りには傾斜が見られる。

そして、現在「近江町いちば館」の新通り頭上に架かる2本の橋の1本に「近江町橋」のネーミングが復活している。もう1本の橋名は「青草橋」で、ここからも近江町の魚市場、青物の青草辻市場という市場の成り立ち、歴史が伝わってくる。

300年を迎えた近江町市場だが、惣構はそれからさらに100年以上もさかのぼる史跡であり、買い物がてら市場を歩いて、歴史のロマンにも触れることができる近江町の惣構史跡である。

6　武蔵と片町・香林坊　対抗の歴史

香林坊の第一地区再開発事業は「金沢東急ホテル」が昭和60（1985）年9月1日に、同月21日には隣接する商業棟「KOHRINBO　109」（香林坊東急スクエア）がオープンして、新しい香林坊が幕を開けた。これに対抗して武蔵地区の5商店街振興組合（武蔵、横安江町、彦三、近江町市場、尾張町）、名鉄丸越、ダイエー、SKYプラザ、NEW SKYプラザ、金沢スカイホテルが「第1回カナザワムサシまつり」（9月20日～25日）を開催、各種セール、イベントや4泊5日のグアム旅行に招待するクイズ等を催した。

名鉄丸越とダイエーは店舗を改装、横安江町商店街は通りをカラーブロック化、尾張町商店街にはガス灯が完成してそれぞれに大感謝セールを実施、近江町市場は「市場総あげ大感謝セール」を行い、期間中22日の日曜日に限り営業（23日の月曜日を休業とする）、ミニイベント「松茸が当たる！　ズバリ目方当てクイズ」を催す。武蔵地区が総力を挙げて取り組み、総額1500万円の予算は、昭和56（1981）年10月のダイエーの進出時に過去3回行った「クローバーCITY 秋まつり」を上回った。

1年後の61年9月20日には、大和百貨店と地権者、行政が一体となった香林坊第二地区再開発事業「香林坊アトリオ」がデビューする。

負けじと武蔵地区は「第2回カナザワムサシまつり」（9月19日～24日）を開催、前年に引き続き感謝、記念セールで対抗して総額300万円が当たる福福つかみどり大会や盛りだくさんのイベントを催し、近江町市場はこの年も21日に日曜営業を実施、23日の祝日も一部営業を行った。

2カ月後の11月27日には、旧大和本店を全面改装した複合商業施設「ラブロ片町」が開店し、香林坊地区と武蔵地区の商戦は、ますます激化して互いの誘客合戦にしのぎを削る。

これまでの商店街同士の戦いが、金沢の2大中心商業集積地である片町香林坊地区と武蔵地区へと移り、平成に入ると大店法（大規模小売店舗法）改正による規制緩和から郊外に大型店の出店が続き、市内中心部対郊外という構図に変わっていく。

平成17（2005）年10月末にダイエー金沢店が閉店、武蔵ヶ辻ビルが閉館したあと、ダイエーの跡地を一時モルガン・スタンレーグループが所有し、その後平成19（2007）年2月に不動産デベロッパーの日本レイト（大阪市）が取得してマンションや商業施設、都市型ホテルの整備を構想したものの断念する。また、ムサシインテリジェントビルが所有する老朽化した武蔵ヶ辻ビルの再開発を、太陽グループが民間主導で計画したが進展せず、その後平成16（2004）年5月に同ビルは競売にかけられ、第一交通産業（北九州市）が落札して18（2006）年には解体される。

武蔵地区の商圏は縮小し地盤沈下は避けられず、こうした状況からも近江町市場の一日も早い再開発が待ち望まれた。

武蔵活性化協議会に加盟する商店街と大型店が団結して武蔵浮上を賭けて始まった「カナザワムサシまつり」は、平成11年の第15回（9月25～26日）で、近江町市場の日曜営業とプロ野球パ・リーグで優勝したダイエーホークス（福岡ソフトバンクホークス）を祝うVセールが相まって、最終日に行われた彦三大通りでの歩行者天国には秋晴れの下、多彩な行事が催され、武蔵地区の回遊性が高まって過去最高の賑いとなり、翌12年からは春と秋の年2回開催されることとなる。

郊外の大型商業施設に対抗した武蔵地区を挙げての春のイベントは、お宝再発見をテーマに「むさしお宝まつり」として平成12（2000）年5月27～28日に開催され、同まつり実行委員会のメンバーが扮した七福神が登場、近江町市場は鰯のツミレ汁「お宝鍋」を格安で販売して人気を呼んだ。

10月7～8日に開かれた秋のイベント名称は「むさしまつり2000」と改称され、前年に続いて歩行者天国が催された彦三大通りには、近江町市場が出張営業を行いカニや加賀野菜を大奉仕する。

平成14（2002）年秋には「恵比須・大黒むさし山海まつり」（10月5～6日）が開催され、市姫神社に伝わる、これまで人目に触れることなく市場を見守ってきた大黒天の御神像が、約80年ぶりに御開帳されるとマスコミは報じ、6日の歩行者天国では、近江町市場の威勢の良い呼び込みが響き、「〝何が出るか、どこで始まるかわからない〟出たとこ勝負！『近江町せり市』」が開かれた。

平成17（2005）年の同まつり（10月1～2日）では、これまでの寄付金によって制作された恵比須御神像が市姫神社に奉納され、これで恵比須、大黒2体が揃った名称通りのまつりの開催となった。

武蔵ヶ辻第四地区の再開発事業は、平成21（2009）年4月にようやく「近江町いちば館」が完成してグランドオープン（20年12月に1階市場部分仮オープン）を迎え、同地区に賑いを取り戻す。

７　対抗から連携へと変化

片町・香林坊と武蔵の両地区は香林坊大和、めいてつ・エムザを核にそれぞれ商圏を形成していたが、消費動向の変化から２店ともにかつての勢いはなくなり、長年ライバル関係にあった武蔵と片町・香林坊両地区の商店街が連携して、郊外の大型商業施設と対抗する流れに傾く。

　中心市街地の活性化を目的にして、行政と商店街などが出資して設立した金沢商業活性化センターが中心になって、平成23（２０１１）年２月に両地区が別々に運営してきた駐車場料金の割引サービスが統合され、街中全体の回遊性向上が図られる。

　翌24年１月、いよいよ３年後に迫った北陸新幹線金沢開業も見据え、「香林坊・武蔵地区まちづくり連携実行委員会」が発足する。

　発足記念事業の第１弾として、２月４日に近江町いちば館広場で５タウンズ（香林坊、片町、竪町、柿木畠、広坂の５商店街）の「海鮮トマト鍋」が、５日には香林坊アトリオ広場で「むさし山海鍋」が振る舞われ、歴史的な交流の場となった会場には「金沢・近江町市場のうた」が流れた。

　まちづくり連携実行委員会の山本隆文副会長は、「街中に人の流れを呼び戻すには、武蔵だ香林坊だと分けて考える時代ではない。中心市街地として一緒にスクラムを組んでいきたい」

コラム　裸電球

地球温暖化対策から白熱球の製造が中止となり、ＬＥＤに切り替わる昨今だが、平成16（２００４）年の年明けに、再開発後も近江町市場ならではの昔ながらの風情を醸し出す照明効果を残そうと、市場のおよそ半数にあたる77店舗で照明に関する調査が実施される。

　魚や野菜、肉などの食材がそれぞれに美味しく、鮮度良く、美しく、映えるような照明の当て方や明かりの強弱を、照度（商品に当たっている光の量）、輝度（商品の輝き具合）、色度（色を感じる程度）によって科学的に分析する試みが行われた。

　美味しく見せる明かりとして、鮮魚店では吊るした裸電球（白熱電球）傘の裏側の赤色が輝度と色度を演出、青果店では蛍光灯傘の裏側の白色が照度と輝度を演出し、照明熱により生鮮食料品が傷まないような光の当て方、商品陳列の工夫など、長い間の経験則があると結論付けられた。

　市場内のアーケード照明は、平成30（２０１８）年９月にすべてＬＥＤに切り替えられた。

と語る。

4月には第2弾のラ・フォル・ジュルネ金沢「熱狂の日」音楽祭2012実行委員会と協力したコンサート「金沢まちなかプレリュード」を連携開催する。

この連携はさらに拡大して金沢駅エリアが加わり、平成28（2016）年10月から「かなざわハロウィン」を合同企画し、駅前から武蔵、香林坊での3地区による仮装パレードが行われている。

武蔵地区では、平成19（2007）年11月、武蔵ヶ辻ビル跡地に地下1階地上14階建の分譲マンション「グランドパレス武蔵ヶ辻」が建設され、空き地のままとなっていたダイエー金沢店跡地には、平成26（2014）年4月26日に加賀市のだいいちグループが複合商業ビル「ル・キューブ金沢」（地上10階、1～3階「かなざわはこまち」、4階事務所、5階以上賃貸マンション「レクレドール金沢」）を開業して9年ぶりに4つ葉が揃った。

昭和5（1930）年に都市計画が決定した金沢駅から武蔵ヶ辻を結ぶ全長800メートルの「金沢駅通り線」36メートル道路は、平成22（2010）年10月に全線4車線化が完了した。

8　近江町市場憲章

かねてより、振興組合内に合同研究会を立ち上げて検討してきた「近江町市場憲章（案）」が平成22（2010）年5月20日開催の理事会で諮られ制定される。

同憲章は、市民の台所としての「ありたい姿」、そして近江町市場のミッション「行動規範」（対面販売の魅力、市場の魅力を深め、個店力を磨き、専門店として販売の基本を磨く）を定め対外的に発表して、実行を約すとした。

近江町市場憲章

近江町市場を愛する私たちは二十一世紀も金沢市民の台所であり続けるために、伝統に対する誇りと感謝の心を胸に食を通して、地域社会のお役に立つ市場づくりに努めます

一、私たちは　対面販売を大切にします

一、私たちは　安心・安全な食べ物を提供します

一、私たちは　金沢の食文化を守り発展させます

一、私たちは　楽しい市場をつくります

一、私たちは　地球環境の保全につとめます

9　第8代理事長に吉村一

平成24（2012）年6月5日開催の通常総会で任期満了に伴う役員改選が諮られ、同日の理事会で第8代理事長に吉村一が選出され就任する。

第８代理事長　吉村一

吉村一は、昭和24（１９４９）年12月13日、下松原町に生まれる。昭和46（１９７１）年3月、日本大学経済学部を卒業して大阪千日前の衣料品大店「いぬ井」に入社、同49年に金沢へ戻り父一二の経営する丸年呉服店を継ぎ、57年には代表取締役社長（4代）に就く。

柔和で温厚篤実な人柄に人望も厚く、「天網恢恢　疎にして漏らさず」の教えを信条に、自分に正直であれ、正直な商いをモットーとする同社は、令和２（２０２０）年に創業１００年を迎えた。

趣味はゴルフ、平成16（２００４）年に石川県知事、30（２０１８）年には中小企業庁長官より功労者表彰を受ける。

〈役員人事体制〉

顧問　馳浩　岡田直樹　下沢佳充　横越徹
相談役　成瀬清次　柚木繁　小畑四郎
理事長　吉村一
副理事長　松本雅之　田中照夫　岩内三千夫
専務理事　岩内三千夫
常務理事　阿部靖司
理事　荒井角男　比賀泰夫　坂本実　伊藤幸男
忠村健司　越村収一　後外志広　木下譲
安田恒夫　久安英二　牧友喜雄　横井良治
石川豊　浅井清治　松岡誠介　成瀬謙次
大澤一嘉　柚木陽一　南保守　吉村公司
山﨑良則　倉田保秀　北形誠　小畑文明
高川武士　吉村忠　西岡憲蔵　伊登実
監事　松岡正幸　紙谷穰　王生義彦

（平成24年6月5日開催　理事会議事録ほか　より）

第三節　市場内外の有名人と食文化

1　近江町市場人物伝

平松三郎　多芸なマジシャン

「近江町いちば館」広場横で「無添加パン　まつや」を開く平松隆の祖父三郎は明治38（１９０５）年、旧青草町26番地に生まれる。平松家は代々この地で商売を営み、明治、大正の頃は麻苧漁網等を商い、明治37（１９０４）年に市場の官許を願い出た53人の中に曾祖父亥三郎が名前を連ねている。

三郎は父亥三郎の店を継ぐが、戦後に写真館「ムサシスタジオ」を始める。スタジオは夜になるとダンスホールに早変わりし、金沢のダンスホールの草分けともなった。その後、昭和26

日本テレビ「特ダネ登場!?」に出演。左からプロ野球金田正一、音楽家山本直純、平松三郎、司会の押阪忍

（1951）年に菓子店「まつや」を開業した。

能楽、茶道に生け花のほか三味線、バイオリン演奏など教養と芸能を身に付け、とにかくなんでも器用にこなす三郎が強く興味を引かれたのは手品であった。幼少の頃に松旭斎天勝のマジックショーで、舞台に上がってマジックを手伝わされたことがきっかけとなって、日本奇術協会初代会長の松旭斎天洋に弟子入り、とはいってもプロの道を選ばず、アマチュアで活躍する。

店に訪れる客の前で練習の成果を披露し、「近江町の名物おやじ」と親しまれ、腕前はますます上達して家の中はマジックの小道具で溢れ、レパートリーも増えていった。得意の芸は36本ものリングを自在に操っていろんな形を作るマジックで、プロでもこれだけの数のリングをこなす使い手はいなく、テレビ出演の依頼も舞い込むほど名は広まり、プロのマジシャンとの親交も深かった。

平成元（1989）年4月9日、「第3回浅の川園遊会」で演じられる水芸「平成滝の白糸」を見るために、会場の浅野川河

コラム　近江町用水

再開発事業の工事が始まった平成19（2007）年、金沢市では中通りを暗渠となって流れる近江町用水（辰巳用水の分流、水路は惣構跡の市指定史跡）の保全が検討された。市内水整備課によると、中通りには直径1メートル35センチのヒューム管が埋設されていて、以前は中通りにある3カ所の四角い用水穴に鉄板が被せられ、自由に開閉して中を覗くこともでき、三八豪雪や五六豪雪のときは用水に雪を捨てたり、ゴミを捨てることもあって、下流でゴミがつまって物議を醸したことがあった。

用水の中に入ったことがある人に聞くと、深さは2メートルほどあり、側溝はコンクリートで固められ、金具の取っ手が付いて上り下りでき、水深は約20～30センチ、流れる水量はそのときによって違いがあるだろうが、中は暗く惣構堀の痕跡については分からなかったという。用水が流れ込んでいることを知らせるため、通りの一部を開渠とするか、ガラス張りにして可視化する案も出されたが、中通りは商品搬入の車が行き来するため、安全面からも「辰巳用水」と金沢市の市章を刻字した頑丈な用水蓋を設置して整備することとなる。

川敷には8万人の大観衆が詰めかけた。

太夫役を演ずるは東《ひがし》の芸妓美ち奴、艶やかな衣装を身にまとい、人力車に乗って梅の橋たもとの浮舞台に登場すれば「待ってました」「日本一！」の掛け声が飛び交う。美ち奴の「これより水を出してごらんにいれます」のセリフとともに茶碗や扇子、アヤメなどから次々に水が噴き上がり、繰り広げられた水芸に会場は拍手喝采に包まれ、盛り上がりは最高潮に達した。

実は、当地で30年ぶりに披露されたこの水芸復活の仕掛けに一役買ったのが三郎だった。同園遊会実行委員会では、泉鏡花の作品「義血侠血」（外題「滝の白糸」）から園遊会の目玉として水芸実演の企画がプランされる。

委員会のメンバーの一人が近江町市場にふらりと訪れたとき、「まつや」の店先で偶然に手品のポスターを見掛けたのがきっかけで、引き込まれるようにして店内に入っていき、水芸の話を切り出すと、三郎は東京にある奇術の家元を紹介することになる。

三郎はネタを教え渋る家元を口説き落とし、その後、美ち奴は水芸の習得に幾度となく東京に出向き、園遊会当日を迎えるのだが、「滝の白糸」復活には、こんなエピソードが秘められていた。

三郎の妻の政子は「わしの道楽はこれひとつと、頭を下げられた時から諦めとるがや」と屈託なく話したそうだが、三郎はマジックのほかに居合道にもチャレンジする。10代目荒木又右衛門に師事し、刀の刃渡り、腹の上に大根を乗せてメッタ切りする技などの猛練習で、身体はいつも傷だらけだった。

さらに、三郎は菓子店の一角に宝塚ショップを設ける。十代の頃、父親に連れられて「宝塚歌劇団」を観劇、父親は同歌劇団の小林一三社長と昵懇の間柄で、三郎を連れてよく宝塚と金沢を行き来した。すっかり宝塚に魅せられファンになってしまった三郎は、ファンの域を飛び越えて同歌劇団から毎月発行される出版物やポスター、プロマイド、グッズなどを販売するコーナーを店内に置いて、近江町市場の中に宝塚の店を華々しくデビューさせた。

政子は三郎が平成5（1993）年に88歳で他界したあと、一時は店を閉めることも考えたが、客は来てくれ宝塚ショップもそのまま継続され、常連のファンは子供や孫と一緒に雑誌の発売日には顔を出し、そして三郎を偲んでくれることが政子の心の支えになったという。

そんな「まつや」の近江町市場での歴史は、いま「無添加パンまつや」が受け継ぎ、店先に飾られてある戦前からの古写真、法被が「まつや」の歴史を語りかける。

夷藤茂子　最後のいただき

河北潟で獲れたフナ、ハネ、ボラ、ゴリ、川ギス、シジミなどの〝潟もの〟が入った桶を頭に載せ、行商に歩く女衆を「いただき」と呼んだ。

頭上には5つもの小判型の桶を重ね、手放しで腰を振ってバランスを取り、それも早足で歩いたとなるとまるで曲芸なみである。

夷藤茂子は大正12（1923）年に内灘村に生まれる。4人姉妹の2女、15歳で祖母の代から続いた魚の行商の道に入る。昭和21（1946）年、村の行商仲間と一緒に近江町での商いを始め、同55年には1人で潟もの専門店を構えて切り盛りした。

祖母ツル、母りう、そして茂子と3代にわたった夷藤家の長い歴史を振り返る。

祖母ツルは河北潟から魚の入った桶を頭に載せ、歩いて近江町までやって来た。電車もリヤカーもない明治の中頃の時代である。男手ばかりの市場では、いただきの女衆は一種の名物だった。

多くの老若ファンを持った夷藤茂子

母りうの代は明治の終わりから大正時代、市場では定まった場所でなく、好きなところへ自由に移動して商っていた。場所を借りるのに権利金は取られず、軒先を借りた家に米などを届けたという。

朝に店を開き、魚が売切れると昼過ぎには商売を終えて子供達にお土産を買って帰る、一面のんきな時代でもあった。

当時の服装は木綿がすりのもじりに膝までの腰巻き、わらじか草履を履き、寒い冬でもこんな恰好でいるので、りうはリウマチに悩まされ茂子と交代することになる。戦後、茂子が23か24歳の頃である。

茂子は仲間内で最も若く、仕事量も普通の倍以上に働くのが当然と、10貫（約40キロ）以上の荷物を担ぎ、雑用もすすんでこなす毎日だった。

（略）正直いってていやでしたね。恥かしかったもんでした。それでも出はじめの頃は、母の仲間の人もたくさんいてにぎやかでした。その頃は粟崎から電車で七ッ屋へ出、そこに置いてあるリヤカーに荷を積んで市場にきたもんです。（略）市がおわると七ッ屋の杉本さんという家で一服させてもらい仲間七人で売り上げを調べ、元銭をひいてあまった分をわけ合った。一日二円か三円になったかね。その仲間も今は二人だけになり、私自身も主人が獲った魚を少しと、ほかにナス、キュウリみたいなものも持ってきて売るようになった。（略）

（250年史　回顧編　夷藤茂子　当時55歳）

雨の日も風の日も、まさに風雪に耐えてきた「いただき」3代の茂子に、平成3（1991）年5月「北國風雪賞」が贈られる。

近江町市場に来ると潟ものもあると重宝がられ、客は常連の年配層だけでなく、中には魚料理まで習う茂子を頼りにする若いファンもいた。

「いつまで働けるかわかりませんが、毎日孫にみやげを買って帰るのが楽しみで、今になって母も今の私と同じ気持ちでせっせと市場まで通い、二粒三粒のあめ玉を買ってきてくれたんだなと、ありがたく懐しくてたまらないんですよ」（250年史回顧編）と語っていた働き好きの茂子は、70歳代の中頃まで足しげく近江町市場に通った。

茂子が店を閉めたことによって「いただき」の歴史が絶え、潟ものも市場から姿を消すことになる。のんびりと余生を過ごした茂子は、平成26（2014）年11月18日に91歳で永眠した。

七ッ屋駅まで魚を担いで客車に連結された専用トロッコに乗り、私らは乗客扱いなのか魚なのか、どちらか分からなかったという笑い話や、朝早いため商売中につい居眠りをしてしまうと「只今居眠中」の貼り紙をされ、体ごと柱に紐で括られていたり…、目を細めて懐かしむ茂子の昔語りは、近江町市場でのあの日あの時の想い出の数々であった。

明治、大正、昭和にわたって粟ヶ崎と近江町市場をつなぎ、紡いできた〝いただき〟〝潟もん一筋〟夷藤家のファミリーヒストリーである。

忠村喜吉　仕事一筋、市場につくす

近江町市場の青草町（小売）と上近江町通り（業務用、本社）で2つの店舗を構える㈱忠村水産は、喜吉の父喜作が大正13（1924）年4月に創業した。

同年8月27日、長男喜吉が西町で生まれる。喜吉は小学生の頃から店を手伝い、すでに魚の調理法までマスターする。

昭和25（1950）年、喜作が亡くなったあと喜吉は父の跡を継ぎ、料亭、割烹、ホテルや料理屋、寿司屋へ卸す高級魚から、一般大衆魚までを扱う石川県一の魚屋を目指す。

若い頃に脊髄カリエスを患い入退院を繰り返した喜吉だったが、病を克服して仕事一筋に打ち込み、趣味は読書に謡、スポーツ観戦、そしてお酒を嗜んだというが、仕出し料理を届けた祝いの席で披露する謡も、声がかれるほど客と話し続ける対面販売での情報収集や話術に取り入れる読書も、アイデアやユーモアの感性を研ぎ澄ますため休日には寄席に出掛けて漫才や落語を聞くのもすべてが仕事につながり、四六時中頭の中にあるのは仕事のことばかり、市場の中に流れている「お魚天国」も喜吉の発案からであった。

見事な包丁さばき　忠村喜吉

平成7（1995）年は喜吉の人生にとって、忠村水産にとっても記念すべき年となる。

同年4月、勲六等単光旭日章の叙勲の栄に浴した喜吉は、

5月に金沢魚商業協同組合の第11代理事長に就任する。

従来、同組合の代表は第8支部「山の原」（近江町）からは選出しないという不文律があった。理由は中央市場が開設されるまで、近江町の魚市場には小売と仲卸が混在していたためで、古くからのしきたりは喜吉によってついに解かれた。

父が興した忠村水産は同年に70周年を迎え、ラッキーセブンが重なるこの節目に、喜吉は金沢市に百万円を寄付する。その使途を市と振興組合を交えて協議した結果、老朽化した十間町駐輪場の市場案内板を新たなデジタル時計付の案内板（縦1・3メートル、横1・5メートル）に掛け替えることになり、9月25日に市や市場関係者20人が列席した完成式典が挙行され、花束を贈られた喜吉は「市民に感謝の気持ちを込めて寄付させていただいた。地域の振興に役立ててもらい、本当に嬉しい」と語った。

「一口一生」（一日を一生と思って大切に生きる）を信条として公私にわたり市場、業界の発展に尽くした喜吉は、平成15（2003）年12月25日に79歳で逝去、翌年1月25日に社葬が営まれる。

生前に喜吉は、お客様への感謝、お礼はお客様が店を出られるときに再度行う、美味と評判を取る忠村水産特製の昆布じめづくりの極意は、昆布とともに巻く者の〝心〟にあることを教え伝えた。そして、天下に誇る近江町市場の魚菜市場としての歴史と伝統を、大切に守り育てていかなければならぬと事あるごとに力説した。

喜吉の意志はいま、長男健司（忠村水産代表取締役社長）に引き継がれ、同社は3年後の2024年には創立100周年を迎える。

牧友雄　スイカ売りの名人芸

牧さんはスイカ売りの名人だった—そんな話をいまでも耳にする。

「牧果実店」の創業者先代店主である牧友雄は、大正13（1924）年2月13日牧町の宮崎家に生まれる。幼少の頃、牧家の養子となった友雄は、青草辻のカネイチ商店で八百屋の修業を積み、終戦後の昭和22（1947）年8月に独立して青果店マルミヤを開業する。

時代は昭和の30年代から40年代にかけての頃、暑い夏場に重たいスイカを住吉市場から仕入れて青草町の店に運ぶ、それだけでも重労働であった。

スイカを搬入するのは中学生の長男友喜雄の役目で、夏休みは半強制的に店を手伝わされた。

〝近江町の寅さん〟牧友雄

名人といわれた友雄のスイカ売りはこんなだった。

山と積み上げられたスイカの上に立っ

た友雄の前には、30歳から40歳代の主婦達が4重5重に取り囲む。スイカを一つ抱え持った友雄は主婦らの顔を見渡しながら、面白可笑しく、そしてチョッピリきわどい話も織り交ぜて一つひとつをセリ落としていく。その数は、一日に400～500個というから驚く。

売れたスイカは傍らの友喜雄の手元へ放って寄こし、それをキャッチした友喜雄はネットに入れ、お客に渡して代金をいただく。巧みな話術で次々とスイカは売れ、その日に仕入れたスイカはその日のうちに売り切れてしまう。

とにかくよく売れた、というよりよく売った。まるで映画「男はつらいよ」で俳優渥美清が演じるフーテンの寅さんこと車寅次郎の啖呵売を彷彿させるような、見ていても飽きない、まさに名人芸と呼ぶに相応しいものであったという。

酒はけっして強くなかったが、友雄の酒は一口飲んだだけでその場を明るくし、そしてマイクを握ったら離さないほどのカラオケ好き、十八番はぴんから兄弟の「女のみち」だった。

肝臓がんを患って76歳で他界、1度は見たかった伝説の名人芸スイカ売りと、1度は聞きたかった自慢のノドの「女のみち」であった。

「コック（西洋料理）になることを目指していたので、実を言うと、この仕事には付きたくなかった」と話した友喜雄は「牧果実店」の2代目を継ぎ、現在は青果食品商業協同組合を統括する第23代理事長の要職にある。

2　近江町市場を訪れた著名人

近江町市場には、テレビ各局のバラエティーやグルメ番組で芸能人が顔を見せたり、NHK「ためしてガッテン！」（「ガッテン！」）の取材で小野文恵アナウンサーが市場を訪れ（平成10年6月）、同局「ブラタモリ」（平成27年4月25日放送）ではタモリと桑子真帆アナウンサーが市場内の惣構の痕跡をたどって歩くロケを行い、世界的にも有名な画家で絵本作家の安野光雅は、近江町市場に足を運んで市場を描き、エッセーを書いている。日仏文化交流の懸け橋、フランソワーズ・モレシャンも近江町のファンで、市場で買い物をする姿を見掛け、市場ではいろんなジャンルの著名人に出会うことがある。

また、選挙ともなると金沢を選挙区とする候補者は、必ずと言っていいほど近江町市場を回る（土曜日を目がけ、演説時にはビールケースを台にして）。

振興組合の会議室には、市場を訪問した国会議員の谷垣禎一、馳浩（振興組合顧問）や〝料理の鉄人〟道場六三郎、たけし軍団のラッシャー板前、俳優やタレントでは照英、羽田美智子、山本學、山本陽子らのサイン色紙に、平成25（2013）年7月10日、参議院選石川県選挙区の応援で金沢入りした安倍首相が、近江町食堂で昼食（うなとろ丼とどじょうの蒲焼き）をとった時の記念写真が飾られている。安倍首相は、市場でマグロを買って羽咋の岩ガキを食し、同食堂に残したサイン色紙に「美味」の言葉を添えた。

近江町市場寿しには、来店した芸能人のサイン色紙が店内壁面を埋め尽くし（ザキヤマ、香取慎吾、高田純次、森三中ほか、その数60近く）、フルーツ坂野では記念撮影を行った写真（石塚英彦、ダンディ坂野、サッカーの槙野智章、柔道の松本薫ほか、その数20超）がズラリと飾られてある。

安倍首相が訪れた「近江町食堂」　サイン色紙と記念の写真

所狭しとサインが並ぶ「近江町市場寿し」

記念写真がズラリ　「フルーツ坂野」

直木賞作家で泉鏡花文学賞を受賞した村松友視は、平成2（1990）年に雑誌「太陽」で全国の市場を巡って朝ごはんを食べる旅「市場の朝ごはん」の連載第1回で近江町市場を訪れ、ご飯はかまど炊き、焼き魚は七輪といったこだわりの「穴」食堂（近江町食堂）と、市場に仕入れに来る連中の溜まり場の喫茶店「チャペック」に足を運んだ。

平成26（2014）年には、「中央公論」で「金沢の不思議」を連載、その第18章で「近江町市場あそび」を執筆して、市場の道筋をたどるくノ一「女」の文字、魚のならべ方、「おみちょ」の発音について近江町市場の不思議のあれこれを紹介した。

金沢を、近江町市場を愛してやまない作家でエッセイストの嵐山光三郎は、市場に一歩足を踏み入れれば、カニに野菜、おでんの具とあれもこれも買わずにいられないほど血が騒ぐと言い、「百万石うどん」のエビ天カレーうどんに金賞を贈り、自ら作詞した「金沢おでんの唄」の3番には近江町市場が登場する。

冬場になると毎年金沢に公演にやって来て、帰りには決まって近江町市場を訪れカニを買う某歌手や、近江町市場で1度食したあの商品のあの味が忘れられず、その後も最寄りの商店から宅配便でお取り寄せするリピーターの有名著名人もいると聞き、こうした〝隠れ近江町ファン〟ともいうべき存在は案外と多くいるのではないだろうか。

近江町市場に来ると買い物のほかに有名著名人と出会う、そんなお得な〝オマケ〟が付くこともある。

３　食文化を発信

近江町市場に一歩足を踏み入れれば、色とりどりの旬の果実や野菜、魚などに取り囲まれ、威勢の良い掛け声が飛び交い、買い物客が行きかう賑いにすっかり魅せられてしまう。そこはまるで非日常的な世界、食材のワンダーランドである。

金沢の地には、古くから加賀料理や四季折々の郷土料理が独特の味を作りあげた豊かな食文化が伝わり、新鮮で豊富、廉価な近江町市場は、高級料亭や料理屋、寿司屋、旅館、ホテルなどプロの業務用仕入れのほか、一般市民の消費者、観光客と幅広い層までの支持を得て、金沢の高い食文化を支えてきた台所である。

大人気の「近江町鍋」

金沢は昭和60（１９８５）年から、最も食材が豊富な冬に「食」をテーマにしたイベント「フードピア金沢」を開き、金沢の食文化を全国に発信してきたが、近江町市場では同イベントに協賛した「近江町鍋大会」が昭和63（１９８８）年2月13日から始まり、以降毎年催されカニ・フグ汁、ブリの粕汁、豚肉と野菜たっぷりのメッタ汁が振る舞われ、湯気の向こうに美味しさいっぱいの笑顔が溢れる、近江町ならではの自慢の名物鍋として人気を呼んでいる。

フードピアの以前、全国的に展開されたフードウィーク（食品週間）では、昭和52（１９７７）年3月から協賛した大売り出しを行い、春秋年2回のイベントを開催した。

振興組合は、新年1月5日初市の青年部による餅つき、7日の無病息災を願う加賀藩伝統の食文化である七草粥（平成18年から）、2月にはフードピア鍋大会、11月のカニ漁解禁を待ってカニまつりを催すほか、料理教室、近江町食べ物ゼミ（平成16年）、親子料理教室（平成18年）、お魚さばき方教室、親子おみちょ体験（平成28年～）、近江町ふれあい講座（令和2年～）なども開いて、市民の台所から近江町独自による金沢の食文化の発信、伝授に取り組んでいる。

平成元（１９８９）年7月26日、消費者会館で全国の有名5市場（東京アメ横、大阪黒門、京都錦、釧路和商、ホスト役近江町）が集まった市場サミットが開かれ、同サミットは2年連続開催された（平成2年11月10日）。

平成5（１９９３）年9月24日の神戸サミットにも参加した

近江町市場は、25～26日に催された「全国有名市場フェア秋の味覚市」に出店して、どじょうの蒲焼き、イカのてっぽう焼き、五郎島の甘しょなど金沢の味を全国に向けて紹介した。

平成9（1997）年4月、丸八青果組合が認可した消費者に正しい知識、情報等を伝える「やさい、くだものアドバイザー認定制度」が創設される。

平成19（2007）年12月10日の午後0時20分、NHK「ふるさと一番！」が近江町市場から全国に生中継され、タレントで女優の千堂あきほが振興組合の小林すみ子の案内で、茹でたての香箱ガニや甘エビの姿干しを試食しながら市場を回り、かぶら、加賀レンコン、ブリを買い求め、郷土料理のレンコンの団子汁、かぶら寿し、そしてアンコウ、タラ、カニ、万頭貝の日本海の幸に、加賀野菜ブランドの金沢春菊、金沢一本太ねぎなどの山の幸が豊富な、いまが旬の鍋料理に舌鼓を打ち、金沢の冬の味覚を堪能した。

番組の最後では、自ら大根寿し、かぶら寿しの料理教室の講師も務める小林が、全国でも数少ない、威勢の良い声が飛び交う近江市場の魅力と、ここから食材を発信してまだまだ金沢を元気にしていきたいと、金沢の食文化のPRに努めた。

第四節　北陸新幹線金沢開業

1　開業頭初の賑わい

北回り新幹線建設促進同盟会が結成された昭和42（1967）年から、北陸への新幹線建設に向けた運動が始まり、昭和48（1973）年には北陸新幹線整備計画が決定する。それから42年後の平成27（2015）年3月14日、待望久しい北陸新幹線がついに金沢にやって来た。

100年に一度といわれる歴史的な日を迎え、その経済効果は121億円ともいわれた北陸新幹線開業で金沢は、そして近江町市場はどのように変わったのか。

とにかく開業前の金沢のメディアへの露出度は凄かった。終着駅となる金沢の人気は、富山や長野よりはるかに高く、それにつれて近江町市場の注目度も上昇し、金沢の旅の醍醐味は「食」にあると断言するグルメの声も聞く。

開業日14日は土曜日で、翌日の北國新聞によると、金沢駅は早朝から夜まで大混雑が続き、兼六園の午前中の出足は普段の土曜日よりやや多め、ひがし茶屋街の観光バス駐車場への乗り入れは通常の土曜日の1・5倍、一般車の観光駐車場は満車状態が続いたが、周辺道路に渋滞が起きるほどでなく、香林坊大和は午後から来店客が増え始め、普段の土曜日の２～３倍の観光客が来店したという。

天候にも恵まれ、金沢駅から徒歩で近江町市場まで移動する観光客もいて、市場は昼頃から混雑し始め、寿司店や海鮮丼店の前には30分から１時間待ちの行列ができる。15日の来場者数は、通常の日曜日の５割増となる約３万５千人で、14日より１割程度多く、新幹線で金沢に訪れて宿泊した人が翌日に街中へ繰り出す賑いを見せたと報道している。

市場は新幹線開業記念事業として、14～15日に金沢21世紀美術館とのコラボによる「ゲリラレストラン at 近江町市場」とカニ鍋でのおもてなしを行う。

観光客の間には、金沢グルメとして海鮮丼のほかに金沢おでん、金沢カレーが人気を集め、市場ではノドグロが売れ、一夜干しの販売数は通常の２～３倍、生をクーラーボックスに入れて持ち帰る客も多く、時間が短縮された新幹線効果はこうしたかたちにも表れる。

３月30日からは、石川県輪島市を舞台とするＮＨＫ連続テレビ小説「まれ」の放送が開始され、県全体での経済効果は66億円が見込まれ、石川への注目がさらに高まった。

２　市場の風景が変わる

市場の来場者は、新幹線開業前から平日で１・５倍、土日祝日では２～３倍と増加し、観光客の食べ歩きが目立つなど、市場の風景が変わり始め、開業から半年も経たない頃から地元客の足が遠のいたと言われ出す。

近江町市場冷蔵庫では、観光客の魚介類の持ち帰りや配送用の板氷の需要が高まり、生産はフル稼働となる。午前中から缶ビールを片手に串焼きを頬張り、ジュースやソフトクリーム、コロッケ、どじょうの蒲焼きなどを飲み食べ歩き、空き缶や串を捨て、自撮り棒を使用したり、商品を手に取って写真撮影をする観光客の姿は、これまであまり目にすることはなかったが、こうした光景が日常的となり、マナーのなさに眉をひそめ、真っすぐには歩けず人をかき分けて進み、最寄りの店先で馴染みの店員とゆっくり話すこともできなくなる由々しき事態に、人が大勢来てくれるのはありがたいのだが、これでは「市民の台所」であった近江町市場はどうなるのか、観光市場と化してしまうのではないかという心配の声が上がる。

振興組合では、こうした観光公害とも言われる事態について９月８日開催の理事会で対策を協議し、食べ歩きを禁止することはできないが、各店は店頭にゴミ箱を設置して、できるだけその場で食べ終えるよう促し、串やゴミなどを持って歩く客をみれば、他店のゴミでも積極的に回収する等のルールを取り決め、市場全店に文書により配布することとなる。

また11月24日には、市校下婦人会連絡協議会と市場の現状について座談会を開き、話し合いの場が持たれた。婦人会側と市場側の役員ほか市職員を含め計16人が出席して、婦人会側は北陸新幹線開業後は市場の賑いが増した一方で、人が多すぎて利用しにくくなったことや、一部の観光客のマナーの悪さに地元客の足が遠のいたとの問題点を指摘し、以前の市場の姿を取り戻してほしいという要望が出された。市場側は原点である「市民の台所」としての立場を堅持し、今後は地元向けのサービスの向上強化に努め、さらに市民の声に耳を傾けていくことを申し合わせ、混雑して通路が狭く歩きづらいという市場道路占用の苦情については、店舗売場のはみ出しを改善する。

10月に実施された歩行者通行量調査では、近江町市場は新幹線開業２年前の平成25（２０１３）年と比較して調査した８地点（下近江町名店街入口、パーキング口、十間町口、よこい青果前、エムザ口、市姫神社口、むさし口、いちば館広場）のうち、いちば館広場を除く７地点で平日、休日ともに通行量が上回り、特に休日の伸びが顕著で、よこい青果前が約３・５倍の１万４３１３人、市姫神社口が約３・１倍の５０３１人となるなど７地点で２倍以上の増加を示した。

平成28年３月12、13日の両日、近江町市場は新幹線開業１周年にカニ鍋、おまつり３点セット（押し寿し、えびす、紅白蒲鉾）の金沢の味を振る舞う記念イベントを開く。

3　観光公害で「市民の台所」がゆらぐ

新幹線開業では、多くの観光客が金沢を訪れて賑いがもたらされたプラスの効果が表れ、危惧されたストロー現象も、むしろ逆現象が起きたほどだったが、その半面において、市民生活に支障が出るような観光公害と呼ばれるマイナス面も表われた。

市場では、購入した商品をその場で食べられるイートインスペースを設ける店舗が増えたが、地元客からは「市場は買い物をするところで、飲食する場所ではない」という声もささやかれた。

スーパーや大型商業施設の出現によって起きていた地元の客離れが、新幹線開業後さらに加速され、市民生活と観光の調和が大きな課題となり、振興組合では平成29（２０１７）年２月21日に35人が参加した「おもてなし講座」を開いた。

ビジョン委員会が中心になって「近江町の通の歩き方」が考案され、市場商店街Ｍａｐの裏面に外国人も読めるように英文も併記し、観光客のマナー向上を図り、地元客も利用しやすい市場を目指した10項目からなる歩き方には「市場では、鮮度も節度も保ちましょう」「市場で買ってはいけないものは、ひんしゅくです」「人も道も、筋を通すことが大切です」などユーモア溢れる内容でルールをガイドする。

ミシュランガイド観光版（２００９年）で１つ星（面白い）の評価を受けて選出された近江町市場は、地元に根ざし、愛され、信頼され、支持される市場であってこそ観光客もやって来るという「市民の台所」としての存在意義、立ち位置を問われる北陸新幹線の開業となった。

日本経済新聞「ＮＩＫＫＥＩプラス１」の「何でもランキング」の紙面で取り上げられた、全国の市場や商店街に関するランキングを紹介する。

どのランキングにも登場したのは、京都の錦市場、東京の築地場外市場、そして金沢の近江町市場であった。

錦市場は、江戸時代から４００年以上続く伝統の「京の台所」、通路の幅３メートル余り、細長く３９０メートルにわたって京野菜や海産物、豆腐、漬物などを扱う約１３０店が軒を連ね、地元客はじめ観光客で賑わう市場である。

昭和10（１９３５）年から83年間にわたって続いた魚河岸の築地市場は、平成30（２０１８）年10月に豊洲に移転したが、場外市場は営業が続けられ、朝は業者の仕入れ、昼時になると定食屋、寿司、海鮮丼などの飲食店が一般客で賑わい、鮮魚、肉、乾物の食料品のほかに包丁や食器類といった食に関するあらゆる品物を取り扱っている。

近年、外国人観光客が多く訪れ、錦市場では食べ歩きが問題となり、築地場外市場でもマナー8箇条をつくり、食品には触れない、食事は店舗前で、食べ歩きは通行人の迷惑などと定め

「観光客が楽しめる市場」ランキング

平成18(2006)年5月5日付

1位	那覇市第一牧志公設市場（沖縄県那覇市）
2位	築地場外市場（東京都中央区）
3位	錦市場（京都市中央区）
4位	近江町市場（石川県金沢市）
5位	和商市場（北海道釧路市）
6位	唐戸市場（山口県下関市）
6位	函館朝市（北海道函館市）
8位	黒門市場（大阪市）
9位	勝浦の朝市（千葉県勝浦市）
10位	日曜市（高知県高知市）

一般客が訪れることができる全国の主な市場から専門家 12人がおすすめを選出

「活気あふれる 惣菜自慢の南店街」ランキング

平成23(2011)年11月12日付

1位	京都錦市場（京都市中央区）
2位	築地場外市場（東京都中央区）
3位	天神橋筋商店街（大阪市北区）
4位	砂町銀座商店街（東京都江東区）
5位	谷中銀座商店街（東京都台東区・荒川区）
6位	国際通り・平和通り商店街（沖縄県那覇市）
7位	鶴橋商店街（大阪市天王寺区・東成区・生野区）
8位	明石・魚の棚商店街（兵庫県明石市）
9位	近江町市場（石川県金沢市）
10位	武蔵小山商店街パルム（東京都品川区）

旅や食の専門家の意見、ガイド本などを基に、惣菜や地元ならではの名物が楽しめる全国の商店街50から選出

「食べて良し飲んでよし 市場へいらっしゃい！」ランキング

平成30(2018)年2月24日付

1位	近江町市場（石川県金沢市）
2位	ひろめ市場（高知県高知市）
3位	唐戸市場（山口県下関市）
4位	築地場外市場（東京都中央区）
5位	釧路和商市場（北海道釧路市）
6位	函館朝市（北海道函館市）
6位	那覇市第一牧志公設市場（沖縄県那覇市）
8位	京都錦市場（京都市中央区）
9位	久礼大正町市場（高知県中土佐町）
10位	長浜鮮魚市場（福岡県福岡市）

生鮮流通や観光に詳しい専門家への取材を基に全国28の市場から、地元の新鮮な食材が集まる、その場で飲食できる、近年魅力度が上がっているなどの観点で選出

られている。
平成23年の惣菜自慢の商店街で9位、北陸新幹線開業後の平成30年の市場ランキングでは1位に躍り出て人気が高まった近江町市場だが、やはり同様な問題が起きている。

4　大歳の近江町市場（3）

昭和の自治協会時代、振興組合時代に続いて、ここでは平成における近江町市場の大歳の様子を新聞紙面（北國新聞）でチェックする。

平成元年12月31日付朝刊　21面　写真付
「13万人ひしめき合い」
※あいにくの雨で昨年の15万人には及ばなかった。身動きがとれない状態となり、しっかりと子供の手を取ったり、買い込んだ正月用品をつぶされないように肩に乗せて出口に向かう買い物客の姿がみられたとある。

平成3年12月31日付朝刊　1面　写真付
「正月用品求めて13万人　金沢の近江町市場」
※今年最高の約13万人が繰り出し、周辺の駐車場にも一日中、長い車列ができたとある。

平成5年12月31日付朝刊　21面　写真付
「熱気と活気　近江町13万人　早朝から買い出し　慌ただしさピーク」
※主婦や家族連れ約13万人が繰り出した。昼過ぎには身動きできないほどの混雑となったとある。

平成7年12月29日付朝刊　24面　写真付
「寒波一服　さあ迎春準備　物流回復　年末商戦ピークへ近江町市場に5万人」
※約5万人が繰り出し、市場内を通るのにもやっとの賑いとなったとある。

平成8年12月29日付朝刊　24面　写真付
「買い出し、帰省、新年秒読み　8万人どっと　近江町市場にぎわう」
※約8万人の人出で、肩をぶつけ合いながらカズノコや煮豆などを品定めしたとある。

平成11年12月31日付朝刊　21面　写真付
「正月の食材求め　10万人どっと　近江町市場」
※平日の7、8倍の約10万人の人出、社員約150人にアルバイト約60人の体制で臨む鮮魚店もあったとある。

平成13年12月31日付朝刊　1面　写真付
「正月用品を求めて　近江町市場に人波　買い物客、平日の5倍に」
※平日の約5倍にあたる買い物客が訪れ、午後からは身動きできないほどの混雑ぶりとなったとある。

平成15年12月31日付朝刊　21面　写真付
「活気　最高潮　近江町市場　前年3割増の6万人」

正月用品求めて13万人

金沢の近江町市場

正月を目前に控えた三十日、金沢市の近江町市場には今年最高の約十三万人が正月料理や縁起物の買い出しに繰り出し、市場内は終日ごった返した。

カズノコやスダコ、しめ飾り、鏡もちなどがずらりと並んだ店頭では、「安いよ、安いよ」と威勢の良い掛け声が飛び交い、メモを片手にお目当ての品物を探す家族連れらが目立った。

市場内は買い物客で身動きがとれないほどで、周辺の駐車場にも一日中、車の長い列ができた。

正月用の品物を求めてどっと繰り出した買い物客
＝金沢市の近江町市場

北國新聞平成３年12月31日付朝刊

※前年同日に比べ約3割増となる約6万人の人出で、好天に恵まれ、アーケードが81メートル延長されて回遊性が高まったことが人出の増加につながったとみるとある。

平成17年12月30日付朝刊　35面　写真付

「年の瀬　近江町熱気　正月用品求め人波」

※「市民の台所」に通常土曜日の倍の約3万5千人、身動きがとれないほどの混雑となり、ピークは30日と見込む。31日までは組合駐車場を利用している組合関係者の車両を臨時駐車場に移動、約160台分を買い物客向けに確保し、各店も開店を1時間ほど繰り上げて対応とある。

平成20年12月31日付朝刊　31面　写真付

「どっと5万人　正月準備　金沢・近江町市場」

※平日の4倍以上となる約5万人が訪れる。28日から来場者が増え、31日までの4日間で約16万人を見込み、1日に仮オープンした「近江町いちば館」が客足を引き付けた一因とみているとある。

年末は24日(月)～31日(月)迄 初売は5日(土)です
全店休まず営業致します 31日は早めに閉店 近江町市場

正月用品を求める買い物客でごった返す金沢市の近江町市場

正月用品を求めて近江町市場に人波

買い物客、平日の5倍に

年の瀬も押し迫った三十日、金沢市の近江町市場には、しめ飾りや鏡もち、お節料理用の食材など、正月用品を買い求める家族連れや主婦らがどっと繰り出し、師走最高のにぎわいとなった。

近江町市場商店街振興組合によると、この日は平日の約五倍に当たる買い物客が訪れた。

鮮魚店の店頭には、ズワイガニやお節料理用

北國新聞平成13年12月31日付朝刊

平成22年12月30日付朝刊　1面　写真付

「ひしめく近江町　正月へ　買い物客3万人」

※「市民の台所」は師走の活気に包まれ、約3万人の買い物客が訪れたが、悪天候で例年に比べて2割程度少ないとある。

平成24年12月31日付朝刊　1面　写真付

「近江町　人の波　雨の中、5万5千人　迎春の品求め」

※普段の休日の倍以上となる約5万5千人が訪れたとある。

平成28年12月31日付朝刊　1面　写真付

「正月食材求め　近江町に熱気　「市民の台所」にぎわう」

※買い物客がひしめき、年の瀬の「市民の台所」を熱気で包んだ。「年末は近江町市場で買い物をするのがわが家の定番。安くて新鮮なのがありがたい」という声を掲載する。

いまや年末の風物詩となっている大歳の近江町市場の報道は、平成の時代では1面に見られる傾向となる。

これで昭和における戦後の自治協会時代から振興組合時代へ、そして平成の時代まで大歳の近江町市場を新聞紙上で振り返ってきたが、過去をさかのぼって最も人出の多かった時期はいつだったか。

新聞に報道されるのは、振興組合調べによって発表される来場者数だが、その年の取材日や天候によっても数字に違いが出るものの、例年12月30日が人出のピークであるとみられている。

紙面のデータによると、昭和の50年代後半には57年（12・30）、58年（12・30）に12万人、60年代に入ると61年に14万人（12・30）、63年には15万人（12・30）となり、平成に入って元年（12・30）、3年（12・30）、5年（12・30）が13万人、7年は5万人（12・28）、8年に8万人（12・28）、15年は6万人（12・30）となり、バブル崩壊後は減少に転じている。

「近江町いちば館」が工事に取り掛かった19年は、アメリカで起きたサブプライムショック、翌20年には百年に1度といわれたリーマンショックの金融恐慌が世界を襲い、長引く不況下にさらなる暗い影を落とす。

平成20年の「近江町いちば館」仮オープンの年が5万人（12・30）、21年（12・27）、22年（12・29）は3万人、24年で5万5千人（12・30）とあり、日にちによって数字のバラつきはあるものの、最近の振興組合のデータでは平日に約2万人、土曜日曜で約3万人、年末は約5万人の来場者数となっている。

駐車場のデータによると、「近江町市場駐車場」での駐車台数における12月の最大は昭和61年の1万6645台、駐車料金の12月の最大では平成2年の3477万1333円で、「近江町パーキング」では平成4年12月が駐車台数（2万8532台）、駐車料金（6193万2244円）ともに最大で、これらのデータからすると大歳の近江町市場が最も人出に溢れ賑わったのは、昭和の終わりから平成の初めにかけての頃だったことが分かる。

5　振興組合の取り組み　平成元～10年

振興組合が夏から秋頃に企画する日帰りバス旅行（教育情報

事業）は、毎回参加を楽しみにする組合員や市場で働く人達の親睦が図られたが、日曜日に催された同旅行は市場の日曜営業から平成23（2011）年をもって中断となる。年明けの新年互礼会は、平成9年に組合員全体新年会が開催され（1月14日）、以降平成14（2002）年から毎年開かれている。

日帰りバスツアー実施記録

H3・8・25　琵琶湖タワーと金剛輪寺
4・8・23　称名滝と大岩不動巡り
5・8・29　刈安ヤナ　郡上八幡　※バス2台
6・8・28　信楽　石山寺　※バス2台
7・8・27　スーパー林道　一里野
8・8・25　立山
9・8・24　宇奈月　欅平
10・8・30　小浜
11・8・29　上高地
12・8・27　珠洲ハーブの丘
13・8・26　飛騨古川
16・8・22　岐阜古川
17・8・28　近江八幡
18・8・27　福井大野
19・8・26　郡上八幡　白川郷
20・9・28　郡上八幡　白川郷
21・11・3　妻籠
22・9・23　天の橋立
23・9・23　名古屋

商店街振興組合法施行30周年にあたった平成4（1992）年、振興組合は優良組合として中小企業庁長官表彰を受ける。平成元（1989）年にも同長官表彰（事業に関する優良受診企業）、平成8（1996）年に西川記念賞（優良組合）、平成15（2003）年には経済産業大臣賞（優良商店街）を受賞した。

平成に入った近江町市場ではゴミ問題が浮上する。業者によるゴミ回収費が大幅にアップし、平成5（1993）年7月5日にはゴミ問題特別委員会を設け（年度中7回開催）、市場を挙げてのゴミ減量作戦に取り組むことになる。

平成6（1994）年12月21日、振興基金から寄贈を受けた組合旗（約100センチ×147センチ）（グラビアページ）の入魂式が執り行われ、紺地に金糸で近江町市場のシンボルマークを刺繍した組合旗がお披露目された。同基金が1千万円を超えたのは、同年3月28日（1064万7000円）であった。

振興組合は、平成7（1995）年1月17日に発生した阪神・淡路大震災（M7・3）を見舞い、2年前に市場サミットが開催された神戸新鮮市場へ救援物資（缶詰、カップ麺、ウインナー、ソーセージ、バナナ、トイレットペーパー、タオル、婦人用衣料など）を届け（24日、松本雅之青年部長同行）、金沢市を通じて義援金264万1677円を贈呈する（27日）。翌8年11月17日には、青年部員が震災後の復旧目覚ましい同市場を視察した。

同8年3月1日から30日まで金城小売協同組合では、「デリカのひろば　おかげさまで15年　お店めぐりセール」を催す。11月1日には近江町市場ホームページが運用開始される（中小商業活性化事業282万3000円、県補助金220万円）。

平成9（1997）年1月のロシア船タンカー「ナホトカ号」の海難事故により、流失した重油回収作業を続ける800人のボランティアを元気づけようと、青年部が中心になって2月9日に根上町の海岸で「近江町鍋」1千食を振る舞う（百貨、青果、精肉各部、大口商事、日本海味噌より材料等提供）。2日前の7日、毎年恒例のフードピア協賛「近江町鍋大会」に姿を見せた谷本正憲石川県知事は、ブリ、カニを使い5千食が用意された近江町鍋を食して、重油事故による石川の魚介類の安全性を訴え風評被害防止に努めた。

8月19日に「接客マナー研修」を開催する。金沢弁で発せられる威勢の良い掛け声が、ややもすれば荒っぽい印象を与え、戸惑うといった買い物客からの声に対して初の講習会を開いたもので、市場で働く約90人が参加して、感謝の心を届ける接客マナーについて学んだ（同研修は翌10年2月17日、8月21日、その後15年度、17年度にも継続して開かれる）。

平成における青年部の活動は、研修視察や餅つき、バーベキュー大会、ボウリング大会、ビアガーデンほか各種イベントの協力など活発に行われ、平成8（1996）年に石川県中小企業団体中央会から優良青年部として表彰を受ける。

6　振興組合の取り組み　平成10～20年

平成11（1999）年3月、近江町市場の経営者間では、バブル崩壊後の景気浮揚と消費拡大を図る地域振興券に関連して、市場内3カ所（デリカの広場、ライフコーナーとオーミスーパーの間、消費者会館1階エレベーター横）に、「市民の台所」としてのあり方を問う初の試みとなる「御意見箱」（木製、高さ155㌢、幅45㌢）を設置する。

御意見箱には、設置から1カ月半で「通路が狭い」「接客マナーが悪い店員がいる」といった耳の痛い苦情から「食事と買い物を存分に楽しめた」などのお褒めの言葉まで約40通の意見が寄せられ、ビジョン委員会、苦情処理委員会が1つ1つを検討して、「市場内の白線まで下がるように注意する」「接客マナー研修を実施する」などの回答と対策を掲示板で伝え、郊外大型店とは違った「市民の台所」の姿勢を示した。

平成12（2000）年3月16日に臨時総会が開催され、近江町市場駐車場出入り口用地（下近江町36番地ノ1、面積363・49平方㍍）及び近江町シャトルパーキング（機械式立体駐車場施設60台収容）総額2億4200万円の購入が決められ、この財源として出資金1億3200万円余の増資を行い、市の補助金1千万円を受けたほか、不足分1億円は借入金によって賄うこととなる（同パーキングは平成16年に国道159号拡幅に伴い取り壊された）。

9月5日、「近江町市場お加味さん会」が22人により発足する。

平成14（2002）年、NHK大河ドラマ「利家とまつ～加賀百万石物語～」が始まる。1年間にわたって放送される大河ドラマは、地元の観光振興に大きく貢献するとあって、金沢に全国的な注目が集まり、近江町市場では金沢弁で市場に賑わいと活気を演出しようと、約150種類の金沢ことばを解説したシート400枚を製作、各店頭に掲示して金沢弁での対面販売の魅力をさらにアップさせた。

同年9月、振興組合所有の買物通り道路敷地（252・05平方《メートル》、3024万6000円）と十間町の自転車駐車場（354・70平方《メートル》、1億3833万3000円）を金沢市に売却する。

再開発事業を前にした平成16（2004）年、現在の市場の姿や風景を残しておくことを目的に「近江町市場写真コンテスト」を企画、県内外から625点の応募が寄せられ、入選作品38点の中から鮮魚店の店員とお年寄りが会話を交わす「ただ今交渉中」が最高賞を受賞、消費者会館（1月26日～2月3日）と、めいてつ・エムザ（2月4日～11日）の2会場で展示された。

この年、振興組合所有の下近江町36番地ノ11、12（63・07平方《メートル》5450万9212円）を国土交通省に売却する。

平成19（2007）年6月2日夜、46団体約1万人が参加して行われた第56回金沢百万石まつり「百万石踊り流し」で、近江町市場チームは「近江町いらっしゃい！」の掛け声と熱演で「いいね金沢賞」を獲得する。

7 振興組合の取り組み　平成21～31年

平成21（2009）年、近江町市場は中小企業庁が選ぶ「新・がんばる商店街77選」に入った。

翌22（2010）年4月17、18日の2日間、近江町いちば館開館1周年を記念した近江町市場とめいてつ・エムザ初の共同企画「むさし食の回廊」が開催され、いちば館とエムザ食品館の地下連結通路に食の屋台が大集合する。

サッカーWカップ　対オランダ戦パブリックビューイング
（平成22年6月19日、いちば館広場）

近江町いちば館広場では、6月にサッカーWカップのパブリックビューイング（14日約150人観戦、19日約800人観戦、24日約500人観戦）、9月には「金沢JAZZストリート」（18～19日）が開催された。同館広場は、このほかにもさまざまなイベントの会場として使用されている。

平成24（2012）年2月2日（～12日）、第1回「絵手紙コンクール」（191点の応募）が行われる。

外国人観光客が増加する状況にあって、振興組合では平成25（2013）年6月に英会話教室を6回開き、いちば館管理事務所は日本語、英語、中国語、韓国語のパンフレットを制作、英語、中国語、韓国語、台湾語の5カ国語で表記した商店街地図を館内23カ所に掲示する。

平成28（2016）年2月6日、めいてつ・エムザ1階に武蔵地区商店街の免税手続きを行う共同カウンターが設置される（北信越運輸局管内第1号）。

3月から近江町市場の話題や情報を伝える広報紙フリーペーパー「～近江町で働く人たちが綴る、おみちょのホンネマガジン～　お！のある暮らし」（タブロイド判、カラー印刷、8ページ、年4回発行予定）の発行を開始する（平成29年夏第5号からB5判、カラー印刷、12ページに変更）。

「お！のある暮らし」創刊号

6月30日、振興組合の経理、事務や場内アナウンスを担当し、「近江町の母」と親しまれた小林すみ子が引退する。小林は、入組3日間で市場内の全店舗の位置を記憶し、3週間で店主の顔と名前を一致させ、市場のさまざまな問題に真正面から取り組んだ28年間に対し、同組合倉田保秀事務長は、アーケードの改築やいちば館の完成など近江町が激動する時代を支えてくれたと感謝の言葉を贈ると、小林は最後のアナウンスが涙でつまり「近江町は私の人生そのものです」と振り返った。

11月26日、食育事業「親子おみちょ体験」を開催、市内の保育園から13組36人が参加、市場を見学して調理実習も行われた。

平成31（2019）年3月15日、吉村理事長は10月からの消費増税に向けたキャッシュレス決済導入説明のため、金沢市役所に山野之義市長を訪ねる。昔ながらの天井から銭籠がぶら下がる市場にもキャッシュレスの波がきて、同月28日（～30日）からＰａｙＰａｙ社と共同でキャッシュレス決済導入記念スタンプラリーキャンペーンを行った。

オープン10周年を迎えた「近江町いちば館」は、4月16日から22日まで近江町春まつり第2弾として「10周年祭」を開催（めいてつ・エムザ地下食品売場共催）、餅つき振る舞いや各種イベントが催される。

8　令和時代

皇太子殿下の天皇陛下即位により、平成31年４月30日をもって30年４カ月続いた平成が幕を閉じ、元号は「令和」に変わり５月１日から令和元年がスタートした。

元号をまたいで10連休となったＧＷは、祝賀ムードと天候にも恵まれ観光地は多くの人出となる。近江町市場も連日賑い、寿司、海鮮丼などの飲食店には朝から長蛇の行列ができた。

１　複合商業施設「近江町ふれあい館」

平成24（２０１２）年、振興組合は近江町市場の魅力向上を目指した将来計画の中長期ビジョンづくりに乗り出し、市場の課題等を整理、駐車場建設特別委員会を設け、新駐車場建設プロジェクトが発足する。

平成26（２０１４）年には市場開場３００年に向けた「近江町市場地区まちづくりマスタープラン」を策定、老朽化した駐車場の再建を柱とした利便施設整備方針や将来の地区のあり方等をまとめ、約２３０台収容の駐車場を備えた複合商業施設を令和２（２０２０）年３月末の完成を目指した計画が立てられ、

近江町ふれあい館の店舗スペースがオープン（令和２年４月２日）

平成30（2018）年10月23日に関係者約60人が出席して起工式が行われた。

工事中、現場の仮囲いには昭和30～40年代当時の近江町市場の風景を、7地点で現在と比較した写真が展示され、新施設の愛称を一般公募（令和元年7月3日～8月2日）して216件の中から「近江町ふれあい館」に決定する。

完成した同館（事業費約15億円、敷地面積約2400平方メートル、建設面積約2100平方メートル、鉄骨造地上5階建）は翌2年4月1日に駐車場（2～5階、屋上、225台収容）がオープン、2日から1階の5店舗が営業を開始した。

近江町ふれあい館に寄贈した作品を見る作者の青木氏（右）と吉村理事長（令和2年3月30日）

貸出施設のキッチンスタジオでは、近江町が総力をあげて魚、野菜、肉、酒、ファッションなどいろいろな分野でプロの技を伝授する「近江町ふれあい講座」が開講する。

会議室には、金沢学院高芸術デザインコース教諭の洋画家青木良識が寄贈した近江町市場の油彩画3点が飾られた。

青木は近江町市場を描くことをライフワークとし、3点は日展や現代美術展、白日会展に出展して賞を獲得した作品で、「幼い頃から足を運んできた市場へ恩返しがしたい」「昔から変わらない人と人との温かなつながりや店員の生きざまを感じてほしい」と話した。

「近江町ふれあい館」は、県の令和2年度「第27回いしかわ景観賞」を受賞する。

2　コロナ禍と対応策

令和2（2020）年2月21日、石川県内で初めて新型コロナウイルス感染者が確認されると、感染は拡大の一途をたどる。感染者数は増加して4月13日、県は独自の緊急事態宣言を発出すると、16日には石川県を含む13都道府県が国の「特定警戒都道府県」に指定され、外出を避けた街中から人通りが消える。

近江町市場でも人影はなく、観光客の姿も見えず、商店の売り上げは激減、臨時休業する飲食店も出て、これまでに見たこともない市場の風景が現出された。そんな寂しい市場に来場してくれたのは、これまで多くの観光客で買い物がしづらくなったと足が遠のいていた地元客「市民の台所」近江町市場のファンの方々であったが、3密を避け、マスクを着け、各種催し物は自粛、延期、中止を余儀なくされる中、近江町市場恒例の4

人通りが消えた通り（令和２年４月19日）

月の「春まつり」も中止となった。

　５月14日には指定警戒が解除され、６月頃からようやく県内の感染も収まりかけ、近江町市場では「おみちょプレミアム商品券」を限定販売する。土用の丑の日（７月21日）にはうなぎの蒲焼きを買い求める列が例年にも増して長蛇となり、コロナ下のプチ贅沢といわれる。

　７月22日からは国の観光支援「Ｇｏ Ｔｏトラベルキャンペーン事業」が始まる。23日からの４連休には、近江町市場は久方ぶりの人出が戻ったが、感染拡大を心配する声も聞かれた。

　４月に開講を予定していた「近江町ふれあい講座」は、新型コロナの影響で７月までの５回が中止となり、８月からのスタートとなった。

　その後、カラオケ店や医療機関で複数のクラスターが発生して感染が再拡大する第２波に襲われる。例年なら忙しいはずである旧盆も、この年は静かなお盆となり、９月に入ると新たな感染者数や入院患者数は減少傾向を示して小康状態が続く。

　そうした状況下、19日からの４連休には近江町市場は大勢の観光客で混雑し、この年一番の人出といわれるほど賑う。中にはマスクを着けない観光客もいて、市場各入口には感染予防対策に協力を呼び掛ける「マスクを着用してください」と書かれたスタンドサインを設置する。

４連休で賑わう通り（令和２年９月21日）

　夏以降、県内の感染拡大は一旦落着きをみせ、10月からは国の飲食業支援「Ｇｏ Ｔｏイートキャンペーン事業」が始まり、近江町では市の補助金で「おみちょ 元気回復商品券」の予約を開始（10月２日）したところ、４千セットの販売に予定を３倍近くも上回る予約が殺到する大人気となった。

同月29日（〜11月10日）には、国の商店街支援「Ｇｏ　Ｔｏ商店街キャンペーン事業」に採択された「おみちょ元気回復　大行燈まつり」を開催する。

11月に入り市場の人出は例年並みに回復、Ｇｏ　Ｔｏトラベルの効果もあって21日からの3連休では多くの人出で混み合ったが、全国に感染が再拡大して、トラベルキャンペーンは年末年始で一時停止（12月28日〜1月11日、その後3月7日まで延長）が発表された。

年の瀬、観光客のいない「市民の台所」に立ち戻った市場には、例年の師走の一大風物詩であった混雑ぶりは見られず、これまた見たこともないような大歳の近江町市場となる。

市場への来場者は引いたり押し寄せたり、コロナに翻弄された近江町は、これまでに見せたこともないような表情を見せながら年が明けたのだが、県は年末からの第3波感染拡大に対して1月21日に「感染拡大警報」を、さらに2月に入ると12日に続発して連鎖するクラスターに「飲食」「若者」感染拡大特別警報を発出、片町周辺の飲食店に22日からの営業時間短縮要請が出された。

開場３００年の令和３（２０２１）年を迎えた市場では、新春恒例の餅つき、七草粥、さらには2月の近江町鍋の行事も見送りとなり、コロナ禍は未だ先行きが見えてこない状況となっている。

3月には、名古屋鉄道が金沢名鉄丸越と金沢スカイホテルの全株式を、茨城県の小売業などを手掛ける企業ヒーローに売却する報道が流れた。

３　近江町市場３００年記念事業

振興組合では、３００年記念事業の一環として記念誌の編集刊行を計画する。平成28（２０１６）年4月に編纂特別委員会（松本雅之委員長）が立ち上げられ、同委員会では、早速長老古老へのインタビュー、写真や参考文献などの資料収集を開始した。

記念誌は「近江町市場三百年史　金沢市民の台所」と題して、通史編、回顧編、インタビュー、座談会、役員紹介、各時代の商店地図、年表等を収め、Ｂ5判、上製本を予定、令和３（２０２１）年の刊行を目指すこととなった。

このほか３００年記念式典の挙行、歴史ギャラリー展示の開催、３００年記念のロゴマーク、ポスターや特設ＨＰの作成、春まつり、大行燈まつりでの特別企画など、これまで支えてくださった市民への感謝を伝える各種イベントの実施を計画する。

４　近江町ソング

〽さかなを食べると　頭がよくなる

さかなを食べると　からだにいいのさ
　さあさ　みんなで　さかなを食べよう
　　さかなはぼくらを　待っている　ｏｈ！

市場内に流れる「おさかな天国」（作詞井上輝彦、作曲柴矢俊彦、編曲石上智明、歌柴矢裕美）は、全国漁業協同組合中央フードセンターのキャンペーンソングで、歌詞には魚の効用と31種類の魚名が登場する。軽快なテンポのメロディに乗って、こちらもつい口ずさんでしまい、今晩の献立に魚を買っていきたくなる。

そして、「春まつり」と秋の「大行燈まつり」に流れるのが、お馴染みの「金沢・近江町市場のうた」である。振興組合では、買い物が楽しくなるような市場のＣＭソングをつくることとなり、昭和45（１９７０）年夏に誕生した。

ビクターレコードの専属歌手明石光司が唄い、作曲はＮＨＫの歌番組に出演するなどアコーディオン奏者として活躍した横山太郎、作詞は栗山すすむ。

曲はメロディの違うA型、B型の２タイプあり（歌詞は同じ）、明石光司がアコーディオン演奏に乗せて唄っているところから、おそらく横山太郎の演奏だと思われる。

実は、同曲がいつ誰によってつくられたのかといった経緯などは不明だったのだが、三百年史編纂の過程で資料が見つかり、曲名は当初「市場ソング」となっていたものを、後日「金沢・近江町市場のうた」と正式決定した。そのほかにもう１曲、「市場音頭」が同時期につくられていたことが分かった。

「音頭」のほうが「うた」より先に地元兼六民謡会のメンバー（作詞作曲馬場花子、唄浜田一夫）によってつくられ、冒頭に市場某青果店員の威勢の良い掛け声、売り声が響いて歌に入り、音頭だけあって身も心も躍る、手拍子の一つも打ちたくなるような民謡調の曲で（振り付けもあったようだ）、歌詞の最後で「自慢だあい」の部分が聞かせどころ。

「音頭」は同年（昭和45年）８月29日の盆踊り大会でお披露目、その後９月27日に卯辰山で行われた市場運動会では、「音頭」と「うた」が揃いの浴衣を着た女将さん達によって披露されたという記録も確認され、秋の「市場まつり」（10月12日〜16日）には場内に２つの近江町ソングが賑々しく華々しく流れた。

しかし、「音頭」はその後なぜかあまり使用されることがなく、お蔵入りとなり音源も所在不明となってしまう。近江町ソングに関する資料が発見されたことから調査が開始され、地元の歌曲に詳しい「金澤ふるさと倶楽部」伊藤正宏代表の執念の大捜索によって、ついに「音頭」の音源が発見に至った。

ところが、発掘された音源を聴くと店員の掛け声、売り声はなく、歌い手はビクターの明石光司で、「音頭」には浜田バージョンと明石バージョンの２つあることが判明する。

そして、久しく聞かれず忘れ去られていた〝幻の市場音頭〟は、時を経て再び市場に流れることとなり、令和２（２０２０）年秋の「大行燈まつり」で「市場音頭」が場内に流れるという話題がまつりに花を添え、コロナで疲弊していた市場内に「自慢だあい」の歌詞が響き渡って市場に〝元気〟が降り注いだ。

◇市場音頭　作詞作曲馬場花子　唄浜田一夫

1番　〽エー尾山八町　北陸一に
時代変れど　受けついだ
腕と眞心　栄える市場
いつもあなたの　近江町　ソレ
安くていゝのが　自慢だあい

2番　エーねじり鉢巻き　揃いのはっぴ
いきでいなせな　お兄さん
握る包丁　魚も生きる
いつもあなたの　近江町　ソレ
いきのいゝのが　自慢だあい

3番　エー野菜青々　朝露うけて
色も香りも　とりどりに
お郷土《くに》名所の　青草市場
いつもあなたの　近江町　ソレ
品のいゝのが　自慢だあい

4番　エー今日も楽しい　夕食《ゆうげ》の膳に
家族揃って　舌づつみ
明日《あす》の健康　幸せ贈る
いつもあなたの　近江町　ソレ
味のいゝのが　自慢だあい

◇金沢・近江町市場のうた

作詩栗山すすむ　作曲横山太郎　唄明石光司

1番　〽魚はぴんぴんぴん　野菜は旬旬旬
海の幸どっさり　山の幸どっさり
気どりのいらない　売るまち　買うまち　食べるまち
金沢近江町
(近江町)市場は　楽しいショッピング

2番　乾物ザックザク　蒲鉾ホックホク
海の幸どっさり　山の幸どっさり
明るいくらし　売るまち　買うまち　食べるまち
金沢近江町
(近江町)市場は　ごきげんショッピング

3番　売るものなんでも　買うものなんでも
海の幸どっさり　山の幸どっさり
明日をつくる　売るまち　買うまち　食べるまち
金沢近江町
(近江町)市場は　ありがとショッピング

4番　やっぱり近江町　そんなら近江町
海の幸どっさり　山の幸どっさり
ゆめうむ今日の　売るまち　買うまち　食べるまち
金沢近江町
(近江町)市場は　うれしいショッピング

※（　）内の歌詞はB型のみ挿入

５　令和の近江町市場

令和元（２０１９）年は暖冬の影響から、湯涌温泉の氷室小屋の雪が底を突き、近江町市場冷蔵庫で冷凍保存してある予備の雪を使用して氷室開き（６月30日）が行われる。同行事では、過去34年間で初めての出来事であった（翌２年も記録的な暖冬で、積雪がなく氷室の仕込みさえできず、氷室の日には前年同様に近江町市場冷蔵庫の予備雪が使われた）。

振興組合では、観光客のあいだに目立ち始めた食べ歩きをなくするために自主的な意見交換会を開き（７月17日、８月21日）、９月からは自粛を呼び掛ける場内放送とタペストリーが掲げられる。

地元客確保に向けた新たな取り組みとして、９月から鮮魚部を中心とした「金曜市」が開催され、子供達や親世代を対象に市場の魅力を伝えるパンフレット「みんなの台所おみちょのおはなし『おみちょ新聞』」（Ａ４判見開き４ページ）を創刊、近隣の５小学校に１２００部を配布する。

10月１日から消費税率が８％から10％に引き上げられたが、食料品などには軽減税率が導入され、店内飲食（10％）、持ち帰り（８％）と異なる税率に混乱が続いた。

大型台風19号（10月12日、令和元年東日本台風）の接近で恒例の「大行燈まつり」での大行燈設置が初の取り止めとなった

コラム　おみちょ

村松友視著『金沢の不思議』で、村松は近江町の呼び方について「何度にわたって『近江町』という文字を書き記してきたが、読者諸兄妹はおそらく、『おうみちょう』という素直な発音を頭に浮かべつつ読んでおられたはずだ。実は、金沢人は近江町を「おみちょ」と、「お」にアクセントをおいて発音する。それに気づいて真似てもみたが、やはり微妙にちがうのだ」と記している。

「お！のある暮らし」編集部発行の「おみちょ新聞」では、「おみちょ」は市民のみなさんから親しまれている近江町の愛称と説明している。「お！のある暮らし」には、「おみちょのホンネマガジン」という副題が付き、「親子おみちょ体験」の企画など、最近では近江町市場側から発信されるケースが多い「おみちょ」である。

実際、市場の中で聞くことの方が多いような気もするのだが、市場ではそのまま「おうみちょう」を使う人もいる。自治協会初代会長の矩繁命は、金沢の方言で近江町を「ウンチョ」、青草辻は「ツジ」と呼んだという。時代によって、言葉も省略されたり変わったりしていくものだが、あなたは「おみちょ」派、それとも「おうみちょう」派、どちらでしょうか。

（12日近江町名物ぜんざい販売、13日近江町交流プラザまつりも中止）。同台風の被害で北陸新幹線（金沢―東京間）が不通となり、秋の行楽期に打撃を与え、影響の長期化が懸念されたが、25日に全線運行再開の見通しが立ち、10月終わり頃には近江町市場でも復調の賑いが徐々に戻ってきた。

毎年10月に行われる歩行者通行量調査（金沢市／金沢市商店街連盟）で、近江町市場は過去最大を記録する（金曜日約2万1300人、土曜日約3万2000人、日曜日約3万7000人）。

12月25日、振興組合は防火思想の普及および消防活動への協力、火災の予防に努めた功労に県知事表彰を受ける。

石川の食をテーマに県観光連盟が作製した、令和元年度版「ほっと石川まるごと観光マップ」の表紙には、近江町市場と県観光PRマスコットキャラクター「ひゃくまんさん」が登場した。

例年、「おみちょ絵画コンクール」は児童、園児を対象に開かれていたが、令和2（2020）年は対象を一般にまで広げて作品を募集した（10月3日～12月20日）。

見て楽しめる氷柱を設置
（令和２年８月６日）

近江町市場の夏の風物詩である氷柱も、新型コロナウイルス感染予防対策のため氷に触れることは禁止され、近江町市場冷蔵庫では代わりに氷の中にヒマワリやアサガオの造花、食品サンプルの寿司、スポンジの動物などを埋め込んで、見て楽しんで涼を感じてもらう企画を打ち出し好評を博す。

8月18日、コロナを吹き飛ばせとばかりに、市商店街連盟の企画による金沢伝統の集団演技「若い力」を市場の店主らが、いちば館広場で披露する。ちかちゃん、えっちゃんの特別参加もあり、撮影したPR動画は同商店街連盟のウェブページやユーチューブで公開された。

「若い力」を演舞する組合員（令和２年８月18日）

11月13日、金沢市は活性化広場に「ふれあい・交流スペース」を設ける（テーブル4台、イス16脚、パラソル4基）。

令和3年2月28日現在の組合員名簿と商店街地図（令和2年11月現在、32ページ）を掲載する。

〈組合員名簿〉令和3年2月28日現在

※住所の青草町88番地は「近江町いちば館」

店舗名	組合員名(正式名)	法人代表者名	店舗所在地
鮮魚部			
一念大助	㈲一念大助	坂本　実	上近江町46－3
大口水産本社	大口水産㈱	出口　力	上近江町38
大口水産鮮魚			上近江町38
大口水産業務部			上近江町50
大口水産塩干部			上近江町40
大口水産冷凍			上近江町32
川木商店	㈲川木商店	木戸　義治	青草町88
清商店	㈲清商店	後　外志広	青草町88
清商店			青草町10
三洋商店	北　直樹		上近江町35
島田水産	㈲島田水産	島田　久美子	上近江町35
新力水産	㈲新力水産	伊藤　幸男	青草町88
杉本水産	杉本水産㈱	杉本　雅宏	青草町88
大三	㈱大三	出口　力	上近江町32
大松水産本社・鮮魚部・塩干部	大松水産㈱	松本　雅之	上近江町33
大松水産刺身部			上近江町34
大松水産業務部			上近江町21－1
忠村水産本社・卸部	㈱忠村水産	忠村　健司	上近江町22－3
忠村水産小売部			青草町15
松本	㈱松本	松本　信之	下近江町17
みやむら	㈲みやむら	宮村　宏志	青草町88
ヤマカ水産本社	ヤマカ水産㈱	紙谷　一成	上近江町24－1
ヤマカ水産鮮魚通り店			上近江町32
ヤマカ水産中通り店			青草町88
ヤマカ水産新通り店			青草町88
青果部			
赤小商店	中山　栄一		青草町88
石川青果	石川青果㈱	石川　豊	青草町88
市安商店	安田　恒夫		青草町88
北形青果本店	北形青果㈱	北形　誠	青草町88
北形青果中央店			下近江町32
北川食品	㈲北川食品	北川　美博	青草町88
フルーツきたむら	㈲フルーツきたむら	北村　忠八	青草町88
宏昌果実　本店	久安　英二		上近江町34
宏昌果実　支店			上近江町35
フルーツ坂野	㈱フルーツ坂野	坂野　勇	青草町88
大八青果	大八青果㈱	林　光雄	下近江町20
田中青果店	田中　雅章		上近江町33－1
土橋商店	土橋　正俊		青草町88
土谷商店	㈲土谷商店	長井　勉	青草町88
徳一商店	㈲徳一商店	徳川　雄二	青草町88
橋本果実店	橋本　加代子		青草町88
長谷川商店	長谷川　久男		青草町88
久安青果	久安　都		上近江町33－1
堀他　近江町店	㈱堀他	須田　武久	上近江町50
牧果実店	牧　友喜雄		青草町88
水口青果	水口　二三夫		下近江町24
みなみ	南　昌宏		青草町88
役山商店	役山　謙幸		上近江町36
山本青果店	山本　吉夫		青草町88
よこい青果	㈲よこい青果	横井　良治	上近江町50
飲食料品			
あげ丸天かさい	笠井食品㈱	西田　昇	青草町88
石丸食品	石丸食品㈱	石丸　学	上近江町33－1
岩内蒲鉾店	㈲岩内蒲鉾店	岩内　三千夫	下近江町22

逸味潮屋 近江町いちば店	㈱宮商	宮元 崇	青草町88
逸味潮屋 近江町ふれあい店			上近江町50－1
近江町珈琲	㈲金沢焙煎工房	西岡 憲蔵	青草町88
キャラバンサライ 武蔵店	キャラバンサライ㈱		青草町88 BF
金澤屋珈琲店			十間町27－1
酒の大沢 近江町店	㈱酒の大沢	大澤 一嘉	上近江町30－1
奥野菓子舗	奥野 友治		下堤町19
海道屋	海道物産㈱	野地 かず枝	十間町32
まぐろ海道			十間町32
海道 宮崎店			上近江町36
海道 大口店			上近江町38
海藻ライフ			青草町88
カナカン・ジョイ	カナカン㈱	谷口 英樹	下近江町18
蒲富士食品	蒲富士食品㈱	本田 法生	青草町15
越山甘清堂 近江町市場店	㈱越山商店	徳山 康彦	青草町88
豆腐家しば田	㈲豆腐家しば田	稲葉 百代	上近江町33－1
二六芝田	㈱芝田		青草町88
舟楽	㈱舟楽	紙谷 一成	上近江町24－1
今川焼寿美田	山崎 務		青草町88
すゞめ 近江町市場店	㈱六星	輕部 英俊	青草町88
世界の食品ダイヤモンド	ダイヤモンド商事㈱	柚木 陽一	下近江町24
ダイヤモンドLⅡ			青草町88
ダイヤモンドLⅢ			青草町88
ダイヤモンド精肉部			上近江町36
いいね金沢			上近江町36
高川物産	高川 武士		青草町88
だし巻屋	中村 朋美		青草町88 BF

茶のみ 近江町店	㈱茶のみ仲間	西上 寛	上近江町50－1
鳥由	則竹 良雄		青草町88
中屋食品	中屋食品㈱	中屋 敏明	青草町15
なんぼ商店	㈱なんぼ商店	南保 守	青草町5
のざきの焼魚	㈱ホクチン	山上 智之	青草町88
能登牛串焼きにぎりたくみ	（かち組カンパニー㈱）	本田 清成	青草町88
能登の台所	㈲能登ワイン夢一輪館	高市 範幸	青草町88 BF
百萬商店	（㈲十谷商店）	長井 勉	青草町88
昆布の比賀	㈱比賀商店	比賀 泰夫	下堤町38
ぶった農産 近江町市場店	㈱ぶった農産	佛田 利弘	上近江町50－1
おにぎりのポッポ	小間 徹夫		上近江町33－1
無添加パンまつや	平松 敦子		青草町88
まるか	マルカ珍味㈲	河野 徳男	下近江町26
むすび近江町市場店	㈱むすび	櫻井 卓	下堤町37－1
夢屋	夢屋㈱	山本 哲雄	青草町88 BF
良縁堂茶楽	まるひな良縁堂有限責任事業組合	川上 忠勇	青草町88 BF
まるひな良縁堂			青草町88
和平 中通り店	㈱和平	地蔵 彰	上近江町33－1

精肉

牛勝	中原 一世		十間町32
天狗中田 近江町店	坂上 成久		下堤町37
天狗中田 武蔵店	㈲天狗中田笠市店	吉村 清二	下近江町35－1
天狗中田 青草店			青草町88

衣服・身の回り品

あさ井屋	㈱浅井商店	浅井 清治	上近江町32
紙文房 あらき	荒木 信治		青草町88
泉屋	（釜村 純平）		下堤町19－4
オーミスーパー	㈱近江町ストアー	松岡 暢也	青草町88

丸年　ムサシ店	㈱丸年呉服店	吉村　浩史	青草町88
mutamuta			下松原町49
着物レンタルあかり			下松原町49

その他

近江町フラワーマーケット	㈱ヨコタフローリスト	横田　恭一	青草町88
金沢市近江町交流プラザ	金沢市	金沢市	青草町88　3F・4F
金沢市近江町市民センター			青草町88　4F
金沢中央郵便局近江町サテライト	日本郵便㈱北陸支社	北陸支社長田村　浩紀	上近江町50－1
清正商店	㈲清正商店	押野　有亮	青草町88
スギドラッグ近江町店	㈱スギ薬局	榊原　栄一	下近江町68－4
マツモトキヨシ近江町店	㈱マツモトキヨシ甲信越販売	安藤　浩	青草町88 BF
なるせフラワーガーデン	成瀬種苗㈱	成瀬　謙次	十間町33
成瀬種苗店			上近江町36
松本日光舎近江町店	㈱松本日光舎	松本　健夫	上近江町33－1
牧宅急便	（牧　友喜雄）		上近江町50
ヤマト運輸　近江町宅急便センター	ヤマト運輸㈱	栗栖　利蔵	上近江町54－1
ヤングドライ近江町	㈲ヤングドライ金沢	栃谷　義隆	青草町88
柚木草花園	㈲柚木草花園	柚木　陽介	青草町15
近江町いちば館中央監視室	㈱米沢ビルシステムサービス	久田　伸一	青草町88　2F

飲食

喫茶　閼伽	福江　馨		下堤町37
市場めし　あまつぼ	㈱あまつぼ	雨坪　毅樹	下堤町38－1
いっぷく横丁	かち組カンパニー㈱	本田　清成	上近江町50
みのやキッチン			下松原町49
おいも家			下松原町49
いきいき亭	寺西　政隆		青草町88
市の蔵	㈱ハチバン	長丸　昌功	青草町88　2F
井ノ弥	米田　義則		上近江町33－1
魚旨 里味	釜村　純平		下堤町19－3
鮨　えのめ	㈱松本商店	松本　昇造	上近江町33－1
近江町食堂	㈲小室商事	小室　憲治	青草町1
近江町市場寿し	㈲近江町市場寿し	三十苅　美代子	下近江町28－1
海鮮丼いちば	海鮮丼いちば㈱		上近江町36－2
近江町市場寿し上近江町店	㈲近江町市場寿し上近江町店	亀田　恵介	上近江町32－6
近江町大漁神社	㈱トコシエ	小山　善弘	下松原町49－1
能登牛炙り海鮮丼			青草町88　2F
近江屋伝兵衛	㈱英国商社	島崎　力	青草町88　2F
金澤屋吉右衛門			青草町88　2F
大倉　近江町店	㈱大倉	竹内　慎	下堤町38－6
鮨処　源平	㈱源平	塩本　芳久	上近江町25－1
旬彩和食　口福	㈲中里	中里　知	青草町88　2F
海鮮丼の店こてつ	山本　外行		下堤町37－1
刺身屋	㈲や満当	米崎　珠緒	青草町15－1
じもの亭	㈱近江町じもの亭	大森　容子	上近江町27
仙桃広東料理	長田　雅稚		青草町88　2F
ごはん屋たつや	橋野　達也		下近江町26 F
カレーのチャンピオン　近江町店	㈱イエロースター	上野　江理子	青草町88 BF
味の穴場　長崎出島	（海道物産㈱）	野地　かず枝	十間町27
能加万菜　市場屋	㈱ワールドスタッフ	伊勢　真樹	下堤町19－1
東出珈琲店	㈱東出珈琲店	東出　陽一	十間町42
海鮮丼ひかりや	㈱ひかりや	石原　亨	下近江町26
串揚げ×大衆魚バル ひかりや&yajimon			下近江町26

百万石うどん　本店	（大口商事㈱）	出口　力	下近江町23
鮮彩えにし			青草町88　2F
近江町海鮮丼家ひら井　本店	平井　慎太郎		上近江町29
近江町海鮮丼家ひら井　いちば館店			青草町88　2F
みなと屋	湊　隆		青草町88　BF
麺丼や	齋田　八平		青草町88　2F
もりもり寿し　近江町店	㈱ウエノフーズサービス	上野　謹一	青草町88
山さん寿司　本店	㈱山さん寿司本店	辻　貴彦	下近江町68
加賀旬菜　ゆず	岡田商事㈱	石井　久美	青草町88　2F
鮨歴々　近江町店	㈴鮨みつ川	光川　浩司	十間町27－1

金融業

金沢中央信用組合	金沢中央信用組合	山口　孝	上近江町15
北國銀行　武蔵ヶ辻支店	北國銀行　武蔵ヶ辻支店	支店長　笹原竜也	青草町88

製造業

近江町市場冷蔵庫	近江町市場冷蔵庫㈿	松本　雅之	上近江町19
大口商事	大口商事㈱	出口　力	下近江町7

不動産業・住民

近江町いちば館管理組合	青草辻開発㈱	松岡　暢也	青草町88　2F
近江町中央小売	近江町中央小売㈿	出口　力	上近江町50
近江町パーキング	近江町駐車場㈿	出口　力	十間町21
金城小売	金城小売㈿	松本　雅之	上近江町33－1
	岡嶋　忠雄		
	柚木　繁		
	矩　一浩		
	石川水産㈱	木村　佐陽子	
	新保　夏江		

業種別店舗の推移

	店舗数	鮮　魚	青　果	雑　品	塩　干	蒲　鉾	部　外
昭和29年12月現在	191	47	53	44	16	7	24

	店舗数	鮮　魚	青　果	百　貨	塩　干	蒲　鉾	部　外
昭和44年4月1日現在	165	29	46	61	12	4	13

	店舗数	鮮　魚	青　果	百　貨	塩　干	蒲　鉾	精　肉
昭和61年4月1日現在	192	33	55	75	10	6	13

	店舗数	鮮魚	青果	飲食料品	衣服・身の回り	精肉	飲食	金融	製造	その他
平成21年4月1日現在	185	28	34	52	9	5	38	2	2	15

	店舗数	鮮魚	青果	飲食料品	衣服・身の回り	精肉	飲食	金融	製造	その他
令和3年2月28日現在	170	25	25	48	7	4	42	2	2	15

	荒木商事㈱	荒木　徹	
	谷口　英樹		
	中田　信義		
	櫻町　麗		
	坂井　隆幸		
	三宅　豊		
	広村　憲郎		
	能島　敏文		
	能口　和子		
	松岡　暢也		
	㈱キングフーズ	則竹　君彦	
	㈲牛勝	番匠　久雄	
	林　由美子		
	山田　隆千		
	沢野井　鎮男		
	㈱米崎	池田　寿美	
	㈲山安	生水　ゆかり	

戦後からのデータをみると、市場を構成する主業種である鮮魚店と青果店の軒数は青果店が多かったが、ともに減少をたどって現在は25軒と並び、どちらも後継者問題を抱えている。「近江町いちば館」ができた平成21年から多くなったのは飲食で、その割合は増加して現在では全体の約４分の１を占める。

第2部

近江町市場を語る

近江町市場開設三百年記念座談会

これからの近江町

令和３年１月26日開催

【出席者】

吉村　　一（理事長　総務委員長）
松本　雅之（副理事長　販売促進委員長　鮮魚部長）
牧　友喜雄（副理事長　苦情処理委員長　青果部長）
成瀬　謙次（副理事長　百貨部長）
出口　　力（専務理事　経理委員長）
紙谷　一成（常務理事　ビジョン委員長）
安田　恒夫（常務理事　厚生環境委員長）
坂本　　実（施設改善委員長）
忠村　健司（料理指導委員長）
浅井　清治（防火防災委員長）
西岡　憲蔵（交通防犯委員長）
柚木　陽一（食品衛生委員長）
則竹　良一（精肉部長）
牧　志津子（おかみさん会会長）
坂野　浩章（青年部長）
（進行）江口　弘泰（常務理事　事務長）
（記録）石田　順一（三百年史編集委員長）

１　近江町市場や諸先輩の思い出について

■**江口**（進行）今日は、役職組合員と12ある委員会の長、そして鮮魚・青果・精肉・百貨部会の長、青年部長、おかみさん会の会長にご参加いただきました。近江町市場開設３００年の節目にあたって、これから近江町がどうあるべきかについて率直にそれぞれの思いや意見を伺いたいと思います。まず、過去を振り返って、感慨や印象深い出来事や先輩の思い出などについてお話しください。

■**松本**　先輩では、近江町市場について柚木相談役が、「粗にして野であるが卑ではない」とおっしゃっていたことや、成瀬さんのお父さんが、「兄弟鬩牆外禦其務《ていけいかきにせめげどもそとそのあなどりをふせぐ》、中国の史書からとった言葉で、普段は兄弟のように喧嘩することもあるけれど、一つことが決まると力を合わせてことに取り組む」と言っておられたのを思い出します。

また、改めて、江戸時代の大火や大正時代の魚屋騒動、戦時中の強制疎開など、節目節目に諸先輩方が非常に苦労して近江町市場を作ってこられたと感じています。その諸先輩の思いを我々がしっかりと引き継いでいかんなんと思うと同時に、この「近江町市場三百年史」の副題に付ける「金沢市民の台所」は、３００年の昔から引き継いできた近江町市場の理念だと考えていて、そういった初心に帰るところと、新しい未来に向かって

踏み出すところを諸先輩の努力に思いを致しながら進んでいこうと考えています。

■牧友喜雄　今、松本委員長がおっしゃった「市民の台所」に、近年、観光とか外国の方が非常に多く来られて、一般のお客さんが顔をしかめるような状態になったところへ新型コロナウイルスの感染が拡大して、どっちがいいかというと非常に難しいところです。変な言い方ですが、コロナウイルスは神様が試練として近江町に与えられたのではないかなと考えてもいいんじゃないか。初心に帰って、一生懸命足を運んでいただいているお客さん一人一人に対して親身になって対応していけば、少しずつお客さんも増えてくるのではないかと思う。今日の新聞にビジョン委員会の話が載っていたが、新しいお客さんを増やしていこうというのは素晴らしい考えだと思う。子供を連れて買い物や料理教室に来られるお客さんを大事にしていかんなんと思っている次第です。

■坂本　近江町には高校1年の時に入って親父と一緒に仕事をしていたが、諸先輩の中で一番思い出のある方と言えば、何といっても荒井知行さん。この人は近江町を愛し、「市民の台所」という根本的なものをつくった人だと思う。ダイエー戦争が起きて、「ダイエーが来たら近江町がつぶれるぞ」と周りが騒いでいる時に、荒井さんは、「何を言っとる、そういうもんに負けてはならん。おそらく負けないぞ。近江町はそれだけの力を持っている」と言っていた。一国一城の主、経営者が百何十人集まった近江町商店街が、一生懸命お客さんに目を向ければ天下のダイエーに打ち勝てるという強い思いがあった方でした。そこから皆が必死に協力して打ち勝ったからこそ今の近江町があると思う。それと、鮮魚部には、荒井さんがおっしゃった「日掛けの精神（毎日の稼ぎの中から少しずつお金を貯める）」があるからこそ、近代化や冷蔵庫の新築が実現したと思っています。

出口　近江町で一番長く仕事をしている一念大助さんに、私の思いをすべて言って頂いた。

吉村　近江町250年史の座談会では、ダイエー問題と日曜営業を議論をしている。日曜営業はいろいろあったけれどようやく実現したことの一つかな。亡くなられた牧さんのお父さんや石丸さん、松岡さん、成瀬さんのお父さんなどの先人が、議論を重ねて今の近江町になったと改めて感じています。

紙谷　「近江町300年」をただ長いだけとおっしゃる人がいるが、先人達は存続の危機に陥ったり、我々の想像を絶する苦難や紆余曲折を乗り越えてきたと聞いています。終戦間際には空襲の類焼を防ぐために市場を取り壊して疎開したとも聞いている。そんな苦難を先人たちが乗り越えて来たのだから、我々も必ずできる！乗り越えられる！という勇気を与えてくれるのが300年の歴史の意義じゃないかと思う。

西岡　コーヒーの小売販売を始めた時から、近江町に店を出したいとずっと思っていた。私は関西から来たが、近江町は有名でブランド力が高いので、いったん店を出したら絶対やめられないと思って必死にやってきた。今はコロナで大変だが、出店した時もバブルで家賃が払えるかなという感じで大変でした。30年やらせてもらってよかった。300年という歴史があってのブランドだと思うし、これを生かして商売を続けていけたらと思うね。

浅井　生まれてからこの方ずっと近江町に住んでいて、魚屋はずいぶん行儀良くなったなと思う（笑）。寒い日は暖房の代わりに酒を飲みながら仕事をして、1週間に2日は夕方になると喧嘩が始まったことが小さい頃の思い出です。また、三八豪雪では屋根雪を通路に落として、向かいの店に行くためにトンネルを掘ったりアーケードに手が届いたりと楽しい思い出があります。

安田　250年史を改めて読んでみて、近江町は意外と先進的な商店街だと気づいた。路面の舗装が金沢市で一番、アーケードも一番先に造ったし、他の商店街に先駆けて駐車場も建てている。近江町には古めかしいイメージがあるけど、先人達は常に最先端を走っていこうとする気概があったと思う。先を見越して新しいものを取り入れて、新しい近江町市場に脱皮していこうという力強さはすごい。今は小ぎれいになった市場だが、僕が小さい時は猥雑さというかぐちゃぐちゃな感じがあって、その辺に勢いを感じて楽しかった。今は売り子も汚い言葉を使わなくなってお客さんから小言も出なくなったが、その分、昔はもっともっとお客と売り子が近い関係だった気がする。20～

30年前に若い女の子から、「近江町に行くとどこかに売り飛ばされるというイメージがあって怖くて行けない」という話を聞いた（笑）。外から見るとそれくらい何があるかわからない、とてつもないパワーを最近感じられなくなってきたのは、本質的な市場が持つべき魂が欠けてきたのかなという感じがしていて、その辺に次に向けてのヒントがあるという気がします。

坂野　働き出して20年しか経っていませんが、親から、「昭和50年代の男性はステテコにランニングシャツ、腹巻、ねじり鉢巻きで、お客の顔を見る暇もなく品物を渡していた。行儀の悪い客には怒鳴り、子供は泣かすなと怒っていた。商品の上に足を上げてくわえ煙草をしながら物を売り、酒を飲みながら接客して、年配の客に、『お姉さん、お嬢さん』と声掛けをすると、客から、『馬鹿にしている』と言われていた」という話をよく聞いていたので、とてもやんちゃなイメージがあります。自分が結婚した時の、氷や魚、野菜等の汚い水をかけ合う「水かけの儀式」は、一生の思い出になった。組合員のボウリング大会やビアガーデン、運動会、旅行、放水清掃は親睦を深めるいい機会になったし、餅つき大会の販売やワールドカップサッカーのパブリックビューイングは、市民と一体となって感動を共有できた。東日本大震災では、いち早く義援金箱を設置して集まった義援金で赤十字社への募金と被災した中学校の吹奏楽部に楽器を5点贈ったり、月に一度市場の旬の品物や市民と一緒に折った約2万羽の折り鶴を小学校に贈って喜ばれた。人と人とのつながりの大切さをすごく感じた20年間でした。

忠村　近江町が３００年以上続いた理由は、時代に合った商売を行って、その都度お客に満足を与えてきた賜物だと思う。近江町に入った頃は、同業者をライバルや仲間として競い合い切磋琢磨していた。また、商店街でよく京都や東京に研修旅行に出かけた思い出も残っている。東京へ行った際に、成瀬さんのお父さんの紹介で、成瀬さんや柚木さんと東京大学の学食で食事したことが思い出に残っている。子供の頃は卯辰山で大運動会があって、従業員や家族が沢山参加して盛り上がっていた。先輩の思い出は、親父が大口水産創業者の荒井知行さんについて、「近江町にとって貢献度は大や」とよく言っていた。鮒やごりなど川魚を売っていた夷藤茂子さんも近江町ならではの思い出です。

成瀬　浅井さんと一緒で、生まれてからずっと近江町です。松ヶ枝小、高岡中の同級生が多かった。珍味の松本さんや近江町食堂の小室君、先輩だとオーミスーパーの松岡さんや浅井さんたちと若い頃はこねこねになって遊んでいた。また、テントをつたって自治会長の矩さんや丸年さん、紙安さんの家などどこでも行っていた。向かいの牧さんの家には季節になるとスイカやバナナを山のように積んであって、映画の寅さんのようなたたき売りが子供心にも面白くて一日中見ていた。たまに手伝いをさせられて、お手間にスイカやバナナを少しもらったりしていた。宮崎の肉屋さんの前に、当時では珍しいテレビがあって、相撲中継が始まると沢山見に来ていた。東京オリンピックの時も人がいっぱい集まっていた。近江町自体が生活の場で、すごいエネルギーがあったような気がする。やんちゃくさいところも結構あったし、今はおとなしくなったけれどこれからも時代ごとに変わっていくだろう。懐かしいなと思う。

■**柚木**　近江町に来てから20数年。子供の頃に、「近江町に行けば軒下で商売ができる」とか、「近江町に一坪でいいから土地が欲しい」という話を聞いて、近江町ってすごいところなんやと思っていた。新幹線が開業して、私が思っていた以上に近江町がすごいブランドだと痛感した。今は、新型コロナ感染拡大で大変な時期だが、過去にも大変なことがいろいろあったと思います。40数年前に、自店「ダイヤモンド」が火事で全焼した時は、水をかぶってダメなもの以外、例えば真っ黒に焦げた缶詰を売ってしのいだと聞いている。

■**吉村**　その「ダイヤモンド」の火事がきっかけで、夜回りを始めてアーケードのテントも開けることになった。私はここに住んでいるので夜回りは平気やったけど、遠くの人は夜９時になると家からまた出てきて大変だったと思う。防犯カメラを設置してからやめたんかな。市場の中に71年住んでいてこの中で一番長いと思うけれど、子供の頃、大松水産の前身の大長さんの店頭にクジラを飾ってあった思い出がある。手で触ると、まっ黒のごみ袋に水を入れてぱんぱんに張ったような感触だった。鱗もないし、つるっとした印象がある。山のようだった。今の市場でもそんなパンチのあることができたらと思う。

２　近江町市場の現状認識とこれからについて

■**江口**（進行）次に、近江町市場の強み、弱みや北陸新幹線開業以来多くの観光客に来ていただいていることなど、市場の現状とそういう現状を踏まえて今後近江町がどうあるべきかについてお考えをお願いします。

■**松本**　今、新型ウイルス感染拡大の影響を乗り切るためには、どこよりも先んじてきた諸先輩のＤＮＡを思い出しながら、力を合わせて最先端を走っていかんのじゃないかなという気持ちでいます。

■**牧**　新型コロナウイルス感染拡大で苦労しているが、これを乗り切るには店に足を運んでいただいたお客さま一人一人を大事にするチャンスととらえて、いい品物をリーズナブルな値段で提供することしかないと思っている。スーパーの真似して価格だけで対抗しても近江町に勝ち目はないと思う。鮮度のいいものをできるだけ安く提供して、「近江町市場はやっぱり品物が違うね」と言われることがこうして市場が育った根源にあると思うので、これからも大事にしていきたいと思っている。

■**坂本**　近江町市場は、ピンからキリまで、一番高い商品から一番安い商品まで扱って、同業者が競争し切磋琢磨してきたから、料亭のおやっさんから主婦まで広い範囲のお客さんが贔屓にしてくれて現在まで続いてきたと思う。ただ、新幹線が開業してから、どうも県外のお客さん中心の商いが少し進んだかなと思うので、反省して、原点に戻って、地元のお客さんに買っていただける店づくりをしようと思っている。

出口　今の時代、少子高齢化が進んでいって県内資本の食品スーパーが潰れたり規模縮小に追い込まれている状況で、近江町市場がこれからどうなるのかと危機感を抱いている。他と同じことをやっていてもこれからの時代は生き残れないだろうと考えている。消費者の購買力を考えていろんなことを試しながら、近江町の中で考えて物を売っていかないといかんと思う。京都の錦市場や大阪黒門市場にしても昔ほどの勢いがないと新聞に載っていたが、それに劣らず近江町も新型コロナ感染拡大で厳しい局面に立っている。これを乗り越えて鮮魚12組合員を減らさないために、縦横の連絡を密にして、また新たな商売のやり方を研究していこうと思っている。

紙谷　近江町の絶対的な特徴は、新幹線で観光地化されたとはいえ、まだ血が通ったリアルな市場にあると言える。なぜかというと、今も尚、近隣の飲食店の料理人や市民の方々が市場に買い物に来られるからであり、料理人が市場の品質の裏付けをし、市民の方々がそれ目当てに買い物に来るという効果が生まれていると思う。また、鮮魚、青果それぞれに食品のプロであり、責任を持って販売しているところがスーパーと違う近江町市場の特色であり、メリットとしてある。ただ、ライフスタイルの変化で、買い物が郊外型になって車を5分も走らせればタダで止めてワンストップで何でも揃うという環境の中で、近江町が商売をやっていくために、市場の特徴をどう生かしていくかが課題だと思う。これからは、「市民の台所」はキャッチフレーズとして大事だと思うが、とはいえ厳しい経営環境の中で食って行くためには観光の客も大事なわけで、これは事実として受け入れていかなければならないと思う。かといって観光客偏重の方針の店舗ばかりが増えるとフェイクの市場になってしまう。土産物ばかり売ってお客さんに見透かされて廃れてしまうのではなく、市場に人が集まり、観光の客は近江町を拠点・ハブにしていろんな所に行く行動スタイルが続くためには本物で血の通った市場にしないといけないと思う。それには、近江町の特徴をどうやって残していくかが一つキーになると思う。出口さんが言っていたように、同じことをしていてもだめと思うし、既成概念を取り払って果敢に変革することも勇気をもってしなければならない時代かなと思う。

西岡　近江町はお客さんのニーズに合わせて商売をやってきたから続いていると思う。今後も変わらないだろう。売るものは違うけれど個店が客の目線で商売をしていることが、一番近江町のいいところだろう。北陸新幹線開業で観光客が増えて地元のお客さんが来にくくなった。個店の商売なので、数が多い観光客に合わせた商売をする。これは小売りも飲食も一緒。結果的にどんどん変わっていったところがあったと思う。そこに新型コロナウイルスの感染拡大が始まって、観光客だけでなく地元の人も来ない。コロナ感染拡大が終わったら元に戻るのか？今の状況を現実として捉えて、今まで近江町がやってきた最先端のことをやっていくしかない。スーパーには近郊の人しか行かない。近江町はブランドがあるので全国から客が来るから、「市民の台所」を看板にして「全国の台所」として全国に発信をすればいい。通販、インターネット環境を発達させて、近江町市場を実店舗にした近江町市場モールを作って全国に配信する。近江町市場の情報をライブ配信するとか、キャッシュレス決済をもっと進めてコロナに弱いという近江町の風評を払拭できたらいい。国も県も市もものすごいお金を出しているので、それを使ってできないか？特にライブ配信は客と直接つながるので面白い。ビジネスの世界はズームなどを使って、人が集まらないで仕事ができるようになってきている。われわれの商売はお客さんを集めないといけない商売なのに、それを全部するなと言われたら、全く発想を変えないといかんなというくらい危機感をもって、氷山の一角からでもいいので始めないといけない。

浅井　ユーチューブに金沢が出れば必ず近江町が映る。いいか悪いかわからないけれど、特に若い人の間では近江町が全国で有名になり続けている気がする。いかんせんそういう人は買い物よりも食べる目的の人が多い。近江町の敷居をまたいでくれる人は、地元の人だろうと観光の人だろうと客は客だからどちらも大事にする。

則竹　近江町には、飲食店が多すぎる。加えて、食べ歩きや若い人がマスクをせずに店先で食べていてマナーが悪いので、地元の人が来てくれなくなっている。今の寂しい現状は新型コロナウイルスの影響だけではなくてマナーの悪さもあるので、変えるにはまず、それをやめさせないといけないと思う。

安田　地元客が減っているのはだいぶ前から言われとることで、何かせんなんと言いつつ、「いちば館」ができたとか新幹線が開業したとか、そういうビッグイベントでうやむやになって手を付けずにきたけど、コロナ禍の今、本当に現状を見せつけられているような気がする。うちの店の横でじーっとみていて、「この店って地元の人しか来ないんですね。私こういうところで買いたかったんです」と言う人もいるように、ただ遊びに来る観光客より金沢の素顔を知りたいという質の高い観光客が来てくれる市場であり続けることが大切な気がする。最近、IT、AIと言うが、市場の本質は商品と客との間に我々という人がいることが一番であり、人が介在していることが他にはないことという気がする。その辺を徹底して、客に邪魔くさがられるくらいの接客でもいいので、世間話をして情報を伝え客との信頼関係をつくり、そのお客さんがまた客を連れてくるような、昔の近江町市場みたいな市場になりたいという思いがする。早いものを追いかけるのもいいが、我々は、原点、自分たちのあるべき姿に戻って、近江町に何かあった時に支えてくれる、近江町がなくてはならんコアなファンを少しでも増やしていかないとだめだと思う。「近江町が困っとるかもしれんさかいにちょっとでも助けてあげよう」と言われるような近江町に戻っていかないといけないという気がする。簡単な金もうけに走るのではなく、ちょっと泥臭く、無駄かもしれないがお客さんのために何ができるかを考えて商売を考えるべき。朝早くから市場に沢山の商品を仕入れに行くのは、お客さんの顔を思い浮かべて、この人のために買いに行く市場人の思い入れ、哲学を再認識して、心のあるリアルな市場に戻りたいというのが願いです。

忠村　客層は、地元客が3割、観光が3割、プロの料理人・業者が3割に三等分されていたが、新幹線開業後は観光客が多くなり地元客が買い物をしにくくなった。メディアで取り上げられ観光客が増えて売り上げも増えて忙しくなったが、1年前からコロナ禍で観光客がめっきり減って地元客もすぐには戻ってきていないのが現状。危機感をもっていかんなんと思っている。観光客も地元客も来やすいという立地にあるので、知恵を絞って団結して対応を考えていかんなんと思う。営業日や閉店時間が各店ばらばら、また、最近は魚屋の閉店時間が早くなって、夕方の売りがないというのはいかがなものか。

近江町には300年の歴史があり、目に見えない積み重ねや近江町に行けば何でもあるという安心感が客にあった。店には専門店らしいプロもいるが専門知識がない販売員もおり、しっかり育てていかないといけない。キャッシュレス決済は早めの導入がマスコミに取り上げられて浸透している。鮮魚部の銭籠が時代遅れだと指摘されており、レジの導入も考えていかんなんと思っている。ふれあい講座、料理教室はいいことだから、新聞テレビだけじゃなくラジオやSNSで近江町をPRすればいいと思う。

弱み、改善すべき点は、鮮度、価格、接客態度はスーパーに負けている場合もあるので店の責任者等は大型店等を見て回って研究しなくてはならない。今年6月からハサップが完全義務化になるので、衛生管理の徹底に取り組んでいかないとスーパーに完全に負けてしまうと思う。北國新聞の月曜手帳に、「京都の錦市場は近年の外国人観光客の急増で地元客離れが進んだ」と出ていたが、これは近江町も一緒。錦、京都は近江町、金沢の一歩先を行っていると記者は書いており、京都を見れば金沢の近未来の課題や進むべき道のヒントが見えてくると言っている。そういうこともあると思う。

成瀬　観光で自分が他の土地に行った時は、自分のところにないものを見たいと思う。近江町は対面販売をいまだにやっているし、金沢は食文化のプライドは高いししきたりもあって、ちょっと他と違っているから来てみたいのだと思う。ベトナムやインドネシアなど東南アジアへ行くと市場を見に行くけれど、汚いし人が多いし裏側ではどんぶり飯を食べているような所だが、物を売ることに対してすごいエネルギーがある。これが商売の原点だと思う。アメリカ型の大型ショッピングモールの対極に東南アジアのエネルギッシュな対面の売り方がある。客の顔をみて売る方がこれからは面白いと思う。近江町は、それぞれの店が自信を持っていいものを売れば地元客がまず来てくれるだろうし、金沢のようなこだわりのある地元客が来れば観光の人は放っておいても来るが、逆に地元の人が来ない市場は観光の人に飽きられて来なくなる。その辺を見直して、多少汚くても言葉が悪くても、金沢らしいところがあればいいという気がしている。

■**柚木**　今の近江町を考えると、自分は、観光の人も地元の人も客なのでどっちも大事にする。なぜ観光客が来るのかと考えると、根本は「市民の台所」だからだと思う。観光客と地元客、どちらにも合わせていかなければいけないのだが、合わせる割合がちょっと観光客に多かったかもしれない。その辺を地元客が見て、「近江町の品物は高くなった」とか言われるのかもしれない。「地元の人が買う店で買いたい」と言う観光客が沢山いて、うちの店の昆布巻きを金沢の総菜として東京へ送る観光客もいる。観光客も地元客も大事だが、根本は地元の人が来てくれないと間違いなく観光客も来なくなり、外国人の観光市場になってしまう。

■**吉村**　北陸新幹線が開業する前年に、鹿児島の商店街の方に話を聞く機会があった。「新幹線がついて鹿児島に観光客が来ているが我々には売るものがない、これは商売人としてものす

ごく残念だ」と言っていた。地元の人はもちろん大事だけれど、前を通る人に売る品物がないというのは商売人としては寂しいことだと思う。人がたくさん来ても買ってもらえる品物がないことは寂しいことなのだなとその時感じた。

子供の頃は親や祖母に連れられて近江町市場に来ていた。そういう思い出が懐かしくて近江町に来る人もたくさんいると思う。市場を今からどうしていくかを考えると、子供を連れた若い客をいかに誘い寄せるかに市場の未来があると感じている。

■牧志津子（当日欠席）20～30年前にマイカーブームで郊外の住宅地へ移転された方も、現在は多くの方が中心地に戻ってこられています。商品の販売方法はネットなどいろいろありますが、近江町は交通の利便性や金沢駅に近いということを考えて、私たちは常にお客さんの顔が見られる対面販売でコミュニケーションをとり、これからもお客さんと一緒になって「市民の台所」として頑張りたいと思います。諸先輩の残してくれた「市民の台所」としての近江町市場を守り育てていきたいと思っています。

■江口（進行）ありがとうございました。以上で予定していたテーマは終わりましたが、何か他にありますか。

■紙谷　成瀬さんが東南アジアの市場の話をしていたが、旅行に行くと僕も市場を見に行く。土地の文化を、生肌で感じられて面白いので市場に行く。東南アジアや中国の市場も品揃えが豊富で活気がある。ヨーロッパも市場がそれぞれにあり、すごくおしゃれな感じ。ドイツやフランス、イタリアも市場へ行けば色とりどりの野菜、魚、お菓子などがきれいに並べられていて、どうやって売るのかなと思うくらいふんだんに積んである。2階はスタンディングで一杯飲めたりカキを食べたりする場所になっている市場もあった。

■柚木　同じ話を県外の友人から近江町に対して、「こんな沢山の魚の種類をほかで見たことない。量も豊富やしあれどうやって売るの？」と聞かれることが度々ある。

■成瀬　種類、量が豊富にあることは魅力ですね。

■西岡　近江町の店もすごくきれい。果物屋や八百屋を見ていて小さい面積に全部あることに驚いて、つい見てしまい買う気になる。

記念インタビュー

聞き手＝石田順一

小畑四郎さん

近江町市場商店街振興組合6代理事長
近江町いちば館管理組合初代理事長
青草辻開発㈱初代代表取締役

平成28年4月12日取材

――生い立ちからお聞かせ下さい。

小畑　僕は大正14（1925）年12月22日生まれで90歳（取材時、以下このコーナー同じ）、十間町14番地で男ばかりの5人兄弟の4番目として生まれたので名は四郎、父親は当時十間町にあった、米穀取引所に出入りを許された取引員でした。

――いつ頃から近江町市場で働かれたのですか。

小畑　金沢高等工業学校（のちの金沢大学工学部）を卒業して、静岡で学校の先生として赴任したが、終戦直後で食料事情が悪く、金沢に逃げ帰ってきた。その後石川県庁に勤めたが、昭和23（1948）年に近江町市場の小畑の八百屋に婿養子として入り、店を継ぐことになった。

――終戦後の近江町市場はどんな様子でしたか。

小畑　店の前は鮮魚通りで魚の問屋が並んでいた。魚屋は朝が早いので商いがすむとその場所は小売りの店が借りて、番台を置いて商売をするんです。その頃、今の近江町食堂の小室さんは、本職は塩干物屋だったが、めしを食べさせる煮売屋もやっていた、「穴」の食堂だね。

ウチの店では若い衆が寝泊まりしていて、外出して帰りが遅くなり、門限が過ぎると入口は鍵がかかってしまう。ちょうど店の前に電柱が立っていて、これをよじ登ってこっそり2階から入ると、向かいの家人が見ていて、またあの若い衆が夜遊びしてきたという情報が入る。早速注意すると、若い衆はどうして分かったのかと不思議がった（笑）。

戦後は近江町市場が露天商の組合に入っていたというそうだが、露天商が近江町で商売をしたという方があたっているのかもしれない。

近江町市場が一斉に掃除をするとき、市場に流れる用水の蓋をまくってゴミを捨てる。すると、下流が詰まって浅野川の交番から苦情の電話がかかってきて叱られる。近江町市場が大掃除をするとすぐバレてしまうんだよ、八百屋はリンゴ箱のヌカなんか流すんだからね。

——戦時中の話で何かお聞きになったことはありませんか。

小畑　戦時中には食料が配給制になり、八百物を各町会に届けたそうだが、当時は大八車を押して運搬する。小立野や寺町は坂を登らなきゃならないので大変だったんだよ。オート三輪や四輪車が出てくるのはあとの話だ。

——青果に関しては住吉市場もありましたね。

小畑　現在の「めいてつ・エムザ」の場所だが、そこは青果の問屋、青草辻は青果の小売りだった。

昭和41（1966）年に中央卸売市場が出来たけど、当初中央市場の場所については、青果は西金沢に、鮮魚は金石にという案が出た。だけど、2つに分かれると不便だということで西念に決まり、それで住吉市場が移った。

懐かしいといえば行燈祭りだな。今も復活して行われているが、当時は大きな舞台を作って浄瑠璃を上演した。近江町の人も出たが、本物の役者さんも出演した。夜に行燈が灯って、みなさん花を打って、大変な賑わいだった。

それから市祭（百万石まつり）には、近江町は大きな鯛の造り物を出した。獅子舞の蚊帳のように中に人が入れるほど大きくて、芸者衆が笛や太鼓、三味線で囃したものだ、豪勢なもんやった。

——平成21年には「近江町いちば館」が完成しました。いろいろとご苦労がありましたね。

小畑　平成元（1989）年に武蔵ヶ辻第四地区の再開発準備組合が発足して理事長に、青草辻開発株式会社では社長に就任した。金沢市青果食品商業協同組合、近江町市場商店街振興組合の理事長も務めさせてもらったが、僕はね、とくに近江町市場のような各部の共同体のような寄合所帯については、一人の者が一つの組織の長をながく続けるものではない、組織は個人のものではないから、しかし任された以上その期間はキチンと仕事をして、そしてまた次の者が新しい仕事を組み入れて、取り組んでいったほうが良いという考え方なんです。

——いちば館の再開発事業では、金沢市側の山出前市長と、近江町市場側を代表する小畑さんとがお会いして、相談されたわけですか。

小畑　山出さんとはよく話をしたね。山出さんは近江町のことを心配され、近江町市場は一般市民の場所で物事をするときは、自分のところの事は抜きにしてやってほしいとハッキリ言われた。僕も結構無茶苦茶を言って、横車を押したほうだが、近江町のみんなからはいろんな意見も出るし、批判も出ることは覚悟の上でやらんなんかった。日曜営業についてはやらなければいけないと言わせてもらったし、新しいバス停は、雨の日でも雪の日でも、バスを待ち易く、バスに乗り易い高い屋根のバス停を設計させた。

ムサシ口に近江町市場の石柱が建っているでしょう、あれをなくする話が出たときは反対して、木柱を石柱に換えて、横に近江町市場の由来を記して設置した。そして木柱は保存することにした。

山出さんは今でも近江町市場においでると、「元気かい」と肩を叩いて挨拶してくれる。

――昨年３月の北陸新幹線開業を迎えてからの近江町市場については、どのように見ていますか。

小畑　県外から大勢の人が来て、外国人も来るようになって、でも近江町市場は観光の場所ではなく、あくまでも金沢市民の台所、市民のみなさんに目を向けて、飽きられないようにしなければダメ、３００年近くも続いてきている古い伝統がある市場は、地元の方に愛されてきたからこそで、やはり金沢の人達に愛されなければ嘘だ。

施設も道路も綺麗になったが、我々売り子の方も市民のみなさんに愛されるように、綺麗な売り子にならんなん、そこが大事なところやぞ！

――70年近くも近江町市場をご覧になってきた、近江町市場の歴史の証人でもある小畑さんの言葉は、説得力を持つ、重く、響くものでした。

柚木　繁さん

近江町市場商店街振興組合５代理事長

平成28年４月26日取材

――柚木さん、お幾つになられましたか。

柚木　昭和８（１９３３）年２月２日生まれだから83歳、親父が近江町で青果物卸の「青果問屋柚木三次郎商店」を営んでいて、下近江町24番地、今の「世界の食品ダイヤモンド」のところで生まれ育った。

――近江町市場を83年間、その目でご覧になってきたのですね。

柚木　ご覧になってきたほどではないけど、４年間は大阪の大学に行って、昭和30年に卒業したから、その間は分からない。

――博識の柚木さんの趣味は、国内外の旅行から始まって辞書を繰ること、新聞のスクラップ、読書とお聞きしていただけあって、異彩を放っていらっしゃいますね。

柚木　異彩というより、異臭だろう。

――戦前戦後の近江町の様子はどんなでしたか。

柚木　子供の頃は、近江町市場が遊び場で、道路上でコマを回したり、ペッタをしたりして遊んだ。戦時中になると疎開はしなかったが、家財道具を荷車に積んで、母親の里の宇ノ気にまで何回も往復して運んだ。戦争が終わったら、今度は取りに行かなければならない。

近江町市場は、若い人や男手は戦争に取られて開店休業の状態だったけど、戦争が終わって徐々に営業を再開する店が増えていった。

闇市場の頃もあったが、近江町市場が露天商の組合に入っていたということについては知らない。アーケードはまだ付いていなかったなぁ。

――当時、近江町でお住まいされながら店を商っていた方は、柚木さんのほかにどなたがおいでましたか。

柚木　よく覚えていないが、ウチの隣が青駒さんで、この2つが合体してダイヤモンドの店になった。

ウチの庭が広く25坪ほどあって、行燈まつりのときは、ここに舞台をこしらえて浄瑠璃を上演した。

――近江町市場が金沢市民の台所と言われるのは、いつ頃からなのでしょうか。

柚木　昭和41年に西念町に金沢市中央卸売市場ができて、近江町市場は小売りのウェイトが増したのだが、明確に市民の台所と打ち出したのはどうだろう、もう少しあとではないかなぁ？　まぁ、何かにつけてカラクサ（いい加減）なところがあって…

子供の頃から思ったが、何と喧嘩のたくさんあるところやと、路上でお客さんも巻き込んでやるのだから始末が悪い。そんな場面を見せつけられて、ワシも小心になってしもた（笑）。

昔は玉川署（金沢東警察署の旧名称で玉川町に所在した）の警察官が見回りにきていた。

――市民の市場の治安維持にですか？

柚木　朝からアルコールが入っている人もおって、ワシャこんなところで育ったがや（笑）。

――近江町市場の方が結婚すると、お祝いに水をかける儀式がありましたね。

柚木　ありゃ、魚屋が始めたんじゃないか。今もやっている？

――ときには水だけではなく、魚のあら汁なども混ぜて、丁重に行われることもあるとか。さすがに金沢の高い食文化を支えてきた近江町市場ならではの儀式ですね（笑）。

柚木　面白いがいや、是非受け継いでいってほしい風習だね（笑）。近江町には、まともでない中途半端な者が集まっているから面白い。だからお客も集まる（笑）。

――でも近江町市場には、昔は名物の方がおいでたんでしょう。

柚木　名物と言えば、牧さんのとこのおとっつぁん、この人にスイカを売らせたら右に出る者はいない。スイカをコロコロと転がして、積んで売る。お客さんの興味を引きながら「コレ、いくら」「ヨシ、売った」とお客さんに放って渡す。上手いもんだと感心したね。

――お客さんが上手く受け取れず、落ちて割れたら？

柚木　落として割れたスイカはみんなで食べる（笑）。

――魚屋さんには、そんな人はいませんでしたか。

柚木　魚屋が並ぶ上近江町の通りは、生臭いので息を止めて走って通り過ぎたもんや（笑）。でもね、昔は商売人と呼ぶより職人と呼ばれる人達がいたね。ウチの親父の店は、いわゆる泥物が得意分野で、ユリ根やクワイ、蓮根、筍などが揃う店で、品物を上手に山にして売っていた。その道、その道のエキスパートがいたね。でもワシは、八百屋をする気はなかった。

――柚木さんは近江町市場商店街振興組合の理事長を務められましたが。

柚木　14年間務めたかな。

――調べてみると、昭和57年5月から平成8年5月までの最長記録です。

柚木　やろうと思うさかい、ものい（具合が悪い、大変）がやなるようになるもんや。

――近江町市場駐車場建設の時には、燕の巣の一件がありましたね。

柚木　うん、あれは工事の際に燕の巣を壊した罪滅ぼしにと、パーキングの頭文字のPに羽を付けて燕の形にデザイン化すればどうかという話になって、大澤さんと2人で協議してあのマークにした。

――武蔵活性化協議会の会長も務められたのですね。そして平成21年に「近江町いちば館」が完成しました。

柚木　やらなければならないと言った推進派の中の1人で、やってよかったと思っている。あれには3つの利点があった。1つはデットスペースが活かされたこと、2つは防災の点、3つには市場で住まいをしていた方のスペースが活かされたことだった。

――北陸新幹線開業以降の近江町市場については、どのように見ていますか。

柚木　近江町市場にたくさんの人が来て賑わっていることに関しては、これは自然の流れで仕方のないこと。商売とはそんなものなのだろうが、お客さんに対して、あんた来るな、あんたいらっしゃいとは言えない。まぁ昔からおいでとった地元の人と、旅行の観光客との間での揉め事、トラブルがないようにしんなん。

以前に近江町市場のことを「粗にして野だが卑ではない」という、元国鉄総裁（現JR）石田禮助氏が言った言葉（自分は粗野な性格だが卑しい性格ではないという意味）に例えたが、三百年近くも続いている市場なんてそうないぞ。近江町市場の売り手側のみなさんも、市場とは何ぞやということをよく考えんなん。

――本日は、近江町市場を大変面白く、楽しく学習させていただき、ありがとうございました。

比賀泰夫さん

㈱比賀商店代表取締役社長

平成28年5月20日取材

――近江町市場で昆布専門店を商っている比賀さんのお生まれになったところは、やはり近江町市場ですか？

比賀　そうです。近江町市場の、住所でいえば下堤町で生まれ育ちました。昭和18（1943）年生まれだから73歳です。

――お店の創業はいつ頃なのですか？

比賀　明治15年からです。

――134年ですか、スゴイですね。

比賀　私で3代目になる。

――比賀さんの子供の頃の思い出となると終戦後の話になるのですか、戦後の近江町市場はどんな様子でしたか？

比賀　近江町市場にはまだアーケードはなかった。

向かいの店からこちらの店まで、日除けの葭簀《よしず》を渡して掛けて、それがずっと続いていた風景を記憶している。

店の前の道路を上近江町に向かって郵便局まで、一直線に走ったなぁ。

隣の「あまつぼ」さん、道路の向かい側では「小畑商店」さんまでが下堤町で、上《かみ》にあがって行くともう町会が変わる。だから氏神様は違うし、お祭りの注連縄張りの範囲も違う。下堤町は鍛冶八幡（安江八幡宮）で、上・下近江町は市姫神社でね。

遊び場所は、以前のダイエーの向かいにあった三角形の公園、北國銀行の駐車場、明治屋の屋上とか……、そうだ明治屋の地下がパンの工場で、そこでパンを焼いて1階で売っていた。明治屋はオシャレな店だった。

ウチは商売屋だから夕方遅くまで遊んでいた。あの頃は赤とんぼがたくさん飛んでいた。

――お店の営業時間は何時から何時までですか。

比賀　朝は5時半か6時頃、夜は7時か8時頃までやっていたかなぁ。ウチは卸もやっていたから。

――昭和30年代から40年代と、高度成長に向かっていくのですが、その頃の近江町市場については？

比賀　まだ中学生だから景気がどうとか、池田内閣の所得倍増計画がどうとか、経済はどのように伸びていくとかなんて、子供には分からないよね。

以前の近江町市場ではよく喧嘩があった。出刃包丁の峰で頭を叩いたとか、朝からアルコールが入っている者もいたり……

店の前の側溝には、上の魚屋から魚のあら残やシジミ、バイ貝の殻なんかが流されてきて、詰まって臭いはするし……

大八車から自動車の時代に代わっていって、アーケードができて、自動車の出入りには制限時間が設けられようになったり、今は廃止されたが、ローテーションの夜警当番が毎晩市場の中を夜回りして歩いた。

昭和の40年代前半かな、卯辰山で近江町の運動会が行われた。家族や従業員もみんな参加して……、あの頃は市場全体で一体感があった。

冬になると、仲間を募ってスキーにも行っていたな。日帰りバス旅行もあった。

年末の市場の様子も変わった。まぁ時代も変わって、家庭でおせち料理を作らなくなって……、昔は31日の大晦日は夜遅くまで、9時や12時頃まで店を開いていたし、人出もぜんぜん違って……、そういえばスリにご用心といったアナウンスが流れていたけど、いまは聞かないかなぁ？

オヤジ（和吉さん）がその頃、近江町市場商店街振興組合の理事長を務めていた。

――ちょうど昭和40年4月に、近江町市場の形態が自治協会から組合に組織変更される時期で、この前後の約4年間をお父さんが3代会長、初代理事長の要職に就かれています。

比賀　オヤジは、北陸昆布協会や、学校のＰＴＡの役員にもなっていたが、昭和44（１９６９）年に亡くなった。63歳だった。

――早くに亡くなられたのですね。

比賀　肺癌だった。私が名古屋で修業して帰ってきたのが昭和39（１９６４）年、比賀商店に入社したのが翌65年だった。

――その翌昭和41（１９６６）年には西念町に中央卸売市場が完成して、卸の機能は中央市場に移って近江町市場も変わっていきます。

比賀　カナカンさんやウチのオヤジらが鮮魚、青果のほかに食品関連業者も付属売店として中央卸売市場に入場できるよう働きかけたんだな。

――いろいろとご尽力され、ご苦労があったのでしょうね。そんな苦労話などをお父さんからは聞かされているのですか。

比賀　それがな、オヤジとはあまり喋らなかった。聞こうと思ったときには、もう病気になって死んでしまった。

――その後、近江町市場には再開発問題が起きてきます。

比賀　再開発事業にはいろいろと紆余曲折があって……、肉屋の天狗中田さんからウチの一角を、Ｌ字型に再開発を行うという構想が持ち上がったこともあった。

地上5、6階建ての下駄履きマンションとして、1階部分を共同店舗化、下堤町の道路側から車が入って2階は駐車場、その上がマンションという青写真が描かれた。

――それはいつ頃の話で、そしてどうなりましたか？

比賀　今から20～30年前頃だったかな。結局は自然消滅したが、それは再開発事業が遅々として進まなかったことから、こんな構想も練られた時期があったというわけだ。

――そんなこともあったのですか。で、今の北陸新幹線開業後の近江町市場は、比賀さんの目にはどのように映っているのでしょうか？

比賀　まぁ、お客様は来ることは予想されてはいたけれど、予想以上の人出だった。朝、9時45分頃か、ドドドーッとお客が入ってくる。これで6時半頃の東京発の新幹線が金沢に着いたということが分かる。

まぁこれまでにあんな人の流れは見たことがなかったほどだったが……、飲食店とお土産品で売り上げが上がっているだろう。

日本人はマナーが良いと思ってはいるのだが、私から見ると、市場の中を食べ歩きする姿はみっともないと感じる。あの串や、皿はどこに捨てられるのだろうかと心配にもなる。

兼六園や金沢城はどっちだとか、ひがし茶屋街はどっちだとか、観光のガイドもやらんなん、忙しいこっちゃ（笑）。

――やはり地元のお客様は引いていますか？

比賀　これまで来てくれていた年配のおばぁちゃんらは、「私ら歩けんわ」と言って遠ざかっている。お客様が来てくれずに少ないのも困るが、多すぎるのも困るんだね（笑）。

いかにして地元客を呼び戻すか、大型スーパーも出てくるし、日曜営業もやらんなん。交代で休んではいるが、年中無休はやはり疲れる。

――今後の近江町市場についてのお考えを聞かせてください。

比賀　若い人はスーパーでの買い物に慣れているからねぇー。やはり若い人にもっと市場をアピールして、市場に足を運んで、来てもらえるようにしならん。これから先の市場のことも考えて――

最近は市場の中での掛け声が聞こえんなぁー。聞こえるのは大口水産のおねえちゃんの声やな。昔はどこでも掛け声が聞こえた。もっと声を出してほしい。年の暮れには聞こえるか？イヤ、年末だけでなく、毎日声を出さんなん。

――掛け声ですか。やはり市場はいろんなお店が並んで、いろんな旬の食材が揃い、活気に溢れる掛け声が飛び交う、市場独特の雰囲気を醸し出すという演出もまた大切だということですか。本日は大変貴重なお話を聞かせていただきました。どうもありがとうございました。

岡嶋忠雄さん

丸果石川中央青果㈱5代代表取締役社長

平成28年6月25日取材

――生い立ちからお聞かせください。

岡嶋　昭和4（1929）年10月2日生まれで86歳、生まれたのは下近江町の中六商店の隣で、育ったのは今の近江町市場の入口（むさし口）近くの青草町24番地。昔の成瀬さんのお店の向かいで、成瀬さん側の三角地帯は戦時中に強制疎開され、戦

後もしばらく空地のままとなっていた。

男5人女5人の10人兄弟の3男だったが、2人の兄の1人は戦死、もう1人は病死して、わしが家を継ぐことになった。

――学業は大変優秀な成績だったそうですね。

岡嶋　もう統合されて廃校となった松ヶ枝町小学校を卒業して、一中から四高、京都大学へと進学した。

――京大ですか。

岡嶋　イヤ、そんなもんは過去の栄光だよ。

ウチは親父が祖父のあとを継いで青果物の問屋を商っていて、小学校の頃の記憶だが、電車通りの市姫神社側の自宅前で、現在では到底考えられないことだが、農家の生産者から出荷された青果物をザルに入れ、道路に並べて親父がセリにかけていたことを憶えている。

また、毎日自転車をこいで、舘山町の荷主のところまでセリの仕切書を届けるのだが、途中尻垂坂（兼六坂）を上るのに、どうしても一気に上がりきれなかった。

それが高学年になって休まずに上がれたときの嬉しかった記憶は、いまでも鮮明に憶えているほどだよ。

中学生の頃は戦時中で、勤労動員の思い出ばかり――

ようやく戦争が終わって、四高を受験するとき、その頃武蔵ヶ辻にあった田守呉服店のところに放送宣伝社が出てきて、商品の宣伝を近江町市場に向けて、夕方5時、6時頃までマイクでガンガン流すものだから、うるさくて自宅では勉強ができない。だから、当時彦三にあった某お偉い方の家の2階の一室を、無理を言ってお借りして、勉強したこともあった。

戦時中は青果も魚も統制令で、問屋は1社に強制的に統合させられた時代だった。

戦前から近江町でバナナの地下ムロがあったのは、大八さんとカネイチさんだった。

大学を卒業して、金沢に帰って働くことになるのだが、一時関連する先へ奉公にあがったのちに、親父が代表者となっていた住吉市場の石川県青果市場㈱に就職した。

私は現場からの叩き上げで、セリもやったし、でも力仕事だけは苦手だった。掘り出した筍を担いで山から下りるのだが、これが一番苦しかった。社長の息子が、と言われると残念で……。

その後、昭和41（1966）年7月に西念町に金沢市中央卸売市場ができることとなり、青果卸8社が農水省の指導の下に統合され、丸果石川中央青果㈱となり、中央市場に入場しました。

近江町市場が更に発展したのは、やはり近江町にあった卸売りの機能が中央市場に移ったことで、小売り機能主体の土壌が整ったことと、近江町市場のみなさんの理解と協力で、再開発にまでこぎつけたことだと思う。

――話に出ましたM四と呼ばれた「近江町いちば館」の再開発事業には、地権者の立場として計画段階から携わってこられましたが、どのようなことを念頭に置かれて取り組まれたのですか。

岡嶋　再開発事業の最大の功労者は、小畑さんだったと思う。小畑さんがいなかったら、再開発は半分もできなかったろう。

どんなかたちになるにせよ共存共栄、従来からの店の場所や家賃の問題など、とにかく商売のやり易いようにしてあげんなんという思いが強くあった。

家賃はそれぞれに違い、周辺の相場で決めるのではなく、これまでを基準にしてやってほしいとか……

――いちば館の場所全体の住所が青草町88番地となって、一部の地域の住所が下堤町から青草町に変更になったところもありましたが――

岡嶋　それについて問題は起きなかったが、再開発事業の会社名を青草辻開発とするか、近江町開発とするか、やはりここは青草辻という思い入れがあって、会社名は前者の青草辻開発株式会社となった。

――平成21（2009）年4月に、いちば館が竣工してこの春で7年目を迎えましたが、その評価、そしていちば館が今後近江町市場の中でどういった役割を担っていくべきだとお考えでしょうか？

岡嶋　イヤー、問題は多々あるように感じ、不満に思っていることもある。

地権者の立場でどこまで言えるのか、言ってよいものか、それには限度があるのだろうが……

まず近江町を金沢市民の台所として、消費者の方々の利益になるようにどう守っていくべきか、市場が観光化してきて、道徳が落ちたのか、みっともない立ち食いやゴミを捨てる光景を目にする。

商品の品質が落ち、価格が上がったという声も耳にする。そんな市場であってはいけないし、金沢市民の台所であっていてほしい。

それから、このままでいくと市場が飲食店ばかりになって、飲食街になってしまいかねない。

例えば、市場全体の7割以上は生鮮食料品の店舗で維持するとか、行政とも協力して話し合い、条例や内規をつくって規制するとか、他の市場を参考にして、調査してみてはどうか。

――ひがし茶屋街が、金沢市とまちづくり協定を結んでいますね。

岡嶋　これは近江町市場全体の問題でもあるが、現在は営業の権利と商売の自由が一体となっていて、どんな商売、職種をやってもよいことになっている。

もし不幸にも商売が行き詰り、権利を売ることになったとして、そのあとに反社会的勢力が入り込んでくる可能性だってなきにしもあらずである。

代々受け継がれてきたものが変わっていき、考え方も変わって、次の代になるとどうなっていくのか分からず、こうしたことも、いまのうちから考えておかなければならないのではないか。

大家も店子も、そして市場全体がお互いに協力し合って、いつまでも仲良く、近江町の伝統を守っていかなければならないと思うのだが……。

――今日はどうもありがとうございました。そう言えば、再開発の工事の際、岡嶋さんの家の立派な蔵を解体することになりましたね。

岡嶋　そこにあった柱の材木は自宅に持ってきてもらい、自宅の主柱《おもばしら》になっているよ。

塚林淑江さん

近江町市場商店街振興組合元職員

岸川敏子さん

近江町市場商店街振興組合元職員

平成28年10月30日取材

――塚林さんは大正14（１９２５）年5月31日にお生まれになって91歳、岸川さんは大正15年5月21日で90歳、お二人ともにお元気ですね。

岸川　いい年になりました（笑）。

塚林　今日は久しぶりに岸川さんに会えると思って、楽しみにして来たのよ。

――まずは、お二方がそれぞれに近江町市場で働くことになったきっかけをお聞かせ下さい。

塚林　私が近江町で働くことになったのは昭和29（１９５４）年からです。それまで県庁に勤めていたのを辞めて、現在の近江町市場商店街振興組合の前身である、青草辻近江町市場自治協会で働くことになったの。

入社試験になるのかな、いきなりマイクの前で喋ってみてと言われて、実は私はＮＨＫの放送劇団に入っていたので、話すことにかけては誰にも負けちゃいけない、下手な喋りはできないと思ってシッカリやったわよ。

当時はラジオで放送劇全盛の時代でしょ、「君の名は」なんてありましたね。

塚林さん

そしたら採用されて、もう1人試験を受けた人がいたかな。

あの頃、近江町市場の有線放送は南町辺りまで線が張られて、この29年から場内放送が始まって、だから私が初代のアナウンサーになるのかな。

――道理で話がお上手なんです

ね。

塚林　しゃべる言葉にはね、情《じょう》が入っていなければいけないのよ。

　では岸川さんは——

岸川　私は商工会議所で働いていたのですが、子供ができて仕事を一旦辞めて……、また働こうかと思っていたときに、塚林さんと博労町で偶然出会って……、私と塚林さんは俳句の会の仲間なんですよ。それで塚林さんの紹介で、組合にお世話になることになりました。昭和42（1967）年でしたかね。

——お二人で一緒にお仕事をすることになったのですね。お仕事の内容は？

塚林　私は組合の事務を担当して、あなたは——

岸川　私は青果部の経理でした。塚林さんがお休みの日には、場内アナウンスもやりました。マイクで喋っている途中に、笑ってしまったことがありました（笑）。

——笑ったのですか。

岸川　それがね、止まらなかったの。

——止めようと思うと、ますます笑っちゃう、ありますよね。塚林さん、昭和31（1956）年には近江町市場にアーケードが設置されますね。

塚林　富山の総曲輪通りの商店街にアーケードが付いた話を聞いて、富山に負けとられんということで、近江町市場にも付けようとしたのですが、いろいろと制約があって、開閉式のアーケードになってしまった。おかげで三八豪雪のときには壊れずに済んだの。アーケードを開けてくださいって放送しましたね。横安江町の立派なアーケードは壊れたけど。

　思い出すのは昭和34（1959）年の皇太子殿下と美智子さまのご成婚のときね。近江町市場はお御輿を出して、それを担いだ若衆がはいた白足袋が夜目に鮮やかで、本当に美しくて、感動しました。

岸川さん

　おまわりさんがお御輿を規制しに来ても、逆に勢いは増すばかりだったわ。

——昭和40（1965）年には自治協会から組合に組織が変わりました。

塚林　そう、4月に組合として認められたの。これまで青果の青草辻と鮮魚の近江町でしたでしょ。八百屋と魚屋は常に競い合って、喧嘩にならないかとハラハラものでした。

　それとね、近江町はね、商品に自信があるから宣伝なんかしなくてもいい、宣伝なんてもってのほかという考え方だったわね。

岸川　近江町の人は頑固者ばかりやったね。それでも、活気のある場所やった。

塚林　度胸もあったね。あなたは大口水産の先代の荒井（知行）

さんに可愛がられたわねぇ。みんなから可愛がられたね、素直だから。

岸川　そうでしたか。

――そして昭和41（1966）年、西念町に金沢市中央卸売市場が完成して、市場の卸の機能が移り、近江町市場は小売専門の形態に変わりました。

塚林　心配だったわ。

岸川　上近江町の通りが寂しくなり、あいそむなくなると思った。

塚林　一般の消費者も引いていったんじゃなかったかな。

――近江町市場が「金沢市民の台所」と言われたのは、いつ頃からだったのでしょうか。

塚林　私が近江町市場に来た頃には、もう言っていたわよ。私もそう思って入ってきた。

――そうですか。

塚林　昔は臭いも独特で……

岸川　臭いがすると言われたね。

塚林　魚臭くて、ウロコが飛んできて、くっ付くし……、会う人、会う人に臭いといわれた（笑）。

魚屋さんはね、消防ホースで売り台を洗うの。そしたらね、そのあと市場の中が冷んやりとするのよ。

――塚林さんは昭和62（1987）年11月に発行された「まるごと・ザ・金沢　近江町」（能登印刷出版部）の中で、「近江町物語」を執筆されていますが、これが凄く参考になっています。大変だったでしょう。

塚林　あれはね、とにかく市場のみなさんから聞き取り調査を行って、私が心血を注いで書いたものよ。

――とても面白く、そして多いに役立っています。

塚林　懐かしいわねぇ。

――この組合事務所に歴代の協会長、理事長の写真が掲げられていますが、思い出がおありでしょうね。

塚林　比賀（和吉）さんは実におっとりとした方でした。荒井さんは冷蔵庫、駐車場をこしらえて、先見の明があったね。成瀬（清次）さんは東大を首席で卒業されて……、私とは話が合いました。柚木さんは明るくて、大らかでオープンな方でした。

近江町の人の気質は荒く、何を言い出すかわからない、そんな人達をまとめていくのだから大変よ。

岸川　私はやはり荒井さんの思い出が深いです。私は仏教青年会に入っていた関係もあって、そうしたことから話も合い……、亡くなられて、お墓参りにも行かせていただきました。

――そうして塚林さんは32年間勤務されて昭和61（1986）年に、岸川さんは17年間勤務されて昭和59（1984）年に退職されたのですか。

岸川　今日は当時写した写真があったので、持ってきました。

――見せてください。素敵じゃないですか。

塚林　アラ、あなたと一緒に写した写真ね。今じゃもう、90歳を過ぎたのよ。お年寄りでござんすから。

――最近の近江町市場をどのようにご覧になっていますか。近江町市場にはお出掛けになられますか。

塚林　今日、久方ぶりに市場を通ってみたけど、地元のお客さんより観光客が多いかもしれんね。お店の人は、昔の御用商人のプライドを持っているみたいな、威張ってちゃダメよ、サービスに努めてね。

岸川　店員さんは言葉づかいに気を付けて、やさしくね。

私はエムザまでは来れば、近江町には寄るようにしています。

――本日はお忙しいところ、貴重なお話をお聞かせいただきまして、ありがとうございました。最後にお二人にとっての近江町市場とは？

塚林　近江町市場は、私達の青春でしたよ！

岸川　久々に近江町市場に来て、若返った気分になりました。

――お二人とも、いつまでもお元気で、長生きなさってくださいね。

お二人に、俳句をつくっていただきました。

加賀藩の　ゆるぎなき自負　茸盛りて　　塚林　淑江

市場まで　足を伸ばせし　冬日和

會うごとに　語りつくせし　冬市場

市場なか　又會ふ事を　約す暮　　岸川　敏子

沖津雅子さん

近江町市場商店街振興組合元理事

平成29年10月11日取材

――今日は近江町市場のいろんな話をお聞かせ願います。

沖津　私は昭和16（１９４１）年に母親の里の津幡で生まれ、近江町で育ちました。近江町から出たことはなく、女ばかりの4人姉妹、松ケ枝小学校、高岡町中学校、二水高校を卒業して、父親は塩物屋、乾物屋に大学へ行く必要はない、市場が大学みたいなもんや、と言われてこの店を継ぎました。

父には朝早くに起こされ、おばぁちゃんも厳しい人で、3階まであった自宅兼店舗の廊下、階段を掃除しなければ朝食はあたらなかった。

――当時の近江町市場には、住まいとお店が一体だった家はけっこうあったのですか。

沖津　ヤマカの紙安さん、南保さん、浅井さん、上近江町はほとんど……、いっぱいありましたよ。

おばぁちゃんからは、金沢城のお堀の周りに、近江商人が一番先に「かつぎ」みたいに並んで市を開いて商売をしたのが、近江町市場の始まりだと聞きました。

――そうですか。子供の頃の近江町市場はどんな様子でしたか。

沖津　あの頃、子供さんはたくさんいた。隣が荒物屋の徳野さんで、戸を開けると行ったり来たりできて、ＭＲＯの仕事をしていた息子さんが少年連盟の世話役をされて、集まりがあったり、行事があったりした思い出があります。

　近江町の中に生花市場があって、いまの青果通り口の近江町市場寿しさんの辺りかな、そこでセリを見たり、落ちている花を貰ってきてママゴト遊びをしたり……、めいてつ・エムザの後ろにあった住吉市場では鬼ごっこをしたり、三角地帯の小公園でブランコ、すべり台、鉄棒で遊んだり、小学校の運動場もいいけど、自転車に乗って東別院まで遊びに行く子もいましたっけ。あまり、魚問屋の集まっている上近江町の方へは行かなかった。

　向かいの財閥の矩繁命さん（青草辻近江町市場自治協会初代会長）のところは店が2つあって、中庭に防空壕が造られてあった記憶がありますね。

――では、お祭りの思い出は。

沖津　矩さん宅で演芸会が催され、ウチが楽屋になった記憶があります。市場には芸達者の方がけっこうおいでましたよ。

――市場といえば、新婚さんの水かけの儀式がありましたね。

沖津　魚屋さんから始まったのでしょう。水をかけられないと別れる、かけられると一生うまくいくと言われた近江町市場の風習ですね。

　まぁ、市場の人は喧嘩もするけど、男気もあって、いまの男の方は優しくなったわね。

――これまでお聞きしたのは主に昭和30年代の話でしたが、40年代はどうでしょう。昭和41年7月には西念町に金沢市中央卸売市場ができて、市場の卸の機能が移されました。それにつれて、近江町市場は変わりましたか。

沖津　そう、魚の問屋さんがなくなって静かになった。学校から帰ってきても、人の話し声が聞こえなくなって、寂しい市場になったという覚えがあります。

　で、それから徐々に「金沢市民の台所」として賑わいを取り戻していくのですが。

　以前、近江町に住んでいた人で遠方に越していった人は、金沢に帰ってくると近江町市場へ行きたいという。近江町市場は良いところなのよ。近江町市場には〝旬〟がある！

――近江町市場は良いところですよね。

――こんな写真があるのですが、この美人の女性のお方はどなたか分かりますか？

沖津　あらー、私やわ。そんな写真どこにあったいね。

――これは石引町の「金沢くらしの博物館」にあった写真です。やはり沖津さんでしたか。

沖津　幾つ頃かな。結婚して子供ができたあとの23歳頃かな。

でもそんな写真よくあったね。まさか今日、こんな写真が見られるとは……、懐かしいわ。

――これを見ていただけただけでも、このインタビューを行った甲斐があったというものです。

――いちば館ができたあと、北陸新幹線が開業して多くの人がおいでて、そのかわり地元のお客様が引いたと言われていますが。

沖津　近江町市場の再開発は、行政と市場側との意向が合わさって、最終的にこうしたかたちになったのでしょうが、でも亡くなられた荒井知行さん（近江町市場商店街振興組合2代理事長）は、すでにそうしたことは考えておられたのではないでしょうか。

歴代の会長、理事長さんはやはり立派な方ばかりでした。近江町市場で働く、いまの若い方達の中には、現在の理事長さんがどなたかも知らない人がいるのではないでしょうか？

――沖津さんは女性初の理事さんでしたが、歴代の会長、理事長さんの思い出などをお聞かせ願いますか。

沖津　初代の矩さんのお宅には、いつも遊びに行っていました。上近江町の新年会は矩さん宅で開催され、漆塗りの御前、それぞれに違った九谷焼のお皿、そして芸妓さんまで呼んで……。声が細くて優しい矩さんの小唄がとてもお上手でした。

2代の紙谷（栄次郎）さんとはあまりお喋りはしませんでしたけど、息子（武）さんは優しい良い方でした。

比賀（和吉）さんは、あまり身体は丈夫ではなかった。

荒井（知行）さんで感心したのは、毎朝市場を一回りして見て歩くのです。1時間ぐらいは掛かるのではないですか。「どうや、売れるかいね」「寒くなったから、風邪ひかんとかんなん」とほんのちょっとした言葉があたたかくて、みなさん怖いと言っていましたけど、1つのところの長となると、あれだけやらなければならないのかなと、頭が下がりました。

北形（三次郎）さんは、中央市場の仲買で大きくなった。

成瀬（清次）さんは東大出身、何でもよく知っていましたね。

柚木（繁）さんはウチの向かいで、アンチャン、アンチャンって呼んでいた。真面目な方でした。

小畑（四郎）さんは温厚で優しく、事を荒立てない方でした。

荒井（角男）さんは二水の先輩、吉村（一）さんも優しい方ですね。

――最後に現在の近江町市場について一言。

沖津　近江町にいて、こんなに多くの外国人を見られるとは思いもしませんでした。外国人のマナーは国によってぜんぜん違う。言葉を話すことができればいうことはないけど、でも外国人といっても同じ人間、対応の仕方やね。例えば、料理方法を教えたら買ってくれるとか、言葉が通じなくても、何か対応を考えてあげたらどうでしょうか、変わるかもしれませんね。

――今日はお忙しいところ、ありがとうございました。

米崎寿一《かずいち》さん

㈱米仁取締役会長

平成30年6月27日取材

——米崎さん、お元気ですか。近江町市場のいろんな昔話をお聞かせください。

米崎　もう75歳になって、近江町市場と中央市場とで、魚屋をやらせてもらったが……、株式会社米崎は、もともと近江町の魚屋八與に勤めていたオヤジ（仁一氏）が、終戦後復員して興した魚屋で、3年前に浅田屋で創業70周年をやらせてもらった。

米崎の店の開業は、近江町市場のエムザ口から入った天狗中田の坂上さんから店舗を借りて、いまの「海鮮丼こてつ」さんのところで魚屋を始めたんです。

母が昭和20（1945）年の9月26日に肺病で亡くなったあと、11月の蟹の解禁の頃でなかったかなと記憶しています。

——米崎さんの子供の頃ですか。

米崎　小学校の頃は、毎朝6時頃に起きて、彦三の自宅から近江町の店につり銭を届けて、それから学校へ行った。

——子供の頃からお店のお手伝いをされていたのですね。

米崎　昔はみんなそんなもんだった。天狗中田さんは、ウチと村端さんの両方に店を貸していた。村端さんは夜おそくまで商売をして、果物が残ったらウチの店内に全部入れて、だから翌朝は村端さんの商品を出さないことにはウチの仕事が始まらない。

ウチの隣が長田さんという乾物屋で、その隣が昆布屋の比賀さん、向かい側が果物の北村さんに乾物屋の池内さん、川畠さんという洋服屋があって、明治屋の裏口になり、その横が中央市場に行った山甚さん、鶏肉の河内さんもあったと思うのだが……。

——で、米崎さんが魚屋を始められたのはいつ頃からですか。

米崎　昭和36（1961）年に高校を卒業して、大阪に修業に行った。船場の公設市場で従業員が40人もいた仕出し、料亭もやっている「うを清」という魚屋で、自動車免許証を持っていたので運転手をやらされた。

でも、運転手としていいように使われて、魚を触らせてもらえなかったので、ここを祇園祭の宵山の日、7月15日の晩にトンズラした。

そして、京都の東山の料理屋を頼って行った。

翌昭和37年、オヤジが近江町市場で仕事中に、大型トラックの荷台のバッタリが頭に当たって、頭蓋骨骨折で病院に運ばれ一時危篤となり、すぐに帰って来いということになった。

――当時の近江町市場の問屋街は大変な混雑で、それで起きた事故だったのでしょうか。

米崎　1年ほど居たかな、修業も終えずに緊急で帰ってきた。

中央卸売市場ができる前年の昭和40（1965）年から、卸業者の1社制か2社制かの問題が起きてくる。1社制を主張したのは大口水産の荒井さん、2社制は大長食産の中橋さんだった。

この頃はセリなんてなかった。売ってからの値段交渉、夜中に魚を載せたトラックが旧の国道8号線を通って橋場町の交差点に差し掛かり、カーブを曲がるところでスピードを落とす。ここでみんなが一斉にトラックの荷台に飛び乗って、我先にと先取りの札を入れる。入れた者勝ちだ。

――喧嘩にならないのですか。

米崎　喧嘩みたいなもんや。こっちは鯛、甘鯛や平目などの高級魚を扱い、鰈、メギスなどの大衆魚を扱う小売り相手の店と分かれている。

――もう近江町市場が限界になって、中央卸売市場へ移るのですね。

米崎　ウチは二分した。市条例では同一家族において仲卸と小売りは認められない。オヤジは中央市場で仲卸の米仁商店を、近江町の米崎は番頭に任せた。ワシが結婚したのが昭和41（1966）年の11月で、ワシも中央市場にいたが、昭和43年から近江町に換わった。

――その頃の近江町市場は？

米崎　ウチは代々高級魚を扱う業務用が主体で…、子供の頃は、いまの清さんのところは安宅さん、その向かいに能崎さん、やま満当さんの隣が三金さん、川木さん、杉本さんがあって新力さんになる。仲卸は朝だけの商売で店を閉めてしまう。

それまで市場の通路には葭簀が渡されていたが、アーケードになった。アーケードにするにはいろんな反対もあったはずや、お金の掛かることだからね。なにしろ、正直言って魚屋が主体になってやろうとしたことは、八百屋は徹底して反対した。八百屋は魚屋とは扱う金額が違うし、ワシらはついていけないと……。

――反対されると、どうやってまとめるのですか？

米崎　荒井（知行）さんが話をまとめたと思うよ。冷蔵庫も、荒井さんが中心になってまとめた。

亡くなった綿貫さん、あの人は魚商組合時代から冷蔵庫に関わっていて、基本的なこと、基礎は綿貫さんがつくった。

荒井さんは、とにかく頭の回転が速い、計算も速かった。でも、何度か喧嘩をしたことがあった。荒井さんは、車の時代が到来することをすでに先を読んで、みんなで資金を出し合って、十間町に駐車場をつくろうとした。ダットサンのトラックが1台60万円だった時代、駐車場には40何台が入ったかなぁ、土地代を含めて1台あたり120万円、いやそれ以上150万円ほどの建設費となった。なんでそんなに高いのかと……。

中央小売センターを建てるとき、山田のお茶屋さんを入れる件でも採めた。荒井さんは、山田さんを入れて、その上を駐車場にすれば30台ほどが入り、駐車料収入を当て込む計画だった。

——荒井さんは凄い人物だったのですね。

米崎　昭和45（１９７０）年にウチの店が上近江町の瀬川さんのところに移ったのも、荒井さんの口利きで世話になった。

——で、時代が平成に入ります。

米崎　平成元（１９８９）年の４月29日にオヤジが胃ガンで他界した。73歳だった。近江町の店を任せて、ワシは６月からまた中央市場に戻った。

——平成21（２００９）年には「近江町いちば館」が完成しますが。

米崎　市場がキレイになることは良いことだと思うのだが……、でも、どうだろう、どこの市場もそんなキレイなところはないだろう。あっちからこっちまでのぞけるような、道幅が広いのはダメ。雑踏して賑わいがあって、威勢の良い掛け声が飛び交い、対面販売で、これが市場本来の姿ではないかとワシは思う。

——そして、北陸新幹線が開業しました。

米崎　お客さんが来ること自体は良いことだが、これまで近江町で買い物してくれていた地元の人達が観光客に圧倒されて、ほとんど来られなくなった。金沢市民の台所の近江町市場はいま、観光客の遊び場や。何やかやと説明だけさせて、以前なら待って帰る、品物を送るといった光景が見られたのだが、いまはない。

——今日は貴重なお話をお聞かせいただきまして、ありがとうございました。

中橋俊之さん

大松水産㈱元専務

平成29年12月6日取材

——元大長食産㈱社長さんの中橋俊之さん、どうぞよろしくお願いいたします。

中橋　私は生まれも育ちも近江町、昭和13（１９３８）年３月30日生まれ、来年３月でちょうど80歳になります。

——子供の頃の近江町はどんな様子でしたか？

中橋　戦時中のことで、２歳年上の姉と母親の里鳥越村へ疎開し、小学校３年頃終戦を迎え、近江町に帰ってきました。

子供達や中高生はとにかく活発で、どちらかというとやんちゃ、ジッとしておれない子が多かった。柔道、空手、野球、テニスの選手等々、だから近江町はガラが悪いとか、悪ガキが多いとの風評が流れたりした。

当時は魚に付随した業種として蒲鉾屋さんが７軒あり、大変市場に活気が溢れていました。肉、野菜、乾物、菓子、衣類、雑貨、何でも揃っていました。

一カ所で昭和30年前後のあの時代に、あんなに多業種の品物

が集まる、まさしく近江町市場の本当の力強さを実感しました。その意味で百万石の金沢市民の台所たる所以かもしれません。

金沢の近江町市場は地方都市には珍しく、全国の産地（魚港）から荷物が集まった。大手の水産会社㋩、日魯、日水、日冷等）の系列の問屋があったから。

当時、北海道や九州の遠方の品物は、鉄道や貨車輸送で届き、金沢駅から日通のトラック等で近江町へ搬入していた。

北陸3県の産地から運んでくるトラックを含め、夜中の2時、3時に十間町、博労町、尾張町界隈まで大型トラックを停めるもんだから、付近の住民の方からの苦情はしょっちゅうで、この事も後に中央市場へ移転する要因にもなったのは確かです。

――苦情が出るのもあたり前でしょうね。

中橋　早朝の問屋での荷捌きが一段落する午前5時から6時頃になると、仲卸業者がアーケードの方まで下りてきて、問屋から仕入れた品物を市内外から買い出しに来た小売りの魚屋さんに販売する。これが終わると8時頃からようやく小売り（一般市民向け）の販売が始まる。

一番の混雑は、この市内外から買い出しに押し寄せる魚屋さん達なんですね。とにかく、350人以上の魚屋さんがリヤカーや自転車、オート三輪等でいっときに来るもんだから、何が何やら分からないほど、想像を絶する混雑ぶりでした。

市場の中は各業種とも、側溝（金沢市の）の上で番台を組み立てて商売していた。今みたいに道路も整備されていないから、少しでも売り場を広くしたいと前に出ようとする。一応白線を引いてはあるが常に線より出ている、出ていないで揉めていた。

――それで喧嘩になるんですか。

中橋　その都度、青草辻近江町市場自治協会の交通部会が間に入って治めていた。これで取っ組み合いの喧嘩にはならない。大体、町の魚屋さんが買い出しに来るピークの6時前後頃、皆気が立っているからちょっとした事が原因で……、魚商組合の角さんだったかな、交通整理の腕章を付けて、いろんな揉め事を一手に引き受けて裁いていた名物男がいた。

――そんな方がおいでたのですか。

中橋　私の出身母体の「大長」についてですが、名称の由来は創業者の大長次からきている。私の父中橋俊雄の10人兄弟の次男、父のほかに2人の兄が同じ大長に関わっていたが、父は大長を継いで襲名した2代目の大長次に見込まれて、復員して来て間もなく大長を任された。父は魚問屋大長を昭和23年6月1日に大長食産㈱に改組、登記している。

私は会社に入り、最初の仕事は番台に立ち皿盛りの魚を売ることから始めました。冬の寒さは堪えましたけど、仕事はまったく苦になりませんでした。楽しかった記憶の方が強いです。

アーケードは大澤さんの手前までしかなく、冬は雪が吹き込んで、皿盛りの魚が白くなったのを覚えています。狭い通りを挟んで、真向いの大口さんの店員さんとお互い声を張り上げお客さんを呼び込む、きつかったけど本当によく魚が売れましたね。

仕事が終わったら若い衆と連れ立って西町の銭湯へ、もう近江町の連中でいっぱい。魚のウロコが浮いているぞ、とよく言われました（笑い）。

――情景が目に浮かんできそうなお話ですね。

中橋　番台の裸電球の傘の裏側は赤く塗ってある。これは白色電球は、魚が熟れたように見えてしまうので、鮮度、活きの良さを見せるための知恵だね。

――お父さんは時代を先取りする、凄い感覚の持ち主でしたそうですね。

中橋　大長次の跡を継いだ父俊雄は、事業欲旺盛で、近江町の店をいち早くスーパーマーケット形式にしたり、数々の会社を興しました。ただ残念ながらそれぞれが当時としては余りにも革新的すぎ、業界にすんなり受け入れられなかった。異端の目で見られたのでしょう。

だがその直後にスーパーブームが起きる。

その意味では直情型、ワンマン等と評価の分かれるところであるが、父の功績は古い殻を破った業界の先駆者的存在であったとも言えるかもしれませんね。

その地場の多くのスーパーも、やがて国の規制緩和施策により次々と県外資本が流入、右肩上がりの時代は過ぎ、急速にお互い生き残りをかけた商戦にしのぎを削ることになり、近江町市場も否応なく時代の波にさらされる。

昭和39年頃から中央卸売市場へ移転の話が急速に具体化し始め、近江町市場にとって一大変革、私達にとっても他人事でなくなり、父は魚問屋大長として卸会社の一社制、二社制云々の渦中の真っ只中へ。私は父の後継として近江町に残るため、会社の再編という大仕事に直面することになりました。

最終的に中央市場の仲卸31番「大東」に大長系列の社員が、私は近江町の小売部、業務部等を受け持つことになりました。

毎朝4時に中央市場へ仕入れに行き、近江町の閉店は夕方、事務所を閉めて帰宅は7時過ぎ、新たに開拓した大手のホテル等の営業が増えたから、結構充実していた。

そして時代の流れとともに、近江町も再開発・近代化の波に乗り、農水省の補助金・助成で私共のところ一区画も再開発に踏切る。出来たのが金城小売協同組合でした。

時が経って、私は平成9年に近江町を卒業し、請われて金沢魚商業協同組合の事務局に再就職することになり、今度は外側から近江町市場を客観的に見ることになりました。やはり古巣のことが気に掛かり、色々情報交換したりしていました。

――平成21年に「近江町いちば館」が完成し、27年3月には北陸新幹線が開業して、賑わいをみせている現在の近江町市場については？

中橋　北陸新幹線が開通開業し、駅前や町中の観光施設の賑わいはある程度予想していた事ですが、半年一年経って一番変化が起きたのは、心配していた通り近江町市場でした。

以前なら近江町の中で商売ができるのもなかなか難しく、新たに組合に入るにも業種配列が整然としていて、各部の同意がなければできなかったもんです。で、明治・大正・昭和・平成と、市民中心の台所として歴史をつくってきたように思う。

新しくここで商売を始められる方には、願わくば近江町のたどってきた歴史や、存在意義等を充分理解された上で、腰をすえて運命共同体の一員として、これからの近江町市場発展に向かって頑張って欲しい。

――今日貴重なお話をお聞かせいただきまして、どうもありがとうございました。

寄稿「近江町市場を回顧する」

大切な思い出のまち近江町

矩　康子　昭和11年2月17日生まれ

私は昭和11（1936）年に市場のど真ん中（青草町19番地）に生まれました。父は乾物商（カネウロコ、青草辻近江町市場自治協会初代会長矩繁命）を営んでおり、物心付いた頃には年1回店内の一角を開放し、近隣の方や子供さんの絵を展示していたという記憶があります。何しろ戦前のことゆえ、裸婦を描いた絵を展示したときには、警察からまかり成らんとお達しがあり、その絵を取り外したという出来事を、後に父から聞いた記憶があります。

終戦直前、北國銀行や丸越百貨店の大きな建物があったため、我が家は間引き疎開ということで、建物の半分以上を壊され、残った土蔵と和室で生活しており、残りの建物は終戦の日以降に壊されることになっていたとかで、危うく難を逃れました。

戦後、建築材料の不足する中、何とか家を建て、近江町市場の事務所を2階に設け、大国まつりのときには我が家の2階と向かい側の沖津さんの2階に、道路をまたいで仮設の橋を作り、そこで太夫さんが浄瑠璃を語ったり、あるときは金沢でも有名な俳画家の小松砂丘氏を招いて、1分間に1枚という早さで色紙に希望する俳画を描いて、みなさんに渡していらしたという思い出があります。

市姫神社の秋祭りには、上近江町と下近江町に大きな行燈を掲げ、夜になると点灯、各家の前にも小型の行燈を設置して、点灯した各家の行燈を見て廻るのが楽しみでした。

戦後再建した自宅の玄関前で、内灘からフナ、ボラ、アマサギなどを持参し販売していた「いただき」のおばちゃん達、なかでも平成3（1991）年に北國風雪賞を受けられた夷藤茂子さんのことは忘れられない思い出です。

また、いつ頃から行われていたか不明ですが、自治協会主催による向山（卯辰山）での市長さんの臨席を仰いだ大運動会が毎年9月に開催され、私も家族連れで参加したという楽しかった記憶があります。

現在、住まいは近江町を離れてしまい、記憶をたどると断片的な話ばかりでしたが、やはり近江町市場は懐かしく、私にとっては大切な思い出ばかりですね。

青果商の職人魂

北形　實

昭和11年3月11日生まれ

昭和31（1956）年から、41年に西念に中央市場ができるまでの10年間、近江町市場のオヤジ（北形三次郎 近江町市場商店街振興組合第3代理事長）の店、青果商「北形商店」で働いた。

男6人女4人の10人の兄弟姉妹で、オヤジの店には長男（誠次）と三男（良作）、そして四男の私、ほかに若い衆が10人ほどいて、各店の多くの若い衆とが互いに張り合って、市場全体が活気に溢れとった。

春先にはワラビ、ゼンマイ、フキに竹の子、梅、シソなどが出てくる。夏になるとキュウリ、トマト、ナスビの葉っぱ類にスイカ、秋はレンコン、ゴボウ、馬鈴薯、玉ねぎの土物、沢庵など市場には季節感があって、いまのように冷蔵庫が普及していなく、今日仕入れした品物は今日中に売り切ってしまわないといけない時代だった。

当時、寺町に住んでいて朝起きて市場に行く途中、犀川大橋から見える山がクッキリと見えると晴れ、雲がかかっていると今日は昼から雨かなと、天気を占うのがまず朝一番にやること。そのほか春夏秋冬、季節の行事などいろんな読みをはたらかせて、その日の仕入れや量を決めた。オヤジからは、見る、聞く、嗅ぐ、味わう、触れるの五感を研ぎ澄ますことを叩き込まれた。

地物野菜はセリ、県外物は相対売りで値段は前掛けの中に手を入れて決める。こりゃかけ引きや。いまは1つの商品はどこで買ってもだいたい同じ価格だが、あの頃は違っていた。また、それぞれの店は1軒毎に特色があって、売る商品を専門的に特化していた。品物が豊富な皿盛り、市場全体で現在のスーパーマーケット1つのような品揃えで、お客の中には季節物を1年に1回買いに来る、そんなお客さんもおって、市民のみなさんがたんと来てくれた。

店の売り台は間口2間（約3・6メートル）、狭いところで1間（約1・8メートル）、奥行き3尺（約90センチ）、隣の店が1尺出た、出んでよう喧嘩になった。

オヤジはお客が商品をいじると、客の手をバチーンと叩いて「品物が傷む、買うてから触れ」「百姓がどんだけもかかって育てたもんやぞ」と客を納得させ、言う事を聞かん者には「明日から来んでいい、来んこっちゃ」と怒ったもんやった。

父親から酒、たばこは自分で一人前になったと思ったらやってもいいと言われ、だから80が過んだこの年になっても、未だに酒は飲んどらん。でも、宴会になるとみんなからよく誘われた。お前が来んと面白ないと—

昭和34（1959）年4月、皇太子殿下のご成婚のとき、近江町市場の魚屋は大きな鯛のお御輿、八百屋は4畳半の新婚の間に殿下と美智子様のお顔を描いて張り付けた、でっかい御輿をこしらえて祝った。

街中で御輿を担いで練り歩くと、勢い余って当時市内を走っていた電車をストップさせてしまった。警察が飛んで来て、慌てて規制をかけようとしたが、「国民あげて、みんなでお祝いしているこのめでたいときに何やったいや」と押し問答となり、結局警察も諦めてその場は収まったけど、その間5～10分の間電車は動かんままやった。近江町の若い衆は元気いっぱいや、いろんな祝賀パレードの中で一番元気で、一番人気のあったのは近江町市場やったやろ。

百万石まつりの広告パレードでも、近江町の出し物には沿道から「近江町のあんちゃーん、あんちゃーん」という黄色い声援と大きな拍手が四方八方から乱れ飛んできた。ほかの出し物には声もかからず、拍手も起きずシーンとして気の毒なもんやった。それだけ、多くの市民が近江町市場に買い物にきてくれて、近江町の若い衆の顔が売れていたということっちゃ、これぞ「市民の台所」の証しやと思ったもんや。

でも、四十万や金石の遠方のお客さんから注文の電話がかかったら大変やった。あの頃の配達は自転車で……、冬に雪が降るとソリや。中橋の踏切で貨車の入れ替えの時間に重なると、長い時間遮断機が開かずイライラした。しまいにゃ自転車ごと担いで、階段を上って回り道して急いだ。

三八豪雪（昭和38年）のときは、北陸線も止まり市内の交通は完全にマヒした。屋根の高さほどあった雪は、市場のみんなが総出でスコップと戸板で小公園、武蔵の交差点、中通りを流れる暗渠の用水に捨て2日間できれいに無いがになった。暗渠の中は背が立つほどの深さがある。工事があったとき、用水の中から石垣が出てきて、これ、お城の惣構の跡やろ。業者は工事ができなくなると困るので、すぐに埋め戻した。

結婚式を挙げたのがこの三八豪雪の1月13日やった。嫁さんは文金高島田、金襴緞子に長靴を履いた姿で雪をかき分け、かき分け、ごぼりながらやって来た。四国、淡路島に4日間の新婚旅行に出掛けると、あちらも大雪だという。聞くとたかだか4～5センチの雪で大雪だというので笑ろうてしまった。

金沢に帰って来て、駅からタクシーに乗ろうとしたら、この大雪で乗車拒否、料金を倍支払うからと言ってようやく乗せてもらい家までたどり着いた。ヤレヤレと思っていたら外が騒がしく、出てみるとタクシーが雪にはまって立ち往生、近所の人総出でタクシーを脱出させた。

で、中央市場ができて職場は近江町から西念に移った。平成になって、また近江町市場に戻ることになり、戻ってみると浦島太郎のような感覚やった。

いまはもう旬、季節感というものが無くなってしまい、市場の若い衆は従業員、店員と呼ばれ、前掛けは制服に変わった。以前は、お客さんが買い物カゴや風呂敷を持ってきて、こちらは売れた商品を細かな、小さなものでも何でも新聞紙に上手に包んで渡した。この技術はデパートの店員もマネできんほどの技術やったぞ。その日仕入れた商品は、その日に売り切ることができなくても冷蔵庫があって、昔のような商人気質《あきんどかたぎ》も希薄になり、だんだんとサラリーマン化していったんじゃないか。

ほう言えば、最近〝じわもん〟と〝じのもの〟が混同しとるがでないか。じわもんとは、季節の初物やキズもので商品にはならずに自家消費するもので、地元で取れたものと違う。

近江町市場の昔を振り返った自分史になってしまったが、昭和の時代のあの頃がとても印象深く思い出され、懐かしく回顧させてもろた。お客が風呂敷いっぱい季節の品物と市場の活気を包んで帰る後姿に「あんやと」頭を下げる。近江町市場っていいな、時代が変わり市場も変わったけど、ほんでもやっぱりワシは近江町が好きゃな。

「近江町の詩」と「詩集 近江町」

藤　外美子

昭和12年7月4日生まれ

開業300年を迎えた近江町市場、おめでとうございます。

昭和32（1957）年、私は知人の伝手で近江町の魚市場で発送仲卸業を営む表商店で働き始めました。表商店は、二木さんが社長をなさっていた石川合水の角にあり、毎朝出勤途中に市場の男性従業員の方々が挨拶をしてくださるのは良いのですが、それも程度があって……、親しんでいるのか、近江町のしきたりと申しましょうか、恥ずかしいのでいつも俯いて通路を歩き、事務所に着くとホッとしたものでした。

市場の人は気が立っていて、普通に喋っていても喧嘩腰に聞こえ、顔が見えない電話の応対にはとても気を遣いました。

当時は市場で働く女性従業員の数は少なく、「二十歳前のあの娘《こ》、1週間持つかな」「10日持つかな」というのが周囲の人達の私に対する大方の見方だったそうです。

近江町時代での思い出はというと、こんな日の連続だったのですが、それでもみなさんは優しく親切に接してくださって、ようやく馴染んだそんな頃、事務所は西念町にできた中央卸売市場に移りました。昭和41（1966）年の夏のことでした。

それから10年が経った昭和51年、姉が白血病で突然他界しました。もう悲しくて悲しくて、何も手に付かず泣いてばかりいたのですが、どうしたことか、この頃から詩を書き始めるようになりました。それまで詩なんて、つくったこともなかったのですが、詩想が湧くように

なったのです。きっと亡くなった姉が、私の心の中の隠れた「詩」のスイッチに触れてくれたのではないかと思っています。

詩人、童話作家といわれるようになりましたが、私の詩や童話のスタイルは自然体で、そして夢を求めて書きためていきました。私のことを支援してくださる方々もいて、おかげさまでいろんな賞もいただき、9年間ほど過ごした近江町市場をテーマにした詩を2冊の詩集にまとめました。

1作目は昭和56年に出版した「近江町の詩《うた》」です。当時、金沢ではまだ目にすることがなかった豆本第1号（縦7・5センチ、横10・5センチ、37ページ）で、挿画は54年度泉鏡花記念金沢市民文学賞を受賞された宮崎正明先生（金沢工業大学助教授）がお描きくださり、38編の作品が納められていますが、私の生まれ育った白山市の名物「圓八のあんころ」をイメージしてきれいな紫色のカバーで包みました。

本のタイトルにもなっている「近江町の詩《うた》」には、地元音楽家で大御所の乙田修三先生に曲を付けていただき、CDも制作しました。近江町市場に関してはもう1曲「近江町音頭」もあります。

ほかには姉が天国からエールを送ってくれてできあがった（私はそう思っています）「犀川慕情」、乙田先生はいつも素敵な曲をつくってくださり感激し、感謝の気持ちでいっぱいです。

昭和59（1984）年には、「豆本第3集　詩集　近江町」（縦10・2センチ、横7・8センチ、64ページ）を出版しました。23編の作品に挿画は前回と同様に宮崎先生にお願いし、魚や野菜、果物が明るく楽しく、読み手に語りかけるように描いてくださりました。

私は近江町市場は、いつ行っても夢のある、楽しいところ、心が潤う素晴らしいところだと感じています。並んでいる魚や野菜、果物を見ていると、どこで獲れて、どこでつくられ、どこからきたのかしら、などといろんなことが浮かんできて、この歳になるとボケ防止にも役立つのでは、なんて思っています。

親切な店員さんの「ありがとう、また来てください」といった暖かい言葉も聞かれ、やはり近江町市場は市民の台所、ちょくちょく顔を出したい心ときめくところですね。

今後も近江町市場の益々のご発展を心よりお祈り申し上げます。

病弱の私が、いま生かされていることが不思議なくらいで、まわりの人々に恵まれて感謝の日々です。ありがとうございます。

金沢の一番元気の出るところ
散歩する気持ちで
近江町のぞいてごらん
きっとあなたに
夢と希望と
お腹を満足するもの
見つかるはずよ
市場の人達は

あったかい心で
みんなを待っているよ

２０２０年８月15日

アーケード架け替えとモール化事業

吉本　紘三
昭和17年1月29日生まれ

私が金沢市役所を定年になって「近江町市場商店街振興組合」に事務長として勤務したのは、平成13（２００１）年４月から10年間（平成23年3月まで）でした。

市場の一員となるためにはどのようにすればよいのか戸惑い、まずはじめに市場の地図を頼りに、近江町の各通り、上通り、中通りと歩き回った記憶があります。

次には春まつり、秋まつり、金沢弁の問答、絵画コンクールなどのイベントや一斉放水清掃などに参加し、女性の店員からは「あんたは、天下り……」などといろいろな話をして和むことができました。

一歩踏み出すことによって、今までにはなかった有意義な生き方が待っているのではないかと考えるようになり、事実そうなったことで市場の人々に感謝いたしております。

私の仕事は、主としてアーケード架け替え事業でした。国県市の建設に伴う補助率、建設に際し借入を行った場合の金沢市独自の補助などの制度がわかり、荒井角男理事長に説明して了解をいただき理事会に諮問、同事業の内容は5年計画によって、平成15（２００３）年度からの予定で要望書の作成に取り掛かりました。

平成15年度は上近江町通りの81メートルから施工、この部分はアーケードが付いていないところであり、スムーズに実施されました。天幕の色は野菜、肉、魚が美味しそうに見え、かつシンプルなデザインで、天井の最高部は地面から7・6メートルあり、この空間はイベントの告知、市場内の案内やタペストリーの利用などに有効活用ができ、また店舗販売の支援、回遊性と快適性の改善ができるものと確信しました。

16年度は上通り１３７メートル、翌17年度には上近江町通りの一部と中通りの一部67メートルを掛け替え、この箇所は旧アーケードの取壊しもあって、雨天時の雨除け対策が必要となりましたが、傘を差しながらのお買い物や店主、従業員の皆様にもよく我慢をしていただき、近江町市場の気質を大いに感じ入った次第でした。18年度は武蔵第四地区再開発事業との関連から休憩いたしました。

平成19（２００７）年度になって中通りの98メートル、20年度は中通りからエムザ口の通称鮮魚通りの78メートルと、以上をもってアーケードの架け替え工事は終了となりました。

一方、同開発事業は平成19年3月25日に施設建築物工事着工

（この日は能登半島地震ありM6・9）で平成21（２００９）年3月に工事が完了し、地下道エムザ、クロスピアとの連絡で回遊性が増加、新しい近江町市場が誕生しました。

アーケードの特徴として、市場内通路交差点の柱を無くするために梁部をトラス構造にして強度を確保しています。天幕は30㌢までの積雪に耐え、雪は越屋根に貯めることができ、防火面ではアーケードに面する建物の木造部分については不燃のための塗装を施し、窓ガラスは網入りに入れ替え、該当する店舗の方々にはご協力をいただき実施することができました。

平成15年度のアーケード工事完成祝いは、16年度の春まつりに合せて上近江町通りで餅つきを行いました。15年の秋まつりは、大行燈まつりに変更して歌舞伎絵を掲げ、各店舗の小行燈には「サラリーマン川柳」を紹介して、お客様に楽しんでいただく企画が販売促進委員会で決定し、同川柳については著作権が第一生命に帰属しているので、許可申請を得て名物のチンドン屋さんにも参加していただき、市場内を練り歩き大変な盛り上がりでした。

市場２５０年記念事業の一環として刊行された「金沢市近江町市場史」の巻頭ページに掲載してある巌如春画の大行燈歌舞伎絵は、県歴史博物館に数十点が保管されており（修理すべき絵もあり）、ほかにも上近江町の民家の倉庫から発見された歌舞伎絵1点を在職中に同博物館に持ち込んだことがありました。

登場人物が表情豊かに描かれた大きな歌舞伎絵は、迫力満点で展示会があれば是非とも鑑賞していただきたいものです。

最後のアーケード工事となった平成20（２００８）年度は、北陸電力線設置の部分が補助金から減額査定されましたが、北陸電力のご協力によって何とか解決しました（北陸電力が差額分を支払う）。

17年度からはモール（道路）化事業が開始されることになり、理事の方々と大阪のアーケードと道路を視察した結果、石畳の方向で市へ依頼しましたが、財政面から現在のような状況に落ち着きました。

また、昭和41（１９６６）年12月に完成した近江町市場駐車場には、アスベストは使用されていないことが判明してホッとしました。

アーケード、モール化完成後、市道路保全課の指導、要請のもとに各店舗の道路占用を確定徹底いたしました。

昔懐かしい映画看板の展示は人気があって、市内2カ所の老人ホームから借用願いがあり、貸し出すと若い頃を思い出す入所者がたくさんいたと大層喜ばれました。

近江町市場のマスコットキャラクターは、販売委員会で雑食性で何でも食べる可愛い熊の「ちかちゃん」「えっちゃん」に決定、サッカーWカップのパブリックビューイングを近江町いちば館アトリウム広場にて開催したところ、時間帯が深夜とあって付近住民からは苦情が出ました。

青年部が主催する近江町市場駐車場屋上でのバーベキュー

は、金沢の花火大会と重なり、夜空を彩る綺麗な花火に美味しい料理と大変な盛況ぶりでした。

平成14（２００２）年には、買物通り（買い物引込道路）と駐輪場を市に売却することとなります。

以上、年次はバラバラでしたが事務長時代の回想にふけりました。

コロナ禍による市場来場者の減少、販売減など、今後はＩＴ時代へと変貌しそうな気配もあり、キャシュレスを取り組む店舗が報道されています。令和２（２０２０）年４月には「近江町ふれあい館」が完成して、駐車場は明るく利用しやすくなりました。

今後も市場の開発がさらに進んで近江町が発展いたしますように、各店舗の繁栄と共に念願いたしております。

三八豪雪で雪との格闘

土橋　正俊

昭和20年7月9日生まれ

この近江町市場で八百屋（土橋商店）の商売に携わって、およそ60年近くが経ちました。その間、いろんな出来事があった。

戦後の昭和30年代、ワシらの青果部の休日はというと毎月一の付く日、鮮魚部は八の付く日で、それぞれ月に３日やった。それが週休になり、普通に友達とも会えるようになり、随分と有り難く思った。

それから暫くして11月23日の勤労感謝の日が加わり、その翌年からは祝祭日のすべてが休みになり、最近では週休２日制に近づいて、本当に変わってきたもんや。

思い出すのは昭和38年（１９６３）の三八豪雪、これは凄かった。いまのように除雪体制が充分に整っておらず、消雪も思うように進まず、商品は入荷せず陸の孤島となった。もっとも、販売のほうも芳しくなく、延着したトラックが来ると、群がって荷物の取り合いになった。

市場では老朽化した建物を守るための屋根雪降ろし、総出による作業で雪は中通りの暗渠になっている水路まで運んで捨てるんだが、水路の側面には石垣が積まれてあった場所があり、それが加賀藩時代からの堀の名残りだったということを後で知った。

五六豪雪も大変だったが、三八豪雪からみると消雪装備も整ってきた。平成30年（２０１８）の大雪、これもまた別格やったね。福井での大渋滞の煽りで物流は完全にストップ。市場に通勤することさえままならず、津幡から通っていたある人なんて、早朝に家を出たのに市場に着いたのは昼過ぎ、ようやくたどり着いたものの、仕事にならずそのまま帰宅して行った。いったい何時に家に着いたもの

やら。

お客様も市場に来たくても来られない、家からさえも出ることが出来ない有様だった。まぁ、こちらも売る品物も無く、午後2時とか3時に店を閉める日が続き、家に帰ってからも自宅で雪との格闘で、みんなクッタクタになった。

以前の近江町市場は午後5時を過ぎた頃からでも、勤め帰りの買い物客で賑わい、充分にひと商売できたのだが、大型ショッピングセンターの登場から買い物のスタンスが変わってしまって、現在の市場の状況をみても、夕方の早い時間帯にはもう客足が途絶えて、すっかり様子は変わってしまった。

「近江町いちば館」の開館、そして北陸新幹線が開業した。いちば館ができたときはそれほどでもなかったが、新幹線がついて観光客の波、飲食店の増加、店頭での飲食の提供、身動きできない年末のような状態が、いまは四六時中起きている。

芸能人もやって来て、テレビや新聞などがいろいろと伝え、ワシらも取材を受けたことがあったが、市場の宣伝なのかどうなのか、面白可笑しく取り上げているような状況で……。

時代が変わったといってしまえばそれまでだが、「金沢市民の台所」としての近江町市場には、市民の足が遠のいているのが現状で、とても心配になってくる。そこに突然降ってわいたのが「新型コロナウイルス」騒動、不要不急の外出の自粛、観光客も来なくなり、市民も出渋りガラガラ、スカスカの市場になってしまった。

しかし、市民の方からは買い物がしやすくなったという声が上がって、「GO TOキャンペーン」の影響で徐々に客足は戻ってきているが、これからどうなるがやろ？

市場には1つ面白い伝統があって、結婚した従業員が初めて出勤して来たその日に、みんなでお祝いの水かけを行う。そもそもの始まりは、昭和の40年代初めの頃やったか、某青果店に養子に入った男がいて、この男のオノロケがあんまりにもキツイので、これは少し冷やさなならんと、当時あった緑地帯の池にみんなで担ぎ上げて放り込んだ。そしたら風邪をひいて1週間位休んでしまった。

水かけは、最初の頃はホントに水だけやったが、氷や塩、魚のアラ汁が入った水へと段々とエスカレートしていき、最近では小さなビニールプールを用意して、その中でやるのが流行りみたいになって、やられたらやり返すと、かけられる側もかける側も互いに水のかけ合いになってどっちも水浸し、でもこの頃は結婚する若い衆があんまりいなく、一寸寂しい限りやね。

面白かったといえば、「百万石まつり」での大うなぎの行進(昭和57年)。うなぎは全長何メートルあったやろ。30メートル、イヤもっとあったかな。出演者は青年部に一部学生も含め総勢50人はいたやろ。あの日はあいにくの雨で肌寒く、アルコールが入って、酔いがまわった頃がちょうど武蔵ヶ辻の市場の前で、「ヨーシ、やっろー」とここでうなぎは大うねり。続いて香林坊でも調子に乗ってまたもや大うねり。そしたら主催者側から暴れすぎだと注意を受け、次の片町スクランブル交差点ではだいぶん大人しくなったが、みんな元気があったわ。何かの賞もろたぞ。

楽しかった思い出を回顧させてもらったけど、ホーヤ昨年の「大行燈まつり」のとき場内放送で流れた「市場音頭」、あれは懐かしかったね。久方ぶりに聞いたけど、聞けば思い出すもんで、すぐに一緒になって歌ってしもうたわいね。ありゃいい回顧になったわ。

近江町市場で働いた日々

小林すみ子
昭和22年8月7日生まれ

昭和63（１９８８）年５月、近江町への就職が決まりました。主婦になってから大好きだった近江町で働けることに心が躍りました。たっぷり与えられた時間を使って、３日でお店の配置を覚え、３週間で店主の名前を覚え、ということを行いました。

毎日市場を歩くことで、入荷する品、価格、お店の人に旬や料理法、目新しい品物について教えていただいたりと、好奇心旺盛な私を満足させてくれる毎日がありました。

初めはドキドキした場内アナウンスは、３年前に退職していた塚林淑江さんから１カ月近く、壁に向かってアナウンスすることの難しさを教わりました。司会と違い、自分の話すことに反応がないので、お客様の声が飛び交う中でいかにはっきり話すことが大事か、繰り返し注意されました。そして笑顔で話すといったことが見えない相手に伝わることも。

平成８（１９９６）年、事務所にパソコンさえも導入することが反対されていたある日、当時の前多事務長が「バーチャル近江町の創設」と言い出して、最初のホームページが開設されました。

自分たちで手に入れることもできないＨＰでしたが、時代が進み「ホワイトボード」という自分たちでニュースを書き込みできるページを持つことができ、その後何度かの全面改装を経て、今のようなＨＰに変わっていきました。

近江町市場は、上近江町から「エムザ口」に向かう道路にかなりの傾斜があり、その当時は上近江町に立つとエムザまで、買い物客で地面が見えることはありませんでした。

それから徐々に客足が遠のいていきました。千人いた従業員が６００人くらいまで減りました。加えて店主の高齢化、後継ぎのいない店、危機感が募りました。

近江町の人たちの良さは何かがあると、連帯感を発揮することです。私が近江町で働きだす前には、卯辰山で運動会を催していました。

また、今ほど自動車の運転免許や自動車を持っている人がいなかったことから、夏休みの最後の日曜日には、絵日記を書く材料を提供するために、親やおばあちゃんが子供たちを連れての近江町市場バス旅行がありました。

普段は挨拶する程度の従業員同士がゆっくり話したりしていました。「近江町いちば館」ができて、日曜営業が始まった頃まで続きました。

２月のフードピアに合せて「近江町鍋」の振る舞いも５千人分の食材をみんなで準備したりと、共同作業が多々ありました。市場の事務所には、手の空いた理事の方や店主たちがいらして、近江町市場を良くするという提案や、戦後から今日に至るまでの市場の様子を話して盛り上がったりと、たくさんの話を聞かせていただきました。

平成３（１９９１）年の近江町市場２７０年祭では今昔写真展が開催され、みんなで昔の浜茶屋のようなアーケードの写真を懐かしく見ました。そのアーケードにスピーカーが付いていて、雨が降ったらどうなったのかと思いました。

平成15（２００３）年からは、北陸新幹線開業に向けて金沢市の修景整備が近江町でも始まりました。

まず、上近江町でアーケードの新設工事が着工されましたが、国内ではアーケードを撤去する商店街が多くある中、補助金申請の理由付けは容易ではありませんでした。国県市の補助をいただき、既存のアーケードよりも建物１階分の高さがある頑丈なアーケードができました。

天幕張り替えの際に、天幕の色によって商品が変色して見えるという指摘を受け、西日のあたる「エムザ口」でテストをしました。

色の３原色が良いのではと思いましたが、適合するテント生地が無く、いくつかの色を試した結果、今現在のテントに落ち着き、誰からも文句が出なかったことが一番の成果でした。上近江町に新設されたアーケードで、「暗い」「汚い」という近江町のイメージが一新されました。

それからは、北陸新幹線開業に向けて店舗の改装、近江町の再整備事業による共同店舗「近江町いちば館」の建設、アーケードの掛け替え工事と市場はどんどん変わっていきました。

北陸新幹線開業前年から、全国放送のテレビ番組とインバウンド向けの取材が増え、観光客と外国人が近江町市場の中を食べ歩く姿が目立つようになりました。たくさんの人が近江町市場にいらっしゃるようになりましたが、平成初期の頃の人出とは明らかに違っていました。

でも、「老舗が１００年続くには、同じことをしていても続かない。お客様のニーズをとらえて良い方向に舵を取ることが、老舗の生き残る道だ」と東京日本橋の老舗店主から聞かされたことがありました。この柔軟な姿勢があったからこそ、近江町市場は開設とされる享保６（１７２１）年から３００年続いたのかと思います。

「いただき」さんに可愛がられ

越村　収一
昭和23年11月26日生まれ

私は昭和23（1948）年生まれで、今年72歳になりました。いわゆる団塊の世代に生まれた一人で、5～6年前まで父の跡を継いで鮮魚店を営んでいました。

私が生まれて初めて、それも1人で近江町市場に行ったのは小学1～2年生の頃、昭和30～31年の頃になるのですが、1人で近江町市場に行けたのは、私の家が彦三6番丁（現彦三2丁目）にあったからです。

当時、現在のヤマカ水産さんの事務所辺りに自転車屋さんがあって、父に買ってもらった自転車が、道路が悪かったためかどうかは分かりませんが、しょっちゅうパンクしたもので、直してもらうためによくそこへ通いました。店の名前は矢田自転車屋さんだったと記憶しています。

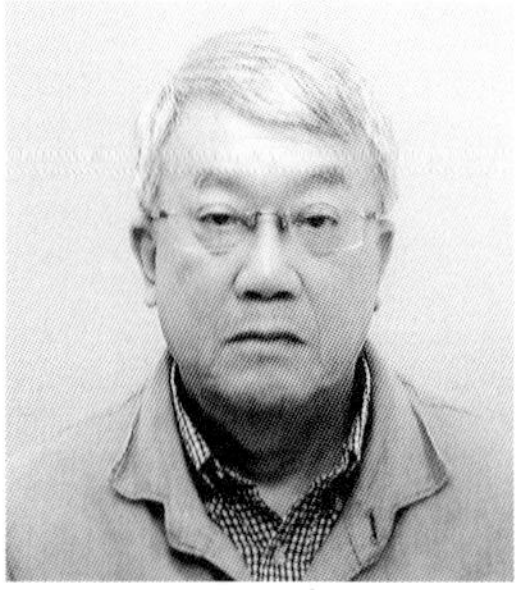

「ボク、またパンクしたんか」と自転車屋のおじさんに聞かれ、パンクを直してもらっている間、私は父の店に行きました。

自転車屋の向かいには、北長さんという豆問屋があり、その隣が紙安商店さんでしたか。父の店「三ッ口屋商店」は、いまのオーミスーパーさんの向かい辺りにあった小さな魚屋でした。

隣の沖津商店さんでは、昼過ぎに買い物カゴを下げたお客さんで店内は入り切れないほどゴッタ返しているのを見て、あまりの客の多さにビックリしたものです。

反対隣には、昔から「いただき」と呼ばれた生きた川魚を河北潟から運んで売りに来ていた女性の方達がいました。

彼女らはオーミスーパーの横辺りに3人、三洋商店の横辺りに1人、そして父の店の横に1人いて、川魚を商っていました。

父の店の横の人は夷藤茂子さんという方で、夷藤さんの息子さんと私は同い年だということで、本当によく可愛がってもらいました。

夷藤さんが扱うのは、河北潟で獲れた太さが4～5㌢もあろうかと思われるウナギやナマズ、雷魚、鯉、フナ、ゴリ、川エビなどがニョロニョロ、ピンピン動いていて、売り物にならないような小さなフナや、雷魚を私にくださり、それを家に持って帰り水槽に入れて、飽きずに眺めていたものです。

夏になると、爪が大きく胴体が3～4㌢位の赤や黄色のカニをいくつももらって（いまとなっては絶対に見られないでしょうね）、私が父の店によく立ち寄ったのは、正直これが目当てだったのかもしれません。きっと―

その時期、向かいの新力商店さんでは昼過ぎに金石港から入荷したスルメイカの空箱が山のように積まれていましたが、「いただき」の人達は当時ほとんど車の無い時代に、よくも毎日浅野川線の電車に乗って、魚箱を大きな風呂敷に包んで笠市通りを歩き、近江町まで川魚を売りに来ていたものだと、いまさらながらに驚いています。

夏場と言えば、父はいつも仕事が終わると家庭の冷蔵庫に入る位の大きさの氷を、自転車の荷台に付けて持って帰って来たものです。当時はまだ電気冷蔵庫はありません。冷蔵庫は木製で毎日氷を入れ替え、それが父の日課だったみたいです。

ちなみに、あの頃の廻らない寿司屋さんのネタ箱は、現在は使っていないと思いますが、どの店も氷を入れてネタを冷やしていました。

父は休みの日になると、たまに市場（下堤町）にあった十返堂さんへ連れて行ってくれました。十返堂は当時珍しかった喫茶店です。場所は現在の「ミスタードーナツ」さんの辺りになるでしょうか。

そこで夏の暑い日、冷たくて甘いミルクセーキを飲むのを楽しみにしていました。世の中にこんな美味しい飲み物があるのかと、そのとき思ったものでした。

日曜日や夏休みには、石屋小路に住んでいたおじさんの家へ遊びに行きました。いとこがいたからです。その頃、石屋小路には青果問屋の住吉市場があり、武蔵ヶ辻を通って、いとこの家へ行くのですが、途中狭くて暗い道には割れたスイカ、かぼちゃ、野菜などが捨てられ、臭くて、汚くて、静かで人通りの無い怖い所だと子供心に感じました。

臭くて、汚くて、人通りが無いのは近江町の魚市場も負けてはいませんでした。魚問屋があった現在の大口水産さんの塩干部売り場から冷蔵庫組合さんの間には、マグロやカジキの頭や骨がゴロゴロ転がっていましたから、いまの市場の清潔さからは本当に想像がつきません。

小さい頃の思い出はつきません。ともあれ「三ッ口屋商店」は後継者がいなく、明治の初めから続いた店を閉めざるを得ませんでしたが、いま頑張っている人達は、これからあとに続く子供達に良い思い出がたくさん残せるような市場になってほしいと願っています。３００年も続く近江町市場が、これからも末永く続くことを祈ってやみません。

９年かけて駐車場整備

倉田　保秀

昭和27年1月3日生まれ

私が近江町市場の事務局に勤務したのは、東日本大震災のすぐ後の平成23（２０１１）年4月から再就職させていただいております。市役所時代から武蔵第四地区（近江町いちば館）の事業を担当した経緯もあり近江町市場とはご縁があったのかもしれません。

事務所には小林さんと茶木さんが勤務されており、事務を切

り盛りされていました。小林さんは、おみちょのことは勿論、金沢のしきたりや料理等大変物知りな方で、市場内外でも有名で「近江町の母」と呼ばれていました。私の担当事務や年間イベントも、小林さんに聞くことが多かったと記憶しています。

近江町市場は、金沢のまちなかに残る生鮮三品を中心に販売する商店街で、金沢市民はもとより近隣市町村からも多くのお客様にご利用されており、盆暮れの時期には多くの買い物客で大変なにぎわいをみせ、特に暮れの時期は歩くこともままならないほど混雑で、買い物カートを出さないこともありました。

また、地元の方はハレの日には近江町市場で食材を求めるという風習も受け継がれており、地元客に愛されている商店街であります。観光客の多い現在より、地元客の割合が相当高かったと思います。

来場者数は、歩行者通行調査で分かるとおり平成5（１９９３）年頃から減少が始まり、一旦は近江町いちば館の完成で増加に転じましたが、その後は横ばいからやや減少傾向となりました。

要因は、以前から指摘されているように車社会の拡大や核家族化がより顕著になったことで、まちなかの人口減少が進んだこと、若い世代が足を運ばなくなったこと等と思われます。

平成27（２０１５）年3月の北陸新幹線開業に期待を寄せる一方、どれだけの人が来てくれるのか予想がつかない中で、平成25・26年に東京で誘客活動を行いました。市場の青年部、店主などの方々の協力を得ながら、日本橋・京橋祭りに参加し、カニ汁販売と近江町歳時記等を配布し、年間を通しての誘客ＰＲを図りました。

同時に行ったアンケート調査では、新幹線が開業したら行ってみたいとの回答が多数あり、開業の期待が高いことが伺えました。また、テレビや雑誌に多く取り上げられたこともあり、開業後の来場者は平日約3割、土日では約5割の増加となり、観光客と地元客の割合の変化も目立つようになりました。

当市場の駐車場事情は、3カ所で約６００台が確保されていましたが、新設のいちば館以外は40年以上が経過しており、特に当組合の駐車場は軽自動車規格であり、狭くて普通車のお客様には敬遠されていました。アンケート調査からも早急に更新が望まれていることや、10年・20年先を見据えれば更新が必要な施設でありました。

平成23（２０１１）年10月に、中部経済産業局へ駐車場事業の打診に出向きましたが、当時は箱物公共事業の見直し政策や東日本大震災もあって、事業化は不透明な時期でもありました。先ずはマスタープラン策定が必要との助言を受け、金沢市に来年度予算として、地区の基礎調査費を要望しました。

翌24年度に駐車場建設特別委員会を立ち上げ、計画内容を議論し、現状の駐車場敷地で建設となれば現台数は大幅に縮小せざるを得なくなり、効率の悪い駐車場となることから大口水産の敷地を含めることが最善との結論を受け、大口水産に共同事業を打診し承諾を得ました。大口水産には、近江町市場の将来を左右する重要な決断をいただきました。

この事業には補助金の導入が必要不可欠で、活用制度としては経済産業省と国土交通省の選択肢がありましたが、事業が複数年に及ぶこと等から国土交通省の事業として進めることにしました。補助事業を実施するために、平成25・26年度の２年間でマスタープラン策定と複合施設の調査を実施し、平成27（２０１５）年度に「暮らし・にぎわい再生事業」の採択を受け、本格的に事業に着手できました。

事業採択には、本省に掛け合って頂いた金沢市の市街地再生課の多大な尽力によるもので、補助金の導入にも目途がつきました。

建物の設計を進める過程で、完成年度が東京オリンピックと同年となること等から事業費の高騰が予想されたので、建設費の更なるスリム化を図る必要から駐車場に特化した構造の設計を追加発注しました。

資金計画は、自己資金が少ない状況での施行となるため、組合員に新たな出資をお願いするか、中小機構の無利子融資を受けるかの選択となり、理事会の議決を得て融資を受けることを方針として、中小機構と協議に入りました。

平成28（２０１６）年から中小機構との協議は約10ヵ月間にも及び、事業採算性の改善を図るべく、無駄なスペースをできるだけ省いた計画となりました。結果的には中小機構の融資は断念することになりましたが、適切なアドバイスを受けることができ、大変有意義な協議となりました。融資の代替案として、民間３行から低利な条件で融資を受けることで、事業を進めることができました。

いよいよ工事発注となりましたが、事業予算として当初は余裕を見て全体事業費を15億と想定していましたが、建設単価等の上昇により、設計をスリム化しても事業費の見通しが16億となり、無事に発注ができるのか心配されました。

案の定、入札は不調に終わり最低落札者とネゴシエーションに入り、未確定部分の土壌改良等を除き、更にＶＥ（バリューエンジニアリング）による減額を協議して、平成30（２０１８）年４月に契約に至りました。

建物取り壊しはアスベスト除去に相当な時間を要し、建設工事は同年10月からとなりました。工事開始以降は、週１回のペースで打ち合わせを行い、市街地再生課の指導・助言を受けながら工事は進み、令和２（２０２０）年３月に完成することができました。

終わりに事業の完成時は、新型コロナウイルスの蔓延により、来場者は少なくなっていますが、早い時期に新型コロナウイルスの終息により本来の賑わいが戻りますよう願ってやみません。事業の計画立案から完成まで、約９年間は私にとって非常に感慨深いものがあります。整備した駐車場は、近江町の将来にも、絶対不可欠な施設であると確信をしております。

今後とも、近江町市場が市民の台所として末永く愛されますようご祈念申し上げます。

近江町に生まれ育って

民谷　栄一

昭和29年12月20日生まれ

私は近江町市場で生まれ、そこで高校3年まで生活をしました。物心つくまでは、どのように過ごしていたかはよく覚えていませんが、実家にある古い物などを探していると、戦前は履物商店を営んでいたようで、その当時の法被や団扇などが出てきました。

ほかには、4～5代前の先祖である民谷太平の名前で現在の住所（青草町15番地）のままの地券書が明治7（1874）年に付与されていることも分かりました。

江戸時代後期（文政、天保）には、民谷元六の名で能の大蔵流の免許なども複数見つかりました。

茶器や掛け軸なども多くあり、その中には本物かはわかりませんが、狩野探幽や前田家の手によるものもありました。城下の中でも比較的お城に近い場所にある近江町市場は、いろいろと保護されていたのかもしれません。商人としての活動だけでなく、文化活動にも通じた方が多く近江町市場にいて、生活をしていたのではないかと想像している次第です。

古いアルバムの中の父親が撮った写真を見ると、幼い頃の記憶がうっすらと思い出されます。

また、お店で働いていた皆さんにもよく可愛がられていたようです。小学生になって、近くの松ヶ枝小学校（現在は中央小学校）に通いました。同級生には、同じ市場の住人であった松岡さん（オーミスーパー）や浅井さん（あさ井屋）もおられました。すぐ近くに住んでおられた矩さんの奥様には、絵画を習いに行った思い出もあります。

このように、近江町市場が生活と共にあったように思います。父親は、私を近くにあった銭湯「やくし湯」によく連れて行きました。市場で働いておられた方も、仕事の後にその銭湯に寄られており、脱衣場で魚や野菜などのニオイがしていたのを懐かしく思い出します。

その当時、私の家がある青草町の通りは魚市場の一部にもなっており、朝早く博労町方向から軽トラックなどがたくさん押しかけていました。下堤町の通りを挟んだ先は、青果物の卸市場（住吉市場）にもなっていて、現在の中央卸売市場が機能する昭和40年代半ばまでは、そのような状況が続きました。振り返ってみれば、近江町市場に限らず、商店街に生活する住民の皆様も共通なのかもしれませんが、家には玄関というものは無く、店舗の中を抜けて店舗の裏側に住宅があるというものでした。

家の中はアーケードのせいもあり、昼間でも1階は薄暗く、通りからは店頭での威勢の良い売り声が聞こえたりして、ザワザワした感じが夕方までしていたものでした。

生まれてからずっとのことでもあり、高校まで全く違和感もなく過ごせたのは、今から思えば不思議な感じもしていますが、私の母は全く異なる生活環境で育っており、嫁入りしたときは、相当に違和感があったことと容易に想像されます。

子供の頃からの近江町市場について、いろいろと綴ってまいりましたが、これからの近江町のあり方については思うことも多いです。北陸新幹線の開通もあって国内だけでなく、インバウンドの海外からも多く立寄る観光地としての価値が出てまいりました。それによって、私の小さい頃にはなかった飲食店も多く増えてきて、その是非はともあれ、多くの方が立ち寄る商業地域としての価値が今までになく高まっています。本来の「金沢市民の台所」としての役目も様変わりをしています。

それも仕方がないのかもしれませんが、300年続いた近江町市場もその間に色々な変遷があったかと思います。近江町の近江の由来が近江商人であったとすれば、近江商人の伝統である売り手だけでなく、買い手のこと、さらには商いを通じて地域社会の発展や福利の増進に貢献するという、こうした姿勢こそが重要なのかもしれません。

近江町市場に生まれ育ったものとして、誇りを持ち、これからの市場の発展にも貢献したいと思う次第です。

「金沢市民の台所」と再開発

山口　孝　昭和36年8月30日生まれ

私が近江町市場と長く歩みを共にする金沢中央信用組合にお世話なったのは平成18（2006）年9月でした。入組したその日、当時の王生義彦専務理事（のち第7代理事長）から、この組合で仕事をするには、まず組合のことを知ってほしいと1冊の本を渡されました。「金沢市近江町市場史」です。

自分としては、4年ぶりの金融業務とあって本を読むことより一日も早くお客様のところに出向きたかったのですが、落着いて読んでみるとその理由が理解できました。

「市場史」には、近江町市場の成り立ちから始まる250年に及ぶ歴史の中で、当組合のことが記されたページには愛称「すいさん」と呼ばれた信用組合と近江町市場は、切っても切れぬ仲にあるとありました。

大正13（1924）年に当時の魚商組合野村喜一郎組合長によって設立された当組合の歴史は、魚騒動「近江町争議」に始まり、昭和初期の不況、戦時の処理、中央卸売市場への移転と苦難の時期が幾度か続き、「市民の台所、近江町市場とともに活動してきた金沢中央信用組合の役割は大きい」と記されてあったのです。

私は、当組合の当時80年余りの歴史が、近江町市場に大きく関ってきたことを知り、信用組合に入組できたことを誇りに思うと共に、あたり前の金融機関職員感覚ではなく、近江町市場とは運命共同体で何をするにも、近江町市場ファーストと考えるべきだと感じたのです。

ところが、お客様のところへ足を運ぶと、近江町市場商店街振興組合の組合員と少し距離感を感じ「近江町市場と共に歩み続けてきた信用組合」とありましたが、長い年月を経て変わりつつあるようでした。

ただ、私自身、近江町市場が初めてで全く分からず、当時の市場担当職員で50年余り勤務される桶谷良子さんと集金などの訪問活動をすると市場の皆さんは、とても親切で優しい方々が多く、沢山の方々と会話のやり取りをしていくうちに、変わりつつあるものの共に歩み続けてきた信頼関係を、更に強固な関係にしたいと思いました。

入組時はちょうど近江町市場の再開発がスタートした翌年で、そうした中に具体化してくる再開発事業に、自分は近江町市場と共に歩み続けてきた信用組合として何が出来るか、銀行員としてのこれまでの経験を近江町市場の為に生かしたいという思いが強く芽生えてきました。

平成21年3月の「近江町いちば館」グランドオープンまでの2年間、対象店舗（地権者や借家人を含め約65人）となった組合員事業者は大変でした。

従来の店舗を取り壊して仮設店舗へ移転、仮設店舗から新店舗へ移転と、その間の営業では売り場面積は手狭、一時休業するところもあり売り上げは大きく減少しました。

組合員にとっても一大事業で、金沢市の移転補助金やテナント入居に伴う特別融資制度の利用を活用すべく、組合員からの資金繰り相談が多く、皆さんは日中営業され、相談は営業時間終了後の夕方以降の方もみえ、相談も遅いときは18時～19時になるなど、帰店後に書類を整理し帰宅するのが21時～22時になることもしばしばで、翌朝は6時出勤でしたが全く苦にならず、逆に充実していたことを想い浮べます。

また、再開発に伴う金沢市の制度融資を利用するにあたり、金沢市産業局商業振興課や金沢商工会議所、県信用保証協会など、何度も足を運び担当者とも組合員の立場での意見のやり取りや、テナント誘致に於いても、近江町市場に魅力を感じ「近江町いちば館」へ新たに出店入居を希望される方も多く、当時の再開発組合担当者（岡谷清史さん）と連携し誘致に取り組み、単にテナント入居していただくのではなく、賑わいをつくりつつ、近代化される「金沢市民の台所」の近江町市場らしさをどう守っていくか、大変ご苦労されていた記憶があります。

「近江町いちば館」の完成から６年後、待ちに待った北陸新幹線延伸開業によって、首都圏を中心に全国から観光客が押し寄せ、一気に様変わりしたように感じます。

春には、筍ご飯・松茸ご飯・山菜フェアなどの「春まつり」、秋には、本マグロ解体・松茸ご飯などの「大行燈まつり」、１月は餅つき大会・七草粥、２月は鍋大会、11月はカニまつりなど、商店街のイベントや年末お正月用品の買出しと北陸新幹線開業以前は、老若男女問わず大勢地元客が来場され、それを見て、やっぱり近江町市場は「市民の台所」だといつも感じていました。近年は、観光客が多く、周辺もホテル開業や高層マンションの建設と更に変わりしつつあり、15年間に渡り大きく変革していく近江町市場を目のあたりにしてきましたが、３００年を迎えた近江町市場が「金沢市民の台所」であり続けるために少しでもお役に立てるよう努めてまいります。

近江町市場関係年表

和暦（西暦）	事　項
天文15（1546）	金沢御坊（金沢御堂・尾山御坊とも）が設置され、寺内町も誕生
天正8（1580）	織田軍の佐久間盛政が金沢御堂を陥落し、金沢城主となり、近江町など尾山八町が誕生
天正11（1583）	前田利家が金沢に入城、前田家の城下町としての歴史が始まる
慶長2（1597）	近江町の名と、肝煎清兵衛以下8人の本願寺門徒の名が確認される
慶長4（1599）	近江町と青草町の間に西内総構堀が造られる
元和元（1615）	宮腰往還が整備され、宮腰と近江町間が直結し、魚などの移送が利便化する
元和9（1623）	近江町の氏神である市姫神社が卯辰の観音院に移転（寛永期のことども）
寛永2（1625）	魚問屋職の存在が確認され、魚流通が制度化されていた
万治2（1659）	近江町後の一向宗光専寺、野町に移転し、跡地は光専寺上地町と称される
寛文3（1663）	宮腰からの金沢での振り売り魚25品が定められる
寛文11（1671）	9月　近江町残らず焼失
延宝3（1675）	近江町に魚問屋の存在が確認できる
元禄3（1690）	3月　市場札の交付を受けていた上今町・下今町・新町・袋町・竪町などの市場が大火で被災。市場再編の契機ともなる。この時、上・下近江町、三番丁・光専寺上地町も被災し、上・下に分離した近江町の名が確認される（分離年は不詳）
享保2（1717）	2月　下近江町から出火、袋町などにも延焼
享保6（1721）	12月　魚問屋の給銀が改定される。従来近江町市場の開設年とされる
安永5（1776）	7月　麻診流行。享和3年（1803）・文政7年（1824）・文久2年（1862）にも再流行
寛政11（1799）	5月　地震により、近江町の「穴」が崩れる
文化8（1811）	上近江町51軒、下近江町43軒、光専寺上地町5軒の家数が確認される
文政6（1823）	光専寺上地町が元光専寺町と改称される 十間町橋から接待橋の間を宵草河岸の範囲と定める
文政10（1827）	宮腰からの魚の振り売り人が70人となる
天保9（1838）	物価騰貴となり、物産の自由販売が認められ、魚肝煎・八百屋肝煎は差し止めとなる
弘化2（1845）	10月　横堤町から出火、青草町24軒・上近江町50軒・下近江町43軒・三番丁18軒などが類焼し、同年11月にも横堤町より出火し、近江町の過半を焼失した。
嘉永5（1852）	4月　新町より出火、下近江町にも延焼 近江町市場の「魚問屋主附」として、町会所付足軽8人が任命される
安政6（1859）	1月　十間町から出火、上近江町50軒・下近江町41軒・三番丁19軒・元光専寺町4軒延焼 8月　コレラの流行。金沢でピークに達し200人が死亡。近江町口に疫病退散を祈願して大行灯が掲げられる
万延元（1860）	魚肝煎・八百屋肝煎が再配置される
文久2（1862）	麻診流行。鱚・小鯛などの魚類を食することが禁忌とされた
慶応3（1867）	竹沢御殿の天満宮が卯辰山に遷座、金沢では惣祭りが挙行され、近江町からは神輿や獅子がだされた。この時、金沢の魚屋中から狛犬が寄進された

明治2（1869）	上近江町50軒、下近江町34軒（内、三番丁18軒、光専寺町6軒）、堀片原町7軒、世界橋3軒が確認される。十間町橋から近江町三番町にかけての惣構堀の土居の撤去が計画される。翌3年には堀幅が3尺（約1メートル）となっており、土居の撤去のみではなく堀の埋め立ても行われている
明治4（1871）	世界橋・三番丁・元光専寺町・青草町の2軒が下近江町に合併され、町名が消失した
	青草町の5軒が上近江町に合併される
明治10（1877）	10月1日　魚市場免許となる
明治11（1878）	5月11日　青草物市場免許となる
明治12（1879）	6月17日　市姫神社卯辰山観音院境内から復座
	11月　住吉市場開設
明治18（1885）	5月2日　石川県金沢区魚鳥四十物商組合設立
明治22（1889）	4月1日　金沢市制施行
	11月　辰巳用水分流再興碑建立
明治24（1891）	10月　金沢開始300年祭
明治27（1894）	1月　金沢八百物乾物商同盟組合設立
明治32（1899）	4〜5月　旧藩祖300年祭
明治35（1902）	7月　尾山神社昇格慶賀祭
明治37（1904）	2月　日露戦争
	6月3日　近江町焼け（下近江町250余戸焼失。罹災した市姫神社は一時豊国神社に奉還）
	8月16日　金沢青草辻市場官許される
	12月27日　市姫通り開通
明治38（1905）	4月　上近江町から下堤町通りまで直線道路に
明治39（1906）	9月10日　市姫神社本堂再建、遷座式
大正3（1914）	7月　第一次世界大戦
大正8（1919）	2月1日　金沢市内電車（街鉄）開通
大正9（1920）	4月1日　道路元標下堤町43番地先に設置
大正11（1922）	6月　近江町に廉売市場開設
大正12（1923）	7〜8月　公設市場開設
大正13（1924）	2月4日　金沢水産信用購買利用組合設立
大正14（1925）	10月　近江町市場金沢初のアスファルト舗装
大正15（1926）	7月　第1次近江町争議
	10月23日　大国まつり開催
昭和2（1927）	4月21日　彦三の大火
昭和4（1929）	10月　世界恐慌
昭和5（1930）	10月　大国まつりで青江展が始まる
昭和7（1932）	9月　第2次近江町争議
昭和9（1934）	9月18日　市姫神社に野村翁報恩鳥居碑建立
昭和14（1939）	10月　価格等統制令公布
昭和16（1941）	12月8日　太平洋戦争
昭和20（1945）	7月27日から　強制建物間引き疎開（第1次）
	8月15日　終戦
昭和21（1946）	2月11日　青草辻近江町市場自治協会設立、初代会長に矩繁命就任
昭和23（1948）	8月20日　自治協会、露天業組合連合会を脱会
昭和27（1952）	8月18日　上近江町19番地に製氷冷凍工場完成
昭和28（1953）	12月17日　第1回近江町特売デー
昭和29（1954）	3月16日　被爆汚染魚事件
	この年、市場内有線放送設置
昭和31（1956）	1月14日　ネオン完成点灯式
	3月31日　サラン天幕アーケード完成
	10月22日　大黒天遷座式（青江会館）

	10月23日 大国まつり復活
昭和32（1957）	6月5日 機関誌「青雲」創刊
昭和33（1958）	5月 自治協会2代会長に紙谷栄次郎就任 10月 アーケード補強工事
昭和34（1959）	4月10日 皇太子殿下正田美智子様ご成婚
昭和35（1960）	5月26日 青年部、県防犯協会から表彰 9月18日 第1回運動会開催
昭和37（1962）	9月 市姫神社秋季例大祭の大行燈飾りはこの年から中断
昭和38（1963）	1月 三八豪雪
昭和39（1964）	8月 自治協会3代会長に比賀和吉就任 10月 東京オリンピック
昭和40（1965）	4月1日 近江町市場商店街振興組合設立、初代理事長比賀和吉就任 近江町駐車場協同組合設立 6月29日 NHKテレビ「市場拝見」放映
昭和41（1966）	7月18日 金沢市中央卸売市場開設 12月18日 市場会館、駐車場落成により組合事務所移転 12月27日 駐車場業務開始
昭和44（1969）	4月 振興組合2代代表理事荒井知行就任 5月29日 武蔵ヶ辻ビル（武蔵ヶ辻第一地区改造事業）完成 10月 近江町市場250年祭開催
昭和45（1970）	5月27日 振興組合3代理事長北形三次郎就任 10月 「大国まつり」を「市場まつり」に改称

	夏「市場音頭」「金沢・近江町市場のうた」がつくられる
昭和46（1971）	1月20日 近江町パーキングビル落成式典
昭和47（1972）	1月 武蔵ヶ辻第四街区再開発構想から「明治屋」購入 2月4日 近江町市場冷蔵庫協同組合設立 5月30日 振興組合4代理事長成瀬清次就任 10月15日 近江町市場冷蔵庫完成
昭和48（1973）	9月29日 金沢スカイビル（武蔵ヶ辻第二地区再開発事業）完成
昭和49（1974）	11月30日 近江町市場駐車場完成
昭和50（1975）	3月1日 武蔵周辺連続放火事件発生。近江町市場内3店舗全半焼
昭和52（1977）	3月 フードウィーク協賛大売り出し始まる 4月1日 むさしクロスピア開通 10月14〜19日 「武蔵町の歴史散歩と近江町市場歴史展」（名鉄丸越）
昭和53（1978）	1月14日 近江町中央小売協同組合設立 8月23日 買物引込み道路（買物通り口）開通 10月10日 消費者会館3階会議室に神棚遷座 12月3日 近江町中央小売センター完成
昭和54（1979）	12月 シンボルマーク制定
昭和55（1980）	1月1日 「金沢市近江町市場史」発刊 3月11日 金城小売協同組合設立 7月1日 近江町市場振興基金設立
昭和56（1981）	1月 五六豪雪 2月23日 金城センタービル（デリカのひろば）竣工式

	上空から見るとアーケードが、くノ一「女」の字形となる 4月22日　ニュースカイプラザ（武蔵ヶ辻第三地区再開発事業）完成 10月23日　ダイエー金沢店開店 12月　新看板「吊り行灯」掲出
昭和57（1982）	5月27日　振興組合5代理事長に柚木繁就任 近江町市場自転車駐車場完成 6月14日「百万石まつり」広告カーニバルで青年部の「うなぎ大行進」がアイデア賞獲得
昭和58（1983）	6月10日「近江町市場良い良いタイム」スタート
昭和59（1984）	この年から「市場まつり」は春（4月）・秋（10月）の年2回開催に 下近江町に消雪装置設置
昭和60（1985）	4月1日　振興組合の組合員数181人でピークを迎える。店舗数も60、61年が192店でピークとなる 5月19日　振興組合創立20周年記念式典 6月3日　むさし口に立つ標柱を新調 7月16日「中西県知事を囲む青年の集い」開催（青年部主催）
昭和61（1986）	春　武蔵ヶ辻第四地区再開発研究会発足 近江町市場駐車場における12月の駐車台数データの最大はこの年の1万6645台
昭和63（1988）	2月13日　フードピア金沢協賛「近江町鍋大会」始まる 5月24日　初の女性理事として沖津雅子理事誕生 12月15日　NHKテレビ「人も旬・金沢近江町市場の24時」放映
平成元（1989）	4月1日　消費税導入

	7月26日　市場サミット（全国有名5市場）開催 11月28日　武蔵ヶ辻第四地区再開発準備組合発足 振興組合、中小企業庁長官表彰を受ける
平成2（1990）	11月10日　市場サミット2年連続開催 11月12日　天皇陛下即位の礼、市場全店休業 近江町市場駐車場における12月の駐車料金データの最大はこの年の347万1333円
平成3（1991）	9月　近江町市場270年祭開催
平成4（1992）	近江町パーキングにおける12月の駐車台数、駐車料金データの最大はこの年の2万8532台、6197万2244円 振興組合、中小企業庁長官表彰を受ける
平成5（1993）	9月24日　市場サミット参加（神戸）、全国に向けて金沢の味を紹介
平成6（1994）	3月28日　基金1千万円を超える（1064万7000円） 12月21日　振興基金より寄贈された組合旗の入魂式が行われる
平成7（1995）	1月17日　阪神・淡路大震災 1月24日　神戸新鮮市場へ救援物資を届け、27日には義援金を贈呈する 9月25日　十間町駐輪場にデジタル時計付新市場案内板設置
平成8（1996）	3月　デリカのひろば15年セール開催 7月　振興組合6代理事長小畑四郎就任 振興組合、西川記念賞を受賞 青年部、県中小企業団体中央会より表彰 11月1日　近江町市場ホームページ運用開始

平成9（1997）	2月7日　近江町鍋大会に谷本県知事が来場。近江町鍋を食しロシア船タンカー「ナホトカ号」重油事故による魚介類の風評被害防止に努める 2月9日　青年部が根上町の海岸で重油回収に励むボランティアに近江町鍋千食を振る舞う
平成11（1999）	3月　市場内3カ所に「御意見箱」設置 7〜9月　明石魚の棚、福岡柳橋市場と商店街交流 8月　「ぼくの・わたしの好きな食べ物絵画コンクール」がスタート
平成12（2000）	3月16日　臨時総会で「近江町シャトルパーキング」購入決定。1億3200万円の増資を行う 5月　振興組合7代理事長に荒井角男就任 9月5日　「近江町市場お加味さん会」発足
平成14（2002）	9月　買物通り道路、自転車駐車場を金沢市へ売却 12月27日　武蔵ヶ辻第四地区再開発事業都市計画決定
平成15（2003）	3月　青草辻開発株式会社設立 10月　秋の市場まつりが「大行燈まつり」にリニューアル 11月26日　上近江町通りアーケード新設 振興組合、経済産業大臣賞受章
平成16（2004）	1〜2月　「近江町市場写真コンテスト」開催 9月　「ほくほく収穫まつり」と「戦後映画史」同時開催 10月8日　シンボルマーク商標登録 国道159号拡幅に伴い近江町シャトルパーキングを取り壊し、下近江町36番地ノ11、12を国土交通省へ売却
平成17（2005）	3月8日　再開発事業計画認可 3月21日　武蔵ヶ辻第四地区再開発組合設立
	7〜10月　「下堤・青草町遺跡」発掘調査 10月31日　ダイエー金沢店閉店、武蔵ヶ辻ビル閉館
平成18（2006）	8月　絵画コンクール、親子料理教室を開催 11月2日　「近江町市場」商標登録（第29類）
平成19（2007）	1月15日　開発ビル建設に向けた仮設店舗開所式 3月9日　解体工事始まる 3月25日　起工式 6月2日　百万石まつり「百万石踊り流し」で近江町チームが「いいね金沢賞」獲得 6月14日　青年部、ビジョン委員会と相談役、理事長との研修会「近江町のこと聞かんか」開催 7月27日　「近江町市場」商標登録（第43類）
平成20（2008）	10月16日　再開発ビル愛称「近江町いちば館」と発表 11月18日　アーケード架け替え（上、中、鮮魚通り）工事完了 11月28日　マスコットキャラ「ちかちゃん」発表 12月1日　「近江町いちば館」仮オープン 12月7日　「近江町日曜市」始まる 12月26日　金沢市は金沢城惣構跡を市指定史跡とする。市場内上通りと中通りの水路部分が史跡に指定
平成21（2009）	1月5〜15日　べんだい「紅鯛」プロジェクト開催 3月25日　「近江町いちば館」工事完了。「近江町いちば館管理組合」設立 4月14日　「近江町いちば館」時計除幕式。「ちかちゃん」「えっちゃん」デビュー 4月16日　「近江町いちば館」グランドオープン 近江町市場は「新・がんばる商店街77選」に入り、「ミシュランガイド観光版」で1つ星評価を得る

平成22（2010）	5月20日　「近江町市場憲章」制定 10月　「金沢駅通り線」36メートル道路全線4車線化 武蔵ヶ辻第四地区が国土交通省都市景観大賞「美しいまちなみ特別賞」受賞
平成23（2011）	3月11日　東日本大震災
平成24（2012）	2月2日～　「第1回絵手紙コンクール」開催 2月4日　香林坊・武蔵地区連携事業開始。5日、アトリオ広場に「金沢・近江町市場のうた」が流れる 6月　振興組合8代理事長に吉村一就任 10月　近江町いちば館が土地活用モデル大賞「国土交通大臣賞」受賞
平成25（2013）	7月10日　参議院選石川県選挙区の応援で金沢入りした安倍首相が近江町市場に来場
平成26（2014）	4月26日　「ル・キューブ金沢」開業
平成27（2015）	3月14・15日　北陸新幹線開業記念「ゲリラレストランat近江町市場」カニ鍋開催 9月8日　振興組合理事会で市場の観光公害が協議される 11月24日　市校下婦人会連絡協議会と市場の現状について座談会開催
平成28（2016）	2月6日　めいてつ・エムザに武蔵地区商店街免税手続き共同カウンター設置 3月12日　北陸新幹線開業1周年記念イベント開催 「お！のある暮らし」創刊 4月　市場三百年史編纂特別委員会発足 11月26日　「親子おみちょ体験」始まる

平成29（2017）	1月　市広報番組「近江町市場の歩き方」放送開始 2月21日　「おもてなし講座」開催 ビジョン委員会「近江町の通の歩き方」考案
平成30（2018）	10月23日　近江町市場複合商業施設起工式
平成31（2019）	3月15日　吉村理事長キャッシュレス決済導入説明で山野市長訪問 4月16日～　「近江町いちば館」10周年祭
令和元（2019）	8月29日　複合商業施設愛称「近江町ふれあい館」と発表 9月　「おみちょ新聞」創刊 10月の歩行者通行量調査で近江町市場は過去最大を記録
令和2（2020）	4月1日　「近江町ふれあい館」駐車場、キッチンスタジオ開業 4月2日　同ふれあい館　店舗開業 洋画家青木良識金沢学院高教諭、市場に絵画3点寄贈 「春まつり」中止 7月　「おみちょプレミアム商品券」販売 8月　「近江町ふれあい講座」スタート 10月2日　「おみちょ元気回復商品券」予約受付開始 10月29日～　「大行燈まつり」開催。「市場音頭」復活 11月13日　活性化広場に「ふれあい・交流スペース」設置
令和3（2021）	4月22日　近江町市場３００年記念式典

ご協力者（取材・写真提供）

（順不同、敬称略）

金沢市
金沢市町会連合会
金沢市商店街連盟
金沢商工会議所
金沢市立玉川図書館
金沢くらしの博物館
泉鏡花記念館
成巽閣
松ヶ枝公民館
青草町町会
上近江町町会
下近江町町会
市姫会
下堤町町会
武蔵商店街振興組合
尾張町商店街振興組合
金沢魚商業協同組合
市姫神社
尾崎神社
金沢山真言宗永久寺
北陸電力石川支社
慶應義塾図書館
石川県立図書館
石川県立歴史博物館
石川県立美術館
荒井角男

池内清隆
池内孝輔
石丸　学
伊藤正宏（金澤ふるさと倶楽部）
魚住昭文
大澤健雄
大村昭男（大村古物店）
紙谷一成
木島一宜（㈱アール・アイ・エー）
栗田由紀子
高島トシ子
民谷栄一
津田千枝（津田水引）
得永孝子
能崎幸房
則竹良雄
原　紀枝
鳩澤生弥
平澤宜正（平寿商店）
廣瀬寛二
藤井勇
堀裕子
本田幸子
丸谷　穰
水野市郎
三田裕一
南和博

参考文献

『金沢市近江町市場史』近江町市場商店街振興組合　１９８０年
『金沢魚商百年の風光』金沢魚商業協同組合　１９８５年
『金沢青果商百年史』金沢市青果食品商業協同組合　１９９４年
『市場30年史』金沢市中央卸売市場　１９９７年
『金沢市中央卸売市場　開設50周年記念誌』金沢市中央市場運営協会　２０１７年
『金沢商店街のあゆみ』金沢市商店街連盟　１９７４年
『武蔵ヶ辻地下道竣工記念　武蔵ヶ辻のあゆみ』武蔵地下道建設規制同盟
『むさし　限りなき未来へ向けて』武蔵活生化協議会　１９９３年
『商魂　大口水産50周年記念誌』
『こころの花　石与さんを偲んで』こころの花刊行委員会　１９４７年
『稿本金沢市史　市街編第二』金沢市編　１９１６年
『金沢市史　通史編3　近代』金沢市史編さん委員会編　２００６年
『松ヶ枝の広場　公民館三十年の歩み』松ヶ枝公民館
『辰巳用水を守る　城下町金沢の遺産』辰巳用水にまなぶ会編　能登印刷出版部　２０２０年
『伝統のまち金沢の今　変容する城下町の姿と課題』金沢野外地理研究会編　２０１４年
『まるごと・ザ金沢近江町』能登印刷出版部　１９８７年
氏家栄太郎『金沢市街温知叢誌　乾坤』八木田武男編　１９９９年
氏家栄太郎『昔の金沢』金沢文化協会　１９３２年
村松友視『市場の朝ごはん』小学館　２０００年
村松友視『金沢の不思議』中央公論新社　２０１６年
山出保『金沢を歩く』岩波書店　２０１４年
小林弘子『泉鏡花　逝きし人の面影に』梧桐書院　２０１３年
本康宏史「回想録『過去の郷里を追想して』（四）」『石川県立歴史博物館紀要第21号』収録　２００９年

編集を終えて

近江町市場三百年史編集委員長　石田順一

近江町市場三百年史の編纂委員会が立ち上げられたのは、5年前の平成28（2016）年4月のことでした。早速、長老古老の方々へのインタビュー、資料収集に取り掛かりました。しかし、写真や史料は思ったほど集まらず、時間が過ぎて行くばかりでしたが、5年間しかない当初の3年間には、10人の長老古老の方々から貴重な話を伺うことができました。

資料集めを継続しながら、5年間ある残りの2年間を原稿執筆にあて、写真や史料を探し求めて市場の内外を飛び回る日々が続きます。大正時代に立っていて、いつしか姿を消したという「魚市場」の標柱が写った写真や、戦後闇市と化した市場の秩序を取り戻すべく自治協会が発行した鑑札が見つかると、もっと古い江戸時代の幕末に使われていた魚市場の鑑札も出現。忘れ去られていた幻の「市場音頭」の音源が探し出されたときなど、もう興奮するやら鳥肌が立つやらの発見、発掘がありました。

こうして、金沢市内にある図書館や史料館、松ヶ枝公民館をはじめとする多くの組織・団体、市場のみなさまやOBほか多くの関係者のご支援、ご協力をいただきながら、市場三百年史の上梓にこぎつけることができたことに、心より感謝を申しあげます。

時は移ろい、どんなに街の様子が変わろうとも、300年もの間変わらずこの地にあり、近代化再開発を経て、市民とともに歩み、育まれ、発展してきた近江町市場には、金沢の豊かな食文化を支え、そして大行燈、浄瑠璃、美術展と単に商業ゾーンのみに止まらない、芸術的、文化的な側面も合わせ持った伝統の歴史が紡がれてきました。

さらに、慶長4（1599）年に市場の真ん中を突っ切って造られた惣構の痕跡が今も残り、平成20（2008）年には市指定史跡となって、市場開場300年より100年以上もさかのぼる史跡からは歴史のロマンを感じます。

編纂作業を終えたいま、近江町市場の一ファンだった私は、市場に惚れ直し、市場を誇りに思い、大ファンになりました。300年もの歴史をどれだけカバーできたかとなると心もとなく思っています。みなさまが懐かしい思い出の一コマに少しでも触れていただけたら、それだけで望外の喜びであります。どうも、ありがとうございました。

令和3年3月

あとがき

近江町市場商店街振興組合　事務長　江口　弘泰

平成28（2016）年6月27日に「第1回近江町市場三百年史編纂特別委員会」を開催し、市場開設300年にあたる2021年の刊行に向けて記念誌づくりがスタートしました。

地元町会の記念誌づくりに携わった石田順一氏（金沢中央信用組合参与）が編集委員長に就任し、出版は北國新聞社出版局に依頼しました。執筆は、歴史研究家の宇佐美孝先生が、これまで蓄積された研究成果を基に江戸時代を、石田編集委員長が、資料や関係者への取材を踏まえて明治から令和時代を担当しました。共に市内の図書館や博物館等での調査を重ねたほか、慶應義塾図書館所蔵の貴重な資料の確認もありました。

資料や写真の収集では、古物商を営む大村昭男氏から貴重な品々を提供いただいたほか、石田編集委員長が、関係者や地元放送局等の映像調査も行い、徹底的に探ってきました。この調査・収集の過程で新たに出てきた資料や写真、情報が、度々、新聞で取り上げられています。

編集作業では、インタビューや座談会、回顧録で頂いた興味深いお話や文章を一部割愛したところもあり、申し訳なく思っています。記録写真も紙面の制約のために外したものもありました。当初から余裕を持って早めに準備を進めてきたつもりでしたが、ご多分に洩れず、最後は時間に追われながらの作業になってしまいました。

目指した「近江町市場に関して最も信頼できる本」づくりは、かくして大勢のご協力と支援を賜りながら、「金沢市民の台所近江町市場三百年史」として達成できたものと感謝しています。

本書を手に取った組合員の皆様には、仕事への誇りを改めて感じて頂き、将来に向かって前進するための貴重な資料になれば幸いです。また、多くの方々が、近江町市場の生い立ちに親しみを感じて下さればありがたいと思っています。

宇佐美先生を始め、面倒な編集をお願いした北國新聞社出版局参与の藤岡裕久様、貴重な情報や写真などをご提供頂いた諸先輩の皆様、また、多忙な仕事の中にもかかわらずいつも積極的にご協力を下さった店舗スタッフの皆様など、すべての方々に心より感謝申し上げます。

執筆者

宇佐美 孝（うさみ たかし）

昭和24年（1949）生まれ、東京都出身。立正大学文学部史学科卒業。昭和48年より石川県立図書館古文書課・金沢市立玉川図書館近世史料館に勤務。この間、『金沢市史』・『七尾市史』などの市町村史の編纂、古文書調査に携わり、金沢大学・金沢学院大学などで講師を勤める。現在、加能地域史研究会参与、金沢市歴史遺産調査研究室顧問などを勤める。

石田 順一（いしだ じゅんいち）

昭和27年（1952）生まれ、金沢市出身。長年、金沢中央信用組合に勤務し、現在は参与。近江町市場の歴史を研究し、広報誌『お！のある暮らし』に「近江町の不思議」を連載するほか市場を紹介する講演多数。地域の歴史や民俗芸能を調査・執筆するとともに、日本のプロレス史に関する著作を持ち、力道山研究では第一人者として知られる。

金沢市民の台所

近江町市場三百年史

令和3年（2021）4月22日 第1版第1刷

発　行　近江町市場商店街振興組合
〒920-0905　石川県金沢市上近江町50
電話 076-231-1462
ホームページ https://ohmicho-ichiba.com/
e-mail:info@ohmicho-ichiba.com

発　売　北國新聞社出版局
〒920-8588　石川県金沢市南町2-1
電話 076-260-3587
e-mail:syuppan@hokkoku.co.jp

ISBN978-4-8330-2231-6

●定価はカバーに表示してあります。